Winfried Schwabe

Lernen mit Fällen
Strafrecht
Besonderer Teil 1
Nichtvermögensdelikte

Winfried Schwabe

Lernen mit Fällen

Strafrecht
Besonderer Teil 1

Nichtvermögensdelikte

Materielles Recht
& Klausurenlehre

7., überarbeitete Auflage, 2014

AchSo! | BOORBERG

Bibliografische Information der Deutschen Nationalbibliothek | Die Deutsche Nationalbibliothek verzeichnet diese Publikation in der Deutschen Nationalbibliografie; detaillierte bibliografische Daten sind im Internet über www.dnb.de abrufbar.

7. Auflage, 2014
ISBN 978-3-415-05337-3

Umschlag: Neil McBeath, Stuttgart | Gesamtherstellung: Beltz Bad Langensalza GmbH, Neustädter Straße 1–4, 99947 Bad Langensalza

Richard Boorberg Verlag GmbH & Co KG | Scharrstraße 2 | 70563 Stuttgart
Stuttgart | München | Hannover | Berlin | Weimar | Dresden
www.boorberg.de

Vorwort

Die 7. Auflage bringt das Buch auf den Stand von August 2014. Rechtsprechung und Literatur sind bis zu diesem Zeitpunkt berücksichtigt und eingearbeitet.

Den Leser möchte ich darauf hinweisen, dass im ersten Kapitel des Buches, in dem es um die Körperverletzungs- und Tötungsdelikte geht (Fälle 1–5), die wichtigsten Grundregeln des ***Allgemeinen Teils des StGB*** im Zuge der Fall-Lösungen wiederholt bzw. aufgearbeitet werden. Die Notwendigkeit dessen folgt aus dem Umstand, dass an den Universitäten und später auch im Staatsexamen die Klausuren und Hausarbeiten aus dem Bereich der Körperverletzungs- und Tötungsdelikte stets mit Fragen aus dem Allgemeinen Teil verbunden sind. Eine prüfungsgerechte Übung dieser Deliktsgruppe kann daher nur unter Einschluss des Allgemeinen Teils des StGB erfolgen.

Schließlich lege ich dem Leser ans Herz, zunächst die Hinweise zur sinnvollen Arbeit mit diesem Buch – gleich folgend auf der nächsten Seite – sorgfältig durchzusehen.

Köln, im September 2014

Winfried Schwabe

Zur Arbeit mit diesem Buch

Das Buch bietet dem Leser *zweierlei* Möglichkeiten:

Zum einen kann er anhand der Fälle das ***materielle Recht*** erlernen. Zu jedem Fall gibt es deshalb zunächst einen sogenannten »Lösungsweg«. Hier wird Schritt für Schritt die Lösung erarbeitet, das notwendige materielle Recht aufgezeigt und in den konkreten Fallbezug gebracht. Der Leser kann so in aller Ruhe die einzelnen Schritte nachvollziehen, in unzähligen Querverweisungen und Erläuterungen die Strukturen, Definitionen und sonst notwendigen Kenntnisse erwerben, die zur Erarbeitung der Materie, also hier konkret der Nichtvermögensdelikte, unerlässlich sind.

Zum anderen gibt es zu jedem Fall nach dem gerade beschriebenen ausführlichen Lösungsweg noch das klassische ***Gutachten*** im Anschluss. Dort findet der Leser dann die »reine« Klausurfassung, also den im Gutachtenstil vollständig ausformulierten Text, den man in der Klausur zum vorliegenden Fall hätte anfertigen müssen, um die Bestnote zu erzielen. Anhand des Gutachtens kann der Leser nun sehen, wie das erarbeitete Wissen tatsächlich nutzbar gemacht, sprich in ***Klausurform*** gebracht wird. Der Leser kann die klassische strafrechtliche Gutachtentechnik lernen bzw. wiederholen: Gezeigt wird unter anderem, wie man richtig subsumiert, wie man ein strafrechtliches Gutachten aufbaut, wie man dort einen Meinungsstreit darstellt, wie man einen Obersatz und einen Ergebnissatz vernünftig aufs Papier bringt, wie man Wichtiges von Unwichtigem trennt, mit welchen Formulierungen man im Gutachten arbeiten sollte, mit welchen Formulierungen man im Gutachten tunlichst ***nicht*** arbeiten sollte usw. usw.

Und noch ein Tipp zum Schluss: Die im Buch zitierten Paragrafen sollten auch dann nachgeschlagen und gelesen werden, wenn der Leser meint, er kenne sie schon. Das ist nämlich leider zumeist ein Irrtum. Das Strafrecht erschließt sich nur mit der sorgfältigen Lektüre des Gesetzes. Wer anders arbeitet, verschwendet seine Zeit.

Inhaltsverzeichnis

1. Abschnitt

Die Tötungs- und Körperverletzungsdelikte → §§ 211 ff., 223 ff. StGB

4. Abschnitt

Die Urkundsdelikte → §§ 267 ff. StGB

5. Abschnitt

Straftaten gegen die Rechtspflege → §§ 153 ff., 257, 258 StGB

1. Abschnitt

Die Tötungs- und

Körperverletzungsdelikte

→ §§ 211 ff., 223 ff. StGB

Fall 1

Gerechte Heimtücke

Frau F wird seit Jahren von ihrem Mann M geschlagen und sexuell misshandelt. Aus Angst vor dem gewalttätigen M wagt F es aber nicht, sich der Polizei anzuvertrauen. Als sie eines Abends nach Hause kommt und M auf dem Sofa vor dem Fernseher eingeschlafen sieht, öffnet sie die Gasleitungen des Ofens, schließt sämtliche Fenster und verlässt das von M und F allein bewohnte Einfamilienhaus. Wie von F erhofft, stirbt M einige Minuten später an einer Gasvergiftung, ohne vorher das Bewusstsein wiedererlangt zu haben.

Strafbarkeit der F?

Schwerpunkte: Mord, Abgrenzung zum Totschlag; Mordmerkmale: Heimtücke, gemeingefährliche Mittel; grausam; Auslegung der Mordmerkmale; Möglichkeit der Strafmilderung gemäß § 49 Abs. 1 StGB bei der Heimtücke; entschuldigender Notstand gemäß § 35 StGB; Problem der Abwendbarkeit einer Dauergefahr; Fragen des Prüfungsaufbaus der Tötungsdelikte bei den §§ 211, 212 StGB.

Lösungsweg

Vorab ein paar Aufbau- und Verständnishinweise:

1.) Das Verhältnis der §§ 211, 212 StGB zueinander ist streitig: Während der BGH in ständiger Rechtsprechung meint, es handele sich bei Mord und Totschlag um zwei ***selbstständige***, also nicht in einem Stufenverhältnis stehende Tatbestände (BGH NStZ **2008**, 93; BGH NJW **2005**, 996; BGHSt **50**, 5; BGHSt **36**, 233; BGHSt **24**, 106; leicht zweifelnd aber in NJW **2006**, 1008), soll nach Ansicht der Literatur der Totschlag der ***Grundtatbestand*** und der Mord dessen ***Qualifikation*** sein, beide Delikte nach dieser Meinung also in einem ***Stufenverhältnis*** zueinander stehen (*Lackner/Kühl* vor § 211 StGB Rz. 22; MK/*Schneider* vor §§ 211 ff. StGB Rz. 188; S/S-*Eser/Sternberg-Lieben* vor § 211 StGB Rz. 5; SK/*Sinn* § 211 StGB Rz. 2; *Krey/Heinrich* BT 1 Rz. 27; *Fischer* § 211 StGB Rzn. 6 und 88; LK/*Jähnke* vor § 211 StGB Rz. 39; *Wessels/Hettinger* BT 1 Rz. 70; *Mitsch* in JuS 1996, 26; vgl. zum Ganzen auch *Deckers* u.a. in NStZ 2014, 9).

Dieser Streit wird uns im Laufe des Buches noch beschäftigen. Hier in unserem ersten Fall lassen wir ihn allerdings zunächst außen vor, da er nur dann für eine Fall-Lösung entscheidungserhebliche Konsequenzen haben kann, wenn mindestens ***zwei*** Personen an der konkreten Tat beteiligt sind. Ist nur ***eine*** Person als Täter zu prüfen, so wie bei unserer Aufgabenstellung hier, braucht man den Streit um das Verhältnis der §§ 211 und 212 StGB zueinander nicht zu bringen und demnach in der Klausur auch nicht zu klären.

2.) Trotzdem muss man ihn aber auch bei nur einer tatbeteiligten Person zumindest im Kopf für sich entscheiden, denn er beeinflusst den ***Aufbau*** der Prüfung, also die Frage, mit welchem der beiden Delikte man beginnt, wenn eine Strafbarkeit nach § 211 StGB in Betracht kommt:

a) Nach einer Aufbauvariante beginnt man in diesem Fall sogleich mit § 211 StGB und spart die Prüfung des § 212 StGB komplett aus. Das würde die Ansicht tun, die den Mord als selbstständigen Tatbestand ansieht (also der **BGH**, vgl. oben).

b) Die andere Auffassung (die ***Literatur***) beginnt die Prüfung trotz eines in Frage kommenden § 211 StGB stets mit **§ 212 StGB**, denn nach dieser Meinung handelt es sich beim Totschlag ja um den Grundtatbestand zum Mord, und deshalb wird § 212 StGB immer zuerst geprüft. Der § 211 StGB kommt dann hinterher.

Für die Klausur: Ist tatsächlich nur ***eine*** Person zu prüfen, wählt man als Kandidat eine der beiden oben gerade skizzierten Möglichkeiten, **also:** Man startet entweder direkt mit § 211 StGB, oder aber man schaltet § 212 StGB zunächst vor, um dann im zweiten Schritt § 211 StGB als Qualifikation des § 212 StGB anzuschließen. Beide Varianten sind im besten Sinne des Wortes »**gleichgültig**«. Unbedingt beachtet werden muss dann aber noch, dass man den gewählten Aufbau keinesfalls in der Klausur begründen oder gar erklären darf. Man macht es einfach. Viele Studenten neigen hier dazu, dem Prüfer dann noch irgendwelche Erklärungen unterzujubeln. Es finden sich dann Sätze wie: *»Da ich dem BGH folge, beginne ich sofort mit § 211 StGB«* oder ähnlicher Unsinn. Das muss man sich unbedingt (!) verkneifen. Wie gesagt, der Aufbau wird im Klausurtext niemals erklärt, sondern er spricht immer für sich. Merken.

So, und wir gehen jetzt mal zum konkreten Fall und wählen beim Aufbau den ersten oben angesprochenen Weg – und deshalb startet die Prüfung gleich mit

§ 211 StGB (Mord)

I. Tatbestand (A: objektiv):

1.) F hat fraglos einen Menschen getötet.

2.) Zu prüfen ist des Weiteren, ob im vorliegenden Fall die F ein ***Mordmerkmal*** aus § 211 Abs. 2 StGB erfüllt hat.

Durchblick: Diese Mordmerkmale markieren den Unterschied zwischen einem ***Totschlag*** und dem ***Mord***. Früher hieß der Mord deshalb auch noch »*Tötung mit Überlegung*«, was so viel heißen sollte, dass diese Tötung besonders mies und deshalb eben schlimmer als eine »normale«, ohne Überlegung ausgeführte Tötung war. Heute ist man fortschrittlicher und hat anstatt der Formulierung »mit Überlegung« die Mordmerkmale in das Gesetz aufgenommen. Und diese Mordmerkmale teilen sich auf in drei Gruppen (Gesetz lesen), eigentlich aber nur in zwei Gruppen, denn die 1. und 3. Gruppe gehören zusammen. Die 1. und die 3. Gruppe haben gemeinsam, dass es sich um ***subjektive*** Merkmale handelt, also Merkmale, die in der ***Person*** des Täters vorliegen müssen. Die Merkmale der 2. Gruppe hingegen sind ***objektiver*** Natur. Sie beziehen sich nicht auf den Täter, sondern auf die ***Tat***, oder besser ausgedrückt: auf die ***Ausführung*** der Tat. Man nennt deshalb die Merkmale der 1. und 3. Gruppe »täterbezogen«, während die anderen Merkmale »tatbezogen« sind. Bitte merken, das brauchen wir später noch.

Der Aufbau bzw. der Prüfungsstandort der Mordmerkmale erklärt sich aus dem soeben Gesagten: Die Mordmerkmale der 2. Gruppe, die tatbezogenen objektiven Merkmale also, werden logischerweise dann auch im objektiven Tatbestand der Prüfung erörtert. Und die Merkmale der 1. und 3. Gruppe, also die subjektiven täterbezogenen, gehören dann – logo – in den subjektiven Tatbestand, also hinter den Vorsatz. Und wenn wir uns daran halten wollen, wenden wir uns jetzt zunächst einmal der 2. Gruppe der Mordmerkmale zu, denn diese werden, haben wir eben gesagt, im objektiven Tatbestand erörtert, und dort befinden wir uns gerade:

a) In Betracht kommt zunächst das Merkmal der ***Heimtücke***.

Definitionen: Nach allgemeiner Auffassung handelt ***heimtückisch***, wer in feindlicher Willensrichtung die Arg- und Wehrlosigkeit des Opfers zur Tötung ausnutzt (BGH JuS **2013**, 1141; BGH NStZ **2012**, 691; BGH NStZ **2009**, 501; BGH NStZ **2008**, 93; BGH NStZ **2003**, 146; *Wessels/Hettinger* BT 1 Rz. 107; S/S-*Eser/Sternberg-Lieben* § 211 StGB Rz. 23; *Fischer* § 211 StGB Rz. 34). Und ***arglos*** ist, wer sich im Zeitpunkt der Tat keines tätlichen Angriffs auf seine körperliche Unversehrtheit oder sein Leben von Seiten des Täters versieht (BGH JuS **2013**, 1141; BGH NStZ **2012**, 35; BGH NStZ **2009**, 29; BGHSt **48**, 207, 210; BGHSt **41**, 79; S/S-*Eser/Sternberg-Lieben* § 211 StGB Rz. 24; *Wessels/Hettinger* BT 1 Rz. 110).

Das Problem liegt hier zunächst in dem Umstand, dass M schlief, als F den Tötungsvorgang in Lauf setzte. Fraglich ist insoweit, ob ein Schlafender überhaupt arglos sein kann. Denn wenn man schläft, fehlt einem die Möglichkeit, sich eines Angriffs des Täters überhaupt bewusst zu sein. Folglich könnte ein Schlafender eigentlich niemals arglos sein. Insoweit kann und soll man sich aber damit helfen, dass man sagt, das Opfer habe sich **»arglos in den Schlaf begeben«** (BGH NStZ **2007**, 338; BGH JZ **1997**, 1185; BGHSt **32**, 382; BGHSt **23**, 119, 121). Noch merkfähiger ist die Formulierung: Das Opfer nimmt die Arglosigkeit **»mit in den Schlaf«**.

Anders soll das übrigens merkwürdigerweise bei einem ***Bewusstlosen*** oder einem ***Besinnungslosen*** sein, denn den überkomme sein Zustand *»ohne dass er es hindern könne«* (wörtlich so bei: BGH StV **1998**, 545; vgl. auch BGH JZ **1997**, 491; BGH MDR **1977**, 282; LK/*Jähnke* § 211 StGB Rz. 44; S/S-*Eser/Sternberg-Lieben* § 211 StGB Rz. 24; *Wessels/Hettinger* BT 1 Rz. 120; *Rengier* in MDR 1980, 6). Inwieweit das aber nun wirklich einen Unterschied macht, ob man nach einem Kinnhaken umkippt (= Bewusstloser) oder sich nach übermäßigem Alkoholgenuss auf die Couch legt und einnickt (= Schlafender), scheint mindestens fraglich und wird deshalb auch von einer Gegenmeinung bezweifelt (*Krey/Heinrich* BT 1 Rz. 44; *Fischer* § 211 StGB Rz. 6c; *Dreher* in MDR 1970, 248; *Kutzer* in NStZ 1994, 110). Interessant in diesem Zusammenhang ist schließlich noch die Tötung eines »**Koma-Patienten**«, da der zum Argwohn gar nicht mehr fähig ist. Der BGH stellt insoweit darauf ab, ob der Täter die Arglosigkeit eines schutzbereiten Dritten (etwa einer Krankenschwester) ausnutzt (BGH NStZ **2008**, 93). Gleiches gilt gegenüber ***Kleinkindern***, da diese aufgrund ihres Alters noch zu keinerlei Argwohn oder Gegenwehr fähig sind. Bei Kleinkindern kommt es daher nach herrschender Meinung auch auf die Arg- und Wehrlosigkeit des jeweils schutzbereiten Dritten an (vgl. BGH NStZ **2013**, 158; BGH NStZ **2006**, 338; BGHSt **18**, 37; BGHSt **8**, 216).

In unserem Fall brauchen wir diese ganzen Geschichten glücklicherweise nicht zu entscheiden, denn der M war vor der Glotze eingeschlafen und hat, wie wir jetzt wissen, hierbei seine Arglosigkeit gleich mitgenommen.

<u>**ZE.**</u>: M war zum Zeitpunkt des Angriffs der F arglos im Sinne der oben genannten Definition.

M muss des Weiteren nach der Definition der Heimtücke ***wehrlos*** gewesen sein, was aber kein wirkliches Problem darstellt, denn:

Definition: *Wehrlos* ist, wer infolge seiner Arglosigkeit zur Verteidigung außerstande oder in seiner Verteidigung stark eingeschränkt ist (BGH NStZ **2009**, 30; BGHSt **20**, 302; BGHSt **11**, 143; *Fischer* § 211 StGB Rz. 39; *Wessels/Hettinger* BT 1 Rz. 112; S/S-*Eser/Sternberg-Lieben* § 211 StGB Rz. 24b).

Das können wir in unserem Fall sehr entspannt bejahen, denn aus der Arglosigkeit des schlafenden M folgt zwanglos auch seine Wehrlosigkeit; M kann sich – er schläft! – auch nicht wehren.

Und schließlich handelt F auch in feindlicher Willensrichtung (bitte zur Kontrolle noch mal oben die Definition der Heimtücke nachlesen):

Beachte: Diese ***feindliche Willensrichtung*** wird nur dann in der Fallprüfung interessant, wenn der Täter »**zum Wohle des Opfers**« handeln will; also etwa bei der Tötung eines Schwerstkranken, um diesem sein weiteres Leid zu ersparen. Das sind dann die Fälle, in denen die Krankenschwester Mitleid mit der todkranken Oma hat und ihr deshalb im Schlaf eine tödliche Injektion verpasst, um sie von ihrem Leid zu erlösen. Hier handelt die Krankenschwester zwar unter Ausnutzung der Arg- und Wehrlosigkeit des Opfers (Schlaf!), allerdings fehlt es ihr an der feindlichen Willensrichtung mit der Folge, dass eine Bestrafung wegen Mordes ausscheidet (zwei sehr schöne und vor allem lehrreiche Fälle dazu finden sich in BGH NStZ **2008**, 93 und in BGHSt **37**, 65).

Das kommt bei unserer Fallgestaltung allerdings nicht in Betracht, denn die F handelt nicht, um dem M, sondern um sich selbst weiteres Leid zu ersparen. Deshalb liegt das Merkmal »in feindlicher Willensrichtung« im Hinblick auf die F vor.

ZE.: Unsere F erfüllt bei ihrer Tat sämtliche Voraussetzungen des Mordmerkmals **»Heimtücke«**, nämlich das Ausnutzen der Arg- und Wehrlosigkeit des Opfers in feindlicher Willensrichtung. Und damit ist sie, angenommen, die übrigen Strafbarkeitsvoraussetzungen liegen ebenfalls vor, zu bestrafen nach § 211 StGB und marschiert für den Rest ihres Lebens in den Knast.

Problem: So, wie wir das gerade geprüft haben, hinterlässt das Ergebnis (lebenslange Freiheitsstrafe) einen merkwürdigen Beigeschmack, denn bei der ganzen Prüfung des § 211 StGB haben wir nicht mit einem einzigen Wort die menschlich eigentlich nachvollziehbare Motivation der F zur Begehung ihrer Tat (gewalttätiger prügelnder Ehemann, sexuelle Misshandlungen) berücksichtigt. Die Beweggründe der F bleiben ohne jeden Einfluss, denn wir haben es zu tun mit einem Merkmal der **2. Gruppe** aus **§ 211 Abs. 2 StGB**. Und das waren ja ***tatbezogene***, also ***objektive*** Merkmale, bei denen die Motivation des Täters in der Regel ohne Belang ist und es allein auf die Art der Ausführung ankommt (vgl. oben).

Dass dies in absoluter Konsequenz nicht gültig sein kann, haben wir gerade eben schon gesehen, als wir die »**feindliche Willensrichtung**« im Rahmen der Heimtücke als notwendiges Tatbestandsmerkmal prüfen mussten. Hierbei ging es darum, dass der Täter dann nicht heimtückisch handelt, wenn er aus seiner Sicht zum Wohle des Opfers die Tötung begeht. Weiterhin ohne Berücksichtigung bliebe dann aber nach wie vor die Fallgestaltung, in der der Täter zwar heimtückisch, allerdings aus einer eigenen – nicht auf das Opfer bezogenen – persönlichen und auch nach allgemeinem Verständnis nachvollziehbaren Notsituation eine entsprechende Tat begeht. Es fragt sich, ob auch in diesem Fall wegen Heimtücke aus § 211 StGB eine lebenslange Freiheitsstrafe ausgesprochen werden muss.

Und mit genau diesem Problem hatte sich der **BGH** am **19.05.1981** (→ BGHSt **30**, 105) zu befassen; folgender Fall lag zugrunde:

> Der Täter T (ein türkischer Staatsbürger) erfuhr bei einer Familienfeier, dass sein eigener Onkel vor einigen Monaten seine Frau (die des T) vergewaltigt hatte. Die verzweifelte Frau hatte daraufhin in den Folgemonaten mehrfach versucht, sich das Leben zu nehmen. Der T, nervlich wegen der Vorkommnisse schwer angeschlagen, stellte seinen Onkel zur Rede. Dieser aber beleidigte ihn daraufhin und drohte sogar ihn umzubringen. Daraufhin erschoss T seinen Onkel einige Tage später in einer Gaststätte aus einem Hinterhalt. **Strafbarkeit des T?**

Wegen des gerade genannten Hinterhalts waren bei T die Merkmale der ***Heimtücke*** unproblematisch anzunehmen: Der Onkel des Täters war zum Zeitpunkt des Schusses arg- und auch wehrlos; die feindliche Willensrichtung war auch kein Problem, denn der Täter handelte nicht zum Wohle des Opfers. Im Ergebnis gab es demnach eigentlich keine Zweifel daran, dass der Täter wegen heimtückisch begangenen ***Mordes*** nach **§ 211 StGB** zu lebenslanger Freiheitsstrafe zu verurteilen gewesen wäre. Es stellte sich hier aber das oben angesprochene Problem, dass der Täter zwar die Merkmale der Heimtücke verwirklicht hatte, sich bei seiner Tat aber in einer beachtlichen, nachvollziehbaren seelischen ***Notsituation*** befand, diese indes grundsätzlich beim objektiven und tatbezogenen Merkmal der Heimtücke keine Berücksichtigung finden kann.

Und die Frage war nun, was in einem solchen Fall zu tun ist. Auf der einen Seite der ***Wortlaut*** des Gesetzes sowie die unstreitige Definition der Heimtücke bei § 211 StGB; auf der anderen Seite das Bedürfnis, in solchen Fällen wie dem gerade geschilderten von der Höchststrafe des § 211 StGB in irgendeiner Form Abstand zu nehmen.

In der ***Literatur*** hatten sich im Anschluss an eine Entscheidung des Bundesverfassungsgerichts (BVerfGE **45**, 187 ff.) zur Lösung dieses Problems zwei Ansichten gebildet, die beide den Tatbestand der Mordmerkmale zur sachgerechten Behandlung der vorliegenden Problemfälle in ihrem Anwendungsbereich ***einschränken*** wollten, und zwar so:

- Nach ***einer Meinung*** sollten Einschränkungen innerhalb des Tatbestandes der einzelnen Mordmerkmale in der Weise vorgenommen werden, dass man die Tat neben den übrigen Voraussetzungen aufgrund einer Gesamtwürdigung zusätzlich noch als »**besonders verwerflich**« qualifizieren müsse. Das Ganze nannte man dann die »**Lehre von der – negativen – Typenkorrektur**« (**Vertreter:** *Rengier* in MDR 1979, 969; S/S-*Eser*/*Sternberg-Lieben* § 211 StGB Rz. 10; *Geilen* in JR 1980; *Günther* in JR 1985, 268; SK/*Horn* – 6. Auflage – § 211 StGB Rz. 6).
- Nach ***anderer Auffassung*** sollte die Einschränkung im Tatbestand dadurch erfolgen, dass man neben den übrigen Merkmalen zwar keine besondere Verwerflichkeit forderte, dafür aber die Tat nur dann als Mord ansehen wollte, wenn sie unter einem »**besonders verwerflichen Vertrauensbruch**« begangen wird (**Vertreter:** *Krey*/*Heinrich* BT 1 Rz. 68; *Hassemer* in JuS 1971, 626; *Jakobs* in JZ 1984, 444; *Otto* in ZStW 83, 63; *Köhler* in JuS 1984, 763; Nachweise noch bei S/S-*Eser*/*Sternberg-Lieben* § 211 StGB Rz. 26).

Der BGH (BGHSt **30**, 105) hat sich diesen Meinungen aus der Literatur allerdings nicht angeschlossen und sich vielmehr am 19. Mai 1981 für die bis heute geltende (!) sogenannte ***Rechtsfolgenlösung*** entschieden, und die besagt Folgendes:

1.) In den Fällen, in denen der Täter heimtückisch handelt, gleichwohl aber z.B. aus einer notstandsähnlichen Lage oder aber aus seelisch auswegloser Situation motiviert ist und daher eine lebenslange Freiheitsstrafe als unverhältnismäßig erscheint, kann das Gericht die Strafe – entgegen dem Wortlaut des § 211 StGB! – gemäß § 49 Abs. 1 StGB ***mildern***.

2.) Die beiden Ansichten aus der Literatur, die den Tatbestand einschränken wollen (vgl. oben), sind abzulehnen, da sie aufgrund ihrer unbestimmten Rechtsbegriffe »besonders verwerflich« und »verwerflicher Vertrauensbruch« zur Spezifizierung eines Tatbestandsmerkmals einer Strafnorm nicht geeignet sind. Hier hat das Bestimmtheitsgebot aus Art. 103 Abs. 2 GG, das eine klare Spezifizierung und Bestimmung des Gesetzestextes fordert, Vorrang.

Folge: Aus der gerade dargestellten Ansicht des BGH ergibt sich nun zunächst, dass wir die Definition, die wir oben zur Heimtücke gelernt haben, nicht noch um ein weiteres Merkmal (also entweder **»besonders verwerflich«** oder **»verwerflicher Vertrauensbruch«**) erweitern müssen; es bleibt beim Ausnutzen der Arg- und Wehrlosigkeit in feindlicher Willensrichtung. In den Fällen, in denen die besonderen Umstände es erfordern, gibt es im Rahmen der Strafzumessung bei den ***Rechtsfolgen*** dann aber die Möglichkeit, eine eigentlich verwirkte lebenslange Freiheitsstrafe aus § 211 StGB nach § 49 Abs. 1 StGB zu mildern (= Umwandlung der lebenslangen in eine Freiheitsstrafe von 3-15 Jahren). Notwendig ist insoweit z.B. eine notstandsähnliche Lage oder eine sonst seelisch ausweglose Notsituation des Täters, wobei das Vorliegen dessen stets im Einzelfall unter Abwägung aller Umstände erfolgen muss (BGHSt **30**, 105, 119; vgl. auch BGH NStZ **2005**, 154; BGH NStZ **2003**, 482). Diese sogenannte **»Rechtsfolgenlösung«** vertreten neben dem BGH im Übrigen noch namhafte Autoren in der Wissenschaft: MK/*Schneider* § 211 StGB Rz. 39; *Fischer* § 211 StGB Rz. 46; LK/*Jähnke* § 211 StGB Rz. 70; *Maurach-Schröder* BT 1 § 2 Rz. 43; *Mitsch* in JuS 1996, 213; *Küper* BT Seite 172; leicht abgeändert auch *Wessels/Hettinger* BT 1 Rzn. 109 und 133; kritisch zum Ganzen *Reichenbach* in Jura 2009, 176.

Auswirkungen für die Fallprüfung:

Zunächst hat man im objektiven Tatbestand die Definition der Heimtücke abzuhandeln, also das Ausnutzen der Arg- und Wehrlosigkeit des Opfers in feindlicher Willensrichtung. Bis dahin ist das unstreitig. Im zweiten Schritt muss man dann, immer noch im objektiven Tatbestand, fragen, ob im Rahmen einer Tatbestandseinschränkung noch zusätzliche Merkmale vorliegen müssen, namentlich ein **»verwerflicher Vertrauensbruch«** oder aber die **»besondere Verwerflichkeit«** der Tat in einer Gesamtwürdigung. Und dies lehnt man mit dem Hinweis auf die Unbestimmtheit der Begriffe und einen daraus folgenden Verstoß gegen das im Strafrecht so wichtige Bestimmtheitsgebot (vgl. Art. 103 Abs. 2 GG) ab. Sodann ist abschließend unter Würdigung der Gesamtumstände darauf hinzuweisen, dass zwar der Tatbestand (also die Heimtücke) erfüllt ist, aufgrund der Gesamtumstände (also notstandsähnliche Lage usw.) – entgegen dem Wortlaut des § 211 StGB – nach Feststellung von Rechtswidrigkeit und Schuld eine ***Strafmilderung*** nach ***§ 49 Abs. 1 StGB*** zu erfolgen hat, vorausgesetzt natürlich, es liegen ansonsten keine weiteren Mordmerkmale mehr vor (und wie man das Ganze dann letztlich in der Klausur formuliert und auch so hinschreibt, dass man dafür eine gute Note bekommt, steht weiter unten im ***Gutachten*** zu unserem Fall).

Beachte: Wir haben gerade eine wichtige Regel im Bereich der Tötungsdelikte gelernt, nämlich die Auslegung der Mordmerkmale (hier: Heimtücke). Man sollte sich das gerade Gesagte gut einprägen, insbesondere die Möglichkeit der ***Strafmilderung*** im Bereich der ***Heimtücke***, selbst wenn die Merkmale des Heimtückebegriffs nach der Definition vorliegen. Und beachte des Weiteren bitte, dass diese Möglichkeit der Strafmilderung unter den genannten besonderen Umständen vorläufig beschränkt ist auf das Mordmerkmal der ***Heimtücke***, und dass der BGH insoweit die Anwendung auch durchaus in sehr engen Grenzen sehen will (vgl. etwa BGH NStZ **2005**, 154). Beim Merkmal der ***Habgier*** (1. Gruppe) hat der BGH die Möglichkeit der Strafmilderung zudem ausdrücklich abgelehnt (BGHSt **42**, 301; dazu *Dölling* in JR 1998, 160). Und schließlich sollte man in diesem Zusammenhang noch wissen, dass beim Mordmerkmal »**zur Verdeckung einer anderen Straftat**« (3. Gruppe) die Diskussion um eine sachgerechte Auslegung noch sehr im Fluss ist. Der BGH hält hier zum einen eine einschränkende Auslegung innerhalb des Tatbestandes für möglich und hat zum anderen eine Strafmilderung – wie bei der Heimtücke – im Rahmen der Rechtsfolge zumindest nicht ausgeschlossen (BGHSt **35**, 117; vgl. insoweit auch *Krey/Heinrich* BT 1 Rz. 74 ff.; *Fischer* § 211 StGB Rz. 46 ff. und *Wessels/Hettinger* BT 1 Rz. 87, 123-131).

Und jetzt zurück zu unserem Fall:

F hat M unter Ausnutzung der Arg- und Wehrlosigkeit in feindlicher Willensrichtung, also ***heimtückisch***, getötet. Eine Einschränkung im Bereich des objektiven Tatbestandes bezüglich dieses Merkmals in Form eines verwerflichen Vertrauensbruchs oder einer besonderen Verwerflichkeit kommt aus den genannten Gründen nicht in Betracht. Damit liegen die Voraussetzungen des objektiven Tatbestandes eines ***heimtückisch*** begangenen Mordes vor.

<u>ZE.</u>: Das Mordmerkmal der Heimtücke liegt auf Seiten der F vor. Bleibt es allein bei diesem Merkmal, besteht später im Rahmen der Strafzumessung bei der Rechtsfolge die Möglichkeit, die lebenslange Freiheitsstrafe gemäß § 49 Abs. 1 StGB in eine Freiheitsstrafe von 3 bis 15 Jahren umzuwandeln.

Achtung: Mit der Feststellung der Heimtücke dürfen wir unsere Prüfung der Mordmerkmale natürlich noch nicht beenden. In einer Fall-Lösung sind stets <u>alle</u> Merkmale, die in Betracht kommen, zu erörtern. Das erfordern zum einen die Vollständigkeit und zum anderen der Umstand, dass die Möglichkeit der Strafmilderung für unsere F dann entfällt, wenn neben der Heimtücke noch ein anderes Mordmerkmal vorliegt. Denn die Möglichkeit der Strafmilderung hat der BGH – wie wir oben gelernt haben – bislang ausdrücklich nur für die Heimtücke angenommen (BGHSt **30**, 105).

b) Und deshalb prüfen wir jetzt im objektiven Tatbestand weiter, dort kommt neben der Heimtücke nämlich noch das Merkmal der »grausamen« Begehung in Betracht.

Definition: ***Grausam*** handelt, wer dem Opfer besondere psychische oder physische Leiden zufügt, die nach Stärke und Dauer über das für die Tötung erforderliche Maß hinausgehen. Das können also solche Aktionen sein wie etwa Verhungern lassen eines Kleinkindes, Folterungen oder Tötungsvorbereitungen vor den Augen des Opfers (BGH NStZ **2008**, 29; BGHSt **37**, 40; BGH NStZ **1982**, 379; *Fischer* § 211 StGB Rz. 56; *Wessels/Hettinger* BT 1 Rz. 102; S/S-*Eser/Sternberg-Lieben* § 211 StGB Rz. 27). In subjektiver Hinsicht verlangt die herrschende Meinung zusätzlich ein Handeln aus einer gefühllosen und unbarmherzigen Gesinnung (BGH NStZ **1982**, 379; SK/*Sinn* § 211 StGB Rz. 43).

Vorliegend mangelt es in jedem Falle am objektiven Erfordernis des Merkmals »grausam«. F fügt dem M keine besonderen physischen oder psychischen Leiden zu, insbesondere erlangt M vor seinem Tod durch die Gase das Bewusstsein nicht wieder mit der Folge, dass die Empfindungsfähigkeit und damit auch die »Leidensfähigkeit« ausgeschaltet sind (S/S-*Eser/Sternberg-Lieben* § 211 StGB Rz. 27; SK/*Sinn* § 211 StGB Rz. 41).

Beachte noch: Dies hier hat nichts zu tun mit der weiter oben bei der Heimtücke geforderten »feindlichen Willensrichtung«. Wie schon gesagt dient die feindliche Willensrichtung lediglich der Abgrenzung zu dem Täter, der »zum Wohle des Opfers« handelt (vgl. oben). Dass F hier hinsichtlich der Heimtücke in feindlicher Willensrichtung handelt, indiziert mithin keinesfalls auch die Gesinnung, die bei der »grausamen« Tötung vorliegen muss.

ZE.: F handelt bei der Tötung nicht grausam.

c) Schließlich konnte und sollte man noch über das Merkmal »mit gemeingefährlichen Mitteln« nachdenken. Indessen sind auch insoweit Bedenken angezeigt, im Einzelnen:

Definition: Mit ***gemeingefährlichen Mitteln*** handelt der Täter nämlich nur dann, wenn er die Wirkungsweise des Tatmittels in der konkreten Situation nicht beherrscht und das Mittel geeignet ist, eine größere Anzahl von Menschen zu gefährden. So zum Beispiel bei einer Brandstiftung in einem Wohnhaus oder einer Explosion oder dem Vergiften des Essens im Kessel einer Gemeinschaftsküche (BGH StV **2007**, 12; S/S-*Eser/Sternberg-Lieben* § 211 StGB Rz. 29; lehrreich → BGHSt **38**, 353, wo es um einen einzelnen Pistolenschuss in einer vollbesetzten Kneipe geht).

In unserem Fall bestand zwar aufgrund des Gases möglicherweise die Gefahr einer Explosion, und damit lagen auch Anzeichen für die Begehung mit gemeingefährlichen Mitteln vor, denn bei einer Explosion eines Hauses können unter Umständen auch mehrere Personen gefährdet sein. Indessen bewohnten F und M das Haus ***allei-***

ne, sodass in diesem konkreten Fall keinesfalls mehrere Personen gefährdet sein konnten (vgl. diesen Fall bei S/S-*Eser/Sternberg-Lieben* § 211 StGB Rz. 29, wo es um das Anzünden eines Hauses, in dem sich nur eine Person befindet, geht).

ZE.: F begeht folglich keinen Mord aufgrund des Einsatzes eines gemeingefährlichen Mittels.

ZE.: Es verbleibt damit bei der Verwirklichung des objektiven Merkmals »Heimtücke«.

B. Subjektiver Tatbestand:

1.) Hier im subjektiven Tatbestand wird nun zum einen – wie immer – der Vorsatz erörtert, denn der ist ja grundsätzlich Voraussetzung, bitte lesen: § 15 StGB. Und in unserem Fall – so wie in nahezu allen Fällen, in denen § 211 StGB geprüft wird – ist der Vorsatz des Täters kein Problem. Die F weiß um alle Umstände, die ihren heimtückisch begangenen Mord begründen; insbesondere war ihr klar, dass M schläft und damit arg- und wehrlos ist.

2.) Des Weiteren wären hier dann noch, wir hatten es oben erläutert, die subjektiven Merkmale der 1. und 3. Gruppe zu prüfen, wenn denn welche in Betracht kämen. Das ist indessen hier nicht der Fall; für unsere F kommen keine der im Gesetz aufgelisteten Varianten der 1. und 3. Gruppe in Frage.

ZE.: Der subjektive Tatbestand des heimtückisch begangenen Mordes liegt vor.

II. Rechtswidrigkeit:

Rechtfertigungsgründe, die die Rechtswidrigkeit des Verhaltens der F ausschließen könnten, sind nicht ersichtlich.

III. Schuld:

1.) F ist fraglos schuldfähig.

2.) Anzeichen für den Ausschluss des Unrechtsbewusstseins, namentlich ein Verbotsirrtum oder ein Erlaubnistatbestandsirrtum, liegen nicht vor.

3.) Entschuldigungsgründe:

Hier bei den Schuldausschließungsgründen müssen wir jetzt angesichts der vorliegenden Fallgestaltung allerdings noch mal einen genaueren Blick auf die Lage der F werfen. In Betracht kommt wegen der jahrelangen Schläge und sexuellen Misshandlungen durch M der sogenannte ***entschuldigende Notstand*** aus **§ 35 Abs. 1 StGB** (bitte lesen). Der BGH hatte am **25.03.2003** ziemlich genau unseren Fall hier zu entscheiden und dabei vor allem die Frage zu klären, ob die Schuld der F bei der Tat nicht dadurch ausgeschlossen war, dass sie sich möglicherweise in einem entschuldigenden Notstand gemäß § 35 Abs. 1 StGB befunden hatte (BGHSt **48**, 255).

Und insoweit hat das Gericht dann zunächst festgestellt, dass jahrelange Misshandlungen und Schläge eine »**gegenwärtige Gefahr**« im Sinne des § 35 Abs. 1 StGB darstellen können; es handele sich vorliegend um eine sogenannte »**Dauergefahr**«, bei der ein länger andauernder gefahrdrohender Zustand jederzeit in einen Schaden umschlagen könne (BGHSt **48**, 255; BGH NJW **1979**, 2054).

Fraglich war jedoch, ob diese gegenwärtige Gefahr – wie es § 35 Abs. 1 StGB ausdrücklich verlangt – tatsächlich »**nicht anders abwendbar**« gewesen ist, als durch die Tötung des M. Und da hat der BGH dann eine Grenze gesetzt und Folgendes erklärt:

> *»…An die Annahme anderweitiger Abwendbarkeit der Dauergefahr sind nicht zuletzt aus normativen Gründen und zumal dann, wenn die Vernichtung des Rechtsgutes Leben in Frage steht, keine allzu hohen Anforderungen zu stellen. Dem entspricht die Verpflichtung staatlicher Stellen (der Polizei oder etwa auch der Jugendämter) zum wirksamen Einschreiten. Danach gilt: Die von einem »**Familientyrannen**« aufgrund seiner immer wiederkehrenden Gewalttätigkeiten ausgehende Dauergefahr für eines oder mehrere Familienmitglieder ist regelmäßig im Sinne des § 35 Abs. 1 StGB anders abwendbar als durch die Tötung des Tyrannen, indem Hilfe Dritter, namentlich staatlicher Stellen, in Anspruch genommen wird…«* (→ BGHSt **48**, 255)

Also: Den »Haustyrannen« darf man – auch wenn er noch so üble Sachen macht – natürlich nicht selbst zur Strecke bringen; insbesondere kann man sich dann nicht auf § 35 Abs. 1 StGB berufen (vgl. dazu auch S/S-*Eser/Sternberg-Lieben* § 211 StGB Rz. 24). In solchen Fällen müssen vielmehr die dafür zuständigen staatlichen Stellen bemüht werden (z.B. Polizei oder Staatsanwaltschaft). Die ***gegenwärtige Gefahr*** im Sinne des § 35 Abs. 1 StGB besteht zwar, allerdings ist diese gegenwärtige Gefahr »**anders abwendbar**« als durch die Selbstjustiz, namentlich durch Einschaltung der entsprechenden, vom Staat zur Verfügung gestellten Organe bzw. Stellen (BGH NStZ **2005**, 154; vgl. insoweit auch BGH NStZ **2009**, 501 und *Rotsch* in JuS 2005, 12-18).

ZE.: F kann sich im vorliegenden Fall nicht auf § 35 Abs. 1 StGB berufen.

ZE.: F handelt demnach insgesamt schuldhaft.

Erg.: F hat sich strafbar gemacht wegen heimtückisch begangenen Mordes gemäß § 211 StGB. Die Strafe der F kann aber – wie wir oben ja gelernt haben – gemäß § 49 Abs. 1 StGB gemildert werden.

Gutachten

Und jetzt kommt – wie oben im Vorspann (vgl. dort: »Zur Arbeit mit diesem Buch«) schon angekündigt – die ausformulierte Lösung, also das, was man dem Prüfer als Klausurlösung des gestellten Falles vorsetzen sollte, das ***Gutachten***.

Hierzu vorab noch zwei Anmerkungen:

1.) Zunächst ist wichtig zu verstehen, dass diese ausformulierte Lösung – also das Gutachten – sich sowohl vom Inhalt als auch vom Stil her maßgeblich von dem eben dargestellten Lösungsweg, der ausschließlich der ***inhaltlichen*** Erarbeitung der Materie diente, unterscheidet:

In der ausformulierten (Klausur-)Lösung haben sämtliche Verständniserläuterungen nichts zu suchen. Da darf nur das rein, was den konkreten Fall betrifft und ihn zur Lösung bringt. Inhaltlich darf sich die Klausurlösung, die man dann zur Benotung abgibt, ausschließlich auf die gestellte Fall-Frage beziehen. Abschweifungen, Erläuterungen oder Vergleiche – wie ich sie oben in den Lösungsweg haufenweise zur Erleichterung des Verständnisses eingebaut habe – dürfen ***nicht*** in das Niedergeschriebene aufgenommen werden. Die ausformulierte Lösung ist mithin deutlich kürzer und inhaltlich im Vergleich zum gedanklichen Lösungsweg erheblich abgespeckt. Wie gesagt, es darf nur das rein, was den konkreten Fall löst. Alles andere ist überflüssig und damit – so ist das bei Juristen – *falsch*.

2.) Man sollte sich als Jura-StudentIn rechtzeitig darüber im Klaren sein, dass die Juristerei eine Wissenschaft ist, bei der – mit ganz wenigen Ausnahmen – nur das ***geschriebene*** Wort zählt. Sämtliche Gedanken und gelesenen Bücher sind leider so gut wie wertlos, wenn die gewonnenen Erkenntnisse vom Kandidaten nicht vernünftig, das heißt in der juristischen Gutachten- bzw. Subsumtionstechnik, zu Papier gebracht werden können. Die Prüfungsaufgaben bei den Juristen, also die Klausuren und Hausarbeiten, werden nämlich bekanntermaßen ***geschrieben***, und nur dafür gibt es dann auch die Punkte bzw. Noten. Übrigens auch und gerade im Examen.

Deshalb ist es außerordentlich ratsam, frühzeitig die für die juristische Arbeit ausgewählte (Gutachten-)Technik zu erlernen. Die Gutachten zu den Fällen stehen aus genau diesem Grund hier stets im Anschluss an den jeweiligen Lösungsweg und sollten im höchsteigenen Interesse dann auch nachgelesen werden. Es ist nur geringer Aufwand, hat aber einen beachtlichen Lerneffekt, denn der Leser sieht jetzt, wie das erworbene Wissen tatsächlich nutzbar gemacht wird. Wie gesagt: In der juristischen Prüfungssituation zählt nur das ***geschriebene*** Wort. Alles klar!?

Und hier kommt der (Gutachten-)Text für unseren ersten Fall:

F könnte sich dadurch, dass sie den M mithilfe des Gases umbrachte, wegen Mordes gemäß § 211 StGB strafbar gemacht haben.

Objektiver Tatbestand:

1.) F hat durch das Öffnen der Gashähne und das Verschließen der Türen und Fenster den Tod des M kausal herbeigeführt und damit einen Menschen getötet.

2.) Weitere Voraussetzung für die Annahme eines Mordes nach § 211 StGB ist das Vorliegen eines Mordmerkmals.

a) In Betracht kommt zunächst das Merkmal der Heimtücke. Heimtücke liegt vor, wenn der Täter in feindlicher Willensrichtung die Arg- und Wehrlosigkeit des Opfers zur Tötung ausnutzt.

M müsste demnach zum Zeitpunkt der Tötungshandlung zunächst einmal arglos gewesen sein. Arglos ist, wer sich im Zeitpunkt der Tat keines tätlichen Angriffs auf seine körperliche Unversehrtheit oder sein Leben von Seiten des Täters versieht. M schlief zum Zeitpunkt, als F den Tötungsvorgang in Gang setzte. Es fragt sich, ob man auch unter diesen Umständen von Arglosigkeit sprechen kann. Dem könnte entgegenstehen, dass M als schlafende Person keine Möglichkeit hatte, sich eines Angriffs zu versehen. Indessen ist insoweit davon auszugehen, dass ein Schlafender zwar kein aktuelles Bewusstsein hat, er seine Arglosigkeit aber gleichsam mit in den schlafenden Zustand genommen hat. Abzustellen ist auf die Zeit, in der das Opfer sich in den schlafenden Zustand begibt. Und zu diesem Zeitpunkt war M arglos. M war folglich zum Zeitpunkt der Tat arglos im Sinne der Definition.

M muss des Weiteren auch wehrlos gewesen sein. Wehrlos ist, wer infolge seiner Arglosigkeit zur Verteidigung außerstande oder in seiner Verteidigung stark eingeschränkt ist. Der M war aufgrund seines schlafenden Zustandes außerstande zur Verteidigung und damit wehrlos.

Schließlich ist erforderlich, dass F diesen Zustand in feindlicher Willensrichtung zur Tötung ausgenutzt hat. Eine feindliche Willensrichtung entfällt nur dann, wenn der Täter in seiner Vorstellung zum Wohle des Opfers handelt; gemeint sind Fälle, in denen der Täter ein todkrankes Opfer von unerträglichen Schmerzen erlösen möchte und es deshalb umbringt. Hiervon kann vorliegend allerdings nicht die Rede sein; F tötet M nicht aus den gerade genannten Gründen. Eine feindliche Willensrichtung auf Seiten der F liegt mithin vor. Die Merkmale der Heimtücke im Sinne der oben genannten Definition sind demnach gegeben.

Es fragt sich indessen, ob die Motivation der F zu ihrer Tat hierbei Berücksichtigung finden kann mit der möglichen Folge einer Ablehnung des Tatbestandes der Heimtücke. F wurde von M jahrelang geschlagen und missbraucht und beging deshalb die Tötung. Insoweit kann von einer seelischen Not- oder Zwangslage mit nachvollziehbaren Motiven gesprochen werden. In Betracht kommt diesbezüglich, neben den gerade genannten Merkmalen noch zusätzlich eine Einengung des Tatbestandes zu fordern. Insoweit wird vertreten, zu den sonstigen Merkmalen noch eine besondere Verwerflichkeit oder aber einen verwerflichen Vertrauensbruch als weiteres Tatbestandsmerkmal der Heimtücke anzunehmen. Dies gäbe die Möglichkeit, in einer Gesamtbetrachtung im Rahmen des Tatbestandes dem Gebot der Verhältnismäßigkeit Rechnung zu tragen und die Fälle auszuscheiden, in denen eine lebenslange Freiheitsstrafe aufgrund der besonderen Umstände unangemessen erscheint. Im vorliegenden Fall wäre demnach zu prüfen, ob die von F begangene Tötung angesichts ihrer Beweggründe und der daraus resultierenden Lage als besonders verwerflich anzusehen ist und / oder aufgrund eines verwerflichen Vertrauensbruches begangen wurde.

Dieser Erwägung der zusätzlichen Einengung des Tatbestandes steht aber das Bestimmtheitsgebot aus Art. 103 Abs. 2 GG entgegen. Die gerade genannten zusätzlichen Merkmale sind in ihrer Formulierung zu unbestimmt und unpräzise, um dem Erfordernis eines Tatbestandsmerkmals zu entsprechen. Merkmale eines gesetzlichen Tatbestandes müssen so präzise gefasst sein, dass ihre Rechtsanwendung nachprüfbar und verständlich ist; unbestimmte Begriffe wie »besonders verwerflich« und »verwerflicher Vertrauensbruch« erfüllen diese Anforderungen nicht. Sie taugen daher nicht zur Spezifizierung der Mordmerkmale und sind folglich als Einschränkungen des § 211 StGB abzulehnen.

Eine Würdigung der Gesamtumstände der Tat kann vielmehr im Rahmen der Rechtsfolgen durchgeführt werden. Der aus dem Grundgesetz folgende Grundsatz der Verhältnismäßigkeit, der die gesamte Rechtsordnung überlagert, gebietet im Falle des heimtückischen Mordes hinsichtlich der Rechtsfolge eine differenzierte Betrachtungsweise. Begeht ein Täter einen heimtückischen Mord, so finden per definitionem seine Beweggründe mit Ausnahme einer feindlichen Willensrichtung grundsätzlich keine Berücksichtigung. Das Merkmal der Heimtücke ist objektiver Natur und beschreibt lediglich die Art der Ausführung der Tat. Liegen nun bei einem Täter nachvollziehbare Gründe, wie etwa eine ausweglose, vom Opfer herbeigeführte seelische Notlage, eine große Verzweiflung oder etwa eine schwere Kränkung und Provokation durch das Opfer vor, so können diese Umstände zwar nicht das Vorliegen des objektiven Merkmals der Heimtücke hindern. Indessen ist der Richter in diesem Fall aufgrund des Verhältnismäßigkeitsprinzips gehalten, im Rahmen der Rechtsfolge die Umstände zu berücksichtigen. Es kann in solchen Fällen ausnahmsweise von der obligatorischen lebenslangen Freiheitsstrafe zugunsten einer Milderung nach § 49 Abs. 1 StGB abgesehen werden.

Mithin wird das Merkmal der Heimtücke im objektiven Tatbestand nicht durch weitere Erfordernisse wie einen verwerflichen Vertrauensbruch oder eine besondere Verwerflichkeit ergänzt. Es bleibt beim Ausnutzen der Arg- und Wehrlosigkeit in feindlicher Willensrichtung. Allerdings kann unter besonderen Umständen im Rahmen der Rechtsfolge von einer lebenslangen Freiheitsstrafe zugunsten einer Milderung nach § 49 Abs. 1 StGB abgesehen werden. Im vorliegenden Fall ist von solchen besonderen Umständen auszugehen. F wurde über Jahre von M geschlagen und missbraucht und wagte aus Angst vor M nicht die Offenbarung bei der Polizei. Angesichts dieser Gegebenheiten ist eine schwere seelische Notlage bei der Täterin anzunehmen mit der Folge, dass im Bereich der Strafzumessung die Möglichkeit der Strafmilderung nach § 49 Abs. 1 StGB besteht, vorausgesetzt, es liegen keine weiteren Mordmerkmale mehr vor.

b) Als weiteres Mordmerkmal kommt hier die Variante der grausamen Tötung in Betracht. Grausam handelt, wer dem Opfer besondere psychische oder physische Leiden zufügt, die nach Stärke und Dauer über das für die Tötung erforderliche Maß hinausgehen. Vorliegend mangelt es am objektiven Erfordernis des Merkmals der Grausamkeit. F fügt dem M keine besonderen physischen oder psychischen Leiden zu, insbesondere erlangt M vor seinem Tod durch die Gase das Bewusstsein nicht wieder mit der Folge, dass die Empfindungsfähigkeit und damit auch die Leidensfähigkeit ausgeschaltet sind. Eine grausame Tötung im Sinne des § 211 Abs. 2 StGB liegt somit nicht vor.

c) Schließlich kommt im objektiven Tatbestand noch das Merkmal der Tötung mit gemeingefährlichen Mitteln in Betracht. Mit gemeingefährlichen Mitteln handelt der Täter dann, wenn er die Wirkungsweise des Tatmittels in der konkreten Situation nicht beherrscht und das Mittel geeignet ist, eine größere Anzahl von Menschen zu gefährden. So zum Beispiel bei einer Brandstiftung in einem Wohnhaus oder einer Explosion oder dem Vergiften des Essens im Kessel einer Gemeinschaftsküche. Im vorliegenden Fall beherrscht die F zwar nach Verlassen des Hauses die Situation nicht mehr. Allerdings sind in keinem Falle mehrere Personen gefährdet, denn F und M bewohnen das Haus alleine. In einem solchen Fall entsteht nicht einmal dann eine gemeine Gefahr, wenn man in Erwägung zieht, dass es unter Umständen zu einer Explosion hätte kommen können. Auch in diesem Fall, zumindest sagt der Sachverhalt nichts Gegenteiliges, wäre lediglich M einer Gefahr ausgesetzt gewesen.

F erfüllt durch ihr Verhalten nicht das Merkmal der Tötung mit gemeingefährlichen Mitteln. Es verbleibt mithin bei der Verwirklichung des Merkmals der Heimtücke.

Subjektiver Tatbestand:

1.) F hatte Vorsatz auf die heimtückische Tötung; sie wusste um alle Umstände der Tat, insbesondere um den die Arg- und Wehrlosigkeit begründenden Schlaf des M.

2.) Hinsichtlich der Mordmerkmale der 1. und 3. Gruppe finden sich im vorliegenden Fall keine Anhaltspunkte für ein Verwirklichen seitens der F.

Rechtswidrigkeit und Schuld:

Rechtfertigungsgründe kommen vorliegend nicht in Betracht.

Es fragt sich, ob zugunsten der F nicht ein entschuldigender Notstand gemäß § 35 Abs. 1 StGB eingreift. Insoweit kann zunächst festgestellt werden, dass aufgrund der jahrelangen Schläge und der sexuellen Misshandlungen eine sogenannte Dauergefahr, die jederzeit in einen Schaden umschlagen konnte, vorlag. Gegen diese Dauergefahr ist grundsätzlich eine Verteidigung von § 35 Abs. 1 StGB möglich, sofern die Gefahr nicht anders abwendbar ist. Letzteres ist im vorliegenden Fall allerdings fraglich.

An die Annahme anderweitiger Abwendbarkeit der Dauergefahr sind nicht zuletzt aus normativen Gründen und zumal dann, wenn die Vernichtung des Rechtsgutes Leben in Frage steht, keine allzu hohen Anforderungen zu stellen. Dem entspricht die Verpflichtung staatlicher Stellen (der Polizei oder etwa auch der Jugendämter) zum wirksamen Einschreiten. Danach gilt: Die von einem »Familientyrannen« aufgrund seiner immer wiederkehrenden Gewalttätigkeiten ausgehende Dauergefahr für eines oder mehrere Familienmitglieder ist regelmäßig im Sinne des § 35 Abs. 1 StGB anders abwendbar als durch die Tötung des Tyrannen, indem nämlich Hilfe Dritter, namentlich staatlicher Stellen, in Anspruch genommen wird. F hätte sich mithin im vorliegenden Fall an die Polizei wenden können und müssen, um so die Gefahr abzuwenden. Eine Berufung auf § 35 Abs. 1 StGB ist F somit verschlossen. F handelte damit insgesamt schuldhaft.

Ergebnis: F ist zu bestrafen wegen heimtückisch begangenen Mordes aus § 211 StGB. Wie oben erläutert besteht angesichts der Gesamtumstände des Falles die Möglichkeit, die lebenslange Freiheitsstrafe gemäß § 49 Abs. 1 StGB in eine Freiheitsstrafe nicht unter drei Jahren umzuwandeln.

Fall 2

Der Feigling und der Blinde

A möchte, dass sein Erzfeind F das Zeitliche segnet. Da er zur Begehung einer entsprechenden Tat selbst nicht genügend Mut hat, überredet er seinen Bekannten B mithilfe einer hohen Belohnung, den F umzubringen.

A händigt dem B ein Foto des F aus, gibt ihm dessen Adresse und meint zu B, mit einer anständigen Knarre dürfe das Ganze kein Problem sein. Einige Tage später begibt sich B mit einer Pistole zum Haus des F und wartet auf der gegenüberliegenden Straßenseite. Als dann ein Mann, der dem F sehr ähnlich sieht, aus der Haustür kommt, schießt B im Glauben, den F vor sich zu haben, der Person in Tötungsabsicht in die Brust. Bei dem Mann handelt es sich indessen um den Hausbewohner H, der bewusstlos zu Boden geht und später von einem Notarzt gerettet wird. B hatte die Person für tot gehalten und war geflüchtet.

Strafbarkeit von A und B? Hinweis: Der § 211 StGB bleibt außer Betracht.

Schwerpunkte: Versuchte Tötung, Verhältnis zur vollendeten Körperverletzung; gefährliche Körperverletzung nach § 224 Abs. 1 StGB; Abgrenzung error in persona / Tatbestandsirrtum; Anstiftung zur Tötung; Aufbau einer Versuchsprüfung; Aufbau einer Teilnahmeprüfung.

Lösungsweg

Vorab: Jetzt wird es im Vergleich zum vorherigen Fall ungleich kniffliger, denn zunächst einmal haben wir es nicht mehr nur mit einem, sondern mit ***zwei*** Beteiligten (Begriff: § 28 Abs. 2 StGB) zu tun, was gerade bei den Anfängern beachtliche Angstzustände hinsichtlich der aufbaumäßigen Darstellung hervorruft. Des Weiteren hat die hier beabsichtigte Tötung nicht nur nicht geklappt (= Versuch), sondern auch noch ein Objekt getroffen, das der Täter irrtümlich verwechselt hat (= Irrtumsproblem). All das in einen vernünftigen Aufbau zu bringen und inhaltlich zutreffend zu lösen, ist schwierig genug, sodass wir uns in diesem Fall die Prüfung eines möglicherweise noch in Betracht kommenden Mordes vorläufig verkneifen. Und deshalb steht da oben in der Fallfrage auch, dass § 211 StGB außer Betracht bleibt. Wir werden jetzt neben den materiellen Inhalten aus dem Besonderen Teil vor allem auch einige Grundregeln aus dem ***Allgemeinen Teil*** des StGB lernen bzw. wiederholen, ohne die eine klausurgerechte Erarbeitung der Delikte gegen das Leben und gegen den Körper redlicherweise nicht möglich ist (umfassend zum AT: *Schwabe*, »Lernen mit Fällen«, Strafrecht, Allgemeiner Teil).

Und zu diesen Grundregeln gehören in jedem Falle eine ***Versuchsprüfung***, die Prüfung einer ***Teilnahme*** und auch das Kennenlernen der Rechtsfigur des **»error in persona«**. Damit müssen wir lernen zu arbeiten, und um auch von Anfang an den Überblick zu behalten, teilen wir die Prüfung nun in ***zwei*** Abschnitte ein: Zunächst werden wir uns sehr sorgfältig ansehen, wie sich der B strafbar gemacht hat, um dann erst im zweiten Schritt den A zu untersuchen. Mit dem B übrigens müssen wir sogar anfangen, und zwar aus zweierlei Gründen:

→ Zum einen ist der B der sogenannte »**Tatnächste**«, das bedeutet, die Person, die die in Betracht kommende Tat in seiner Person im Zweifel vollständig verwirklicht, sprich die Tathandlung ausgeführt hat.

→ Zum anderen folgen wir mit diesem Aufbau der Regel, dass Täterschaft (des B) stets vor Teilnahme (des A) zu prüfen ist. Man kann, wie wir später noch genauer sehen werden, eine Teilnahme immer erst dann prüfen, wenn man die entsprechende Haupttat festgestellt hat. Die Teilnahme ist stets abhängig von der Haupttat (das nennt man ***akzessorisch***).

Strafbarkeit des B durch den Schuss auf den H

§§ 212 Abs. 1, 22, 23 Abs. 1, 12 Abs. 1 StGB (versuchter Totschlag an H)

Vorprüfung:

1.) Die Tat ist nicht vollendet, der H überlebt.

2.) Die Versuchsstrafbarkeit ergibt sich aus den §§ 23 Abs. 1, 12 Abs. 1 StGB.

Beachte: Diese ***Vorprüfung*** darf beim Versuch keinesfalls vergessen werden. Kaum etwas ist peinlicher, als seitenweise eine Versuchsstrafbarkeit zu erörtern und leider gleich am Anfang zu übersehen, dass der Versuch des entsprechenden Delikts gar nicht strafbar ist. Der Autor dieser Zeilen hat schon Examenshausarbeiten korrigiert, in denen stolze 22 Seiten (!) über eine versuchte Untreue (§ 266 StGB) diskutiert wurde, weil der Kandidat schlicht übersehen hatte, dass die Untreue im Versuch gar nicht strafbar ist (Note?!). Wann ein Versuch strafbar ist, steht übrigens in **§ 23 Abs. 1 StGB**. Bitte die Vorprüfung deshalb ab sofort nicht mehr vergessen, es ist nur ein geringer Aufwand. Der ***Aufbau*** einer Versuchsprüfung unterscheidet sich neben dieser gerade genannten Vorprüfung bekanntermaßen auch sonst von dem Aufbau eines vollendeten Delikts: Man beginnt – nach der Vorprüfung – stets mit dem subjektiven Tatbestand (der heißt dann »**Tatentschluss**«) und schaltet danach erst den objektiven Tatbestand hinterher (heißt dann **»unmittelbares Ansetzen zur Tatbestandsverwirklichung«**). Und das geht so:

I. Tatentschluss:

Der Tatentschluss beinhaltet den Vorsatz gerichtet auf sämtliche objektiven Tatbestandsmerkmale sowie die etwaigen besonderen Absichten (also z.B. die Zueignungsabsicht bei § 242 StGB). Unser B muss also Vorsatz auf die objektiven Tatbestandsmerkmale des § 212 StGB gehabt haben.

Problem: B wollte den F erschießen, täuscht sich aber über die Identität des von ihm anvisierten Objekts, das ist nämlich der H. In Betracht kommt deshalb ein ***Tatbestandsirrtum*** gemäß **§ 16 Abs. 1 StGB**. Dann muss B Umstände, die zum gesetzlichen Tatbestand gehören, nicht gekannt haben (bitte lies: § 16 Abs. 1 Satz 1 StGB). Der »gesetzliche Tatbestand«, der in § 16 Abs. 1 Satz 1 StGB benannt und gemeint ist, ist der objektive Tatbestand der jeweiligen Norm, hier also von § 212 Abs. 1 StGB. Diesen gesetzlichen Tatbestand aber hat B gekannt, denn: § 212 Abs. 1 StGB verlangt in seinem objektiven Tatbestand die »Tötung eines Menschen«. Und genau das wollte (= kannte) unser B auch. Dass er sich über die Identität seines anvisierten Objektes »Mensch« irrt, spielt keine Rolle, denn in § 212 Abs. 1 StGB steht nur »Mensch«, und nicht wie der Mensch heißen muss oder wer das genau sein soll. Und weil B auf einen bestimmten Menschen zielt und den auch trifft, hatte unser B Vorsatz auf die »Tötung eines Menschen« im Sinne des § 212 StGB.

B unterliegt demnach zwar einem Irrtum, hierbei handelt es sich aber um einen unbeachtlichen Irrtum über das Handlungsobjekt (lateinisch: ***error in objecto vel persona***). Ein solcher liegt vor, wenn das Angriffs- und das Verletzungsobjekt identisch sind, der Täter sich aber über die Identität des Tatobjekts oder der Person geirrt hat. Dieser Irrtum schließt den Tatbestandsvorsatz gemäß § 16 Abs. 1 StGB nicht aus (BGHSt **37**, 214; S/S-*Sternberg-Lieben/Schuster* § 15 StGB Rz. 59; *Fischer* § 16 StGB Rz. 5 *Roxin* in JZ 1991, 680; *Geppert* in Jura 1992, 168; *Wessels/Beulke/Satzger* AT Rz. 247/249).

Merke: Hinsichtlich der Beachtlichkeit des Irrtums über das Handlungsobjekt kommt es darauf an, ob sich die strafrechtliche Beurteilung ändern würde, wenn die Vorstellung des Täters zuträfe. Wäre der H, so wie B dachte, der F gewesen, hätte sich die strafrechtliche Beurteilung des B aber ***nicht*** geändert. Auch dann wäre B wegen versuchten Totschlages zu belangen gewesen, denn auch der F hätte das Merkmal »Mensch« verwirklicht. Der Irrtum des B war also unbeachtlich. Alles klar!?

ZE.: B hatte Tatentschluss zu § 212 Abs. 1 StGB.

II. Unmittelbares Ansetzen zur Tatbestandsverwirklichung:

Der Täter setzt dann unmittelbar zur Tatbestandsverwirklichung im Sinne des § 22 StGB an, wenn er subjektiv die Schwelle zum »jetzt geht es los« überschritten und objektiv zur tatbestandsmäßigen Angriffshandlung angesetzt hat (*Fischer* § 22 StGB Rz. 7; *Wessels/Beulke/Satzger* AT Rz. 598). Unstreitig ist das unmittelbare Ansetzen erfüllt, wenn der Täter bereits ein Tatbestandsmerkmal – etwa die Ausführungshandlung – erfüllt hat. Und das ist bei uns der Fall, denn B hat bereits geschossen und mithin die nach seiner Vorstellung notwendige Tathandlung ausgeführt.

Wirklich problematisch ist die Frage nach dem unmittelbaren Ansatz im Sinne des § 22 StGB etwa dann, wenn noch kein Merkmal des Tatbestandes erfüllt ist. **Beispiel:** In unserem Fall hätte B noch nicht geschossen, sondern stünde in Erwartung des F auf der Straße, als die Polizei ihn entdeckt und festnimmt. In diesem Falle hat B noch keinerlei Ausführungshandlung vorgenommen. Ist das jetzt schon ein strafbarer Versuch oder handelt es sich noch um eine straflose Vorbereitungshandlung? Einzelheiten dazu etwa bei *Wessels/Beulke/Satzger* AT Rz. 598 ff.

Hier bei unserer Fallgestaltung ist das aber kein Problem, wie gesagt, B hat schon geschossen und damit die nach seiner Vorstellung nötige Ausführungshandlung getätigt.

<u>ZE.</u>: Der unmittelbare Ansatz zu § 212 Abs. 1 StGB liegt vor.

<u>ZE.</u>: Damit liegt der Tatbestand des versuchten Totschlages vor.

Rechtswidrigkeit und **Schuld** begegnen keine Bedenken.

Ergebnis: B hat sich wegen versuchten Totschlags an H gemäß den §§ 212, 22, 23, 12 Abs. 1 StGB strafbar gemacht.

> **Beachte:** Viele Kandidaten beenden jetzt, nachdem sie die versuchte Tötung bejaht haben, die gesamte Prüfung. Und zwar deshalb, weil sie leider übersehen, dass in einer versuchten Tötung in der Regel immer auch eine ***vollendete Körperverletzung*** enthalten ist. Diesen Fehler sollte man nicht (mehr) machen, sondern vielmehr im konkreten Fall stets darauf achten, ob der Tötungsversuch eine Beeinträchtigung der körperlichen Unversehrtheit des Opfers zur Folge hatte. Häufig werden Klausuren im Bereich der Tötungsdelikte nämlich so gestellt, dass die Probleme nicht nur bei der Tötung selbst liegen, sondern auch in der von den Studenten zumeist vernachlässigten Körperverletzung verborgen sind. Und wenn man das dann übersieht, ist der Weg für eine gute Note regelmäßig verbaut. Das soll in Zukunft natürlich nicht mehr vorkommen, und deshalb werfen wir jetzt hier mal einen Blick auf die Körperverletzungsdelikte und fahren in der Prüfung fort mit…

§§ 224 Abs. 1 Nrn. 2, 5, 223 StGB (gefährliche Körperverletzung)

Aufbauhinweise: Die gefährliche Körperverletzung aus § 224 StGB ist eine echte Qualifikation zur einfachen Körperverletzung aus § 223 StGB. Diese Kombination

Grundtatbestand (§ 223 StGB) – Qualifikation (§ 224 StGB) kommt im StGB sehr häufig vor. Sie bedeutet, dass das Grunddelikt von seinen Voraussetzungen her immer in der Qualifikation mitenthalten ist, diese Qualifikation dann aber noch eine oder mehrere weitere Voraussetzungen beinhaltet, die das Verhalten des Täters sozusagen noch ein bisschen schlimmer machen (= qualifizieren).

Kommt nun in einer Klausur oder Hausarbeit eine solche Konstruktion in Betracht (so wie jetzt z.B. bei uns), kann man ***drei*** verschiedene Aufbaumuster wählen, um das Ganze vernünftig darzustellen:

1.) Der souveräne Kandidat fasst die Erörterung beider Tatbestände – Grunddelikt und Qualifikation – in ***einer*** Prüfung zusammen, und zwar so: Man schreibt beide Delikte in einen Obersatz (wichtig) und prüft dann in ***einem*** Tatbestand zunächst die Voraussetzungen des Grunddelikts und sogleich im Anschluss (im gleichen Tatbestand) die weiteren Voraussetzungen der Qualifikation. Hat man dies beendet, kann man Rechtswidrigkeit und Schuld für beide abhaken, und fertig.

2.) Der nicht ganz so souveräne, dafür aber vor allem gründlich arbeitende Kandidat hat auch beide Tatbestände in den Obersatz geschrieben, prüft aber zunächst dann den Grundtatbestand ***vollständig*** durch (also mit RW und Schuld) und setzt daran die Erörterung der Qualifikation, wobei ein neuer zweiter Obersatz gebildet wird, in dem dann die Qualifikation alleine erscheinen kann.

3.) Nach einer dritten Variante schließlich startet man alleine mit dem Grunddelikt – also auch im Obersatz – und schaltet erst später die Qualifikation nach.

> **Klausurtipp:** Sämtliche Varianten sind in gleicher Weise machbar und vor allem **»richtig«**. Aber auch hier gilt wieder, wie schon in Fall Nr. 1 erläutert, dass der Aufbau einer Klausur ***niemals*** im Text erklärt werden darf, man macht es einfach, sprich, man entscheidet sich – ohne Erläuterung – für eine der aufgezeigten Möglichkeiten.

Wir z.B. wählen hier jetzt die erste der gerade vorgestellten Varianten:

I. Tatbestand (A: objektiv):

1.) Eine Körperverletzung im Sinne des § 223 StGB auf Seiten des H liegt problemlos vor; B hat den H mit einem Schuss in die Brust getroffen.

2.) In Betracht kommt angesichts der Verwendung der Pistole sowohl die Verwirklichung der Nr. 2 als auch der Nr. 5 des § 224 Abs. 1 StGB (bitte mal nachlesen).

Ohne Probleme erfüllt B durch den Schuss die Nr. 2, denn er verwendet eine Waffe zur Ausführung der Körperverletzung. Eine Körperverletzung mittels einer das Leben gefährdenden Behandlung im Sinne der Nr. 5 des § 224 Abs. 1 StGB kann hier ebenfalls zwanglos angenommen werden; B schießt dem H mit einer Pistole in die Brust (!).

ZE.: Der objektive Tatbestand der gefährlichen Körperverletzung aus den §§ 224 Abs. 1 Nrn. 2 und 5, 223 Abs. 1 StGB liegt vor.

B: Subjektiver Tatbestand:

B muss hinsichtlich der Merkmale des objektiven Tatbestandes gemäß § 15 StGB auch ***vorsätzlich*** gehandelt haben. Und das begegnet auf den ersten Blick Bedenken, denn B wollte den H nicht verletzen, sondern vielmehr töten. Es fragt sich insoweit, wie sich der Umstand, dass B den H tatsächlich nicht erschossen, sondern nur verletzt hat, auf den Verletzungsvorsatz des B auswirkt.

Lösung: Das kann natürlich nicht sein, dass derjenige, dessen Tötungsvorhaben nicht geklappt hat, wegen der eingetretenen Verletzung beim Opfer straffrei ausgeht. Und damit das nicht passiert, merken wir uns zunächst die Regel, dass der Tötungsvorsatz den Verletzungsvorsatz als »notwendiges Durchgangsstadium« immer mitumfasst (BGHSt **44**, 196, 199 unter Hinweis auf BGHSt **16**, 121; *Fischer* § 211 StGB Rz. 107; *Lackner/Kühl* § 212 StGB Rz. 8; S/S-*Eser/Sternberg-Lieben* § 212 StGB Rz. 17; LK/*Lange* § 212 StGB Rz. 17). Streitig ist das hingegen in Bezug auf die schwere Körperverletzung nach § 226 StGB, vgl. dazu BGH NStZ **1997**, 233.

In unserem Fall haben wir keine schwere Körperverletzung nach § 226 StGB, sondern lediglich eine gefährliche nach **§ 224 StGB** mit der Folge, dass der Tötungsvorsatz des B einen Körperverletzungsvorsatz nach § 224 StGB mitumfasst. Und beachte zudem, dass auch hier der Irrtum des B über die Identität seines Opfers dann natürlich unbeachtlich ist; B wollte ***diesen***, vor ihm stehenden Menschen verletzen (töten), und das hat ja auch geklappt. Deshalb liegt auch in Bezug auf die §§ 223, 224 StGB kein Tatbestandsirrtum nach § 16 Abs. 1 StGB vor.

Rechtswidrigkeit und **Schuld** bereiten keine Probleme. Damit hat B die Strafe nach den §§ 224 Abs. 1 Nrn. 2 und 5, 223 Abs. 1 StGB grundsätzlich verwirkt.

Problem zum Schluss (Konkurrenzen):

Es stellt sich jetzt noch die immer wieder auftauchende Frage, in welchem Konkurrenzverhältnis die versuchte Tötung zur vollendeten Körperverletzung steht.

Dieses »Konkurrenzverhältnis« gibt Auskunft darüber, welche Straftaten nachher beim Urteil im Schuldausspruch erscheinen und anhand welcher Straftaten das Gericht die Strafe bemisst (S/S-*Sternberg-Lieben/Bosch* Vor § 52 StGB Rz. 134). Das müssen nicht immer alle verwirklichten Taten sein; es kommt nämlich z.B. vor, dass ein Täter mit einer Handlung mehrere Strafgesetze auf einmal verwirklicht, es aber nicht gerecht wäre, ihn wegen aller verwirklichten Gesetze zu bestrafen. Das kann etwa daran liegen, dass in der Strafe des einen Gesetzes der Unwert eines anderen, auch noch verwirklichten Gesetzes schon enthalten ist.

Beispiel: Wer einen Einbruchsdiebstahl nach § 244 Abs. 1 Nr. 3 StGB begeht, verwirklicht in der Regel immer auch einen Hausfriedensbruch nach § 123 StGB, weil er ja in die Wohnung eingebrochen ist. Trotzdem wird der Täter in diesem Fall nicht mehr wegen Hausfriedensbruchs bestraft (obwohl er ihn begangen hat), denn in der deutlich höheren Strafdrohung des § 244 Abs. 1 Nr. 3 StGB ist der Unwert dieses Delikts mitenthalten; man sagt dann, der Hausfriedensbruch tritt im Wege der Konkurrenz hinter dem Einbruchsdiebstahl zurück (*Fischer* § 244 StGB Rz. 53).

In der Regel nun braucht sich der Klausurschreiber mit dieser Geschichte der Konkurrenzen nicht zu befassen, denn genau genommen geht es hierbei nicht mehr um die in den Arbeiten gestellte Frage nach der »Strafbarkeit« der Beteiligten; die Konkurrenz mehrerer Straftaten zueinander betrifft vielmehr die Frage nach der ***Strafbemessung***, und die ist für Studenten normalerweise nicht prüfungsrelevant.

Weiß man allerdings Bescheid, schadet es in keinem Falle, dies dem Prüfer dann auch – in gebotener Kürze – mitzuteilen. Meist genügt dann schon ein einziger Satz, um Sonderpunkte abzukassieren. Und genau so ist das hier beim Verhältnis der versuchten Tötung zur vollendeten gefährlichen Körperverletzung, und zwar aus folgenden Gründen: Bis vor einigen Jahren war mega-streitig, ob der Unwert der vollendeten Körperverletzung in einer versuchten Tötung mitenthalten sei; der BGH meinte: **Ja** (BGHSt **21**, 265), die herrschende Meinung sagte: **Nein** (S/S-*Eser*, 25. Auflage, § 212 StGB Rz. 23). Irgendwann wurde es dem BGH dann zu bunt, und er hat sich (am 24.09.1998**)** der herrschenden Meinung in der Literatur angeschlossen – seitdem gilt unstreitig Folgendes (BGHSt **44**, 196):

> Der Unwert einer vollendeten Körperverletzung ist ***nicht*** bereits in der Bestrafung wegen einer versuchten Tötung enthalten. Die beiden Taten bestehen vielmehr nebeneinander und werden gemäß **§ 52 StGB** als ***Tateinheit*** gemeinsam bestraft; die vollendete Körperverletzung tritt nicht hinter dem versuchten Totschlag zurück (BGHSt **44**, 196; S/S-*Eser/Sternberg-Lieben* § 212 StGB Rz. 23; *Maatz* in NStZ 1995, 210; *Schröder* in JZ 1967, 709).

In der Klausur kann und sollte man das dann dem Prüfer auch sagen, dafür gibt es – wie gesagt – Sonderpunkte. Wie und wo in der Klausur man das hinschreibt, steht weiter unten im Gutachten zum Fall. Lesen.

Die versuchte Tötung und die vollendete gefährliche Körperverletzung stehen in Tateinheit gemäß § 52 StGB zueinander und finden demnach beide bei der Strafbemessung Berücksichtigung und erscheinen auch im Schuldspruch.

Ergebnis: B hat sich strafbar gemacht wegen versuchter Tötung und vollendeter gefährlicher Körperverletzung, beides begangen an H. Die beiden Taten stehen im Verhältnis der Idealkonkurrenz gemäß § 52 StGB zueinander.

Aufbau! So, jetzt kommt der 2. Abschnitt der Prüfung; wir müssen klären, wie sich denn unser A an den Taten des B beteiligt hat. Wir hatten ganz oben schon gesagt, dass vor einer Teilnahmeprüfung immer erst der Haupttäter untersucht werden muss, denn es gilt die Regel: Täterschaft vor Teilnahme. Und deshalb haben wir auch zunächst den B vollständig durchgeprüft, das Ergebnis steht ein paar Zeilen höher. Und an diesem Ergebnis richten wir jetzt die Prüfung des A aus:

Strafbarkeit des A

§§ 26, 212 Abs. 1, 22, 23 Abs. 1, 12 Abs. 1 StGB (Anstiftung zum versuchten Totschlag)

Vorab: Im Verhältnis der Teilnahmeformen Anstiftung und Beihilfe gilt die Reihenfolge, dass die Anstiftung der Beihilfe stets vorgeht. Liegt eine Anstiftung vor, ist eine Beihilfe grundsätzlich ausgeschlossen und darf folglich dann auch in der Klausur nicht mehr geprüft werden. Bitte merken.

Angst vor der Prüfung einer Anstiftung (oder auch einer Beihilfe) braucht man im Übrigen nicht zu haben. Die einzelnen Prüfungspunkte ergeben sich nämlich durch ***Ablesen*** des ***Gesetzestextes***, man muss sie also nicht mal auswendig lernen. Erforderlich ist freilich, dass man das Gesetz dann bitte auch tatsächlich nachliest, in unserem Fall somit **§ 26 StGB**, der die Anstiftung als Straftatbestand normiert. Die Prüfung selber vollzieht sich dann in den gleichen Bahnen, die wir schon vom herkömmlichen Deliktsaufbau kennen, und zwar mit der Einteilung in einen *objektiven* und einen *subjektiven* Tatbestand.

Und wie das geht, schauen wir uns jetzt an:

I. Tatbestand (A: objektiv):

1.) Eine vorsätzliche und rechtswidrige Haupttat liegt vor (bitte lesen: § 26 StGB). Diese vorsätzliche rechtswidrige Haupttat ist der von B begangene versuchte Totschlag an H nach den §§ 212, 22, 23, 12 Abs. 1 StGB.

2.) A muss den B zu dieser Tat »**bestimmt**« haben (bitte lesen: § 26 StGB).

> **Definition:** ***Bestimmen*** im Sinne des § 26 StGB bedeutet das Hervorrufen des Tatentschlusses (BGHSt **45**, 373; BGH NStZ **2008**, 42; *Fischer* § 26 StGB Rz. 3; S/S-*Heine/Weißer* § 26 StGB Rz. 4; *Wessels/Beulke/Satzger* AT Rz. 568).

A muss demnach durch sein Verhalten in B den Entschluss zur begangenen Tat hervorgerufen haben. A weckt unter Inaussichtstellung einer hohen Belohnung in B den Entschluss zur Begehung der Tat. Die Tatsache, dass B nicht auf den F, sondern auf den H schießt, spielt bei diesem objektiven Tatbestandsmerkmal noch keine Rolle. Es kommt alleine darauf an, dass der Anstifter – **objektiv** – beim Haupttäter den Entschluss zur Begehung der entsprechenden konkreten Tat hervorgerufen hat. Dass A selbstverständlich wollte, dass B den F erschießt, ist im Rahmen des objektiven Merkmals »Bestimmen« noch unbeachtlich. Hier müssen wir nur prüfen, ob der Anstifter objektiv ursächlich für die später begangene Tat gewesen ist (S/S-*Heine* § 26 StGB Rz. 4). Und das war der A ohne Frage, denn B schießt nur deshalb auf die anvisierte Person, weil A in ihm den Entschluss zur Begehung hervorgerufen hat.

Beachte noch: Im Rahmen des Merkmals des Bestimmens tauchen dann Probleme auf, wenn man z.B. einen bereits zur Tat entschlossenen Täter (*omni modo facturus*) oder auch einen nur zum Grunddelikt entschlossenen Täter zur Qualifikation anstiften will (sogenannte »Aufstiftung«). Bei diesen Tätern kann man keinen Entschluss mehr hervorrufen, die haben den ja schon (Einzelheiten zu den Fragen bei S/S-*Heine/Weißer* § 26 StGB Rz. 7 und *Wessels/Beulke/Satzger* AT Rz. 569).

ZE.: Der objektive Tatbestand der Anstiftung zum versuchten Totschlag liegt auf Seiten des A vor.

B: Subjektiver Tatbestand:

Durchblick: Jetzt im subjektiven Tatbestand der Anstiftung muss man den sogenannten **»doppelten Teilnehmervorsatz«** prüfen. Und das ist eigentlich ganz einfach, denn wir prüfen hier gemäß § 15 StGB schlicht, ob der Anstifter den Vorsatz auf die objektiven Tatbestandsmerkmale hatte. Und da bei der Anstiftung im objektiven Tatbestand immer nur zwei Merkmale vorkommen (siehe soeben!), kann der Vorsatz sich auch nur auf diese beiden Merkmale beziehen. Deshalb: **Doppelter** (= auf zwei Merkmale bezogener) **Anstiftervorsatz**. Kapiert!?

1.) Wir benötigen also zunächst den Vorsatz auf die vom Haupttäter begangene vorsätzliche rechtswidrige Haupttat (vgl. oben im objektiven Tatbestand die Nr. 1). Diese Haupttat war der versuchte Totschlag, den unser Haupttäter B an H begangen hat.

Und hier stellen sich gleich zwei Fragen, die wir beantworten müssen, nämlich:

a) Wie wirkt es sich auf den Anstiftervorsatz des A aus, dass die Tat des Haupttäters nicht vollendet wurde, sondern im Versuch stecken geblieben ist; A wollte fraglos die Vollendung.

Antwort: Der Vorsatz des Anstifters, der sich grundsätzlich immer auf die Vollendung der Haupttat richten muss (ansonsten strafloser »agent provocateur«, vgl. *Fischer* § 26 StGB Rz. 8), umfasst ***unstreitig*** immer auch den Versuch des Haupttäters. Bleibt die Haupttat lediglich im Versuchsstadium stecken, ist dieser Versuch als ein »Weniger« im umfassenderen Vollendungsvorsatz des Anstifters enthalten (*Lackner/Kühl* § 26 StGB Rz. 7). Merken.

b) Wie wirkt es sich auf den Anstiftervorsatz des A aus, dass B nicht, wie von A beabsichtigt, auf den F, sondern irrtümlich auf den H geschossen hat?

Antwort: Wir haben oben festgestellt, dass der B bei seiner Tat einem unbeachtlichem *error in persona* unterliegt, der seine Strafbarkeit wegen versuchten Totschlages (genauer: seinen Vorsatz) nicht berührt. Es fragt sich, ob dies auch für den Vorsatz des

Anstifters gilt, und das ist eine im Rahmen der Tötungsdelikte außerordentlich streitige Frage; Folgendes wird vertreten:

- Nach ***einer Meinung*** muss der Anstifter die konkrete Tat in seine Vorstellung aufgenommen haben. Tötet der Täter ein anderes Objekt als das vom Anstifter beabsichtigte, weicht die Tat in einem entscheidenden Punkt von seiner Vorstellung ab mit der Folge, dass die Anstiftung nicht gelungen ist. Es soll sich dann um einen Fall der ***aberratio ictus*** (= Fehlgehen der Tat) handeln (SK/*Rudolphi* § 16 StGB Rz. 30; *Lackner/Kühl* § 26 StGB Rz. 6; *Müller* in MDR 1991, 830; *Roxin* in JZ 1991, 680; *Bemmann* in MDR 1958, 817; *Jescheck/Weigend* AT § 64 II 4; *Stoffers* in JuS 1993, 837; *Otto* in JuS 1982, 557; differenzierend LK/*Schünemann* § 26 Rz. 89).

Folge: Der Vorsatz des Anstifters entfiele, da die vom Haupttäter ausgeführte Tat so vom Anstifter nicht gewollt war. Es läge dann nur eine versuchte Anstiftung zum versuchten Totschlag nach § 30 Abs. 1 StGB (Vorschrift lesen) und gegebenenfalls noch eine fahrlässige Körperverletzung für A vor.

- Nach ***anderer Ansicht*** ist für den Anstifter nur entscheidend, dass er den Täter zur Tötung *eines Menschen* bestimmt hat. Dies sei der im Gesetz geforderte tatbestandsmäßige Erfolg; dass der Haupttäter eine andere Person als die vom Anstifter beabsichtigte tötet, spiele keine Rolle. Der Anstifter trage genauso wie der Täter das Risiko der Personenverwechslung, sofern diese Verwechselung sich innerhalb der allgemeinen Lebenserfahrung bewegt (BGHSt **37**, 214; *Fischer* § 26 StGB Rz. 14; MK/*Joecks* § 26 StGB Rz. 84; *Wessels/Beulke/Satzger* AT Rz. 579; S/S-*Heine/Weißer* § 26 Rz. 26; *Puppe* in NStZ 91, 124; *Streng* in JuS 1991, 910; *Geppert* in Jura 1992, 167; *Küpper* in JR 1992, 294; *Zieschang* in ZStW 107, 365).

Folge: Der Vorsatz des Anstifters A wird durch die Verwechselung des B nicht betroffen. A wäre nach dieser Variante wegen vollendeter Anstiftung zu der Haupttat des B zu bestrafen.

Dieser Meinungsstreit beeinflusst den weiteren Lösungsweg und muss deshalb entschieden werden. Und hierbei sprechen die besseren Argumente für die letztgenannte Auffassung, die den Vorsatz des Anstifters trotz Objektverwechselung des Haupttäters unberührt lässt, nämlich:

Es ist nicht einsichtig, warum ein beim Haupttäter unbeachtlicher Irrtum den Vorsatz des Anstifters hingegen aufheben soll. Der Anstifter muss sich diesen Irrtum vielmehr ***zurechnen*** lassen, denn er ist der entfernte ***Urheber*** der Tat und hat mit seinem Verhalten diesen Irrtum mitverursacht, sozusagen vorprogrammiert (BGHSt **37**, 214; S/S-*Heine/Weißer* § 26 StGB Rz. 23). Es handelt sich bei einem solchen Irrtum grundsätzlich ***nicht*** um eine aus der Sicht des Anstifters relevante Abweichung vom vorgestellten Kausalablauf; etwas anderes kann nur gelten, wenn besondere Umstände hinzutreten. Beschreibt der Anstifter die Person des in

Aussicht genommenen Tötungsopfers nach ihrem Aussehen und bestimmten anderen Merkmalen, so entspricht das nachfolgende Geschehen am Tatort trotz Objektverwechselung in seinen wesentlichen Grundzügen auch dem Vorstellungsbild des Anstifters, da dieser davon ausgeht, dass der Angestiftete diejenige Person angreift und tötet, auf die die Beschreibung passt. Unterläuft dem Täter, der weisungstreu handeln will, bei der ihm überlassenen Durchführung der Tat ein Fehler im Sinne einer Verwechselung, so muss sich der Anstifter dies zurechnen lassen, sofern die Verwechselung sich unter den gegebenen Umständen noch in den Grenzen hält, was nach allgemeiner Lebenserfahrung vorhersehbar ist (*Wessels/Beulke/Satzger* AT Rz. 579; S/S-*Heine/Weißer* § 26 StGB Rz. 23). Die Meinung, die hier die Regeln der aberratio ictus anwenden will, übersieht, dass die Tat weder aus der Sicht des Haupttäters noch aus der Sicht des Anstifters fehlgegangen ist. Das vom Haupttäter anvisierte Objekt ist auch getroffen worden, und zwar nach dem auch vom Anstifter unterstützten Plan. Dass der Haupttäter sich im Rahmen dieses auch vom Anstifter unterstützten Plans über die Identität des Opfers irrt, macht die Tat nicht zu einer fehlgeleiteten (BGHSt **37**, 214).

Beachte: Trotz dieser Argumentation kann man hier natürlich auch die andere Auffassung vertreten, immerhin gibt es, wie wir gesehen haben, eine ganze Reihe von Stimmen in der Wissenschaft, die das tun. Welcher Ansicht man folgt, ist deshalb auch im besten Sinne des Wortes »gleichgültig«. Weiter unten im Gutachten kann man übrigens nachlesen, wie die Streitdarstellung in der konkreten Klausursituation aussehen muss. Nachlesen schadet nicht.

Und jetzt zurück zur Lösung:

<u>ZE.</u>: Der Irrtum des B über die Identität des anvisierten Objekts ist nach der hier verfolgten Auffassung für unseren Anstifter A bzw. seinen Vorsatz unbeachtlich. A hatte Vorsatz auf die von B begangene Tat.

> **Feinkostabteilung:** Bei der gerade von uns bearbeiteten Fall-Konstellation handelte es sich um den oberberühmten »**Rose-Rosahl**«–Fall, den das »Preußische Obertribunal« am 05. Mai 1859 (!) entschieden hat (→ GA **7**, 322); der BGH hat am 25. Oktober 1990 – also 130 Jahre später (!) – die in diesem Urteil gefundene Rechtsauffassung bestätigt (BGHSt **37**, 214).

2.) Im Übrigen benötigen wir neben dem eben erörterten Vorsatz auf die Haupttat nun noch den ***Vorsatz*** auf das »Bestimmen« im Sinne des § 26 StGB, also auf die Handlung, mit der A dies verwirklicht. Das ist aber kein Problem, denn A wusste, was er tat, als er den B zur Begehung der Tat mit der Belohnung überredete.

<u>ZE.</u>: A hatte auch Vorsatz auf das »Bestimmen« im Sinne des § 26 StGB.

<u>ZE.</u>: Damit hat A den doppelten Anstiftervorsatz im Sinne des § 26 StGB.

Rechtswidrigkeit und ***Schuld*** waren ohne weitere Fragen zu bejahen.

Erg.: Damit hat sich A wegen Anstiftung zum versuchten Totschlag gemäß den §§ 212, 22, 23, 12 Abs. 1, 26 StGB strafbar gemacht.

§§ 26, 224 Abs. 1 Nr. 2 und 5, 223 Abs. 1 StGB (Anstiftung zur gefährlichen Körperverletzung)

In Konsequenz des oben bei B Geprüften (zum Aufbau der Anstiftung, siehe dort) musste hier noch gewürdigt werden, dass A auch zur gefährlichen Körperverletzung angestiftet hat. Für A gilt ebenso wie für B, dass sein Anstiftervorsatz hinsichtlich der Tötung eine Körperverletzung mitbeinhaltet. Insbesondere wusste A aufgrund seines Hinweises auf eine »anständige Knarre«, dass B die Tat mit einer Waffe ausführen würde.

Durchblick: Bezüglich des Problems der Objektverwechselung gilt hier natürlich das Gleiche, wie oben bei der Tötung schon mitgeteilt: Der Irrtum des B über das Objekt ist auch bei der Körperverletzung für A unbeachtlich hinsichtlich seiner strafrechtlichen Verantwortung. A hat auch hier die Konsequenzen zu tragen und steht für die Körperverletzung als Anstifter ein.

Erg.: A hat sich auch wegen Anstiftung zur gefährlichen Körperverletzung strafbar gemacht. Und diese Anstiftung steht in Tateinheit gemäß **§ 52 StGB** zur Anstiftung zum versuchten Totschlag.

Gesamtergebnis:

B hat sich strafbar gemacht wegen versuchten Totschlages und vollendeter gefährlicher Körperverletzung. Die Taten stehen im Verhältnis der Tateinheit gemäß § 52 StGB zueinander und finden mithin beide bei der Strafbemessung Berücksichtigung.

A hat sich strafbar gemacht wegen Anstiftung zur versuchten Tötung und zur vollendeten Körperverletzung. Auch diese beiden Taten stehen im Verhältnis der Tateinheit gemäß § 52 StGB zueinander.

Anhang

Wir hatten ganz oben in der Fall-Frage gesehen, dass **§ 211 StGB** hier in unserem Fall nicht zu prüfen gewesen ist. Das lag daran, dass der Fall, wie wir gesehen haben, schon knifflig genug war, sodass eine Prüfung auch der Mordmerkmale und ihrer Zurechnung den Bogen dessen, was man innerhalb einer Lösung aufnehmen und auch behalten kann, überspannt hätte. Wir wollen uns hier jetzt aber – sozusagen als Luxus und auch entsprechend entspannt – nach der eigentlichen Lösung trotzdem noch mal mit einem Augenwinkel den § 211 StGB im vorliegenden Fall ansehen und uns damit schon mal auf den nächsten – den schwierigsten – Fall vorbereiten:

Die Situation war ja Folgende: B schießt auf den H, den er irrtümlich für den F hält, um an die von A versprochene Belohnung zu kommen. Wenn man nun einen Menschen mit dieser Motivation abknallt, erfüllt das ohne Probleme das Merkmal der ***Habgier***, also die erste Gruppe der Mordmerkmale des § 211 Abs. 2 StGB. Denn habgierig handelt, wer mit einem noch über die Gewinnsucht hinaus gesteigerten abstoßenden Gewinnstreben um jeden Preis eine Tötung zur Vermehrung des eigenen Vermögens begeht; dazu gehört unstreitig der Auftragskiller (BGH NJW **1995**, 2365; S/S-*Eser/Sternberg-Lieben* § 211 StGB Rz. 17; *Fischer* § 211 StGB Rz. 11; *Wessels/Hettinger* BT 1 Rz. 94; *Maurach/Schröder* I 40; LK/*Jähnke* § 211 StGB Rz. 8).

Und damit haben wir zunächst mal festgestellt, dass unser B hier nicht nur einen versuchten Totschlag begangen hat (das war das, was wir geprüft haben), sondern sogar wegen ***versuchten Mordes*** zu bestrafen gewesen wäre.

Interessant wird dann aber die Frage, was für unseren Sportskameraden A in diesem Falle gegolten hätte. Und das ist gar nicht so einfach: Denn A selber ist nicht habgierig, als er den B zur Tat anstiftet. Die Belohnung soll ja der B bekommen, nicht der A; der zahlt sie vielmehr. Andere Mordmerkmale kommen für den A auch nicht in Betracht. Das heißt, wir hätten es mit der merkwürdigen Konstruktion zu tun, dass der Haupttäter einen Mord begeht, der Anstifter selber aber keine Mordmerkmale aufweist, sondern nur von dem Merkmal des Haupttäters ***weiß***. Und dann würde sich natürlich die Frage stellen, ob der A jetzt wegen Anstiftung zum ***Totschlag*** oder wegen Anstiftung zum ***Mord*** verurteilt wird. Denn es ist auf den ersten Blick nicht ganz einleuchtend, warum A, der selbst kein Mordmerkmal verwirklicht, für das von B verwirklichte Merkmal einstehen soll. Hätte A die Tat selbst begangen, wäre er nämlich mit § 212 StGB davongekommen, wie gesagt, er hatte kein Mordmerkmal in seiner Person.

Durchblick: Hinter dieser Geschichte steckt das mit Abstand am häufigsten geprüfte Thema im Bereich der Tötungsdelikte. Es geht um die Frage(n), wer sich im Rahmen der §§ 212, 211 StGB welche Mordmerkmale des jeweils anderen Beteiligten zurechnen lassen muss. Es gibt insoweit eine Unzahl von Spielarten, die wir hier an dieser Stelle noch nicht alle aufzählen werden, wir beschränken uns zunächst einmal auf einige Grundregeln, die beachtet werden müssen, um überhaupt ein Gespür für die Problematik zu bekommen.

Die Vorschrift, um die sich die ganze Sache dreht, ist der **§ 28 StGB** (bitte erst mal lesen, und zwar beide Absätze). In diesen beiden Absätzen kommen die sogenannten **»besonderen persönlichen Merkmale«** vor, die bestimmte Rechtsfolgen nach sich ziehen: Zum einen, wenn sie bei einem Teilnehmer ***fehlen*** (Abs. 1) und zum anderen, wenn sie bei einem Beteiligten ***vorliegen*** (Abs. 2). Wissen muss man nun des Weiteren, dass die Merkmale der 1. und 3. Gruppe des § 211 Abs. 2 StGB solche »besonderen persönlichen Merkmale« im Sinne des § 28 StGB sind (genaue Erklärung gibt es später).

Zum Fall: Hier bei uns fehlt bei dem Teilnehmer (Anstifter) A das Merkmal Habgier (= 1. Gruppe = besonderes persönliches Merkmal), das aber bei dem anderen, dem B, vorliegt. Und wenn wir jetzt mal in **§ 28 Abs. 1 StGB** reingucken, lesen wir dort, dass der Teilnehmer eine Strafmilderung nach § 49 Abs. 1 StGB bekommt, aber dennoch wegen der vom Haupttäter begangenen Tat, also dem Mord, bestraft wird.

Aber, Achtung: Das gilt nur dann (Gesetz lesen!), wenn diese besonderen persönlichen Merkmale die Strafe ***begründen***. Und da fragt sich natürlich, was dieses »Strafe begründen« heißt: »Begründet« das Merkmal der Habgier, das bei B vorliegt, dessen Strafe nach § 211 StGB?

Kurzantwort (die lange gibt es dann im nächsten Fall):

- Die Mordmerkmale der 1. und 3. Gruppe des § 211 Abs. 2 StGB »begründen« dann die Strafe im Sinn des § 28 Abs. 1 StGB, wenn man mit der Ansicht des BGH die beiden Tatbestände der §§ 212 und 211 StGB als ***eigenständige***, unabhängig voneinander stehende Delikte ansieht.

- Sieht man hingegen mit der herrschenden Lehre § 211 StGB als Qualifikation und § 212 StGB als dessen Grundtatbestand an, sind die Mordmerkmale der 1. und 3. Gruppe nicht strafbegründend, sondern vielmehr »strafschärfend«; denn die Strafe aus dem Grunddelikt des § 212 StGB wird durch das Mordmerkmal im Verhältnis zu § 212 StGB nach § 211 StGB jetzt »ver***schärft***«. Und dann gilt nicht § 28 Abs. 1 StGB, sondern § 28 Abs. 2 StGB (lesen!).

Folge: Nach der ersten Variante (BGH) wäre A wegen Anstiftung zum Mord zu bestrafen. Jedoch könnte A gemäß den §§ 28 Abs. 1, 49 Abs. 1 StGB eine Strafmilderung beanspruchen. Nach der zweiten Variante hingegen gilt das Merkmal Habgier gemäß § 28 Abs. 2 StGB (lesen!) nur für den B mit der Folge, dass A nur wegen Anstiftung zum Totschlag (!) bestraft würde, obwohl B einen Mord begangen hätte.

Das muss man nicht gleich beim ersten Mal kapieren; es ist schwer genug. Wer sich hier gerade aber trotzdem schon mal einen kleinen Ein- oder Durchblick verschafft hat, dem wird der nächste Fall leichter vorkommen. Also, wer will, noch mal nachlesen; ansonsten gibt`s die volle Ladung dann aber im nächsten Fall.

Gutachten

Strafbarkeit des B

B könnte sich dadurch, dass er auf den H schoss, wegen versuchten Totschlages gemäß den §§ 212, 22, 23, 12 Abs. 1 StGB strafbar gemacht haben.

Vorprüfung:

Die Tat ist nicht vollendet, H hat überlebt. Die Strafbarkeit des Versuchs des § 212 StGB ergibt aus § 23 Abs. 1 StGB in Verbindung mit § 12 Abs. 1 StGB.

I. Tatentschluss

B muss Vorsatz auf die objektiven Merkmale des § 212 StGB gehabt haben. Es fragt sich insoweit, welche Auswirkungen die Tatsache, dass B den getroffenen H für den F hielt, auf den Tatentschluss des B zur Tötung hat.

In Betracht kommt ein den Vorsatz ausschließender Tatbestandsirrtum nach § 16 Abs. 1 StGB. Ein solcher liegt dann vor, wenn der Täter Umstände nicht kennt, die zum gesetzlichen Tatbestand gehören. Der gesetzliche Tatbestand des § 212 Abs. 1 StGB setzt die Tötung eines Menschen voraus. Als B auf den H zielte, wollte B diesen von ihm anvisierten Menschen töten. Ein Irrtum über die Identität des anvisierten Objektes berührt gemäß § 16 Abs. 1 StGB den Tatbestandsvorsatz des Täters nicht, solange von einer Gleichwertigkeit der Objekte ausgegangen werden kann. Es handelt sich in einem solchen Fall um einen für den Vorsatz des Täters unbeachtlichen error in persona. Die beiden verwechselten Objekte H und F waren gleichwertig. Der Irrtum des B ist daher unbeachtlich. B hatte Tatentschluss in Bezug auf § 212 Abs. 1 StGB.

II. Unmittelbares Ansetzen

B muss des Weiteren gemäß § 22 StGB unmittelbar zur Verwirklichung des Tatbestandes angesetzt haben. Der Täter setzt dann unmittelbar zur Tatbestandsverwirklichung im Sinne des § 22 StGB an, wenn er subjektiv die Schwelle zum »jetzt geht es los« überschritten und objektiv zur tatbestandsmäßigen Angriffshandlung angesetzt hat. Im vorliegenden Fall hat B bereits die Tathandlung in Form des Schusses ausgeführt und mithin unmittelbar zur Tatbestandsverwirklichung angesetzt. Der Tatbestand der versuchten Tötung nach § 212 Abs. 1 StGB liegt vor.

Rechtswidrigkeit und Schuld

Es bestehen keine Zweifel hinsichtlich der Rechtswidrigkeit und der Schuld bezogen auf das Verhalten des B.

Ergebnis: B hat sich strafbar gemacht wegen versuchten Totschlages gemäß den §§ 212, 22, 23, 12 Abs. 1 StGB, begangen an H.

B könnte sich durch den Schuss auf H des Weiteren strafbar gemacht haben wegen vollendeter gefährlicher Körperverletzung gemäß den §§ 224 Abs. 1 Nrn. 2 und 5, 223 Abs. 1 StGB.

I. Tatbestand (A: objektiv)

B hat den H durch den Schuss sowohl körperlich misshandelt als auch an der Gesundheit beschädigt, eine Körperverletzung liegt vor. Durch die Verwendung der Pistole und den in die Brust gerichteten Schuss erfüllt B die Merkmale der Körperverletzung mittels einer Waffe gemäß § 224 Abs. 1 Nr. 2 StGB und auch der Körperverletzung mittels einer das Leben gefährdenden Behandlung im Sinne des § 224 Abs. 1 Nr. 5 StGB.

B: Tatbestand (subjektiv)

B muss vorsätzlich hinsichtlich der objektiven Merkmale gehandelt haben. Insoweit fragt sich, welche Auswirkungen der Umstand, dass B den H nicht verletzen, sondern töten wollte, auf den Vorsatz des B in Bezug auf § 224 Abs. 1 StGB hat. Diesbezüglich ist indessen festzustellen, dass der Vorsatz auf eine Tötung den Verletzungsvorsatz als notwendiges Durchgangsstadium mitumfasst. Wer Vorsatz auf die Tötung eines anderen hat, schließt in diesen Vorsatz die Verletzung des Opfers mit ein. B hatte Vorsatz auf § 224 Abs. 1 StGB.

Rechtswidrigkeit und Schuld

B handelte rechtswidrig und schuldhaft.

Ergebnis: B hat sich neben der versuchten Tötung auch strafbar gemacht wegen vollendeter gefährlicher Körperverletzung nach den §§ 224 Abs. 1 Nrn. 2 und 5, 223 Abs. 1 StGB.

Hinsichtlich des Verhältnisses der beiden von B begangenen Taten gilt, dass der Unwertgehalt der vollendeten Körperverletzung nicht in der Bestrafung wegen der versuchten Tötung mitenthalten ist. Die versuchte Tötung steht deshalb zu der vollendeten Körperverletzung im Verhältnis der Tateinheit gemäß § 52 StGB.

Strafbarkeit des A

A könnte sich wegen Anstiftung zur von B begangenen versuchten Tötung gemäß den §§ 212, 22, 23, 12 Abs. 1, 26 StGB strafbar gemacht haben.

I. Tatbestand (A: objektiv)

1.) Voraussetzung ist dafür zunächst gemäß § 26 StGB eine vorsätzlich begangene rechtswidrige Haupttat. Eine solche liegt in dem von B begangenen versuchten Totschlag.

2.) A muss des Weiteren den B hierzu bestimmt haben. Bestimmen im Sinne des § 26 StGB bedeutet das Hervorrufen des Tatentschlusses. A hat durch das Inaussichtstellen einer hohen Belohnung den B dazu veranlasst, die Tat zu begehen. Die Tatsache, dass B auf eine andere Person als die von A vorgesehene geschossen hat, spielt im Rahmen der objektiven Merkmale der Anstiftung keine Rolle. A ist ursächlich für die Tat des B gewesen, hat mithin den B zur Tat bestimmt im Sinne des § 26 StGB.

B: Subjektiver Tatbestand

Notwendig ist der sogenannte doppelte Teilnehmervorsatz, bezogen auf die begangene Haupttat sowie die Anstifterhandlung.

1.) Hinsichtlich der von B begangenen Haupttat ist zunächst zu berücksichtigen, dass A in seinen Vorsatz die Vollendung der Tötung aufgenommen hat, die tatsächliche ausgeführte Tötung indessen im Versuch stecken geblieben ist. Es fragt sich, ob dies den Anstiftervorsatz des A entfallen lässt. Insoweit kann allerdings festgestellt werden, dass der Vorsatz auf die Vollendung der Haupttat den Vorsatz auf den Versuch als ein »Weniger« mit einschließt. Eine beabsichtigte Vollendung umfasst auch die Versuchstat des entsprechenden Delikts. A hatte Vorsatz auch auf eine im Versuch verbliebene Haupttat.

Des Weiteren fragt sich, inwieweit die Objektsverwechselung des Haupttäters B einen Einfluss auf den Anstiftervorsatz des A hat. Nach einer Meinung muss der Anstifter die konkrete Tat in seine Vorstellung aufgenommen haben. Tötet der Täter ein anderes Objekt als das vom Anstifter beabsichtigte, weicht die Tat in einem entscheidenden Punkt von seiner Vorstellung ab mit der Folge, dass die Anstiftung nicht gelungen ist. Es soll sich dann um einen Fall der aberratio ictus, also um ein Fehlgehen der Tat, handeln. Folge wäre ein Ausschluss des Vorsatzes des Anstifters und die Möglichkeit der Bestrafung wegen versuchter Anstiftung nach § 30 Abs. 1 StGB sowie wegen fahrlässiger Körperverletzung nach § 229 StGB.

Dieser Ansicht kann indessen nicht gefolgt werden. Sie übersieht zum einen, dass die Tat weder aus der Sicht des Haupttäters noch aus der Sicht des Anstifters fehlgegangen ist. Das vom Haupttäter anvisierte Objekt ist getroffen worden, und zwar nach dem auch vom Anstifter unterstützten Plan. Dass der Haupttäter sich im Rahmen dieses auch vom Anstifter unterstützten Plans über die Identität des Opfers irrt, macht die Tat nicht zu einer fehlgeleiteten. Des Weiteren ist nicht einsichtig, warum ein beim Haupttäter unbeachtlicher Irrtum den Vorsatz des Anstifters hingegen aufheben soll. Der Anstifter muss sich diesen Irrtum vielmehr zurechnen lassen, denn er ist der entfernte Urheber der Tat und hat mit seinem Verhalten diesen Irrtum mitverursacht, sozusagen vorprogrammiert.

Es handelt sich bei einem solchen Irrtum grundsätzlich nicht um eine aus der Sicht des Anstifters relevante Abweichung; etwas anderes kann nur gelten, wenn besondere Umstände hinzutreten. Beschreibt der Anstifter allerdings die Person des in Aussicht genommenen Tötungsopfers nach ihrem Aussehen und bestimmten anderen Merkmalen, so entspricht das nachfolgende Geschehen am Tatort trotz Objektverwechselung in seinen wesentlichen Grundzügen auch dem Vorstellungsbild des Anstifters, da dieser davon ausgeht, dass der Angestiftete diejenige Person angreift und tötet, auf die die Beschreibung passt. Unterläuft dem Täter, der weisungstreu handeln will, bei der ihm überlassenen Durchführung der Tat ein Fehler im Sinne einer Verwechselung, so muss sich der Anstifter dies zurechnen lassen, sofern die Verwechselung sich unter den gegebenen Umständen noch in den Grenzen hält, was nach allgemeiner Lebenserfahrung vorhersehbar ist. A hatte folglich trotz Objektverwechselung durch den Haupttäter den Anstiftervorsatz auf die von B begangene Tat.

2.) Des Weiteren erforderlich ist der Vorsatz auf die Anstifterhandlung des A. Insoweit ergeben sich indessen keine Probleme, A hat den B vorsätzlich zur Begehung der Tat unter Inaussichtstellung einer hohen Belohnung überredet. A hatte mithin den notwendigen doppelten Anstiftervorsatz.

Rechtswidrigkeit und Schuld

Es bestehen keine Bedenken hinsichtlich der Rechtswidrigkeit und der Schuld.

Ergebnis: A hat sich strafbar gemacht wegen Anstiftung zum von B begangenen versuchten Totschlag gemäß den §§ 212, 22, 23, 12 Abs. 1, 26 StGB.

A kann sich schließlich auch wegen Anstiftung zur vollendeten gefährlichen Körperverletzung des B gemäß den §§ 224 Abs. 1 Nrn. 2 und 5, 223 Abs. 1, 26 StGB strafbar gemacht haben.

I. Tatbestand (A: objektiv)

Die nach § 26 StGB erforderliche vorsätzliche rechtswidrige Haupttat liegt in der gefährlichen Körperverletzung des B. Das gemäß § 26 StGB des Weiteren notwendige Bestimmen zur Tat ist erfolgt durch das Überreden unter Inaussichtstellen einer hohen Belohnung.

B: Subjektiver Tatbestand

Bezüglich des Vorsatzes auf die von B begangene Tat, hier also die vollendete Körperverletzung, gilt das oben schon zu B Gesagte: In einem auf eine Tötung gerichteten Anstiftervorsatz ist der Vorsatz auf eine vollendete – gefährliche – Körperverletzung als ein »Weniger« mitenthalten. Zum anderen ist auch hier die Objektverwechselung des Haupttäters, wie oben bei der Tötung ausführlich erörtert, ebenso bei der Körperverletzung für den Anstifter unbeachtlich. A hatte im Übrigen auch Vorsatz auf seine Anstifterhandlung, er hat den B wissentlich und willentlich zur Tat überredet.

Rechtswidrigkeit und Schuld:

Es bestehen keine Zweifel, dass A bei seiner Anstiftung rechtswidrig und schuldhaft handelte.

Ergebnis: A hat sich strafbar gemacht wegen Anstiftung zur vollendeten gefährlichen Körperverletzung nach den §§ 224 Abs. 1 Nrn. 2 und 5, 223 Abs. 1, 26 StGB. Die Anstiftung zur Körperverletzung und die oben geprüfte und bejahte Anstiftung zum versuchten Totschlag stehen im Verhältnis der Tateinheit gemäß § 52 StGB zueinander.

Fall 3

Du mieses Flittchen!

Der geschiedene A sitzt mit seiner neuen Freundin F turtelnd im Cafe, als seine Ex-Gattin G eintritt. G erblickt die Szene und rastet aus: Sie läuft auf den Tisch zu, schreit die F mit Worten wie »*billige Schlampe*« und »*mieses Flittchen*« an und schüttet ihr dann den auf dem Tisch stehenden Milch-Kaffee über den Rock.

F gerät daraufhin derart in Zorn, dass sie beschließt, die G auf der Stelle umzubringen. Sie fordert den A, der stets eine Pistole bei sich trägt, hysterisch auf, ihr die Waffe zu geben. A zögert nicht und drückt der F die Pistole in die Hand, weil er unverhofft eine günstige Gelegenheit gekommen sieht, schneller an die beachtliche Geldsumme zu kommen, die G immer noch in ihrem Testament für ihn vorgesehen hat. Von dem Testament hat F keine Ahnung. F zielt auf die verdutzt blickende G, drückt ab und trifft aus Ungeschicklichkeit nicht die G, sondern den hinter G an der Theke stehenden Cafebesitzer B. Und der ist auf der Stelle tot.

Strafbarkeit von F und A?

Schwerpunkte: Fehlgegangene Tötung (→ »aberratio ictus«), Abgrenzung zum error in persona; fahrlässige Tötung nach § 222 StGB, Prüfungsaufbau; Mordmerkmal der Habgier; Zurechnung von Mordmerkmalen über § 28 Abs. 1 und 2 StGB; Beihilfeprüfung, Aufbau; Verhältnis von Mord und Totschlag zueinander, Prüfungsrelevanz; Anwendung des § 213 StGB.

Lösungsweg

Einstieg: Jetzt wird es richtig knifflig. Auch hier haben wir es – wie im letzten Fall – zu tun mit zwei Beteiligten; dazu noch der Konstellation, dass das anvisierte Objekt nicht getroffen wurde, dafür aber versehentlich ein anderes. Dann geht es noch um Fahrlässigkeit, konkret die fahrlässige Tötung nach § 222 StGB, und schließlich spielen Mordmerkmale, die dummerweise auch nur bei einem der Beteiligten vorliegen, noch eine Rolle. Der Fall ist aus diesen Gründen recht anspruchsvoll, bietet dafür aber auch die erstklassige Möglichkeit, eine ganze Reihe von weiteren Regeln zu lernen, die im Rahmen der Tötungsdelikte bei den universitären Übungsarbeiten als bekannt vorausgesetzt werden (vgl. den Schwerpunkt-Kasten).

Wir haben im letzten Fall schon gelernt, dass bei mehreren Beteiligten mit dem sogenannten »**Tatnächsten**«, also demjenigen, der die eigentliche Tathandlung in seiner

Person vollständig erfüllt, begonnen werden muss. Und genau so machen wir das jetzt auch hier, wir starten die Prüfung mit der F. Denn die F hat den Schuss abgefeuert und damit das strafwürdige Verhalten in ihrer Person verwirklicht. Erst wenn wir das Verhalten der F insoweit abschließend gewürdigt haben, wenden wir uns im zweiten Schritt dann dem A und seiner möglichen Beteiligung zu.

Strafbarkeit der F

§ 212 Abs. 1 StGB (vollendeter Totschlag), begangen an B

Aufbau! Wichtig ist, dass zunächst das ***vollendete*** (vorsätzliche) Tötungsdelikt geprüft wird. Verfehlt wäre es, hier zunächst etwa nur eine versuchte Tötung an G oder aber eine fahrlässige Tötung an B zu erörtern. Die F wollte einen Menschen töten, und das ist ja auch tatsächlich passiert. Und in solchen Fällen startet man stets mit der vollendeten vorsätzlichen Tat.

I. Tatbestand (A: objektiv):

F muss eine Menschen getötet haben (§ 212 Abs. 1 StGB). F tötet durch den Schuss den B und erfüllt mithin dieses Merkmal. Der objektive Tatbestand ist verwirklicht.

B: Subjektiver Tatbestand:

F muss gemäß § 15 StGB – wie immer – auch vorsätzlich gehandelt haben. Das aber ist fraglich, da F nicht B, sondern G erschießen wollte. Es ist somit zu prüfen, wie es sich auf den Vorsatz der F auswirkt, dass ihr Wille darauf gerichtet war, die G zu erschießen, sie indessen den Tod des B durch den Schuss herbeigeführt hat.

a) In Betracht kommt zunächst ein – bei Gleichwertigkeit der Objekte – für den Vorsatz unbeachtlicher *error in persona*. Und insoweit können wir in jedem Falle schon mal feststellen, dass die beiden Objekte im vorliegenden Fall gleichwertig sind; sowohl die G, auf die F gezielt hat, als auch der B, den F getroffen hat, sind »Menschen«. Es fragt sich allerdings, ob der vorliegende Fall tatsächlich einen Irrtum über das Handlungsobjekt darstellt. Wir hatten den *error in persona* im letzten Fall schon kennengelernt:

> **Wiederholung:** Ein ***error in persona*** liegt dann vor, wenn das anvisierte und das tatsächlich verletzte Objekt identisch sind, der Täter sich aber über die Identität des Objekts oder der Person geirrt hat (S/S-*Sternberg-Lieben/Schuster* § 15 StGB Rz. 59; *Wessels/Beulke/Satzger* AT Rzn. 247, 249).

Übertragen auf unsere Fall-Konstellation hier müssen wir nun aber feststellen, dass es sich nicht um einen solchen Fall handelt, denn: Das verletzte Objekt ist ***nicht*** identisch mit dem anvisierten Objekt. Anvisiert hat F die G, tatsächlich angegriffen und verletzt (sogar getötet!) aber hat sie den B. Das anvisierte und das tatsächlich getroffene Objekt sind mithin nicht identisch.

ZE.: Es handelt sich vorliegend nicht um einen Fall des error in persona.

b) Möglicherweise lässt sich die vorliegende Fallgestaltung aber unter die Rechtsfigur der »aberratio ictus« fassen mit der möglichen Konsequenz, dass der Vorsatz der F aus diesem Grund entfällt.

> **Definition:** Im Fall der **»aberratio ictus«** lenkt der Täter seinen Angriff auf ein bestimmtes, von ihm individualisiertes Tatobjekt, dieser Angriff geht jedoch fehl und trifft ein Objekt, das der Täter nicht anvisiert hatte und auch gar nicht verletzen wollte; man nennt dies auch das **»Fehlgehen der Tat«** (BGH NStZ **2009**, 210; S/S-*Sternberg-Lieben/Schuster* § 15 StGB Rz. 57; *Wessels/Beulke/Satzger* AT Rz. 250; *Fischer* § 16 StGB Rz. 6; vgl. auch *Heuchemer* in JA 2005, 275).

F will die G angreifen und visiert sie auch an. Sie trifft die G aber nicht, sondern vielmehr versehentlich und aus Ungeschicklichkeit den B, der von ihr aber gar nicht angegriffen werden sollte. Und wenn wir die Definition von gerade noch mal anschauen, können wir sagen, dass somit ein – klassischer – Fall der aberratio ictus, also des Fehlgehens der Tat, vorliegt.

Rechtsfolge: Die aberratio ictus führt nach herrschender Meinung zum Vorsatzausschluss hinsichtlich des getroffenen Objekts und damit diesbezüglich zur Fahrlässigkeitstat, wenn ein entsprechendes Delikt existiert. Hinsichtlich des anvisierten, aber nicht getroffenen Objekts kommt dann eine Versuchsstrafbarkeit in Betracht (BGH NStZ **2009**, 210; *Jescheck/Weigend* § 29 V 6c; S/S-*Sternberg-Lieben/Schuster* § 15 StGB Rz. 57; *Fischer* § 16 StGB Rz. 6; *Lackner/Kühl* § 15 StGB Rz. 12; *Wessels/Beulke/Satzger* AT Rz. 250; *Herzberg* in ZStW 85, 867 ff.).

Begründung: Grundsätzlich muss der Täter zwar seinen Vorsatz nicht auf ein bestimmtes Objekt konkretisieren; so genügt es – unstreitig – für ein vorsätzliches Tötungsdelikt, wenn der Täter wahllos in eine Menschenmenge schießt in der Hoffnung, irgendeinen zu treffen (vgl. dazu instruktiv den Fall des BGH in NStZ **2009**, 210; *Prittwitz* in GA 83, 127; *Wessels/Beulke/Satzger* AT Rz. 238; S/S-*Sternberg-Lieben/Schuster* § 15 Rz. 57 a). Das nennt man dann »generellen Vorsatz«. Hat der Täter indessen eine Konkretisierung des Objektes vorgenommen (»Objektindividualisierung«), scheidet dieser generelle Vorsatz aus, da dann die Zielrichtung der Tat aus der Sicht des Täters eben nicht mehr »generell«, sondern »individuell« gefasst ist. Der Täter will nur ***diesen einen***, von ihm ausgewählten Menschen töten. Gelingt die Tat in einem solchen Fall nicht, sondern trifft der Täter versehentlich ein anderes Objekt, fehlt es hinsichtlich des anderen Objekts am Vorsatz. Denn der Täter hat dieses Objekt gar nicht verletzen wollen, er hatte vielmehr ein anderes Objekt für die Verletzung vorgesehen. Für das verletzte Objekt bleibt demnach allenfalls Fahrlässigkeit und für das verfehlte Objekt dann der Versuch (*Herzberg* in JA 1981, 369; *Wessels/Beulke/Satzger* AT Rz. 253; S/S-*Sternberg-Lieben/Schuster* § 15 StGB Rz. 57).

Beachte: Das sollte man sich unbedingt einprägen: Also zum einen, unter welchen Umständen dieses Fehlgehen der Tat (*aberratio ictus*) angenommen werden muss; und zum anderen, welche ***Rechtsfolgen*** das nach herrschender Meinung nach sich zieht. Und hierbei sollte man sich auch noch einmal den Unterschied zum *error in persona*, der im Gegensatz dazu den Vorsatz des Täters nicht berührt, vor Augen führen. Es ist nicht wirklich schwierig, wenn man die Regeln beachtet:

Also, bitte noch mal klarmachen:

→ Ein ***error in persona*** liegt vor, wenn das anvisierte und das verletzte Objekt identisch sind, der Täter sich aber über die ***Identität*** des Objekts bzw. des Menschen irrt. Dieser Irrtum ist nach herrschender Ansicht unbeachtlich und schließt vor allem nicht den Vorsatz des Täters aus (S/S-*Sternberg-Lieben/Schuster* § 15 Rz. StGB 59; *Wessels/Beulke/Satzger* AT Rz. 247, 249).

→ Eine ***aberratio ictus*** liegt vor, wenn das anvisierte und das verletzte Objekt nicht identisch sind, der Täter vielmehr versehentlich ein anders Objekt, das er gar nicht verletzten wollte, trifft. Dieses Fehlgehen der Tat ist im Gegensatz zum error in persona **beachtlich:** Es lässt zum einen den Vorsatz des Täters hinsichtlich des getroffenen Objekts entfallen (dann: Fahrlässigkeit) und bewirkt zum anderen, dass hinsichtlich des nicht getroffene Objekts ein Versuch in Betracht kommt (BGH NStZ **2009**, 210; *Fischer* § 16 StGB Rz. 6; *Wessels/Beulke/Satzger* AT Rz. 250).

Feinkost: Bezüglich der Rechtsfolgen der *aberratio ictus* gibt es noch eine Ansicht, die diesen Fall anders als die herrschende Meinung beurteilt. Nach dieser Meinung soll das Fehlgehen der Tat den Vorsatz des Täters nicht berühren und vielmehr wie ein unbeachtlicher *error in persona* behandelt werden (*Puppe* in JZ 1989, 730 und in JuS 1998, 287; *Loewenheim* in JuS 1966, 310; *Noll* in ZStW 77, 5; Hinweise auch bei *Wessels/Beulke/Satzger* AT Rz. 253). Nach dieser Ansicht wäre unsere F hier wegen vollendeten Totschlages an B (!) zu bestrafen.

Klausur-Tipp: In der Übungsarbeit ist der Prüfer meist schon glücklich, wenn die Kandidaten die Rechtsfigur der *aberratio ictus* überhaupt erkennen und dann die Rechtsfolgen der herrschenden Meinung aufsagen und auch anwenden können. Das dürfte für eine vernünftige Note ohne Probleme reichen. Wer richtig abkassieren will, kann sich dann noch mit der gerade dargestellten Ansicht befassen, sprich, sie erwähnen und ihr dann entweder mit den aufgezeigten Konsequenzen folgen oder sie eben ablehnen. Dafür gibt es Sonderpunkte. Selbstverständlich muss das dann aber auch ordentlich dargestellt sein. Wie so was aussehen soll, steht später unten im Gutachten zum Fall. Ich sage es aber noch mal: Zum Bestehen reicht allemal die herrschende Meinung. Bitte beachte abschließend noch, dass in einer ***Hausarbeit*** demgegenüber in jedem Falle die Auseinandersetzung mit beiden Ansichten gefordert ist.

Da kann und sollte man sich nicht mit der herrschenden Ansicht begnügen (sinnvolle Erläuterungen zum Ganzen finden sich in der JA 2005, 275 – *Heuchemer*).

Zum Fall: Wir folgen hier der herrschenden Meinung und demnach entfällt in unserer Konstellation der Vorsatz der F bezüglich der Tötung des B, da es sich um einen Fall des Fehlgehens der Tat handelt.

Erg.: F ist ***nicht*** strafbar wegen Totschlages an B.

Aufbau! Wie man jetzt weitermacht, also entweder zuerst die versuchte Tat am verfehlten Objekt oder die fahrlässige Tat am getroffenen Objekt prüft, ist reine Geschmackssache. Einen »Fehler« im eigentlichen Sinne kann man jetzt – egal wie man sich entscheidet – nicht machen. Nach meiner Einschätzung sollte man zunächst das vorsätzliche (versuchte) Delikt prüfen, da dies den Willen des Täters (= Vorsatz) zuvorderst würdigt. Aber, wie gesagt, der andere Weg ist genauso richtig, man könnte jetzt auch mit der fahrlässigen Tötung an B weitermachen und erst danach die Versuchstat prüfen.

§§ 212 Abs. 1, 22, 23 Abs. 1 StGB (versuchter Totschlag an G)

Vorprüfung:

Die Tat ist nicht vollendet, G lebt. Die Strafbarkeit des Versuchs ergibt sich im Falle des § 212 Abs. 1 StGB aus § 23 Abs. 1 StGB in Verbindung mit § 12 Abs. 1 StGB.

I. Tatentschluss:

Zum Tatentschluss gehört der Vorsatz gerichtet auf die objektiven Tatbestandsmerkmale zuzüglich etwaiger deliktspezifischer subjektiver Merkmale (*Wessels/Beulke/Satzger* AT Rz. 596). F wollte die G mit dem Schuss aus der Pistole töten, sie hatte mithin Vorsatz gerichtet auf die objektiven Tatbestandsmerkmale des § 212 Abs. 1 StGB. Sonstige subjektive Elemente beinhaltet § 212 Abs. 1 StGB nicht. F hatte folglich den auf § 212 Abs. 1 StGB bezogenen Tatentschluss.

II. Unmittelbares Ansetzen zur Tatbestandsverwirklichung:

Der Täter setzt dann unmittelbar zur Tatbestandsverwirklichung im Sinne des § 22 StGB an, wenn er subjektiv die Schwelle zum »jetzt geht es los« überschritten und objektiv zur tatbestandsmäßigen Angriffshandlung angesetzt hat (BGH NStZ **1997**, 83; *Fischer* § 22 StGB Rz. 8; *Wessels/Beulke/Satzger* AT Rz. 598). Unproblematisch ist dieses Merkmal immer dann, wenn der Täter bereits ein Tatbestandsmerkmal verwirklicht hat (BGHSt **37**, 296; S/S-*Eser* § 22 StGB Rz. 37; *Wessels/Beulke/Satzger* AT Rz. 597; zu unserem Fall Rz. 601).

Unsere F hat den Schuss schon abgefeuert. Damit hat sie bereits ihre Tathandlung ausgeführt und fraglos gemäß § 22 StGB unmittelbar zur Tat angesetzt.

ZE.: Der Tatbestand des versuchten Totschlages liegt vor.

III. Rechtswidrigkeit:

Hier konnte man kurz zu **§ 32 StGB** (Notwehr) Stellung nehmen: Durch die Beschimpfungen der G und auch dem Schütten des Cafes lag ein Angriff auf die Ehre der F vor, demgegenüber sie grundsätzlich auch Befugnisse zur Abwehr aus § 32 StGB hat (BGHSt **3**, 217; **14**, 361; weitere Hinweise etwa bei *Lackner/Kühl* § 32 StGB Rz. 3). Indessen darf F die G dafür natürlich ***nicht*** abknallen (oder es auch nur versuchen): Zum einen wird man hier bereits sagen können, dass der Angriff schon nicht mehr gegenwärtig – weil abgeschlossen – war. Dann würde es bereits an der Notwehrlage fehlen. Zum anderen ist das Umschießen aber keinesfalls die »erforderliche« Verteidigung, da es andere Möglichkeiten gab, den Angriff abzuwehren (S/S-*Perron* § 32 StGB Rz. 36a).

ZE.: F handelte nicht gerechtfertigt.

ZE.: An der **Schuld** bestehen keine Zweifel.

Erg.: F hat sich strafbar gemacht wegen versuchten Totschlages an G gemäß den §§ 212 Abs. 1, 22, 23 Abs. 1, 12 Abs. 1 StGB.

Hinsichtlich dieses versuchten Totschlages kommt nun noch die Anwendung des **§ 213 StGB** in Betracht (bitte lesen).

Die Norm des § 213 StGB ist eine sogenannte **»Strafzumessungsregel«**, die ausschließlich für § 212 StGB gilt und systematisch als dessen Abs. 3 zu sehen ist (S/S-*Eser/Sternberg-Lieben* § 213 StGB Rz. 2). Der Totschlag behält aber trotzdem seinen Charakter als Verbrechen, lies: § 12 Abs. 3 StGB. Und aus dem Charakter als Strafzumessungsnorm folgt dann auch die Einordnung des § 213 StGB in den Prüfungsaufbau: Die Norm wird erst **hinter** der vollständigen Prüfung des § 212 StGB (oder dessen Versuch) erörtert. Denn eine Strafe »zumessen« kann man nur dann, wenn die Strafbarkeitsvoraussetzungen vorliegen. Und das sind eben Tatbestand, Rechtswidrigkeit und Schuld. Merken.

Ob man den § 213 StGB dann gleich bei § 212 StGB mit in den Obersatz aufnimmt, oder die Vorschrift, so wie wir das hier jetzt gemacht haben, erst nach der vollständigen Erörterung des § 212 StGB ins Spiel bringt, ist reine Geschmackssache.

Voraussetzungen:

Hier konnte man relativ zwanglos die schwere Beleidigung sowohl in verbaler als auch in tätlicher Form (Kaffee über den Rock) feststellen und auch, dass F dadurch – hysterisch – zum Zorn gereizt und auf der Stelle zur Tat hingerissen worden ist (vgl. aktuell zu § 213 StGB etwa BGH NStZ-RR **2009**, 139).

ZE.: Die Voraussetzungen des § 213 StGB liegen auf Seiten der F vor.

Erg.: F hat sich strafbar gemacht wegen Begehung eines versuchten Totschlages; es liegt insoweit ein minder schwerer Fall gemäß § 213, 1. Var. StGB vor.

Nächster Schritt: Nachdem wir die vorsätzliche Tat geprüft haben, müssen wir uns nun noch die Fahrlässigkeitstat ansehen. Denn wir hatten ja oben gelernt, dass die *aberratio ictus* zwar zum einen zur Bestrafung wegen versuchter vorsätzlicher Tötung hinsichtlich des anvisierten, aber nicht getroffenen Objekts, zum anderen aber eben auch zur ***Fahrlässigkeit*** hinsichtlich des versehentlich getroffenen Objekts führt. Diese Fahrlässigkeit prüfen wir jetzt mal, wobei am Vorliegen der Voraussetzungen des **§ 222 StGB** keine wirklichen Zweifel bestehen; eine Erörterung lohnt sich trotzdem, schon alleine um den ***Aufbau*** einer Fahrlässigkeitstat kennenzulernen. Bitte beachte, dass der Aufbau einer Fahrlässigkeitstat sich erheblich vom Aufbau einer vorsätzlichen Tat unterscheidet. Das beginnt damit, dass es keine Unterscheidung in objektiven und subjektiven Tatbestand gibt, vielmehr müssen folgende Merkmale vorkommen:

§ 222 StGB (fahrlässige Tötung des B)

I. Tatbestand:

1.) Objektive Sorgfaltspflichtverletzung

Objektiv sorgfaltswidrig im Sinne des § 222 StGB handelt, wer nicht die Regeln beachtet, die die Tötung einer anderen Person verhindern sollen (*Wessels/Beulke/Satzger* AT Rz. 667). Wer in einem Lokal mit einer Pistole herumschießt, missachtet diese Regeln, denn durch diese Handlung können Menschen verletzt und getötet werden.

2.) Eintritt des Erfolges

B stirbt, der zu vermeidende Erfolg ist eingetreten.

3.) Kausalität und objektive Zurechnung

Der Schuss der F ist auch ursächlich für den Tod des B. Im Tod des B hat sich die Gefahr realisiert, die dadurch geschaffen wird, dass man in einem Raum, in dem sich mehrere Personen befinden, mit einer Schusswaffe versucht eine Person umzubringen. Es liegt innerhalb jeder Lebenserfahrung, dass man in einem solchen Falle eine andere Person, die sich ebenfalls im Raum befindet, trifft.

4.) Objektive Vorhersehbarkeit des Erfolges

Es ist objektiv vorhersehbar, dass man beim Gebrauch einer Schusswaffe innerhalb eines Raumes ein anderes Ziel als das anvisierte und damit auch einen anderen Menschen trifft.

<u>**ZE.:**</u> Damit liegt der Tatbestand des § 222 StGB vor.

Für die Klausur: Das sind die Merkmale, die man im Tatbestand einer Fahrlässigkeit beim Erfolgsdelikt prüft. Die gewählte Reihenfolge ist übrigens nicht zwingend, man kann z.B. auch die Nr. 2 zuerst prüfen, so schlagen das etwa *Wessels/Beulke/Satzger* AT Rz. 864 vor. Je nach gewähltem Lehrbuch kommen im Rahmen der Kausalität und objektiven Zurechnung noch einige andere Begriffe ins Spiel, die uns hier im Einzelnen aber nicht interessieren sollen. Wir merken uns vielmehr bitte, dass die oben aufgezeigten Begriffe der kleinste gemeinsame Nenner sind und folglich in der Klausurlösung vorkommen sollten.

II. An der **Rechtswidrigkeit** bestehen keine Zweifel.

III. Schuld:

Im Rahmen der Schuld bestehen ebenfalls keine Bedenken. F weist in der konkreten Situation keine besonderen Eigenarten auf, die die persönliche Vorwerfbarkeit, insbesondere die subjektive Sorgfaltspflichtverletzung sowie Vorhersehbarkeit des Erfolges in Frage stellen könnten.

Übrigens: Das ist auch der Regelfall in den Klausuren, deshalb kann man sich an dieser Stelle – in unproblematischen Fällen – ***kurz*** halten. Wer sich zu längeren Ausführungen hinreißen lässt, ärgert den Prüfer, denn auf seinem Lösungsblatt steht da maximal ***ein*** Satz. Längere Erklärungen zur Schuld bei der Fahrlässigkeitstat sind nur angesagt, wenn entweder a) die Schuldfähigkeit in Frage steht (also Sauferei oder Drogen usw.) oder b) der Täter in der konkreten Situation beeinträchtigt war, z.B. durch plötzlich eintretende Übelkeit (BGH VRS **7**, 181), Verwirrung (dann evtl. § 33 StGB) oder Schock (Hinweise bei S/S-*Sternberg-Lieben/Schuster* § 15 StGB Rz. 191 ff.).

Erg.: F hat sich wegen fahrlässiger Tötung des B gemäß § 222 StGB strafbar gemacht. Diese Tat steht gemäß § 52 StGB in Tateinheit zum versuchten Totschlag in einem minder schweren Fall.

Kurze Pause: Den ersten Abschnitt haben wir bewältigt und festgestellt, dass sich F strafbar gemacht hat wegen versuchten Totschlages an G und fahrlässiger Tötung an B. Und jetzt sehen wir uns im zweiten Abschnitt an, wie sich der A daran beteiligt hat. Genau genommen prüfen wir natürlich nur die Beteiligung am versuchten Totschlag der F, denn: Zu einer Fahrlässigkeitstat kann man weder eine Beihilfe noch eine Anstiftung leisten. Denn dafür erforderlich ist stets eine vorsätzliche Haupttat. Und das steht sogar im Gesetz, bitte lesen: § 26 StGB und § 27 StGB. Merken.

Strafbarkeit des A

§§ 27 Abs. 1, 212 Abs. 1, 22, 23 Abs. 1, 12 Abs. 1, StGB (Beihilfe zum versuchten Totschlag der F durch das Anreichen der Waffe)

Vorab: Eine Anstiftung, die als Teilnahmeform der Beihilfe grundsätzlich vorgeht und damit eigentlich zuerst zu prüfen ist, kam vorliegend nicht in Betracht, denn F hatte ihren Entschluss, die G zu töten, schon gefasst, als A ihr die Knarre gibt. Deshalb kann und muss man hier sofort mit der ***Beihilfe*** anfangen. Im Verhältnis der Täterschaft zur Teilnahme gilt grundsätzlich das Prinzip der Akzessorietät (= Abhängigkeit). Konkret bedeutet das, dass man bei einer Teilnahmeprüfung stets mit der Teilnahme zur tatsächlich begangenen Haupttat startet. Und das tut man bitte auch dann, wenn – wie hier im vorliegenden Fall – für den Teilnehmer ein Mordmerkmal in Betracht kommt, die Haupttat indessen nur ein Totschlag gewesen ist.

Wir beginnen deshalb auch hier zunächst einmal mit der Teilnahme zur vom Haupttäter ausgeführten Tat. Und das war der versuchte Totschlag an G.

I. Tatbestand (A: objektiv):

1.) Vorliegen einer vorsätzlichen rechtswidrigen Haupttat (lies: § 27 Abs. 1 StGB). Hier ist das der versuchte Totschlag der F.

2.) Vorliegen einer Beihilfehandlung. Eine solche vollzieht, wer – ohne die Tat als eigene zu wollen – diese ermöglicht, erleichtert, absichert oder sonstwie fördert (*Lackner/Kühl* § 27 StGB Rz. 2). Durch die Übergabe der Waffe ermöglicht A die Tat der F. Eine Beihilfehandlung liegt vor.

B: Subjektiver Tatbestand (doppelter Teilnehmervorsatz):

1.) Vorsatz auf die – vollendete – Haupttat: Diesen Vorsatz hatte A. Wir haben im letzten Fall schon gelernt, dass der Vollendungsvorsatz den Vorsatz auf eine im Versuch stecken gebliebene Tat immer mitumfasst (*Fischer* § 26 StGB Rz. 8; vgl. bitte zur Problematik des nur bedingten Vorsatzes auf die konkrete Haupttat und die sogenannte »Kettenanstiftung«: BGH NJW **2005**, 996).

2.) Vorsatz auf die Teilnahmehandlung: Liegt hier vor, A wollte F die Knarre in die Hand geben und hat dies auch getan.

Die **Rechtswidrigkeit** und die **Schuld** begegnen ***keinen*** Bedenken.

<u>ZE.</u>: A hat sich strafbar gemacht wegen Beihilfe zum versuchten Totschlag der S durch das Anreichen der Waffe.

Aber jetzt:

Es fragt sich, inwieweit für unseren A wegen seiner Motivation, schneller an die Kohle im Testament zu kommen, möglicherweise noch eine Strafverschärfung in Betracht kommt.

Einstieg: Wir hatten eben das Prinzip der Akzessorietät kennengelernt, und das hieß, dass eine Teilnahme immer nur an der konkret begangenen Haupttat möglich und davon abhängig ist. Man kann normalerweise nicht an mehr teilnehmen, als der Haupttäter tatsächlich verwirklicht hat. Von diesem Prinzip aber gibt es Ausnahmen, und zwar vor allem bei den §§ 212, 211 StGB. Diese Ausnahmen regeln sich nach **§ 28 StGB**, man nennt sie »Durchbrechung der Akzessorietät«, und das Ganze funktioniert so: Im vorliegenden Fall kommt trotz der Tatsache, dass F als Haupttäterin nur einen versuchten Totschlag begangen hat, eine Bestrafung des A wegen Beihilfe zum versuchten Mord (!) nach den §§ 27, 212, 211, 22, 23, **28 Abs. 2** StGB in Betracht.

Aufbau: Bitte beachte bei der Prüfung und der Einordnung des § 28 StGB in die Fall-Lösung, dass zunächst, so wie wir das auch gemacht haben, immer erst festgestellt werden muss, wie das Verhältnis des Teilnehmers zur tatsächlich begangenen Haupttat aussieht. Erst wenn das vollständig durchgeprüft wurde, kann man im Anschluss daran – also ***hinter*** dieser Erörterung – die Prüfung des § 28 StGB anschließen. Nur auf diesem Weg nämlich ist es möglich, zunächst schön sorgsam die Akzessorietät herauszuarbeiten, um dann im nächsten Schritt eine etwaige Durchbrechung zu erörtern. Merken.

Die konkrete Prüfung des § 28 Abs. 2 StGB vollzieht sich dann immer in ***zwei*** Schritten bzw. durch die Beantwortung zweier Fragen, und zwar so:

1. Frage: Liegt überhaupt eines der in § 28 Abs. 2 StGB benannten Merkmale vor?

Antwort: In § 28 Abs. 2 StGB werden **»besondere persönliche Merkmale«** verlangt. Die Definition dafür findet sich in **§ 14 Abs. 1 StGB** (hinter »3.« weiterlesen!). Nach ziemlich herrschender Meinung gehören die Mordmerkmale der 1. und 3. Gruppe zu diesen »besonderen persönlichen Merkmalen« (BGHSt **50**, 1; BGH NJW **2005**, 996; BGHSt **23**, 104; 24, 106; *Fischer* § 211 StGB Rz. 93 mwN).

Bei A muss damit zunächst eines der Merkmale der 1. oder 3. Gruppe des § 211 Abs. 2 StGB vorliegen. Für A kommt angesichts seiner Gesinnung die ***Habgier*** in Betracht. Habgierig handelt, wer eine ungewöhnliche und ungesunde, sittlich anstößige Steigerung des Erwerbssinnes zum Motiv seines Handelns macht und gleichsam nach Gewinn um jeden Preis strebt (*Lackner/Kühl* § 211 StGB Rz. 4; *Fischer* § 211 StGB Rz. 5). Habgierig handelt der Täter demnach z.B. dann, wenn er in den Besitz einer Erbschaft (*Fischer* a.a.O.) oder in den Besitz eines anderen dem Opfer zustehenden Vermögensgegenstandes kommen will (BGHSt **42**, 301; BGHSt **29**, 318). A will an die Kohle der G, die im Testament für ihn vorgesehen ist; er handelt mithin habgierig, als er der F die Pistole reicht. Bei A liegt damit ein Merkmal der 1. Gruppe des § 211 StGB vor; dieses Merkmal ist ein »besonderes persönliches Merkmal« im Sinne des § 28 Abs. 2 StGB.

ZE.: Frage Nr. 1 ist damit positiv beantwortet, vgl. oben.

2. Frage: Hat das Merkmal, das bei A vorliegt, auch die Funktion, die § 28 Abs. 2 StGB verlangt?

Antwort: Die Habgier des A muss die Strafe nunmehr schärfen, mildern oder ausschließen, damit § 28 Abs. 2 StGB Anwendung finden kann (bitte das Gesetz lesen). In Betracht kommt hier nur das ***Schärfen*** der Strafe: Und ob die Habgier des A die Strafe »schärft«, hängt davon ab, in welchem Verhältnis man die beiden Tatbestände (§§ 211 und 212 StGB) sieht, denn:

- Folgt man der Ansicht des BGH (BGH NStZ **2008**, 342; BGH NJW **2005**, 996; BGHSt **22**, 375; **23**, 39; BGH StV **1989**, 150), dann handelt es sich bei den §§ 211, 212 StGB um zwei ***selbstständige Tatbestände*** ohne Stufenverhältnis mit der Folge, dass die Mordmerkmale die Strafe nicht schärfen, sondern bezüglich § 211 StGB ***begründen*** (BGH NJW **2005**, 996). Das hätte dann zur Folge, dass nicht § 28 Abs. 2 StGB, sondern § 28 Abs. 1 StGB Anwendung findet. Der aber passt hier gar nicht (bitte lesen), da in unserem Fall die Merkmale ja nur beim Teilnehmer vorliegen, nicht aber beim Täter. Im Ergebnis wäre A somit hier nur wegen Beihilfe zum Totschlag zu bestrafen, obwohl in seiner Person Mordmerkmale gegeben sind.

- Folgt man der Ansicht in der Literatur (*Lackner/Kühl* vor § 211 StGB Rz. 22; MK/*Schneider* vor §§ 211 ff. StGB Rz. 188; S/S-*Eser/Sternberg-Lieben* vor § 211 StGB Rz. 5; SK/*Sinn* § 211 StGB Rz. 2; *Krey/Heinrich* BT 1 Rz. 27; *Fischer* § 211 StGB Rzn. 6 und 88; LK/*Jähnke* vor § 211 StGB Rz. 39; *Wessels/Hettinger* BT 1 Rz. 70; *Mitsch* in JuS 1996, 26), dann handelt es sich bei § 211 StGB um eine ***Qualifikation*** des § 212 StGB. Und das hätte zur Folge, dass die Mordmerkmale aus § 211 StGB die Strafe im Vergleich zum Grunddelikt des § 212 StGB ***schärfen***.

In unserem Fall wäre das Merkmal Habgier somit ***strafschärfend*** und § 28 Abs. 2 StGB fände Anwendung; A wäre – unter Durchbrechung der grundsätzlich geltenden Akzessorietät gemäß § 28 Abs. 2 StGB – wegen Beihilfe zum versuchten Mord zu bestrafen, obwohl der Haupttäter nur einen versuchten Totschlag begangen hat.

Die Beantwortung der 2. Frage (vgl. oben) und damit der Anwendung von § 28 Abs. 2 StGB hängt also davon ab, wie man das Verhältnis der beiden Tatbestände, § 211 und § 212 StGB, zueinander beurteilt:

> → Für die ***Rechtsprechung*** lässt sich anführen, dass die Gesetzessystematik einen Grundtatbestand grundsätzlich an den Anfang der jeweiligen Regelungskette stellt, so z.B. bei § 223 StGB, § 242 StGB, § 249 StGB. Hier steht § 212 StGB aber erst als zweite Norm, daher kann es sich dabei nicht um einen Grundtatbestand handeln. Des Weiteren wurde im früheren Rechtszustand erhöhte Bedeutung auf die Abgrenzung der Tätertypen gelegt, was bis heute in der Formulierung »ohne Mörder zu sein« bei § 212 StGB erhalten ist. Beide Taten stehen aus diesem Grund in keinem Stufenverhältnis, sondern charakterisieren verschiedene Taten und Täter mit ungleichartigem Unrechtsgehalt.

→ Für die ***Literatur*** spricht hingegen, dass der Tatbestand des § 212 StGB vollständig in § 211 StGB enthalten ist und diese Tatsache immer auf die Kombination von Grundtatbestand und Qualifikation schließen lässt. Des Weiteren handelt es sich bei § 212 StGB nicht nur um den Grundtatbestand des § 211 StGB; vielmehr werden davon alle Tötungsdelikte, die dem § 212 StGB folgen, erfasst. Ein Ausschluss des § 211 StGB lässt sich aber dann nicht begründen. Im Übrigen lässt sich bei der Tötung eines Menschen niemals eine qualitative Abstufung vornehmen, sondern lediglich eine quantitative im Rahmen der Strafwürdigung des Verhaltens des Täters. Eine selbstständige Betrachtung des Mordtatbestandes ist aber eine solche qualitative Einteilung einer Tötung (vgl. zum Ganzen sehr instruktiv *Geppert* in Jura 2008, 34 und *Küper* in JZ 1991, 761, 862 und 910).

Folgt man dem BGH, ist A nicht wegen Beihilfe zum Mord zu bestrafen. Die Norm des § 28 Abs. 2 StGB findet keine Anwendung, es bleibt bei der Beihilfe zum Totschlag. Folgt man hingegen der Literatur, greift § 28 Abs. 2 StGB ein und A ist strafbar wegen Beihilfe zum Mord (ein schöner Aufsatz zum Ganzen von *Dehne-Niemann/Wegemund* findet sich in HRRS **2010**, 98).

Erg.: Je nach verfolgter Meinung (zur Darstellung des Streites vgl. das Gutachten weiter unten) bleibt es bei einer Bestrafung wegen Beihilfe zum Totschlag (BGH) oder aber A hat eine Beihilfe zum Mord (Literatur) begangen. Auf § 213 StGB, den wir für die F oben angenommen hatten, kann sich A indessen auf keinen Fall berufen, denn den Strafmilderungsgrund kann nur derjenige beanspruchen, dem dieses dort benannte ***täterbezogene*** Merkmal auch tatsächlich zukommt. In analoger Anwendung des § 28 Abs. 2 StGB kann sich nur der darauf berufen, bei dem die Merkmale in seiner Person vorliegen (SK/*Sinn* § 213 StGB Rz. 20; S/S-*Eser/Sternberg-Lieben* § 213 StGB Rz. 15).

Das war aber noch nicht alles:

Zwar kann A, wie oben schon mal erwähnt wurde, keine Teilnahme zur von F begangenen fahrlässigen Tötung des B leisten; die Teilnahme funktioniert nur bei ***vorsätzlichen*** Taten. Allerdings kann A selbst den Tod des B aufgrund von ***Fahrlässigkeit*** herbeigeführt bzw. verursacht haben (= § 222 StGB). Bitte nicht davon irritieren lassen, dass schon F fahrlässig den Tod des B zu verantworten hat (das haben wir oben ja geprüft). Es ist durchaus möglich, dass mehrere Personen Ursachen für einen später eingetretenen Erfolg setzen und auch alle dafür einstehen müssen (*Wessels/Beulke/Satzger* AT Rz. 685). Hätte A der F die Knarre nicht gegeben, hätte F nicht schießen können und B wäre nicht gestorben. Damit hat A ohne Frage einen ursächlichen Beitrag zum Tod des B geleistet. A hätte den Tod des B verhindert, wenn er der F die Pistole nicht gibt.

Bitte beachte insoweit dann noch, dass F und A in diesem Falle keinesfalls »Mittäter« sind; auch das funktioniert nämlich nur bei ***vorsätzlichen*** Taten. Man nennt das bei Fahrlässigkeitstaten dann »Nebentäterschaft«. Merken.

§ 222 StGB (Tötung des B durch das Anreichen der Waffe)

Zu den einzelnen Aufbaupunkten einer Fahrlässigkeitstat vgl. bitte oben, hier jetzt abgekürzt:

I. Tatbestand:

A handelt bezogen auf den Tod des B ***objektiv sorgfaltswidrig,*** als er F die Waffe reicht, nachdem sie mitgeteilt hatte, sie wolle auf eine Person schießen. B ist durch einen Schuss aus der von A übergebenen Pistole gestorben. Das Angeben der Waffe war ursächlich für den Tod und der Tod des B lag – unter Kenntnis der Umstände, insbesondere des Willens der A – auch nicht außerhalb der Lebenswahrscheinlichkeit. Wenn man eine Waffe anreicht, mit der ein anderer in einem Raum, in dem sich noch weitere Personen befinden, auf einen Menschen schießen will, liegt es in der allgemeinen Lebenserfahrung und ist somit objektiv vorhersehbar, dass durch den späteren Schuss auch andere Opfer verletzt oder gar getötet werden können.

II. An der **Rechtswidrigkeit** bestehen keine Zweifel.

III. A handelt auch **schuldhaft**, es ergeben sich in der konkreten Situation keine Anhaltspunkte für Bedenken hinsichtlich der persönlichen Vorwerfbarkeit, insbesondere war der Tod des B auch subjektiv vorhersehbar für A.

Erg.: A hat sich gemäß § 222 StGB auch wegen fahrlässiger Tötung des B durch das Anreichen der Waffe strafbar gemacht.

Gesamtergebnis: F ist zu bestrafen wegen versuchten Totschlages in einem minder schweren Fall an G gemäß den §§ 212, 22, 23, 213 StGB sowie fahrlässiger Tötung des B nach § 222 StGB. Die Delikte stehen in Tateinheit gemäß § 52 StGB zueinander. A ist je nach verfolgter Ansicht zu bestrafen wegen Beihilfe zum versuchten Totschlag oder Mord in Tateinheit mit fahrlässiger Tötung des B.

Gutachten

Strafbarkeit der F

F könnte sich durch den Schuss wegen Totschlages an B gemäß § 212 StGB strafbar gemacht haben.

Objektiver Tatbestand:

F hat durch den Schuss den Tod des B ursächlich herbeigeführt und damit die objektiven Merkmale des § 212 Abs. 1 StGB erfüllt.

Subjektiver Tatbestand:

Voraussetzung für den subjektiven Tatbestand ist gemäß § 15 StGB der Vorsatz der F. Insoweit ergeben sich Bedenken aus dem Umstand, dass F nicht den tatsächlich getroffenen B, sondern vielmehr die G erschießen wollte.

a) Es fragt sich zunächst, ob es sich diesbezüglich um einen error in persona handelt, der bei Gleichwertigkeit der Objekte keinen Einfluss auf den Vorsatz des Täters hätte. Ein Irrtum über das Handlungsobjekt liegt vor, wenn das anvisierte und das tatsächlich getroffene Objekt identisch sind, der Täter sich aber über die Identität des Objekts irrt. Hiervon kann vorliegend nicht ausgegangen werden. F hatte die G anvisiert, dann aber versehentlich den B getroffen. Das anvisierte und das getroffene Objekt sind mithin nicht identisch. Es liegt kein Fall des error in persona vor.

b) Die vorliegende Konstellation könnte aber ein Fehlgehen der Tat (aberratio ictus) sein mit der möglichen Konsequenz eines Vorsatzausschlusses für die F. Ein Fehlgehen der Tat liegt dann vor, wenn das vom Täter anvisierte Objekt nicht getroffen, dafür aber ein anderes, vom Täter nicht anvisiertes, Objekt verletzt wird. Im vorliegenden Fall hat F die G anvisiert, versehentlich aber den B getroffen und getötet. Es liegt mithin ein Fall des Fehlgehens der Tat, eine aberratio ictus, vor. Zu prüfen sind die Auswirkungen dessen auf den Vorsatz der F.

aa) Nach einer Meinung soll dieses Fehlgehen der Tat keinerlei Einfluss auf den Vorsatz des Täters haben. Vielmehr handele es sich um eine Fallgestaltung, die dem unbeachtlichen error in persona gleichzusetzen sei. Der Täter habe einen Menschen töten wollen und dies auch erreicht. Dass dieser Erfolg an einem anderen als dem anvisierten Objekt eintritt, sei unbeachtlich aufgrund der Gleichwertigkeit der Objekte.

bb) Dem steht indessen entgegen, dass der Vorsatz des Täters nicht genereller, sondern vielmehr individueller Natur ist, wenn der Täter das Opfer seiner Angriffshandlung anvisiert hat. Der Täter will in diesem Fall nur diesen einen Menschen angreifen, nicht – wie etwa bei einem generellen Vorsatz – einen beliebigen Menschen aus einer bestimmten Gruppe. Wegen vorsätzlicher Tötung des versehentlich getroffenen Objekts zu bestrafen, würde außer Acht lassen, dass der Täter dieses Objekt gar nicht treffen wollte. Sein Vorsatz war vielmehr konkretisiert auf ein anderes Objekt.

Als Rechtsfolge der aberratio ictus ist daher ein Vorsatzausschluss hinsichtlich des getroffenen Objekts anzunehmen und des Weiteren insoweit eine Fahrlässigkeit in Betracht zu ziehen. Bezüglich des anvisierten, aber nicht getroffenen Objekts bleibt eine Strafbarkeit wegen Versuchs. Im vorliegenden Fall mangelt es mithin wegen des Fehlgehens der Tat am für den subjektiven Tatbestand erforderlichen Vorsatz hinsichtlich der Tötung des B.

Ergebnis: F hat sich nicht strafbar gemacht wegen vorsätzlicher Tötung des B aus § 212 Abs. 1 StGB.

F könnte sich aber wegen versuchten Totschlages an G gemäß den §§ 212 Abs. 1, 22, 23, 12 Abs. 1 StGB strafbar gemacht haben.

Vorprüfung: Die Tat ist nicht vollendet, G ist von F nicht getroffen worden. Die Strafbarkeit des Versuchs ergibt sich im vorliegenden Fall aus § 23 Abs. 1 StGB in Verbindung mit § 12 Abs. 1 StGB.

Tatentschluss: F wollte die G erschießen und hatte folglich den Vorsatz auf die objektiven Merkmale des § 212 Abs. 1 StGB.

Unmittelbares Ansetzen zur Tatbestandsverwirklichung: F hat bereits auf die anvisierte G geschossen und damit die Tathandlung ausgeführt. Dies genügt für das unmittelbare Ansetzen nach § 22 StGB.

Rechtswidrigkeit:

Es fragt sich, ob die F bei ihrem Schuss gerechtfertigt gewesen ist. In Betracht kommt insoweit die Notwehr gemäß § 32 StGB als Rechtfertigungsgrund. Zwar handelt es sich bei den verbalen Attacken der G und auch dem Schütten des Cafes um einen Angriff auf die Rechtsgüter der F. Indessen ist dieser Angriff zum einen nicht mehr gegenwärtig, weil schon abgeschlossen; zum anderen aber ist die Tötung keinesfalls die erforderliche Verteidigung gegen einen solchen Angriff. Bei mehreren gleichwertigen Angriffsmitteln muss auch im Rahmen des § 32 StGB stets das mildeste Mittel gewählt werden. F ist bei dem Schuss nicht durch Notwehr gerechtfertigt.

Schuld:

Es bestehen keine Zweifel daran, dass F schuldhaft handelte.

Ergebnis: F hat sich strafbar gemacht wegen versuchten Totschlages an G.

Im Rahmen der Strafzumessung kommt noch die Anwendung des § 213 StGB in Betracht. F war ohne eigene Schuld durch die schweren Beleidigungen der G zum Zorn gereizt und hierdurch auf der Stelle zur Tat hingerissen. Sie erfüllt damit die Voraussetzungen des § 213 StGB und kann mithin aus dem dort benannten Strafrahmen bestraft werden.

Ergebnis: F ist zu bestrafen wegen versuchten Totschlages in einem minder schweren Fall nach den §§ 212, 22, 23, 12 Abs. 1, 213 StGB.

F könnte sich des Weiteren aufgrund des Schusses noch wegen fahrlässiger Tötung des B nach § 222 StGB strafbar gemacht haben.

Tatbestand:

F muss objektiv sorgfaltswidrig gehandelt haben. Wer in einem Cafe auf eine Person mit einer Waffe zielt und abdrückt, verletzt die Sorgfaltsregeln, die zur Vermeidung der Tötung von Personen beachtet werden müssen. Diese Sorgfaltspflichtverletzung war ursächlich für den Tod des B. Der Tod des B war des Weiteren objektiv vorhersehbar und dem Verhalten der F zurechenbar nach den allgemeinen Grundsätzen.

Rechtswidrigkeit:

Es bestehen vorliegend keine Anhaltspunkte, die die Rechtswidrigkeit ausschließen können.

Schuld:

Des Weiteren sind in der Person der F keine besonderen Eigenarten ersichtlich, die die persönliche Vorwerfbarkeit hinsichtlich der von F vollzogenen Handlung in Frage stellen könnten.

Ergebnis: F hat sich strafbar gemacht wegen fahrlässiger Tötung des B nach § 222 StGB. Diese fahrlässige Tötung steht gemäß § 52 StGB in Tateinheit zur versuchten vorsätzlichen Tötung nach §§ 212, 213, 22, 23, 12 StGB.

Strafbarkeit des A

A könnte sich durch das Anreichen der Waffe gemäß den §§ 27 Abs.1, 212, 22, 23, 12 Abs. 1 StGB wegen Beihilfe zum versuchten Totschlag strafbar gemacht haben.

Objektiver Tatbestand:

Die teilnahmefähige Haupttat liegt in dem von F begangenen versuchten Totschlag. Das Anreichen der Waffe unterstützt und ermöglicht die Tat der F und ist mithin ein Hilfeleisten im Sinne des § 27 Abs. 1 StGB.

Subjektiver Tatbestand:

A hatte Vorsatz auf die von F begangene Haupttat. Der Umstand, dass die Tat der F im Versuch stecken geblieben ist, berührt nicht den Gehilfenvorsatz des A. Im Vollendungsvorsatz ist der Vorsatz auf den Versuch als ein »Weniger« stets mitenthalten. A hatte Vorsatz auf seine Beihilfehandlung, er hat F die Pistole wissent- und willentlich übergeben.

Rechtswidrigkeit und Schuld

Hinsichtlich der Rechtswidrigkeit und der Schuld bestehen keine Zweifel.

Zwischenergebnis: A hat sich strafbar gemacht wegen Beihilfe zum versuchten Totschlag gemäß den §§ 27 Abs. 1, 212, 22, 23, 12 Abs. 1 StGB.

Aufgrund eines von A in seiner Person möglicherweise verwirklichten Mordmerkmals kommt unter Durchbrechung der Akzessorietät nach § 28 Abs. 2 StGB eine Bestrafung wegen Beihilfe zum Mord in Betracht.

a) Dann muss bei A zunächst ein besonderes persönliches Merkmal im Sinne des § 28 Abs. 2 StGB in Verbindung mit § 14 Abs. 1 StGB vorliegen. Die Mordmerkmale der 1. und 3. Gruppe des § 211 Abs. 2 StGB stellen solche täterbezogenen Merkmale dar. In Betracht kommt das Merkmal der Habgier. Habgierig handelt, wer eine ungewöhnliche und ungesunde, sittlich anstößige Steigerung des Erwerbssinnes zum Motiv seines Handelns macht und gleichsam nach Gewinn um jeden Preis strebt; z.B. dann, wenn der Täter in den Besitz einer Erbschaft oder eines anderen dem Opfer zustehenden Vermögensgegenstandes kommen will. Im vorliegenden Fall erstrebt A die im Testament der G für ihn vorgesehene Summe und handelt mithin habgierig im Sinne des § 211 Abs. 2 StGB. Bei A liegt demnach ein besonderes persönliches Merkmal im Sinne des § 28 Abs. 2 StGB vor.

b) Dieses Merkmal muss des Weiteren, um zu einer Anwendung des § 28 Abs. 2 StGB zu gelangen, die Strafe des Haupttäters schärfen, mildern oder ausschließen. Im vorliegenden Fall kommt eine Strafschärfung in Betracht. Die Mordmerkmale schärfen dann die Strafe des Haupttäters, wenn man davon ausgeht, dass der Mord die Qualifikation zum Totschlag ist. In diesem Falle ergibt sich diese Funktion der Strafschärfung daraus, dass der Grundtatbestand aus § 212 StGB durch die weiteren Merkmale der Qualifikation aus § 211 StGB eine Schärfung erfährt. Geht man hingegen davon aus, dass der Mord und der Totschlag in keinem Stufenverhältnis zueinander stehen, sondern vielmehr eigenständige voneinander unabhängige Tatbestände sind, haben die Mordmerkmale keine der in § 28 Abs. 2 StGB genannten Funktionen. In diesem Falle wäre allenfalls § 28 Abs. 1 StGB anwendbar, die Merkmale hätten dann strafbegründenden Charakter. Die Anwendung des § 28 Abs. 2 StGB im vorliegenden Falle hängt mithin davon ab, wie man das Verhältnis der beiden Tatbestände der §§ 211 und 212 StGB sieht.

aa) Für die Meinung, die den Mord und den Totschlag als eigenständige Tatbestände ansieht, spricht zunächst, dass die Gesetzessystematik einen Grundtatbestand grundsätzlich an den Anfang der jeweiligen Regelungskette stellt, so z.B. bei § 223 StGB, § 242 StGB, § 249 StGB. Hier steht § 212 StGB aber erst als zweite Norm, daher kann es sich dabei nicht um einen Grundtatbestand handeln. Des Weiteren wurde im früheren Rechtszustand erhöhte Bedeutung auf die Abgrenzung der Tätertypen gelegt, was bis heute in der Formulierung »ohne Mörder zu sein« bei § 212 StGB erhalten ist. Beide Taten stehen aus diesem Grund in keinem Stufenverhältnis, sondern charakterisieren verschiedene Taten und Täter mit ungleichartigem Unrechtsgehalt.

bb) Dieser Ansicht kann indessen nicht gefolgt werden. Zunächst steht dieser Auffassung entgegen, dass der Tatbestand des § 212 StGB vollständig in § 211 StGB enthalten ist und diese Tatsache immer auf den Grundtatbestand und die entsprechende Qualifikation schließen lässt. Es ist gerade die Eigenart einer Qualifikation, dass sie sich aus einem stets in ihr enthaltenden Grundtatbestand und dann noch weiteren Merkmalen zusammensetzt. Genau diese Konstruktion aber liegt bei den §§ 211, 212 StGB vor. Des Weiteren handelt es sich bei § 212 StGB nicht nur um den Grundtatbestand des § 211 StGB; vielmehr werden davon alle Tötungsdelikte, die dem § 212 StGB folgen, erfasst. Ein Ausschluss des § 211 StGB lässt sich aber dann nicht begründen. Im Übrigen ist es nicht möglich, so wie es die andere Ansicht annimmt, bei der Tötung eines Menschen eine qualitative Abstufung vorzunehmen. Insoweit kann immer nur eine quantitative Unterscheidung im Rahmen der Strafwürdigung des Verhaltens des Täters erfolgen. Eine selbstständige Betrachtung des Mordtatbestandes wäre aber eine solche qualitative Einteilung einer Tötung.

Aus den genannten Gründen ist daher der Auffassung zu folgen, die den Totschlag als Grundtatbestand und den Mord als dessen Qualifikation ansieht. Dies hat zur Konsequenz, dass die Merkmale der 1. und 3. Gruppe des § 211 Abs. 2 StGB strafschärfenden Charakter haben. Und daraus wiederum folgt die Anwendung des § 28 Abs. 2 StGB auf den vorliegenden Fall. A handelte habgierig, verwirklicht damit ein Merkmal der

1. Gruppe des § 211 Abs. 2 StGB. Dieses Merkmal wirkt nach § 28 Abs. 2 StGB somit bei A, obwohl die Täterin F das Merkmal nicht verwirklicht.

Ergebnis: Unter Durchbrechung der Akzessorietätsregeln ist A demnach aufgrund der Anwendung von § 28 Abs. 2 StGB zu bestrafen wegen Beihilfe zum Mord nach den §§ 27 Abs. 1, 28 Abs. 2, 212, 211, 22, 23, 12 Abs. 1 StGB.

A könnte sich schließlich noch strafbar gemacht haben wegen fahrlässiger Tötung des B gemäß § 222 StGB durch das Anreichen der Waffe.

Tatbestand:

A müsste objektiv sorgfaltswidrig und vorhersehbar den Tod des B verursacht haben, als er der F die Waffe übergab. B ist durch einen Schuss gestorben. Das Angeben der Waffe war ursächlich im Sinne des conditio sine qua non für den Tod des B und der Tod des B lag – unter Kenntnis der Umstände, insbesondere des Willens der A – auch nicht außerhalb der Lebenswahrscheinlichkeit. Wenn man eine Waffe anreicht, mit der ein anderer in einem Raum, in dem sich noch weitere Personen befinden, auf einen Menschen schießen will, liegt es in der allgemeinen Lebenserfahrung und ist somit objektiv vorhersehbar, dass durch den späteren Schuss auch andere Opfer verletzt oder gar getötet werden können.

Rechtswidrigkeit und Schuld:

A handelt zum einen nicht gerechtfertigt und zum anderen auch schuldhaft. Es ergeben sich in der konkreten Situation keine Anhaltspunkte für Bedenken hinsichtlich der persönlichen Vorwerfbarkeit. Insbesondere war der Tod eines anderen Menschen auch subjektiv vorhersehbar für A.

Ergebnis: A hat sich durch das Anreichen der Pistole strafbar gemacht wegen fahrlässiger Tötung des B nach § 222 StGB. Diese Tat steht im Verhältnis der Idealkonkurrenz nach § 52 StGB zur Beihilfe zum Mord.

Fall 4

Selbstmord für Anfänger

Die Rechtsstudenten A und B sind zum zweiten Mal durch die 1. Staatsprüfung gefallen und wollen deshalb ihrem (jetzt sinnlosen) Leben gemeinsam ein Ende setzen.

Auf Betreiben des B hin, der bereits am Abend nach der Prüfung und in den Folgetagen mehrfach den Wunsch zum Ableben gegenüber A geäußert und den A dann auch überzeugt hatte, fahren sie im Wagen des B an einem Samstagabend auf den Universitätsparkplatz. Sodann schluckt B eine hohe Dosis Beruhigungstabletten und nimmt angeschnallt auf dem Beifahrersitz Platz, während A den Auspuff des Fahrzeugs mittels eines Schlauches mit dem Innenraum verbindet und sämtliche Schlitze an Türen und Fenstern abdichtet. Dann nimmt auch A Platz, verriegelt die Türen und lässt den Motor an. B ist zu diesem Zeitpunkt von den Tabletten bereits stark benommen. A tritt nun kräftig auf das Gaspedal, um so den Tötungsvorgang zu beschleunigen. B fängt wenig später an zu röcheln, erbricht und verliert vollständig das Bewusstsein. Als A den zusammengesunkenen B ansieht, erkennt er das Irrationale der ganzen Aktion. Geistesgegenwärtig nimmt er den Fuß vom Gas, tritt die Fahrertür auf und rettet so sich und B das Leben. B muss aufgrund schwerer Vergiftungen im Körper einen Monat stationär behandelt werden.

Strafbarkeit des A?

Schwerpunkte: Tötung auf Verlangen gemäß § 216 StGB; Abgrenzung zur Beihilfe zum Selbstmord; gefährliche Körperverletzung nach § 224 StGB, das Verhältnis zur Tötung auf Verlangen; Rücktritt von § 216 StGB; Sperrwirkung des § 216 StGB für die Körperverletzung; Einwilligung zur Körperverletzung nach § 228 StGB als Rechtfertigungsgrund; Einwilligung zur Tötung.

Lösungsweg

§ 216 Abs. 1 und 2, 22, 23 Abs. 1 (versuchte Tötung auf Verlangen an B)

Vorab: Inwieweit man hier auch § 212 StGB mit in den Obersatz nimmt, hängt von dem uns mittlerweile hinlänglich bekannten Streit um das Verhältnis der Tötungsdelikte zueinander ab. Wer § 212 StGB als Grundtatbestand ansieht (Literatur), sollte die Norm mit aufnehmen, denn § 212 StGB ist dann auch der Grundtatbestand für § 216 StGB (= Privilegierung). Wer dem BGH folgt, prüft § 216 StGB alleine, also ohne

§ 212 StGB im Obersatz. Wie man es macht, ist tatsächlich vollkommen gleichgültig. Die Fälle, in denen dieser Streit eine Rolle spielt und demnach erörtert werden muss, haben wir weiter vorne schon kennengelernt. Wie man an unserem Obersatz hier sieht, prüfen wir alleine § 216 StGB (und kommentieren das auch ***nicht*** in der Lösung).

Vorprüfung:

Die Tat ist nicht vollendet, B überlebt. Der Versuch ist gemäß § 216 Abs. 2 StGB unter Strafe gestellt.

I. Tatentschluss:

Der Tatentschluss umfasst den auf alle objektiven Tatbestandsmerkmale gerichteten Vorsatz und die sonstigen subjektiven Tatbestandsmerkmale.

1.) A muss folglich die Tötung des B – damit also eines anderen – gewollt haben (Gesetz lesen). Und das dürfte man auf den ersten Blick zunächst zweifelsfrei bejahen.

> **Aber:** Fraglich ist, ob A hier tatsächlich einen anderen mit seinem eigenen Täterentschluss töten wollte, oder ob sein Wille lediglich auf die ***Beteiligung*** an einer ***Selbsttötung*** gerichtet war. Die Beteiligung an einer Selbsttötung wäre straflos, denn § 27 Abs. 1 StGB (lesen) verlangt eine rechtswidrige Tat des Haupttäters. Diese aber liegt nicht vor, wenn der Haupttäter sich selbst umlegt. Der Haupttäter wäre in diesem Fall logischerweise nämlich selbst straflos, denn man muss immer einen *anderen Menschen* töten, um eine der Normen der §§ 211 ff. StGB zu verwirklichen (LK/*Jähnke* § 211 StGB Rz. 21; *Lackner/Kühl* § 211 StGB Rz. 9; S/S-*Eser/Sternberg-Lieben* Vor. §§ 211 ff. StGB Rz. 33). Wer Beihilfe zum straflosen Selbstmord eines anderen (oder dem Versuch dazu) leistet, macht sich nicht strafbar, da es an einer Haupttat fehlt.

Es ist demnach zu klären, ob A nicht möglicherweise nur Beihilfe zu einer solchen Selbsttötung des B leisten wollte und damit schon hier die Prüfung des § 216 StGB beendet ist, oder ob A tatsächlich täterschaftlich einen anderen im Sinne einer Fremdtötung umbringen wollte (vgl. dazu instruktiv *Staatsanwaltschaft* München in NStZ **2011**, 345).

Durchblick: In solchen Kategorien – also »Beihilfe zur Selbsttötung« oder »täterschaftliche Fremdtötung« – denkt natürlich kein Täter. Der Täter sieht immer nur den durch ihn tatsächlich verwirklichten Sachverhalt und nimmt hierbei selbstverständlich keine rechtliche Wertung im Sinne der gerade genannten juristischen Begriffe vor.

Unsere (der Juristen) Aufgabe ist es deshalb, zu prüfen, ob seine – des Täters – Vorstellung von der konkreten Situation nun eben eine Beihilfe zur Selbsttötung oder aber doch eine Tötung auf Verlangen im Sinne des § 216 StGB ist. Und hierbei können und müssen wir uns an den ***objektiven Begebenheiten*** orientieren und daraus dann den Schluss auf die zu wertende subjektive Tendenz des Täters ziehen. Anders geht das nicht, denn, wie gesagt, der Täter selbst hat keine Ahnung von den Rechtsbegriffen, die hier ausschlaggebend sind, der handelt einfach nur.

Regel: Bei der Abgrenzung zwischen der straflosen Beihilfe zur Selbsttötung und der strafbaren Tötung auf Verlangen stellt die herrschende Meinung darauf ab, wer das zum Tode führende Geschehen tatsächlich beherrscht und wie der Getötete im Rahmen des Gesamtplanes über sein Schicksal verfügt hat (BGH NStZ **2011**, 340; BGHSt **19**, 135; BayObLG NJW **1987**, 2940; StA München in NStZ **2011**, 345; *Fischer* vor § 211 StGB Rzn. 19 ff., 32 ff.; S/S-*Eser/Sternberg-Lieben* § 216 StGB Rz. 11; *Wessels/Hettinger* BT 1 Rz. 162; *Maurach/Schröder/Maiwald* BT 1 § 1 Rz. 26; vgl. zum Ganzen auch *Eisele* in JuS 2012, 577). Hatte der Getötete nach dem Gesamtplan nach Vollzug der letzten Mitwirkungshandlung des anderen (hier also des A) noch die Gelegenheit, die Sache aus eigener Kraft und eigenem Antrieb abzubrechen, liegt die Herrschaft bei ihm, folglich eine (für A dann straflose) Selbsttötung vor. Hatte der Getötete indessen vorher bereits die Verantwortung über sein Leben so abgegeben, dass er bei der zum Tode führenden Ausführungshandlung nicht mehr eingreifen konnte, liegt eine ***Fremdtötung*** durch den anderen und damit § 216 StGB vor.

Beispiel: Lebensmüder L bittet Freund F, ihm eine Giftspritze zu mischen, damit er sich umbringen kann. Gibt F dem L nun die Spritze und L injiziert selbst, liegt fraglos eine Selbsttötung vor. L konnte bis zum Schluss selbst entscheiden, ob er sich umbringt und diesen Vorgang aus eigenem Antrieb laufen lassen oder stoppen. Legt L sich indessen mit starken Beruhigungsmitteln schlafen und hat F vorher gebeten, dann die Spritze zu setzen, liegt eine Fremdtötung vor, L konnte zum Schluss – also beim letzten Handlungsakt des F – nicht mehr eingreifen.

Diese Grundregel, die darauf abstellt, wer zum Zeitpunkt der letzten, den Tod bringenden Ausführungshandlung objektiv die Tatherrschaft hat, ist ziemlich unstreitig und wie ich meine auch merkbar. Man sollte sie sich daher einprägen, insbesondere mit dem Wissen, dass bei Klausuren, die sich mit § 216 StGB befassen, der Schwerpunkt regelmäßig an dieser Stelle liegt (dazu: BGHSt **19**, 135; OLG München JZ **1988**, 201; StA München in NStZ **2011**, 345; *Wessels/Hettinger* BT 1 Rz. 162; *Krey/Heinrich* BT 1 Rz. 104; S/S-*Eser/Sternberg-Lieben* § 216 StGB Rz. 11; LK/*Jähnke* § 216 StGB Rz. 12).

Prägnant formuliert der BGH diese Regel in seiner (Leit-)Entscheidung zum sogenannten **»Doppelselbstmord«** vom 14.08.1963 (BGHSt **19**, 135, 139 – **»Gisela-Fall«**), dort heißt es:

> »*...Gab sich das Opfer in die Hand des anderen, weil es duldend von ihm den Tod entgegennehmen wollte, dann hatte dieser die Tatherrschaft. Behielt das Opfer dagegen bis zuletzt die freie Entscheidung über sein Schicksal, dann tötet es sich selbst, wenn auch mit fremder Hilfe...*«.

Zum Fall: Nach dem gemeinsamen Plan hatte B gleich zu Beginn die Tabletten genommen und den Rest dem A überlassen. A sollte die gesamte Ausführung der Tötung steuern. A hat die Gase in den Wagen geleitet, die Fenster und Türen abgedichtet und verriegelt und letztlich auch das Gas in den Wagen durch die Betätigung des Gaspedals befördert. B saß zu dieser Zeit schon stark benommen auf dem Beifahrersitz und ließ alles geschehen, spätestens nach dem Eintritt seiner Bewusstlosigkeit war er sogar komplett handlungsunfähig. Eine Einflussnahme des B nach Abschluss der Arbeiten des A war somit nicht mehr möglich. A steuerte – wie sich gerade am tatsächlichen Ablauf zeigte – die Tat bis zum letzten Akt; die Vollendung der Tötung des B lag alleine in seiner Hand.

ZE.: Somit hat A nach dem Gesamtplan das zum Tode führende Geschehen tatsächlich beherrscht und mithin eine ***Fremdtötung*** und nicht nur eine Beihilfe zur Tötung eines anderen begehen wollen.

> **Feinkost:** In dem eben schon mal erwähnten Urteil des BGH aus dem August 1963 (BGHSt **19**, 135) lag der Sachverhalt ein wenig anders: Dort war das spätere Opfer nämlich nicht in eine Bewusstlosigkeit aufgrund von Tabletten gefallen und hätte so letztlich wohl den Vorgang durch selbstständiges Öffnen der Wagentür noch stoppen können. Der BGH hat den Täter aber dennoch wegen § 216 StGB verurteilt, und zwar mit der Begründung, dass es dem Willen des Opfers entsprach, das Geschehen dem Täter zu überlassen (BGHSt **19**, 135/140). Dies ist im Ergebnis umso unverständlicher, als der BGH in der gleichen Entscheidung einige Seiten vorher die objektive ***Tatherrschaft*** – zutreffend – als ausschlaggebendes Kriterium benannt hat. Das Urteil ist deshalb in seiner konkreten Gestalt auch auf herbe Kritik gestoßen, obgleich die abstrakt aufgestellten Regeln weitestgehend Anerkennung gefunden haben. Der BGH hat nur leider seine eigenen Regeln nicht zutreffend, zumindest aber sehr inkonsequent, angewandt (S/S-*Eser/Sternberg-Lieben* § 216 StGB Rz. 11; *Wessels/Hettinger* BT 1 Rz. 164; *Krey/Heinrich* BT 1 Rz. 104; *Dreher* in MDR 1964, 337; vgl. zum Ganzen auch *Herzberg* in JuS 1988, 771; *Roxin* in NStZ 1987, 345 und aktueller: StA München in NStZ **2011**, 345 unter Bezugnahme auf OLG München NJW **1987**, 2942; vgl. auch *Eisele* in JuS 2012, 577).

ZE.: Unser A hatte Tatentschluss zur Begehung einer Fremdtötung im Sinne des § 216 Abs. 1 StGB.

2.) Nach der Vorstellung des A muss des Weiteren ein ***ausdrückliches*** und ***ernsthaftes Verlangen*** zur Tötung vorgelegen haben.

> **Definition:** Das Opfer muss seine Tötung ernstlich begehrt und dieses Begehren ausdrücklich und unmissverständlich gegenüber dem Täter kundgetan haben (BGH NStZ **2011**, 340; *Lackner/Kühl* § 216 StGB Rz. 2; *Wessels/Hettinger* BT 1 Rz. 156; S/S-*Eser/Sternberg-Lieben* § 216 StGB Rz. 5).

Das ist hier in unserem Fall kein Problem, B hatte gegenüber A mehrfach seinen Wunsch zu sterben geäußert. Dieses Merkmal der »**Ernstlichkeit**« kann übrigens gelegentlich problematisch sein, weil die Ernstlichkeit voraussetzt, dass das Opfer einen frei gefassten Entschluss kundtut (vgl. insoweit den außerordentlich ekligen »**Kannibalen-Fall**« in der NJW **2005**, 1876; BGH NJW **1981**, 932; LK/*Jähnke* § 216 StGB Rz. 7). Das scheidet etwa dann aus, wenn offenkundige ***Willensmängel*** vorliegen (→ bei geistig Verwirrten, Drogenabhängigen oder etwa stark Betrunkenen) oder der Entschluss des Sterbewilligen nur auf einer »**depressiven Augenblicksstimmung**« beruht; vgl. insoweit den tragischen Fall des BGH aus der NStZ **2011**, 340, bei dem ein Mann nach kurzer Diskussion erst seine kranke Frau erschießt, beim anschließenden Versuch, sich selbst zu erschießen (»*wir wollten gemeinsam aus dem Leben scheiden!*«), aber versagt und dann wegen Totschlags (§ 212 StGB) ins Gefängnis muss. Der BGH meinte, der Entschluss der Frau sei ***nicht ernstlich*** genug im Sinne des § 216 StGB gewesen, da die Frau mit ihrem Mann nicht vorher irgendwann schon einmal über einen Sterbewunsch und ihre Krankheit gesprochen, sondern sich quasi »kurzfristig« entschieden hatte zu sterben. Grausige Geschichte, aber lesenswert (BGH NStZ **2011**, 340).

ZE.: Unser B hier war in seinem Willen allerdings nicht beeinträchtigt oder in depressiver Augenblicksstimmung, ein ernsthaftes und ausdrückliches Verlangen seitens des B lag also vor.

3.) Nach der Vorstellung des A muss er ***bestimmt*** worden sein zur Tötung des B.

Hier gelten die gleichen Maßstäbe wie bei **§ 26 StGB**, B muss also in A den Entschluss zur Tat hervorgerufen haben. Ein Bestimmen scheidet demnach etwa dann aus, wenn A schon vorher entschlossen war, den B umzubringen. Das aber liegt hier nicht vor, zumindest steht davon nichts im Fall. Vielmehr ging die Idee zunächst von B aus, der den A dann schließlich überzeugt hatte.

> **Beachte:** Hier ist des Weiteren unerheblich, dass A sich auch selbst töten wollte. Selbst bei einem gemeinsamen Entschluss zur Tötung liegt das Merkmal »Bestimmen« vor, da der Täter erst durch diesen Entschluss motiviert wird, auch den anderen umzubringen (BGHSt **19**, 135). Vorliegend konnte man (musste aber nicht) noch darauf hinweisen, dass die Idee sogar ursprünglich von B stammte. Beachte schließlich in diesem Zusammenhang noch die aktuelle Entscheidung des BGH aus der NJW **2005**, 1876 (»Kannibalen-Fall«), in der der BGH die Kriterien für das Merkmal »Bestimmen« näher konkretisiert und für den Fall ablehnt, dass der spätere Täter sich seine Opfer aktiv im Internet »gesucht« hat. Wenn die Opfer – aus seelischer Abartigkeit – auf solche Angebote gleichsam »eingehen«, haben sie den Täter nach Ansicht des BGH nicht zur Tötung »bestimmt«; dann kommt vielmehr eine vorsätzliche Tötung nach § 211 StGB oder § 212 StGB in Frage (BGH NJW **2005**, 1876).

ZE.: A ist zur Tötung des B auch bestimmt worden im Sinne des § 216 StGB.

ZE.: Damit liegt der Tatentschluss des A zur Tötung auf Verlangen des B vor.

B: Unmittelbares Ansetzen zur Tatbestandsverwirklichung

A hat ohne Frage gemäß § 22 StGB unmittelbar zur Tat angesetzt, er hat den Tötungsvorgang bereits begonnen.

II. Rechtswidrigkeit:

An dieser Stelle sollte man nicht auf die Idee kommen, eine Einwilligung des Getöteten als Rechtfertigungsgrund zu prüfen. Bei Tötungsdelikten ist das grundsätzlich **ausgeschlossen**.

Begründung: Der Mensch hat hinsichtlich seines Lebens nach unserem strafrechtlichen Verständnis nicht die Befugnis, über dieses höchste Rechtsgut zu verfügen, also selbstständig über das eigene Leben im Sinne einer Einwilligung zu disponieren. Anders kann dies gegebenenfalls z.B. beim Vermögen oder etwa beim Körper sein, wie man bezüglich des Körpers an der Existenz des § 228 StGB sieht. Beachte übrigens bitte, dass dieser § 228 StGB ***nicht*** analog auf die Tötungsdelikte angewendet werden kann (S/S-*Stree/Sternberg-Lieben* § 228 StGB Rz. 1; BayOLGSt **1957**, 76).

Demgegenüber erteilt die Rechtsordnung – wie gesagt – im Rahmen der gesamten Tötungsdelikte eine sogenannte ***Einwilligungssperre***. Man erkennt das im Übrigen auch schon an der Existenz des § 216 StGB: Denn diese Norm behandelt faktisch einen Fall, in dem das Opfer eine Art von Einwilligung zur Tötung erteilt, der Täter aber wird, obwohl er im Sinne dieser »Einwilligung« handelt, dennoch bestraft. Eine wirksame Einwilligung zur Tötung der eigenen Person kann man folglich nicht erteilen (S/S-*Eser/Sternberg-Lieben* § 216 StGB Rz. 15; *Fischer* vor § 211 StGB Rz. 38).

In der Klausur sind an dieser Stelle ***zwei*** Sätze gestattet, **Vorschlag**: »Eine Rechtfertigung der (versuchten) Tötung aufgrund einer Einwilligung des Opfers kommt nicht in Betracht. Die Rechtsordnung verbietet im Rahmen der Tötungsdelikte – wie sich in § 216 StGB zeigt – eine solche Rechtfertigung mangels Verfügungsbefugnis des Opfers über das höchstpersönliche Rechtsgut Leben.« (lies insoweit bitte auch das Gutachten zum Fall).

<u>ZE.</u>: A ist bei seinem Handeln nicht gerechtfertigt.

III. Schuld:

A handelte fraglos auch schuldhaft.

<u>ZE.</u>: A hat rechtswidrig und schuldhaft eine versuchte Tötung auf Verlangen gemäß § 216 StGB verwirklicht.

IV. Strafausschließungs- oder Aufhebungsgründe:

In Betracht kam selbstverständlich ein ***Rücktritt*** vom Versuch gemäß **§ 24 Abs. 1 Satz 1 StGB**.

Vorab: Der Rücktritt ist ein sogenannter **»persönlicher Strafaufhebungsgrund«** und hat mit der Schuld ***nichts*** zu tun. Er ist in der Klausurlösung deshalb immer erst im Anschluss an die Schuld in einem gesonderten Prüfungspunkt zu erläutern. Eine Strafe kann man nämlich nur dann **»aufheben«**, wenn der Täter sie überhaupt verwirkt hat; und das heißt, man muss zunächst die in Betracht kommende Strafnorm vollständig durchprüfen (**TB + RW + Schuld**). Merken.

In unserem Fall kam deshalb ein Rücktritt in Betracht, weil A den Tötungsvorgang vor der Vollendung abbricht und damit das Leben des B rettet.

Zum Aufbau:

1.) Als erstes ist im Rahmen einer Rücktrittsprüfung stets zu fragen, ob der Versuch nicht ***fehlgeschlagen*** ist, denn von einem fehlgeschlagenen Versuch kann man nicht mehr zurücktreten.

Durchblick: Der Rücktritt setzt voraus, dass der Täter eine Wahl hat zwischen *Aufhören* oder *Weitermachen*. Wenn der Täter aber gar nicht mehr weitermachen kann, etwa weil die Tat aus tatsächlichen Gründen nicht zu vollenden ist, **»wählt«** er nicht den Rücktritt und ist folglich auch nicht der gute Mensch, den § 24 StGB vor Augen hat. In diesem Fall ***muss*** der Täter nämlich aufhören. Und dann verdient er nicht die Strafbefreiung aus § 24 Abs. 1 StGB (lesen).

> **Definition:** ***Fehlgeschlagen*** ist ein Versuch dann, wenn die zur Tatausführung vorgenommenen Handlungen des Täters ihr Ziel nicht erreicht haben, und der Täter erkannt hat, dass er mit den ihm zur Verfügung stehenden Mitteln den tatbestandlichen Erfolg entweder gar nicht mehr oder aber nicht ohne zeitlich relevante Zäsur durchführen kann (BGHSt **34**, 56; *Fischer* § 24 StGB Rzn. 6 und 11; *Wessels/Beulke/Satzger* AT Rz. 628).

Hier: Kein Problem, A hatte die Wahl zwischen Weitermachen und Aufhören, die Vollendung der Tat war problemlos möglich. Der Versuch war somit nicht fehlgeschlagen, ein Rücktritt demnach nicht ausgeschlossen.

2.) Des Weiteren ist zu klären, welche der Varianten des § 24 Abs. 1 Satz 1 StGB in Betracht kommt, also ob ein ***unbeendeter*** (dann Var. Nr. 1) oder aber ein ***beendeter*** (dann Var. Nr. 2) Versuch vorlag. Das ist wichtig, weil davon abhängt, auf welchem Weg der Täter die Straffreiheit erlangt: Ist der Versuch unbeendet, muss der Täter nur »die weitere Ausführung der Tat aufgeben« (= nix mehr tun); ist der Versuch beendet, muss der Täter »die Vollendung verhindern« (= handeln!).

> **Definitionen:** Ein Versuch ist ***beendet***, wenn der Täter nach seiner Vorstellung alles getan hat, was zur Verwirklichung des tatbestandlichen Erfolges nötig ist (BGHSt **14**, 79; *Fischer* § 24 StGB Rz. 14). ***Unbeendet*** ist der Versuch, wenn der Täter

nach seiner Vorstellung noch nicht alles getan hat, was den Eintritt des tatbestandlichen Erfolges herbeiführt, er demnach noch weiter handeln muss (*Fischer* a.a.O.).

Im vorliegenden Fall neige ich zu einem ***beendeten*** Versuch, da B unmittelbar vor seinem Ableben durch Gasvergiftung stand. Es erscheint aber auch vertretbar, hier einen noch unbeendeten Versuch anzunehmen und zu behaupten, A hätte erst noch weiter das Pedal bedienen müssen. Letztlich ist das in unserem Fall aber egal, da A in jedem Falle durch das Auftreten der Tür das Leben des B rettet und somit auch die strengeren Voraussetzungen der 2. Variante des Satzes 1 von § 24 Abs. 1 StGB erfüllt.
3.) A muss schließlich auch ***freiwillig*** gehandelt haben (Gesetz lesen).

Zur Frage der Definition der Freiwilligkeit gibt es eine Unzahl von Meinungen und ebenso viele Gerichtsentscheidungen (vgl. etwa die Hinweise bei S/S-*Eser* § 24 StGB Rz. 42–57). Als Aufhänger der Argumentation kann immer noch die uralte Definition von Herrn *Frank* herhalten; in der nach ihm benannten »Frank`schen Formel« heißt es leicht zweideutig:

→ **Freiwillig:** »Ich will nicht mehr, obwohl ich noch kann.«

→ **Unfreiwillig:** »Ich kann nicht mehr, obwohl ich noch will.«

Nachweise dazu finden sich bei S/S-*Eser/Bosch* § 24 StGB Rz. 44 oder bei *Fischer* § 24 StGB Rz. 18 ff. und *Wessels/Beulke/Satzger* AT Rz. 644. Neben dieser Frank`schen Formel kommt es immer gut, wenn man darauf abstellt, dass der Täter für die Freiwilligkeit stets noch »*Herr seiner Entschlüsse*« bleibt und nicht aufgrund äußerer Einflüsse bzw. einer Zwangslage handelt. Die gerade benannten Stichworte sind der kleinste gemeinsame Nenner der unzähligen Ansichten und sollten im Text vorkommen.

Hier: Ohne Frage handelte A freiwillig, er hätte die Tat weiterführen können, hat sich aber aus autonomen Motiven für das Abbrechen entschieden. Er »wollte nicht mehr, obwohl er noch konnte«.

Ergebnis: A ist durch das Auftreten der Fahrertür gemäß § 24 Abs. 1 Satz 1 StGB strafbefreiend vom Versuch der Tötung auf Verlangen zurückgetreten.

Beachte: Die Prüfung des Rücktritts ist hier eben für den konkreten Fall eigentlich zu ausführlich, denn A erfüllt ohne Probleme die Voraussetzungen eines Rücktritts nach § 24 Abs. 1 Satz 1 StGB. Tatsächlich muss man sich dann kürzer fassen (vgl. dazu bitte die Formulierung unten im Gutachten zum Fall). Die Prüfungspunkte, die eben aufgezählt worden sind, sollten aber dennoch wenigstens erwähnt werden, denn sie stehen in der Regel auf dem Lösungsblatt des Korrektors.

Nächster Schritt der Prüfung:

§§ 224 Abs. 1 Nrn. 1 und 5, 223 Abs. 1 StGB (gefährliche Körperverletzung)

Aufpassen! Der Rücktritt hebt natürlich nur die Strafe wegen des Deliktes auf, von dem zurückgetreten wurde, hier also der versuchten Tötung auf Verlangen. Übrig bleibt dann, was die Kandidaten häufig übersehen, im Falle des Rücktritts von der Tötung zumeist eine vollendete Körperverletzung. Und hier ist das fraglos sogar eine gefährliche Körperverletzung nach § 224 StGB:

I. Tatbestand (A: objektiv):

B hat durch die Tat schwere Vergiftungen im Körper erlitten und einen Monat im Krankenhaus verbracht. Das erfüllt ohne Frage den Grundtatbestand des § 223 Abs. 1 StGB. Des Weiteren kann angesichts der Gasvergiftung aufgrund der Auspuffabgase zwanglos das Vorliegen des § 224 Abs. 1 Nr. 1 StGB angenommen werden (S/S-*Stree/Sternberg-Lieben* § 224 StGB Rz. 2b). Und schließlich lässt sich das Vorgehen des A gegenüber B auch unter das Merkmal »mittels einer das Leben gefährdenden Behandlung« im Sinne des § 224 Abs. 1 Nr. 5 StGB subsumieren, A wollte den B tatsächlich ja sogar zunächst umbringen.

<u>ZE.</u>: Der objektive Tatbestand einer gefährlichen Körperverletzung nach den §§ 224 Abs. 1 Nrn. 1 und 5, 223 Abs. 1 StGB liegt vor.

B: Tatbestand (subjektiv):

A müsste diesbezüglich auch vorsätzlich gehandelt haben. Das könnte hier ein Problem sein, denn A wollte den B (und sich selbst) töten und eben nicht nur verletzen.

Aber: Das haben wir schon gelernt, dass der Tötungsvorsatz den Verletzungsvorsatz immer mitenthält. Die Verletzung ist das notwendige Durchgangsstadium zur Tötung und deshalb vom Tötungsvorsatz stets eingeschlossen (BGHSt **44**, 196, 199 unter Hinweis auf BGHSt **16**, 121; *Fischer* § 211 StGB Rz. 107; *Lackner/Kühl* § 212 StGB Rz. 8; S/S-*Eser/Sternberg-Lieben* § 212 StGB Rz. 17; LK/*Lange* § 212 StGB Rz. 17). Streitig ist das nur in Bezug auf die schwere Körperverletzung nach § 226 StGB, vgl. dazu BGH NStZ **1997**, 233.

In unserem Fall haben wir keine schwere Körperverletzung nach § 226 StGB, sondern lediglich eine gefährliche nach § 224 StGB mit der Folge, dass der Tötungsvorsatz des A einen Körperverletzungsvorsatz nach § 224 StGB mitumfasst.

<u>ZE.</u>: A handelte hinsichtlich der Verletzung des B vorsätzlich.

II. Rechtswidrigkeit:

Hier konnte man jetzt mal kurz über eine rechtfertigende ***Einwilligung*** nach § 228 StGB nachdenken, denn B war ja mit dem Vorgehen des A einverstanden. Indes mangelt es an den Voraussetzungen des § 228 StGB: Denn B hat hier zwar seine Einwilligung in die Zuführung des Gases erteilt; indessen diente die Tat, zu der eingewilligt wurde, der Tötung auf Verlangen des B und war damit logischerweise sittenwidrig (S/S-*Eser/Sternberg-Lieben* § 216 StGB Rz. 13; SK/*Sinn* § 216 StGB Rz. 18)

<u>ZE.</u>: A handelte trotz der Einwilligung des B rechtswidrig, denn die Einwilligung des B war sittenwidrig.

Ergebnis: Zweifel an der Schuld (III.) des A bestanden nicht, damit hat sich A wegen gefährlicher Körperverletzung nach den §§ 224 Abs. 1, 223 Abs. 1 StGB strafbar gemacht. Andere Straftaten kamen für A nicht mehr in Betracht. Und damit hätten wir es dann eigentlich hinter uns; A ist von § 216 StGB unproblematisch zurückgetreten und wird wegen dieser Norm dann gemäß § 24 Abs. 1 Satz 1 StGB auch nicht mehr bestraft. Die Körperverletzung nach den §§ 224 Abs. 1 Nrn. 1 und 5, 223 Abs. 1 StGB bleibt hingegen bestehen, immerhin hat B durch das Verhalten des A tatsächlich eine Körperverletzung erlitten. Und das war`s dann.

Aber: Da stimmt etwas nicht. Und was da nicht stimmt, kapieren wir, wenn wir den Fall mal weiterspinnen, und zwar so:

Mal angenommen, der A wäre nicht von § 216 StGB zurückgetreten, er hätte vielmehr den Tötungsvorgang wie geplant weitergeführt und der B wäre auch tatsächlich im Auto gestorben. Nehmen wir weiter an, dass der A bei dem gemeinsamen Tötungsversuch zwar ohnmächtig geworden wäre, allerdings die ganze Geschichte – entgegen seiner Absicht (!) – selbst überlebt hätte, weil ihn nämlich Passanten kurz vor dem Ableben aus dem Auto gezerrt haben.

Dann ergäbe sich Folgendes:

A wäre in diesem Falle zu bestrafen wegen ***vollendeter*** Tötung auf Verlangen nach § 216 StGB, begangen an B. Kein Problem. Eine mögliche Körperverletzung nach den §§ 224, 223 StGB, die wir nach dem Ausgangsfall oben ja annehmen mussten, weil die Tötung nicht, die Körperverletzung aber sehr wohl vollendet war, würde im Falle des Todes des B wegfallen. Denn B wäre aufgrund der Handlungen des A tot, und nicht verletzt. Hinter einer vollendeten vorsätzlichen Tötung treten die durch die Handlung verwirklichten Körperverletzungen – rein logisch – immer zurück. Das heißt dann übrigens, die Körperverletzung ist zur vollendeten Tötung »subsidiär«, und das gilt auch für § 216 StGB (BGHSt **16**, 123; BGHSt **21**, 266; S/S-*Ese/Sternberg-Liebenr* § 212 StGB Rzn. 18/25; *Fischer* § 211 StGB Rz. 107 – Ausnahmen davon sind nur unter besonderen Umständen möglich: S/S-*Eser/Sternberg-Lieben* § 212 StGB Rz. 20).

Im Ergebnis gäbe es demnach bei unserem jetzt abgeänderten Sachverhalt eine Bestrafung allein aus § 216 StGB, und das bedeutet Freiheitsstrafe von 6 Monaten bis zu 5 Jahren.

So, und jetzt sehen wir uns noch mal unseren Ausgangsfall an:

Da war der A so einsichtig und vor allem doch noch so rechtstreu, dass er vom versuchten Tötungsdelikt aus § 216 StGB zurückgetreten ist und dem B das Leben gerettet hat. Und wenn wir uns anschauen, welche Konsequenzen das für seine Bestrafung hat, ergibt sich Folgendes: A wird zwar nicht wegen § 216 StGB bestraft, davon ist er – wie gesagt – strafbefreiend nach § 24 Abs. 1 Satz 1 StGB zurückgetreten. Allerdings muss er, haben wir oben ja geprüft, bestraft werden wegen ***vollendeter gefährlicher Körperverletzung*** aus den §§ 224 Abs. 1 Nrn. 1 und 5, 223 Abs. 1 StGB. Und jetzt lesen wir bitte mal das Strafmaß von § 224 StGB (lesen!):

Merkwürdig, oder? A ist im Ausgangsfall vom Tötungsdelikt des § 216 StGB zurückgetreten und wird dafür zum Dank ***schwerer*** bestraft, als wenn er den B tatsächlich umgebracht hätte. Denn das Strafmaß des § 224 StGB ist mit seinem Höchstmaß von 10 Jahren doppelt so hoch wie § 216 StGB. A wird demnach faktisch für seinen Rücktritt vom Tötungsdelikt nicht belohnt, sondern – im Gegenteil – sogar ***bestraft***.

Das kann nicht sein. Und deshalb merken wir uns bitte die folgende, wichtige

Regel: Der § 216 Abs. 1 StGB führt bei einem Rücktritt zu einer ***Sperrwirkung*** in Bezug auf die vollendeten Körperverletzungsdelikte, die einen höheren Strafrahmen haben als § 216 Abs. 1 StGB. Das sind also insbesondere die §§ 224, 226 StGB. Diese Delikte leben nicht mehr auf, wenn der Täter von § 216 Abs. 1 StGB strafbefreiend zurückgetreten ist, sie werden vielmehr in ihrer Anwendung von § 216 StGB ***gesperrt*** (*Fischer* § 216 StGB Rz. 15; SK/*Sinn* § 216 StGB Rz. 21; *Lackner/Kühl* § 216 StGB Rz. 7; *Hirsch* in ZStW 81, 931; S/S-*Eser/Sternberg-Lieben* § 212 StGB Rz. 25a; zweifelnd: LK/*Jähnke* § 216 StGB Rz. 20).

Und wir kennen jetzt auch die ziemlich einleuchtende Begründung dafür, warum das so ist (vgl. oben) und vergessen das deshalb auch bitte nicht mehr (ein exzellenter Aufsatz zum Ganzen findet sich in der **JUS 2010**, Seite 113 – *Gerhold*).

Daraus folgt: Eine Bestrafung des A wegen § 224 Abs. 1 Nrn. 1 und 5 StGB, die wir eigentlich oben problemlos angenommen haben, scheitert trotz Vorliegens sämtlicher Strafbarkeitsvoraussetzungen an der Sperrwirkung des § 216 Abs. 1 StGB, und zwar selbst bei einem Rücktritt von dieser Norm.

Und dann bleibt zum Schluss nur der **§ 223 Abs. 1 StGB** übrig, da dessen Strafdrohung niedriger ist als die des § 216 StGB. Bitte gerade mal nachprüfen. Also darf A, ohne Wertungswidersprüche zu begehen, nur nach dieser Norm verurteilt werden.

Ergebnis: A ist lediglich zu bestrafen wegen einfacher vollendeter Körperverletzung aus § 223 Abs. 1 StGB.

Nachschlag: Der Strafantrag

Gemäß **§ 230 Abs. 1 StGB** wird die einfache Körperverletzung nach § 223 StGB und die fahrlässige Körperverletzung nach § 229 StGB nur auf ***Antrag*** des Verletzten verfolgt, es sei denn, es liegt ein besonderes öffentliches Interesse vor. Dieser Strafantrag ist in der Praxis häufig von erheblicher Bedeutung, vor allem natürlich, wenn er fehlt: denn dann darf die Staatsanwaltschaft, soweit kein öffentliches Interesse vorliegt, die Tat ***nicht*** verfolgen, demnach auch kein Ermittlungsverfahren einleiten (bitte lies: **§ 77b Abs. 1 StGB**). Der Täter bleibt dann, obwohl er sich tatsächlich strafbar gemacht hat, mangels Strafantrages ungeschoren. Das ist die Funktion, die ein solcher Strafantrag hat: Er ist für diverse Delikte des StGB »**Strafverfolgungsvoraussetzung**«, mit der »Strafbarkeit« an sich hat er aber nichts zu tun.

In den universitären Übungsarbeiten findet sich nun häufig am Ende des Sachverhaltes hinter der Frage nach der »Strafbarkeit der Beteiligten« der legendäre Satz: »***Strafanträge sind, soweit erforderlich, gestellt.***« Dieser Satz ist ebenso unsinnig wie überflüssig und man kann ihn deshalb auch getrost überlesen. Denn wir haben gerade gesehen, dass die »Strafbarkeit der Beteiligten«, nach der in den Klausuren und Hausarbeiten gefragt wird, von dem Strafantrag vollkommen unberührt bleibt. Der Strafantrag ist nur von Bedeutung für eine mögliche ***Strafverfolgung*** des Täters durch die Behörden (= Polizei und Staatsanwaltschaft); zu dieser aber nimmt man als Student nicht Stellung. In der Klausur oder Hausarbeit ist man daher – sollte dieser leidige Satz mit dem Hinweis auf den gestellten Strafantrag in der Fallfrage stehen – am besten beraten, wenn man bei einem Antragsdelikt folgende Formulierung hinter die Prüfung und Bejahung des jeweiligen Delikts schreibt (beispielhaft an unserem Fall oben):

»A hat sich durch sein Verhalten strafbar gemacht nach § 223 Abs. 1 StGB. Zur Strafverfolgung ist, soweit kein besonderes öffentliches Interesse besteht, gemäß § 230 Abs. 1 StGB ein Strafantrag erforderlich. Ein solcher ist nach Auskunft des Sachverhaltes gestellt.«

Damit ist alles gesagt.

Gutachten

A könnte sich durch sein Verhalten strafbar gemacht haben wegen versuchter Tötung auf Verlangen nach den §§ 216 Abs. 1 und 2, 22, 23 StGB.

Vorprüfung:

Die Tat ist nicht vollendet, B hat überlebt. Die Strafbarkeit des Versuchs ergibt sich aus § 216 Abs. 2 StGB.

Tatentschluss: Erforderlich ist der Vorsatz des A auf alle objektiven Tatbestandsmerkmale des § 216 Abs. 1 StGB.

1.) A muss demnach zunächst den Vorsatz auf eine täterschaftlich begangene Tötung des B gehabt haben. Es ergeben sich indessen zunächst insoweit Zweifel, als dass das Verhalten des A möglicherweise nur als straflose Beihilfe zur Selbsttötung zu werten ist. Bei der Abgrenzung zwischen Tötung auf Verlangen und strafloser Beihilfe zur Selbsttötung ist darauf abzustellen, wer das zum Tode führende Geschehen tatsächlich beherrscht und wie der Getötete im Rahmen des Gesamtplanes über sein Schicksal verfügt hat. Hatte der Getötete nach dem Gesamtplan nach Vollzug der letzten Mitwirkungshandlung des anderen noch die Gelegenheit, die Sache aus eigener Kraft und eigenem Antrieb abzubrechen, liegt die Herrschaft bei ihm, folglich eine Selbsttötung vor. Hatte der Getötete indessen vorher bereits die Verantwortung über sein Leben so abgegeben, dass er bei der zum Tode führenden Ausführungshandlung nicht mehr eingreifen konnte, liegt eine Fremdtötung durch den anderen und damit § 216 StGB vor.

Im vorliegenden Fall ergibt die Anwendung der Abgrenzungsregel Folgendes: Nach dem gemeinsamen Plan hatte B gleich zu Beginn die Tabletten genommen und den Rest dem A überlassen. A sollte die gesamte Ausführung der Tötung steuern. A hat die Gase in den Wagen geleitet, die Fenster und Türen abgedichtet und verriegelt und letztlich auch das Gas in den Wagen durch die Betätigung des Gaspedals befördert. B saß zu dieser Zeit schon stark benommen auf dem Beifahrersitz und ließ alles geschehen, spätestens nach dem Eintritt seiner Bewusstlosigkeit war er sogar komplett handlungsunfähig. Eine Einflussnahme des B nach Abschluss der Tätigkeiten des A war somit nicht mehr möglich. A steuerte – wie sich gerade am tatsächlichen Ablauf zeigte – die Tat bis zum letzten Akt; die Vollendung der Tötung des B lag alleine in seiner Hand. A hat folglich nach dem Gesamtplan das zum Tode führende Geschehen tatsächlich beherrscht und mithin eine Fremdtötung und nicht nur eine Beihilfe zur Tötung eines anderen begehen wollen.

2.) Des Weiteren erforderlich ist ein ausdrückliches und ernsthaftes Verlangen des Opfers zur Tötung. Insoweit ergeben sich vorliegend keine Zweifel. B hatte dem A mehrfach seinen Wunsch zum Ableben mitgeteilt, erstmalig bereits am Abend der Prüfung.

3.) Schließlich muss A von B zur Tat auch bestimmt worden sein. Insoweit gelten die gleichen Maßstäbe wie bei einer Anstiftung nach § 26 StGB, B muss in A also den Entschluss zur Tat hervorgerufen haben. B hatte die Idee zur Tötung und hat den A hiervon überzeugt, mithin seinen Entschluss zur Tat geweckt. Die Tatsache, dass A sich hier auch selbst umbringen wollte, steht dem nicht entgegen. In A wurde damit seitens des B in jedem Falle auch der Entschluss zur Tötung des B geweckt. A hatte Tatentschluss zur Tötung auf Verlangen im Sinne des § 216 Abs. 1 StGB.

Unmittelbares Ansetzen:

A hat gemäß § 22 StGB dadurch unmittelbar zur Verwirklichung des Tatbestandes angesetzt, dass er den Tötungsvorgang durch das Einleiten der Gase bereits in Gang setzte.

Rechtswidrigkeit:

In Betracht kommt möglicherweise eine Rechtfertigung dieser Tat aufgrund einer von B erteilten Einwilligung. B hatte den A ja dazu aufgefordert, die Tötung herbeizuführen. Eine solche Einwilligung ist etwa im Rahmen einer Körperverletzung gemäß § 228 StGB grundsätzlich möglich. Eine Rechtfertigung der (versuchten) Tötung aufgrund einer Einwilligung des Opfers kommt indessen nicht in Frage. Die Rechtsordnung verbietet im Bereich der Tötungsdelikte – wie sich in § 216 StGB zeigt – eine solche Rechtfertigung mangels Verfügungsbefugnis des Opfers über das höchstpersönliche Rechtsgut Leben. A ist nicht gerechtfertigt.

Schuld: Es bestehen keine Zweifel daran, dass A schuldhaft handelte.

Ergebnis: A hat durch sein Verhalten die Voraussetzungen einer versuchten Tötung auf Verlangen nach den §§ 216 Abs. 1 und 2, 22, 23 StGB verwirklicht.

A könnte jedoch durch den Abbruch des Tötungsvorgangs gemäß § 24 Abs. 1 Satz 1 StGB strafbefreiend vom Versuch der Tötung auf Verlangen zurückgetreten sein.

1.) Dann darf es sich zunächst nicht um einen fehlgeschlagenen Versuch handeln. Fehlgeschlagen ist ein Versuch dann, wenn die zur Tatausführung vorgenommenen Handlungen des Täters ihr Ziel nicht erreicht haben, und der Täter erkannt hat, dass er mit den ihm zur Verfügung stehenden Mitteln den tatbestandlichen Erfolg entweder gar nicht mehr oder aber nicht ohne zeitlich relevante Zäsur durchführen kann. A hätte die Tat problemlos zu Ende bringen können, der Versuch war nicht fehlgeschlagen.

2.) Ob es sich vorliegend um einen unbeendeten oder einen beendeten Versuch im Sinne des § 24 Abs. 1 Satz 1 StGB handelt, kann offenbleiben. A hat durch die Verhinderung der Vollendung in jedem Falle das für einen Rücktritt notwendige Tun vollzogen.

3.) Schließlich handelte A auch freiwillig, er war nicht durch äußere Einflüsse bewogen, sondern rettete das Leben des B frei entschlossen aus autonomen Motiven.

Ergebnis: A ist vom Versuch der Tötung auf Verlangen strafbefreiend nach § 24 Abs. 1 Satz 1 StGB zurückgetreten.

A könnte sich aber strafbar gemacht haben wegen vollendeter gefährlicher Körperverletzung gemäß den §§ 224 Abs. 1 Nrn. 1 und 5, 223 Abs. 1 StGB.

Objektiver Tatbestand:

B hat aufgrund der von A durchgeführten Einleitung der Gase eine Vergiftung im Körper erlitten und ist folglich an der Gesundheit beschädigt worden im Sinne des § 223 Abs. 1 StGB. Des Weiteren ist diese Körperverletzung durch Beibringung eines gesundheitsschädlichen Stoffes im Sinne des § 224 Abs. 1 Nr. 1 StGB erfolgt und im Übrigen auch mittels einer das Leben gefährdenden Behandlung nach § 224 Abs. 1 Nr. 5 StGB. Der objektive Tatbestand der gefährlichen Körperverletzung aus den §§ 224 Abs. 1 Nrn. 1 und 5, 223 Abs. 1 StGB liegt vor.

Subjektiver Tatbestand:

A müsste diesbezüglich auch vorsätzlich gehandelt haben. Das könnte hier problematisch sein, denn A wollte den B (und sich selbst) töten und eben nicht nur verletzen. Indessen muss insoweit gesehen werden, dass der Tötungsvorsatz den Verletzungsvorsatz immer mitenthält. Die Verletzung ist das notwendige Durchgangsstadium zur Tötung und deshalb vom Tötungsvorsatz, zumindest hinsichtlich der §§ 223 und 224 StGB stets eingeschlossen. A handelte folglich auch vorsätzlich.

Rechtswidrigkeit:

Es fragt sich, ob die Tat des A durch eine von B erteilte Einwilligung gemäß § 228 StGB gerechtfertig war. Insoweit aber mangelt es an den Voraussetzungen des § 228 StGB, denn die Tat, in die eingewilligt wurde, diente der Tötung des B und war mithin in jedem Falle sittenwidrig.

Schuld:

Es ergeben sich keine Anhaltspunkte, die die Schuld des A ausschließen könnten.

Ergebnis: A hat sich strafbar gemacht wegen gefährlicher Körperverletzung des B gemäß den §§ 224 Abs. 1 Nrn. 1 und 5, 223 Abs. 1 StGB.

Es fragt sich allerdings, ob dieses Ergebnis nicht zu Wertungswidersprüchen führt und daher möglicherweise einer Korrektur bedarf, und zwar aus den folgenden Erwägungen:

A erhält nunmehr eine Bestrafung aus dem Rahmen des § 224 Abs. 1 StGB, demnach also eine Freiheitsstrafe von 6 Monaten bis zu 10 Jahren, sofern kein minder schwerer Fall vorliegt. Wäre A vom Versuch des § 216 StGB hingegen nicht zurückgetreten und hätte den B vielmehr umgebracht, hätte sich das Strafmaß alleine aus § 216 StGB ergeben, denn hinter einer vollendeten vorsätzlichen Tötung treten die verwirklichten Körperverletzungen als subsidiär zurück. Und das gilt auch für § 216 StGB. A wäre mithin in diesem Falle gemäß § 216 StGB nur zu Freiheitsstrafe von 6 Monaten bis zu 5 Jahren zu verurteilen gewesen. Der Rücktritt des A vom Versuch des § 216 StGB hat damit für A nicht strafmildernde oder strafbefreiende, sondern vielmehr eine straferhöhende Wirkung. Dies aber ist ein Wertungswiderspruch, der der gesetzlichen Absicht des § 24 Abs. 1 StGB zuwiderläuft. Es ist aus diesem Grund im Falle des Rücktritts von § 216 StGB von einer Sperrwirkung hinsichtlich derjenigen vollendeten Körperverletzungsdelikte auszugehen, die mit höherer Strafe als § 216 StGB bedroht sind. Im vorliegenden Falle also bezüglich der Norm der gefährlichen Körperverletzung aus § 224 StGB. Daraus folgt, dass A nicht wegen § 224 Abs. 1 StGB zu verurteilen ist, sondern lediglich aus dem Grundtatbestand des § 223 Abs. 1 StGB belangt werden kann.

Ergebnis: A ist zu bestrafen wegen einfacher Körperverletzung aus § 223 Abs. 1 StGB. Zur Strafverfolgung ist, soweit kein öffentliches Interesse vorliegt, gemäß § 230 Abs. 1 StGB ein Strafantrag erforderlich.

Fall 5

St. Pauli-Nachrichten

Zuhälter Z lockt zwei seiner Konkurrenten aus dem Milieu (A und B), die er für einige Zeit aus dem Verkehr ziehen möchte, unter dem Vorwand einer Geschäftsbesprechung abends in seine Wohnung. Dort zückt er ohne Vorwarnung einen Baseball-Schläger und versetzt zunächst dem A in Verletzungsabsicht einen Hieb mit voller Wucht in den Rücken. Danach erhebt Z den Schläger auch gegen B, um ihn ebenfalls massiv zu verletzen. B springt daraufhin in Todesangst kopfüber durch das geöffnete Fenster der Parterre-Wohnung, bricht sich beim Aufprall auf den Straßenboden das Genick und ist sofort tot.

A ist nach dem Schlag hingefallen, hat sich aber wieder aufgerichtet, die Wohnung des Z verlassen und sich sofort ins Krankenhaus begeben. Der Notarzt diagnostiziert eine gebrochene Rippe, legt einen entsprechenden Verband an und bittet A, sicherheitshalber über Nacht unter Aufsicht im Krankenhaus zu bleiben. A indes hält sich nicht an diesen Rat, fährt vielmehr nach Hause und verstirbt dort drei Stunden später, als er sich im Schlaf den Verband abzieht und daraufhin die gebrochene Rippe in die Lungenwand eindringt. Im Krankenhaus hätte A überlebt.

Strafbarkeit des Z?

Schwerpunkte: Körperverletzung mit Todesfolge gemäß § 227 StGB, Aufbau; Unmittelbarkeitserfordernis bei § 227 StGB; bewusste Selbstgefährdung; Erfolgsqualifikation, § 18 StGB; gefährliche Körperverletzung aus § 224 StGB; Strafbarkeit des Versuchs der Erfolgsqualifikation; fahrlässige Tötung nach § 222 StGB; BGHSt **48**, 34: Der »Gubener Verfolgungsjagdfall«.

Lösungsweg

I. Der Schlag gegen A:

§§ 227 Abs. 1, 224 Abs. 1 Nr. 2 StGB (Körperverletzung mit Todesfolge)

Aufbauhinweise: Der souveräne Kandidat beginnt gleich mit § 227 StGB und spart sich die Prüfung eines vorsätzlichen Tötungsdelikts; Z hatte dafür keine subjektive Komponente (Vorsatz). Z wollte A und B für einige Zeit aus dem Verkehr ziehen und vor allem ausdrücklich nur ***verletzen***. Wer trotzdem mit einem vorsätzlichen Tötungsdelikt beginnt, muss diese Prüfung sehr kurz halten und beim Vorsatz abbügeln. ***Keinesfalls*** beginnen darf man in den Fällen, in denen eine Körperverletzung mit Todesfolge in Betracht kommt, mit der fahrlässigen Tötung nach § 222 StGB, denn diese Norm wird von § 227 StGB verdrängt, das heißt, sie wird nicht mehr geprüft, wenn § 227 StGB vorliegt (BGHSt **8**, 54; S/S-*Stree/Sternberg-Lieben* § 227 StGB Rz. 11; *Lackner/Kühl* § 227 StGB Rz. 5). Dass § 224 StGB hier mit im Obersatz erscheint, erklärt sich dadurch, dass § 227 StGB auch die ***Erfolgsqualifikation*** zu § 224 StGB ist (steht sogar drin in § 227 StGB) und dieser § 224 StGB hier als Grunddelikt für § 227 StGB in Betracht kommt (Baseball-Schläger!). Bitte insoweit nicht davon irritieren lassen, dass § 224 StGB seinerseits wieder Qualifikation zu § 223 StGB ist. Den § 223 StGB sollte man in diesem Fall nicht mit in den Obersatz aufnehmen.

Voraussetzungen der §§ 227 Abs. 1, 224 Abs. 1 Nr. 2 StGB

Beachte: Der § 227 StGB ist eine sogenannte »**Erfolgsqualifikation**« zu den übrigen Körperverletzungsdelikten; hier kommt dazu, dass der Erfolg fahrlässig (lies: § 18 StGB) herbeigeführt worden sein muss. Wenn die Herbeiführung des Erfolges vorsätzlich geschehen ist, greift in diesem Fall § 212 oder sogar § 211 StGB ein, und die beiden verdrängen § 227 StGB (*Fischer* § 227 StGB Rz. 12; *Lackner/Kühl* § 227 StGB Rz. 5). Merken.

> Hinsichtlich der aufbaumäßigen Darstellung ergibt sich dann bei den sogenannten »**Vorsatz-Fahrlässigkeits-Kombinationen**« häufig ein (Schein-)Problem in der Klausur, weil man nun Vorsatz und Fahrlässigkeit irgendwie vermengen muss. Das ist allerdings – wie gesagt – nur ein Scheinproblem. Man hält sich einfach an folgende **Regel**: In den Obersatz schreibt man die Erfolgsqualifikation ***und*** das Grunddelikt, und zwar so wie wir das oben auch gemacht haben. Dann prüft man zunächst das (vorsätzliche) Grunddelikt komplett durch, also mit Tatbestand, Rechtswidrigkeit und Schuld. Im Anschluss daran folgt dann die Prüfung der Qualifikation. Und aussehen muss das dann so:

Objektiver Tatbestand des Grunddelikts, § 224 Abs. 1 Nr. 2 StGB

Es muss zunächst eine Körperverletzung vorliegen. Z schlägt den A mit einem Baseball-Schläger in den Rücken und bricht ihm dabei eine Rippe; das erfüllt ohne Probleme sowohl das Merkmal der »körperliche Misshandlung« als auch der »Gesundheitsbeschädigung«. Der Baseball-Schläger ist ebenso fraglos ein »gefährliches Werkzeug« im Sinne des § 224 Abs. 1 Nr. 2 StGB (S/S-*Stree/Sternberg-Lieben* § 224 StGB Rz. 5).

<u>ZE.</u>: Damit liegt der objektive Tatbestand des § 224 Abs. 1 Nr. 2 StGB vor.

Subjektiver Tatbestand:

All das wusste und wollte Z auch. Er handelte vorsätzlich.

Rechtswidrigkeit und **Schuld** liegen ohne Probleme vor.

ZE.: Damit hat Z durch den Schlag gegen A auf jeden Fall eine gefährliche Körperverletzung gemäß § 224 Abs. 1 Nr. 2 StGB verwirklicht.

Qualifikation des § 227 Abs. 1 StGB (i.V.m. § 18 StGB)

Beachte: Die Prüfung des § 227 StGB, die wir jetzt vornehmen, teilt man in zwei Abschnitte ein, nämlich: Zunächst werden die sogenannten »**geschriebenen Merkmale**« der Norm erörtert; das sind die, die tatsächlich drinstehen (sehen wir gleich). Im zweiten Schritt sind dann die Merkmale zu prüfen, die durch § 18 StGB in die Norm einfließen, die nennt man »**ungeschriebene Merkmale**«, eben weil sie nicht ausdrücklich drinstehen, aber dennoch zum Tatbestand gehören. Merken.

1.) Es muss zunächst eine Körperverletzung vorgelegen haben (geschriebenes Merkmal; Gesetz lesen: § 227 Abs. 1 StGB). Es ist soeben erörtert worden, dass eine solche – gefährliche – Körperverletzung vorliegt.

2.) Des Weiteren muss der Tod des Verletzten durch diese Körperverletzung ***verursacht*** worden sein (geschriebenes Merkmal, § 227 StGB).

> **Achtung:** Das geschriebene Merkmal der »**Verursachung**« ist der Knackpunkt in den Klausuren, in denen es sich um § 227 StGB dreht. Und das liegt an Folgendem: Normalerweise genügt für eine Verursachung im herkömmlichen Sinne die sogenannte »Äquivalenz-Theorie«, also diese berühmte ***conditio sine qua non***-Formel, wonach alles ursächlich ist, was nicht hinweggedacht werden kann, ohne dass der Erfolg in seiner konkreten Gestalt entfiele (BGHSt **1**, 332; *Wessels/Beulke/Satzger* AT Rz. 156). Diese sehr weit gefasste Äquivalenz-Theorie ist allerdings für § 227 StGB wegen des beachtlich hohen Strafrahmens der Norm (lesen!) alleine nicht geeignet, um die Verbindung zwischen der Körperverletzung und dem Tod herzustellen. Man muss **§ 227 StGB** insoweit immer im Vergleich zu **§ 222 StGB** sehen, der auch den fahrlässig herbeigeführten und dadurch »verursachten« Tod sanktioniert, dies indessen deutlich gnädiger (bitte mal nachsehen). Bei § 222 StGB gilt diese gerade genannte »Äquivalenztheorie«, freilich zwar auch mit Einschränkungen, indessen erfasst die Vorschrift grundsätzlich jedwede vom Täter herbeigeführte Ursache, die zum Tode des Opfers führt (S/S-*Eser* § 222 StGB Rz. 5).

Um nun den im Vergleich zu § 222 StGB sehr hohen Strafrahmen des § 227 StGB zu rechtfertigen, bedarf es – wie gesagt – einer ***engeren*** Beziehung zwischen der Handlung des Täters (der Körperverletzung) und dem Tod des Opfers als jedes irgendwie ursächliche Handeln. Und zwar:

> **Grundsatz:** Die Körperverletzung muss im Rahmen des § 227 StGB nicht nur ursächlich im Sinne der Äquivalenzformel gewesen sein, sondern den Tod auch »**unmittelbar**« herbeigeführt haben: Der Verwirklichung der Körperverletzung muss gerade eine ihr eigentümliche Gefahr anhaften, die sich im tödlichen Aus-

gang unmittelbar niedergeschlagen hat (BGH NStZ-RR **2009**, 78; BGH NStZ **1997**, 341; BGH NJW **1995**, 3194; *Lackner/Kühl* § 227 StGB Rz. 2; *Wessels/Hettinger* BT 1 Rz. 297; S/S-*Stree/Sternberg-Lieben* § 227 StGB Rz. 4/5). Der Strafgrund des § 227 StGB ist nur dann erfüllt, wenn die Gefährlichkeit der Körperverletzung selbst, nicht aber andere Gefährdungsmomente den Erfolg (mit-)verursacht haben. Die Strafe nach § 227 StGB entfällt demnach regelmäßig, wenn der eingetretene Tod erst durch ein Eingreifen Dritter oder aber durch das eigenmächtige unvorsichtige Verhalten des Opfers selbst zumindest mitverursacht worden ist; letzteres nennt man ***bewusste Selbstgefährdung*** (BGH GesR **2014**, 216 und 219; BGH NStZ **2011**, 341; BGHSt **53**, 55; BGH NJW **1971**, 152; BGHSt **31**, 99; *Lackner/Kühl* § 227 StGB Rz. 2; *Wessels/Hettinger* BT 1 Rz. 302; S/S-*Stree/Sternberg-Lieben* § 227 StGB Rz. 4/5).

Zum Fall: Z hat den A mit dem Baseball-Schläger mit voller Wucht in den Rücken gehauen und ihm dabei die Rippe gebrochen; das ist die Körperverletzung. Der später eingetretene Tod hat seine Ursache im Sinne der Äquivalenz-Theorie ohne Probleme in dieser Körperverletzung, denn die Körperverletzung kann nicht hinweggedacht werden, ohne dass der Tod entfiele.

Problem: Es fragt sich aber, ob dieser Tod nun auch **»unmittelbar«** im eben genannten Sinne durch ***diese*** Körperverletzung herbeigeführt, gemäß § 227 StGB also »verursacht« worden ist. Und da müssen wir angesichts des vorliegenden Sachverhalts wohl sagen, dass der Tod auch und vor allem deshalb eingetreten ist, weil sich A trotz Warnung eigenmächtig aus dem Krankenhaus entfernt hat. Der Tod des A ist eingetreten, weil A aus dem Krankenhaus verschwunden ist, sich dann im Schlaf den Verband abgezogen hat und sich daraufhin die Rippe in die Lunge bohren konnte. Im Tod des A hat sich demnach nicht allein die Gefährlichkeit der Körperverletzung (gebrochene Rippe) manifestiert, sondern vielmehr das weitere unvorsichtige Verhalten des Opfers; hierin liegt eine für § 227 StGB erhebliche eigenmächtige ***bewusste Selbstgefährdung***. Wäre A auf die Bitte des Arztes hin im Krankenhaus geblieben und hätte sich dort beaufsichtigen lassen, wäre A nicht verstorben. Im eingetretenen Tod hat sich somit ***nicht*** die der konkret erfolgten Körperverletzung anhaftende Gefahr unmittelbar im Sinne des § 227 StGB niedergeschlagen. Der Tod ist vielmehr erst durch das unvorsichtige Verhalten des Opfers im Anschluss an die Körperverletzung eingetreten. Daraus folgt, dass es an der von § 227 StGB geforderten »Unmittelbarkeitsbeziehung« zwischen der Körperverletzung und dem eingetretenen Tod ***fehlt*** mit der Konsequenz, dass das in § 227 StGB geschriebene Merkmal der »Verursachung« nicht vorliegt (BGH GesR **2014**, 216 und 219; *Fischer* § 227 StGB Rz. 4; S/S-*Stree/Sternberg-Lieben* § 227 StGB Rz. 5; *Wessels/Hettinger* BT 1 Rz. 302).

ZE.: Der bei A eingetretene Tod ist nicht ursächlich im Sinne des § 227 StGB zurückzuführen auf die Körperverletzung des Z.

Erg.: Z ist wegen des Todes des A nicht zu bestrafen nach § 227 StGB.

Feinkostabteilung:

Es gibt zu dem gerade geschilderten Problemkreis noch eine beachtenswerte BGH-Entscheidung aus dem Jahre 1994 (BGH NStZ **1994**, 394), die bei einer zu unserem Fall ähnlichen Sachverhaltsgestaltung eine Anwendung des § 227 StGB (damals war das noch § 226 StGB) ***angenommen*** hat. Auch dort ging es um einen Fall der bewussten Selbstgefährdung wegen des Verschwindens aus einem Krankenhaus; folgender Sachverhalt lag zugrunde:

> Eine schwer alkoholabhängige Frau war von mehreren Personen halbtot geprügelt worden und wurde in diesem Zustand dann ins Krankenhaus eingeliefert. Dort verschwand sie trotz Warnung vor Lebensgefahr wieder, um weiter zu trinken (!) und verstarb drei Tage später an den Folgen der Verletzungen. Im Krankenhaus hätte sie überlebt. **Strafbarkeit der Täter nach § 227 StGB?**

Der BGH hat hier den Unmittelbarkeitszusammenhang im Rahmen des § 227 StGB trotz eigenmächtigen Entfernens des Opfers aus dem Krankenhaus ***bejaht***, und zwar mit folgendem Argument: Wenn sich das Opfer bewusst ärztlicher Hilfe entzieht, so liegt das dann nicht außerhalb der Lebenswahrscheinlichkeit und ist mithin auch ***ursächlich*** im Sinne des § 227 StGB, wenn für dieses Entziehen ein verständlicher Grund vorliegt und der Täter dies erkennen konnte (BGH NStZ **1994**, 394). Der BGH hat den Tod der Frau den Verletzern demnach zugerechnet über § 227 StGB, weil sie die Alkoholkrankheit des Opfers kannten und deshalb mit diesem Verlauf hätten rechnen müssen. Mit Beschluss vom **26.02.2003** (→ NStZ-RR **2004**, 162) hat der BGH diese Rechtsprechung aus dem Jahre 1994 bestätigt und in einem ähnlich gelagerten Fall, in dem der Täter dem Opfer angesichts der Schwere der zugefügten (Kopf-) Verletzungen vergeblich das Herbeiholen eines Krankenwagen angeboten hatte, auch wegen § 227 StGB verurteilt. Zur Begründung heißt es in der Entscheidung, der – im Fall erheblich alkoholisierte – Täter habe die Schwere der Verletzungen offensichtlich erkannt, und daher sei ihm der Tod trotz bewusster Selbstgefährdung des Opfers zuzurechnen. Demgegenüber verneint der BGH in einer anderen Entscheidung die Zurechnung des Todes bei einem selbstgefährdenden Verhalten des Opfers aufgrund eines ärztliches Behandlungsfehlers (BGH NStZ **2009**, 92): Dort hatte das Opfer trotz 18 (!) vom Täter beigebrachten Rippenbrüchen die weitere ärztliche Versorgung abgelehnt, nachdem der behandelnde Arzt (irrtümlich) lediglich drei leichte Frakturen festgestellt hatte. Das Opfer starb wenig später, der Täter wurde vom BGH vom Vorwurf des § 227 StGB mangels Zurechnung freigesprochen.

Aber Vorsicht: Die dargestellten Fälle des BGH dienen vor allem der ***Einzelfallgerechtigkeit***, sind allerdings nicht geeignet für eine Verallgemeinerung. Sie stellen vielmehr eine Ausnahme von dem oben dargestellten Prinzip dar, dass eine bewusste eigenmächtige Selbstgefährdung des Opfers die Anwendung des § 227 StGB in der Regel ausschließt (so wörtlich: *Krey/Heinrich* BT 1 Rz. 282a; vgl. auch S/S-*Stree/Sternberg-Lieben* § 227 StGB Rz. 5 und *Wessels/Hettinger* BT 1 Rz. 302). Es bleibt hinsichtlich der Frage, welche Auswirkungen eine bewusste Selbstgefährdung im oben beschriebenen Sinne für die Zurechnung nach § 227 StGB hat, nach überwiegender Ansicht in der Literatur weiterhin dabei, dass eine solche Selbstgefährdung den Unmittelbarkeitszusammenhang bei § 227 StGB aufhebt (*Krey/Heinrich* BT 1 Rz. 282 a) und zur Straflosigkeit bezüglich dieser Norm führt (vgl. auch BGH GesR **2014**, 216 und 219 sowie BGH NStZ **2011**, 341). Merken.

Wir gehen zurück zum Fall und machen weiter mit der Prüfung der Strafbarkeit des Z im Hinblick auf den Schlag gegen A; da bleiben nach dem Ablehnen des § 227 StGB noch andere Tatbestände übrig, nämlich:

§§ 224 Abs. 1 Nr. 2, 223 Abs. 1 StGB (gefährliche Körperverletzung)

Das lag ohne Probleme für unseren Z vor, haben wir oben ja schon im Rahmen des § 227 StGB geprüft und auch bejaht.

Erg.: Z hat sich hinsichtlich des A strafbar gemacht wegen gefährlicher Körperverletzung aus den §§ 224 Abs. 1 Nr. 2, 223 Abs. 1 StGB.

§ 222 StGB (fahrlässige Tötung)

Diese Norm war nun konsequenterweise auch noch zu prüfen und im Ergebnis auch zu bejahen; hierbei ist auf Folgendes zu achten: Oben ist bereits erwähnt worden, dass die ***Ursächlichkeit*** im Rahmen von **§ 222 StGB** geringere Anforderungen hat als die bei § 227 StGB. Es dürfte deshalb die Regel sein, dass bei einer Ablehnung des § 227 StGB wegen mangelnder Zurechnung des Todeserfolges neben der vollendeten vorsätzlichen Körperverletzung auch noch eine fahrlässige Tötung nach § 222 StGB vorliegt (BGH NJW **1971**, 152/153; *Wessels/Hettinger* BT 1 Rz. 297). Beachte insoweit bitte, dass bei § 222 StGB grundsätzlich ***jedwede*** Ursache zur Erfüllung des Tatbestandes ausreicht und dem folgend der Tod nicht alleine aus dem Verhalten des Täters resultieren muss. Es genügt auch bereits eine »mitursächliche« Bedingung (BGH GA **88**, 184; S/S-*Eser* § 222 StGB Rz. 3; *Wessels/Beulke/Satzger* AT Rz. 162).

Zum Fall: Z hat auf den A eingeschlagen und somit die Ursache für den späteren Tod in Form der durchbohrten Lunge gesetzt. Dass dieser eingetretene Tod auch noch durch die bewusste Selbstgefährdung des A gefördert worden ist, hindert im Rahmen des § 222 StGB – im Gegensatz zu § 227 StGB – die Zurechnung des Todes für Z nicht. Zurechenbar ist alles, was an das vorangegangene Kausalgeschehen anknüpft und nicht völlig außerhalb dessen liegt, was nach dem gewöhnlichen Lauf der Dinge und nach allgemeiner Lebenserfahrung noch vorhersehbar und dem Täter in Rechnung zu stellen ist (BGHSt **3**, 62).

Es liegt innerhalb der ***allgemeinen Lebenserfahrung*** und ist auch für den Täter ***vorhersehbar***, dass ein Opfer sich beim Heilungsvorgang unter Umständen unvorsichtig verhält und die Verletzung aus diesem Grund ihre tödliche Wirkung entfalten kann (allgemeine Meinung: BGHSt **3**, 62; BGHSt **24**, 213; RGSt **70**, 257; OLG Stuttgart JZ **1980**, 618; *Wessels/Beulke/Satzger* AT Rz. 200).

Merke: Der ursächliche Zusammenhang im Rahmen der Fahrlässigkeit bei § 222 StGB wird nicht durch ein mitwirkendes Verschulden des Verletzten oder dadurch unterbrochen, dass ein Dritter fahrlässig oder vorsätzlich in das Kausalgeschehen eingreift. Voraussetzung für die Zurechnung ist aber, dass die früher gesetzte Bedingung bis zum Eintritt des Erfolges ***fortwirkt*** (BGH MDR **1994**, 82; RGSt **61**, 318; OLG Stuttgart JR **1982**, 419; S/S-*Eisele* vor § 13 StGB Rz. 77; *Wessels/Beulke/Satzger* AT Rz. 164).

Z hat durch den Schlag den Tod des A deshalb zurechenbar im Sinne des § 222 StGB verursacht, weil die aufgrund des Schlages erlittene gebrochene Rippe als Bedingung für den späteren Tod zurechenbar fortgewirkt hat.

Erg.: Z ist aufgrund des Schlages wegen fahrlässiger Tötung des A gemäß § 222 StGB zu bestrafen. Diese fahrlässige Tötung steht in Idealkonkurrenz nach § 52 StGB zur vollendeten gefährlichen Körperverletzung aus den §§ 224, 223 StGB (BGH NJW **1971**, 152/153).

II. Der versuchte Schlag gegen B:

§§ 227 Abs. 1, 224 Abs. 1 Nr. 2 StGB

Zum Aufbau, vgl. die Erläuterungen oben.

§ 224 Abs. 1 Nr. 2 StGB (Grunddelikt)

I. Objektiver Tatbestand:

Es muss zunächst eine von Z an B verübte ***vollendete*** Körperverletzung vorliegen.

Aber: Daran scheitert es bereits, weil Z zwar versucht hat, B zu verletzen, dies aber aufgrund des Sprunges aus dem Fenster nicht gelungen ist. Eine vollendete Körperverletzung scheidet folglich aus. Und damit scheidet dann auch ein vollendeter § 227 StGB aus, denn dieser setzt seinem Wortlaut nach neben dem Tod vor allem auch eine **»Körperverletzung«** voraus. Ist diese Körperverletzung nicht vollendet, kann auch keine vollendete Körperverletzung mit Todesfolge vorliegen (*Krey/Heinrich* BT 1 Rz. 278).

Durchblick: Bitte in diesem Zusammenhang nicht davon irritieren lassen, dass der andere Erfolg des Delikts, nämlich der Tod, eingetreten ist. Das alleine bedeutet nicht auch gleich die Vollendung des Tatbestandes. Hier müssen wir vielmehr die Besonderheit des Delikts beachten, es ist ja eine Kombination aus einem Vorsatzteil und einem Fahrlässigkeitsteil. Und das hat folgende Konsequenzen:

1.) Damit das Delikt vollendet vorliegen kann, müssen sowohl der vorsätzliche Teil (die Körperverletzung) als auch der fahrlässige Teil (der Tod) selbstständig, also mit jeweils eingetretenem ***Erfolg***, vollendet sein.

2.) Versucht sein kann immer nur der ***vorsätzliche*** Teil, denn hinsichtlich einer Fahrlässigkeit gibt es keinen Versuch. Wenn der Täter hier den fahrlässigen Erfolg, den Tod, versucht (= gewollt) hätte, hätte er ein versuchtes vorsätzliches Tötungsdelikt verwirklicht, nicht aber § 227 StGB.

3.) Bei § 227 StGB kommt mithin nur dann ein sogenannter **»erfolgsqualifizierter Versuch«** überhaupt in Betracht, wenn die Körperverletzung nicht vollendet, sondern nur versucht, der Erfolg (der Tod) aber dennoch eingetreten ist.

Und genau diese Konstellation haben wir hier, weshalb dann auch die von uns zuerst angeprüfte Vollendung des § 227 StGB abzulehnen ist.

Erg.: Eine vollendete Körperverletzung mit Todesfolge nach § 227 Abs. 1 StGB scheidet aus.

§§ 227 Abs. 1, 224 Abs. 1 Nr. 2 Abs. 2, 22, 23 Abs. 1 StGB (Versuch)

Vorprüfung:

1.) Der Versuch des § 227 StGB muss zunächst überhaupt strafbar sein. Gemäß **§ 23 Abs. 1 StGB** ist die Strafbarkeit des Versuchs des § 227 StGB eigentlich unzweifelhaft, denn § 227 StGB ist, wie man § 12 Abs. 1 StGB entnehmen kann, ein Verbrechen.

Aber: Hier bei den Erfolgsqualifikationen gilt eine Besonderheit. Und das liegt an der uns mittlerweile bekannten Eigenart dieser Delikte, die ja – zumindest § 227 StGB – die Kombination aus einem vorsätzlichen Teil und einem fahrlässigen Teil darstellen.

Um zu kapieren, wo das Problem sitzt, müssen wir uns noch mal Folgendes vor Augen führen: Bei § 227 StGB findet eine Zurechnung des durch die ***vorsätzliche*** Körperverletzung ***fahrlässig*** herbeigeführten Todes statt. Das Ganze hat für den Täter sehr beachtliche Konsequenzen, nämlich die vergleichsweise hohe Freiheitsstrafe von zwischen drei und 15 Jahren (§ 38 Abs. 2 StGB). Es fragt sich nun, ob diese hohe Strafe dem Zweck der Norm nach auch dann gerechtfertigt ist, wenn der Täter das Grunddelikt – also die Körperverletzung – lediglich versucht hat, ein Körperverletzungserfolg also gar nicht eingetreten ist, gleichwohl aber fahrlässig verursacht der Tod des Opfers eintritt.

Eine auf dieser Konstellation fußende Versuchsstrafbarkeit des § 227 StGB könnte deshalb schon vom Grund her problematisch und abzulehnen sein, weil das Gesetz die hohe Strafandrohung der Norm möglicherweise nur an die durch eine ***vollendete Körperverletzung*** geschaffene besondere Gefahr des Todes für das Opfer anknüpfen wollte (schwerer Satz, bitte noch mal lesen). Und daraus könnte möglicherweise dann folgen, dass ein Versuch dieser Körperverletzung deshalb ausgeschlossen ist, weil zum Strafgrund des § 227 StGB zwingend der Verletzungserfolg gehört.

Wir merken uns: Inwieweit der Versuch einer Erfolgsqualifikation strafbar ist, hängt davon ab, an welcher Stelle beim entsprechenden Delikt der Schwerpunkt der Vorwerfbarkeit liegt. Liegt der Schwerpunkt des Schuldvorwurfs bereits in der Tathandlung und dem durch die Gefährlichkeit ***dieser*** Handlung fahrlässig verursachten Erfolg, ist die Versuchsstrafbarkeit zu bejahen. Liegt der Schwerpunkt hingegen erst beim Eintritt des zum Grunddelikt gehörenden Erfolges und der durch ***diesen*** Erfolg geschaffenen besonderen Gefahr, scheidet eine Versuchsstrafbarkeit aus; denn dann gehört immer der Erfolg des Grunddelikts – dem Zweck der entsprechenden Norm nach – zum Tatbestand:

1. Beispiel: § 178 StGB (bitte lesen)

Bei § 178 StGB entsteht die Gefahr des Todes für das Opfer aus der ***Tathandlung*** der Vergewaltigung, die in der Regel in einer Gewaltanwendung besteht. Diese Tathandlung, wenn sie genügend brutal ist, birgt die Gefahr des Todes für das Opfer in sich. Der *Taterfolg* einer Vergewaltigung spielt insoweit keine Rolle, er birgt normalerweise keine Todesgefahr in sich. **Konsequenz:** Der Versuch dieses Delikts ist strafbar, wenn der Täter die Vergewaltigung nur versucht hat, das Opfer aufgrund der Gewaltanwendung aber stirbt.

2. Beispiel: § 227 StGB (bitte lesen)

Bei § 227 StGB hingegen entsteht die Gefahr des Todes in der Regel nicht durch die Tathandlung, die zur Verletzung führt, sondern vielmehr erst durch die dieser Handlung folgende Körperverletzung selbst, also durch den Verletzungs***erfolg***. Der Tod des Opfers ist in den Fällen des § 227 StGB regelmäßig die Folge der erlittenen Verletzung und nicht die Folge der der Verletzung vorausgehenden Handlung. **Konsequenz:** Der Versuch des § 227 StGB ist nicht strafbar, wenn der Täter das Opfer tatsächlich nicht verletzt, das Opfer aber aufgrund der ins Leere gehenden Tathandlung ums Leben kommt.

So wird die ganze Sache deutlich und auch verständlich. Ich bitte den Leser und vor allem die Leserin um Verzeihung für das sehr unangenehme Beispiel mit § 178 StGB. Aber mit dieser Vorschrift kann man die Problematik am besten erklären. Bitte beachte, dass diese bei § 178 StGB erklärte Regel auch für **§ 251 StGB** gilt, denn auch dort ist der Versuch aus den benannten Gründen strafbar (BGH NStZ **2001**, 371; BGHSt **42**, 158; *Wessels/Hillenkamp* BT 2 Rz. 358; LK/*Hillenkamp* vor § 22 StGB Rz. 108; *Otto* in Jura 1997, 476).

Unser Z hat die Körperverletzung lediglich ***versucht***; ein Erfolg in Form einer Körperverletzung bei B durch den Schlag des Z ist nicht eingetreten. Nach dem soeben Gesagten ist Z somit ***nicht*** wegen versuchter Körperverletzung mit Todesfolge zu bestrafen, da dieses Delikt im Versuch gar nicht strafbar ist.

Erg.: Eine Bestrafung wegen versuchter Körperverletzung mit Todesfolge entfällt schon mangels Versuchsstrafbarkeit des § 227 StGB.

Aber jetzt!

Wichtig zu wissen ist, dass die gerade dargestellten Regeln der überwiegenden Ansicht in der Literatur und der dort so benannten »**Letalitätslehre**« entsprechen (*Fischer* § 227 StGB Rz. 3e; *Krey/Heinrich* BT 1 Rz. 280 und 751; *Lackner/Kühl* § 227 StGB Rz. 2; *Wessels/Beulke/Satzger* AT Rz. 617; *Deubner* in NJW 1960, 1068; SK/*Horn/Wolters* § 227 StGB Rz. 12; *Bloy* in JuS 1995, L 19; *Kühl* in JuS 1981, 196; *Bussmann* in GA 99, 30). Die Diskussion hierüber wurde durch eine Strafrechtsreform aus dem **April 1998** wieder vermehrt in Gang gesetzt und hält leider bis heute an, weil es seitdem in § 223 Abs. 2 StGB wieder eine Strafbarkeit des Körperverletzungs***versuchs*** gibt, deren Fehlen die eben aufgezeigte Meinung jahrelang als Argument für sich beanspruchte (vgl. nur *Krey/Heinrich* BT 1 Rz. 280). Das muss uns nicht wirklich interessieren.

Was uns aber sehr wohl noch interessieren muss, ist die Tatsache, dass der **BGH** und ihm folgend einige Autoren aus der Wissenschaft sich grundsätzlich zwar auch an die oben aufgestellten Regeln halten (→ BGHSt **42**, 158), in Bezug auf § 227 StGB allerdings eine ***andere Ansicht*** vertreten, nämlich:

> Bei der Körperverletzung mit Todesfolge aus § 227 StGB liegen nach Ansicht des BGH die besondere Gefährlichkeit und der Schuldvorwurf nicht alleine im Verletzungs***erfolg***, sondern können sich auch bereits in der Verletzungs***handlung*** manifestieren. Birgt bereits die Verletzungs***handlung*** eine besondere Gefahr, in der sich der später eingetretene Tod dann auch verwirklicht, genügt dies zur Annahme des § 227 StGB (BGHSt **31**, 96 → **Hochsitz-Fall**; BGHSt **14**, 110 → **Pistolenschuss-Fall**; dem zustimmend: S/S-*Stree/Sternberg-Lieben* § 227 StGB Rz. 4; *Wessels/Hettinger* BT 1 Rz. 299; *Sowada* in Jura 1995, 652; *Wolters* in JuS 1998, 583; *Fischer* § 227 StGB Rz. 3).

Zum Verständnis dessen wollen wir uns mal die beiden gerade zitierten BGH-Entscheidungen näher anschauen, es handelt sich dabei übrigens um echte »Klassiker«, die immer wieder Gegenstand von Klausuren und Hausarbeiten sind.

→ **Der Pistolenschuss-Fall** (BGHSt **14**, 110)**:** Der Täter schlug das Opfer mit einer Pistole in Verletzungsabsicht auf den Kopf, und hierbei löste sich aus Versehen ein tödlicher Schuss. **Strafbar nach § 227 StGB?**

→ **Der Hochsitz-Fall** (BGHSt **31**, 96)**:** Der Täter schmiss in Verletzungsabsicht einen Hochsitz, auf dem das Opfer stand, um; das Opfer brach sich dabei lediglich den Fuß, starb später aber wegen fehlerhafter Behandlung im Krankenhaus. **Strafbar nach § 227 StGB?**

In beiden Fällen ist der Täter vom BGH wegen § 227 StGB verurteilt worden. Das Problem lag darin, dass der später eingetretene Tod in beiden Fällen nicht ***ursächlich*** im Sinne des § 227 StGB auf die erlittenen Verletzungen (Wunde am Kopf bzw. gebrochener Fuß) zurückzuführen war. Denn bei einem Schlag auf den Kopf muss man nicht damit rechnen, dass diese Verletzung wenig später durch einen gelösten Schuss zum Tod führt; gleiches gilt bei dem gebrochenen Fuß nach dem Umschmiss eines Hochsitzes, wenn das Opfer später wegen eines Behandlungsfehlers des Arztes stirbt (vgl. unsere Ausführungen zur Ursächlichkeit weiter oben). Demnach mussten die beiden Täter also eigentlich vom Vorwurf des § 227 StGB freigesprochen werden, da es am ***Unmittelbarkeitszusammenhang*** zwischen der Körperverletzung und dem Tod fehlte.

Der BGH hat in den beiden gerade geschilderten Fällen dennoch wegen vollendeter Körperverletzung mit Todesfolge verurteilt, und zwar mit dem Argument, der Tod sei zwar nicht die unmittelbare Folge der eingetretenen ***Verletzung*** gewesen, allerdings habe sich im Tod die besondere Gefahr der ausgeführten Verletzungs***handlung*** manifestiert, also im Schlag mit einer geladenen Waffe auf den Kopf und im Umschmeißen eines 3,5 m hohen Hochsitzes. Soll heißen, wenn schon nicht der eingetretene Verletzungs***erfolg*** im Sinne des § 227 StGB für den späteren Tod ursächlich ist, kann zur Not auch die Verletzungs***handlung***, wenn sie denn lebensgefährlich genug ist, herhalten und die kausale Verknüpfung zum später eingetretenen Tod herstellen. Es genügt demnach, dass schon die Verletzungs***handlung*** lebensgefährlich ist, auf die tatsächlich zunächst eingetretene Verletzung des Körpers kommt es nicht an. Und dies bedeutet in der weiteren Konsequenz, dass der BGH den Schwerpunkt der Vorwerfbarkeit und die besondere Gefährdung des Opfers bei § 227 StGB nicht mehr auf den Erfolg (= Körperverletzung) beschränkt, sondern schon auf die ***Tathandlung*** legt, wenn diese für sich betrachtet bereits lebensgefährlich ist (schwerer, aber sehr wichtiger Satz, bitte mindestens noch einmal lesen).

Und am **09. Oktober 2002** hat der BGH diese Rechtsprechung dann zum logischen Ende gebracht und festgestellt, dass infolge der bisherigen Urteile selbst dann eine Strafbarkeit nach § 227 StGB möglich sein kann, wenn es – anders als im Hochsitz- und im Pistolenschuss-Fall – noch nicht einmal zu einer Körperverletzung gekommen ist, sondern diese nur versucht wurde, dennoch aber der Tod eingetreten ist (BGHSt **48**, 34). Der Täter sei dann wegen ***versuchter*** Körperverletzung mit Todesfolge zu bestrafen. Folgender Fall – sogenannter »**Gubener Verfolgungsjagdfall**« – lag dem Ganzen zugrunde:

Mehrere Täter verfolgten in der süd-brandenburgischen Kleinstadt ***Guben*** zu Fuß in Springerstiefeln und Bomberjacken laut schreiend das flüchtende Opfer O (einen algerischen Staatsbürger), um es – ausländerfeindlich motiviert – massiv zu verprügeln. O befand sich in Todesangst und wollte daher in ein Mehrfamilienhaus flüchten. Da die Tür verschlossen war, trat O die Glasscheibe der Tür ein. Beim Durchsteigen verletzte sich O dann derart schwer an den im Türrahmen verbliebenen Glasresten, dass er innerhalb kürzester Zeit, während die Täter weiter nach ihm suchten, verblutete. **Strafbarkeit wegen versuchtem § 227 StGB?**

Die Besonderheit dieses Falles lag darin, dass es hier – im Gegensatz zu den beiden eben dargestellten Geschichten mit dem Hochsitz und der Knarre – noch nicht einmal zu einer Körperverletzung des Opfers durch die Täter gekommen war; die Täter hatten das Opfer ja gar nicht mehr erwischt, um es verprügeln zu können. Das Opfer war also zu Tode gekommen, obwohl die beabsichtigte Körperverletzung nur ***versucht*** war (den Versuch hatte der BGH übrigens mit dem Argument angenommen, die das Opfer verfolgenden Täter hätten die Schwelle zum »jetzt geht es los« überschritten). In Betracht kam hier deshalb – anders als in den beiden oben geschilderten Fällen – nur eine Strafbarkeit wegen ***Versuchs***, denn der vorsätzliche Teil des Delikts war nicht vollendet (keine Körperverletzung durch die Täter!).

Der BGH hat in der Entscheidung vom Oktober 2002 ausdrücklich die ***Versuchsstrafbarkeit*** des § 227 StGB grundsätzlich ***bejaht***, wenn es hinsichtlich der Körperverletzung nur zum Versuch kommt, gleichwohl aber der Tod aufgrund der gefahrspezifischen Verletzungs***handlung*** eintritt. Wörtlich heißt es beim BGH (BGHSt **48**, 34):

> *»...Der Wortlaut der Bestimmung steht einer solchen Auslegung* ***nicht*** *entgegen. Auch der Gesetzgeber ist der bisherigen Rechtsprechung nicht entgegen getreten. Vielmehr hat der Gesetzgeber (im Jahre 1998, Anm. des Verfassers) den § 227 Abs. 1 StGB durch den Zusatz »(§§ 223–226)« ergänzt, ohne die in den §§ 223, 224, 225 StGB enthaltenen versuchten Körperverletzungen vom Anwendungsbereich auszunehmen....«*

Und weiter:

> *»...Verwirklicht sich die von der* ***Körperverletzungshandlung*** *ausgehende Gefahr und führt dies zum Tod des Opfers, kann die Anwendbarkeit des § 227 StGB nicht davon abhängen, ob darüber hinaus ein vorsätzlich herbeigeführter* ***Körperverletzungserfolg*** *eingetreten ist, da dieser für den Unrechtsgehalt der Tat allenfalls von untergeordneter Bedeutung sein kann. Mithin ist der Versuch einer Körperverletzung mit Todesfolge auch in der Form des ›erfolgsqualifizierten Versuchs‹ möglich....«*

Also, nach Ansicht des BGH ist der Versuch des § 227 StGB demnach grundsätzlich ***strafbar***, wenn es hinsichtlich der Körperverletzung nur zum Versuch kommt, das Opfer gleichwohl aufgrund der besonderen Gefahr der Verletzungs***handlung*** zu Tode kommt (bestätigt in BGH NStZ **2008**, 278; dem Ganzen folgend: *Wessels/Hettinger* BT 1 Rz. 300; siehe dazu auch *Laue* in JuS 2003, 743; kritsch etwa S/S-*Stree/Sternberg-Lieben* § 227 StGB Rz. 8 mwN.). Im vorliegenden Fall hat der BGH dann dementsprechend festgestellt, dass das Verhalten der Täter, die in Springerstiefeln und Bomberjacken laut schreiend hinter dem Opfer her waren, die todesspezifische Gefahr beim Opfer begründete. Konkret sei hier vorhersehbar gewesen, dass ein durch die Verfolgung derart verängstigtes Opfer auf der Flucht unbesonnen reagiert; dies entspringe dem elementaren Selbsterhaltungstrieb eines Menschen. Um den gefahrspezifischen Zusammenhang zwischen Körperverletzungs***handlung*** und Todeserfolg zu erfüllen, genügt, dass der Tod unmittelbar durch einen Fluchtversuch herbeigeführt worden ist, den das Opfer bei einem gegenwärtigen Angriff in naheliegender, nachvollziehbarer Weise aus Furcht vor schweren Verletzungen unternommen hat; dies sei dem

Täter im Rahmen der §§ 227, 18 StGB zurechenbar (BGH NStZ **2008**, 278; BGHSt **48**, 34; BGHSt **19**, 382; vgl. hierzu auch *Krey/Heinrich* BT 1 Rz. 280a; *Wessels/Hettinger* BT 1 Rz. 301; *Rengier* in Jura 1986, 143; ***abweichend*** aber: SK/*Horn/Wolters* § 227 StGB Rz. 10; MK/*Hardtung* § 227 StGB Rz. 11; S/S-*Stree/Sternberg-Lieben* § 227 StGB Rz. 8).

Konsequenz für unseren Ausgangsfall:

Wir hatten bislang die Strafbarkeit des Z nach § 227 StGB in Bezug auf den B mit dem Argument verneint, der § 227 StGB sei im Versuch gar nicht strafbar, da der vorsätzliche Teil der Norm (die Körperverletzung) stets ***vollendet*** sein müsse. Das hatten wir damit begründet, dass in der Regel nur von einer ***vollendeten*** Körperverletzung die Gefahr des Todes für das Opfer ausgeht, nicht aber schon von der Verletzungshandlung an sich (siehe dazu oben unseren Vergleich von § 227 StGB mit der Norm des § 178 StGB). Folgen wir nun aber der Ansicht des BGH, ändert sich dieses Ergebnis, denn – haben wir eben gelernt – das sieht der BGH nun ausdrücklich anders: Demnach kann der ***Versuch*** des § 227 StGB sehr wohl ***strafbar*** sein, da der Schwerpunkt der Vorwerfbarkeit bei § 227 StGB auch schon in der ***Tathandlung*** – unabhängig vom Verletzungserfolg! – liegen soll, wenn diese Tathandlung für sich betrachtet die Gefahr des Todes mit sich bringt (so jetzt auch: *Wessels/Hettinger* BT 1 Rz. 301). In unserem Fall würde der BGH demnach wegen versuchter Körperverletzung mit Todesfolge bestrafen, denn der B befand sich in Todesangst und ist aus Furcht vor schweren Verletzungen im elementaren Selbsterhaltungstrieb aus dem Fenster gesprungen.

Für die Klausur: Angesichts dieser vom größten Teil der Literatur abweichenden Meinung des BGH stellt sich die Frage der Lösung in der Klausur oder Hausarbeit. Hierbei dürfte wie immer gelten, dass beide Auffassungen **»gleichgültig«** im besten Sinne des Wortes vertreten werden können. Die besseren Argumente sprechen meiner Ansicht nach aber weiterhin für die Literatur: Zum einen die oben beim Vergleich zu § 178 StGB erläuterte Frage des Schwerpunktes der Vorwerfbarkeit. Zum anderen aber auch der Wortlaut des § 227 StGB: Denn in § 227 StGB steht, dass der Tod durch die »Körper***verletzung***« verursacht sein muss und im Übrigen spricht die Norm auch ausdrücklich vom Tod der **»verletzten«** Person (bitte prüfen). Hieraus kann man folgern, dass die Strafbarkeit stets an eine ***vollendete*** Körper***verletzung*** anzuknüpfen hat. Eine andere Beurteilung könnte einen Verstoß gegen das Bestimmtheitsgebot aus Art. 103 Abs. 2 GG begründen, da der § 227 StGB über seinen Wortlaut hinaus zulasten des Täters ausgedehnt würde. Demgegenüber meint der **BGH**, es reiche für § 227 StGB (im Versuchsstadium) bereits eine lebensgefährliche Verletzungs***handlung***, unabhängig vom eingetretenen Verletzungserfolg. Und dem folgend sei dann eben auch die ***versuchte*** Körperverletzung mit Todesfolge strafbar (vgl. hierzu die Argumentation des BGH weiter oben im Text). Wie gesagt, wie man sich hier entscheidet, ist **»gleichgültig«**, nur müssen natürlich die Argumente ausgetauscht werden. Wie man das in der Klausur dann vernünftig argumentativ behandelt und entsprechend auch löst, steht weiter unten im Gutachten. Nachlesen schadet vermutlich nicht.

ZE.: Wir wollen uns hier der Ansicht der Literatur anschließen und demnach trotz BGH-Entscheid feststellen, dass der Versuch bei § 227 StGB ***nicht*** strafbar ist und Z diesbezüglich dann logischerweise freigesprochen werden muss.

Es verbleiben dann noch folgende Tatbestände:

§§ 224 Abs. 1 Nr. 2 und Abs. 2, 22, 23 Abs. 1 StGB

Der lag zwanglos vor, Z wollte den B mit dem Baseball-Schläger niederschlagen, was fraglos Tatbestand, Rechtswidrigkeit und Schuld einer versuchten gefährlichen Körperverletzung erfüllt.

Erg.: Z hat sich wegen versuchter gefährlicher Körperverletzung gemäß den §§ 224 Abs. 1 Nr. 2 und Abs. 2, 22, 23 Abs. 1 StGB strafbar gemacht.

§ 222 StGB (fahrlässige Tötung)

Hier war dann ebenfalls nicht zu zweifeln. Durch den versuchten Schlag nach B hat sich Z objektiv sorgfaltswidrig verhalten und den eingetretenen Erfolg in der konkreten Form ursächlich und vorhersehbar herbeigeführt. Insbesondere war objektiv und für Z auch subjektiv vorhersehbar, dass B versuchen würde, sich vor dem Schlag zu retten. Der Sprung aus dem Fenster ist als todesauslösende Ursache zuzurechnen. Z hat sich somit objektiv und subjektiv sorgfaltswidrig verhalten und der eingetretene Erfolg war für ihn vorhersehbar (BGH NJW **1971**, 152, 153).

Ergebnis: Z ist gemäß § 222 StGB wegen fahrlässiger Tötung des B zu bestrafen.

Gesamtergebnis: Z ist aufgrund des Schlages gegen B, folgt man der Ansicht in der Literatur, zu bestrafen wegen § 222 StGB in Tateinheit (§ 52 Abs. 1 StGB) mit den §§ 224 Abs. 1 und 2, 22, 23 Abs. 1 StGB.

Gutachten

Der Schlag gegen A

Z könnte sich durch den Schlag gegen A wegen Körperverletzung mit Todesfolge gemäß den §§ 227, 224 Abs. 1 Nr. 2 StGB strafbar gemacht haben.

Objektiver Tatbestand:

Z hat den A mit dem Schlag körperlich misshandelt und folglich eine Körperverletzung begangen. Der Baseball-Schläger ist ein gefährliches Werkzeug im Sinne des § 224 Abs. 1 Nr. 2 StGB mit der Konsequenz, dass der objektive Tatbestand des § 224 Abs. 1 Nr. 2 StGB vorliegt.

Subjektiver Tatbestand:

Z handelte vorsätzlich.

Rechtswidrigkeit und Schuld:

Es bestehen keine Zweifel daran, dass Z in Bezug auf diese Körperverletzung rechtswidrig und schuldhaft handelte.

Voraussetzungen des § 227 Abs. 1 StGB:

Der eingetretene Tod des A muss gemäß § 227 Abs. 1 StGB durch die Körperverletzung des Z verursacht worden sein.

1.) Hinsichtlich dieser Verursachung ist zunächst der Zusammenhang im Sinne der Äquivalenztheorie herzustellen. Demnach ist die Verletzung dann ursächlich, wenn sie nicht hinweggedacht werden kann, ohne dass der Erfolg in seiner konkreten Gestalt entfiele. Ohne die Verletzung durch Z wäre A nicht an der Lungenverletzung gestorben.

2.) Im Hinblick auf das im Vergleich zu § 222 StGB beachtlich hohe Strafmaß ist die gerade benannte Äquivalenztheorie alleine aber nicht geeignet, die im Rahmen des § 227 StGB erforderliche Kausalität zwischen Verletzung und Tod herzustellen. Vielmehr bedarf es hier einer engeren Eingrenzung dergestalt, dass die Körperverletzung nicht nur ursächlich gewesen sein, sondern den Tod auch »unmittelbar« herbeigeführt haben muss.

Der Verwirklichung der Körperverletzung muss gerade eine ihr eigentümliche Gefahr anhaften, die sich im tödlichen Ausgang unmittelbar niedergeschlagen hat. Der Strafgrund des § 227 StGB ist nur dann erfüllt, wenn die Gefährlichkeit der Körperverletzung selbst, nicht aber andere Gefährdungsmomente den Erfolg (mit-)verursacht haben. Die Strafe nach § 227 StGB entfällt demnach etwa dann, wenn der eingetretene Tod durch ein Eingreifen Dritter oder aber durch das eigenmächtige Eingreifen des Opfers selbst verursacht worden ist.

Z hat den A mit dem Baseball-Schläger wuchtig in den Rücken geschlagen; darin liegt die Körperverletzung. Der später eingetretene Tod hat seine Ursache im Sinne der Äquivalenz-Theorie in dieser Körperverletzung; denn die Körperverletzung kann nicht hinweggedacht werden, ohne dass der Tod entfiele. Es fragt sich aber, ob dieser Tod nun auch »unmittelbar« im eben genannten Sinne durch diese Körperverletzung herbeigeführt, gemäß § 227 StGB also »verursacht« worden ist. Hierbei ist in Anbetracht des vorliegenden Sachverhaltes zu berücksichtigen, dass der Tod deshalb eingetreten ist, weil A sich trotz Warnung eigenmächtig aus dem Krankenhaus entfernt hat. Im Tod des A hat sich demnach nicht allein die Gefährlichkeit der Körperverletzung manifestiert, sondern vielmehr auch das weitere Gefährdungsmoment der bewussten eigenmächtigen Selbstgefährdung des A. Ohne diese Selbstgefährdung wäre A am Leben geblieben.

Daraus folgt, dass es an der von § 227 StGB geforderten »Unmittelbarkeitsbeziehung« zwischen der Körperverletzung und dem eingetretenen Tod fehlt mit der Konsequenz, dass das in § 227 StGB geschriebene Merkmal der »Verursachung« nicht vorliegt. Der bei A eingetretene Tod ist nicht ursächlich im Sinne des § 227 StGB zurückzuführen auf die Körperverletzung des Z.

Ergebnis: Z ist wegen des Todes des A nicht zu bestrafen wegen Körperverletzung mit Todesfolge nach § 227 StGB.

§§ 224 Abs. 1 Nr. 2, 223 Abs. 1 StGB (gefährliche Körperverletzung)

Es ist oben im Rahmen der Prüfung des § 227 StGB festgestellt worden, dass Z bezüglich des Schlages gegen A eine gefährliche Körperverletzung nach den §§ 224 Abs. 1 Nr. 2, 223 Abs. 1 StGB verwirklicht hat.

Ergebnis: Z hat sich hinsichtlich des A strafbar gemacht wegen gefährlicher Körperverletzung aus den §§ 224 Abs. 1 Nr. 2, 223 Abs. 1 StGB.

§ 222 StGB (fahrlässige Tötung)

Z hat auf den A eingeschlagen und somit objektiv sorgfaltswidrig die Ursache für den späteren Tod in Form der Lungenverletzung gesetzt. Dass dieser eingetretene Tod auch noch durch die bewusste Selbstgefährdung des A gefördert worden ist, hindert im Rahmen des § 222 StGB – im Gegensatz zu § 227 StGB – die Zurechnung des Todes für Z nicht. Es liegt innerhalb der allgemeinen Lebenserfahrung und ist folglich objektiv und vorliegend auch subjektiv vorhersehbar, dass ein Opfer sich beim Heilungsvorgang unter Umständen unvorsichtig verhält und die Verletzung aus diesem Grund ihre tödliche Wirkungen entfalten kann. Der ursächliche Zusammenhang im Rahmen der Fahrlässigkeit wird nicht durch ein mitwirkendes Verschulden des Verletzten oder dadurch unterbrochen, dass ein Dritter fahrlässig oder vorsätzlich in das Kausalgeschehen eingreift. Voraussetzung für die Zurechnung ist aber, dass die früher gesetzte Bedingung bis zum Eintritt des Erfolges fortwirkt. Z hat durch den Schlag den Tod des A zurechenbar im Sinne des § 222 StGB verursacht.

Ergebnis: Z ist aufgrund des Schlages wegen fahrlässiger Tötung des A gemäß § 222 StGB zu bestrafen. Diese fahrlässige Tötung steht in Idealkonkurrenz nach § 52 StGB zur vollendeten gefährlichen Körperverletzung aus den §§ 224, 223 StGB.

Der Schlag gegen B

Z könnte sich dadurch, dass er versuchte, den B zu verletzen und B sich beim Sprung aus dem Fenster das Genick brach, wegen Körperverletzung mit Todesfolge gemäß den §§ 227, 224 Abs. 1 Nr. 2 StGB strafbar gemacht haben. Indessen ist insoweit festzustellen, dass eine vollendete Begehung dieses Delikts nicht in Betracht kommt, es ist durch den Schlag des Z nicht zu einer vollendeten Verletzung des B gekommen.

In Betracht kommt daher nur eine versuchte Körperverletzung mit Todesfolge gemäß den §§ 227 Abs. 1, 224 Abs. 1 Nr. 2 und Abs. 2, 22, 23 StGB.

Vorprüfung:

1.) Der Versuch der Körperverletzung mit Todesfolge müsste zunächst einmal strafbar sein.

a) Gemäß § 23 Abs. 1 StGB ist der Versuch eines Verbrechens stets strafbar. Aus § 12 Abs. 1 StGB folgt, dass die Körperverletzung mit Todesfolge ein Verbrechen ist und mithin auch der Versuch grundsätzlich strafbar sein müsste.

b) Etwas anderes könnte sich aber aus dem Charakter der Norm als Erfolgsqualifikation mit Vorsatz- und Fahrlässigkeitselementen ergeben. Es fragt sich, ob der Versuch des § 227 StGB in der Form strafbar sein kann, dass – wie vorliegend – das vorsätzliche Grunddelikt lediglich versucht worden, der fahrlässige Todeserfolg hingegen vollendet eingetreten ist. Ansatzpunkt der Überlegung ist insoweit, dass der Strafzweck des § 227 StGB möglicherweise nur dann erfüllt sein kann, wenn der Körperverletzungserfolg in jedem Falle eingetreten ist; demnach also ein Versuch nur der Körperverletzung, bei dem der Verletzungserfolg ausbleibt, keinesfalls den Strafgrund der Norm erfüllt. Inwieweit der Versuch einer Erfolgsqualifikation strafbar ist, hängt grundsätzlich davon ab, an welcher Stelle beim entsprechenden Delikt der Schwerpunkt der Vorwerfbarkeit liegt. Liegt der Schwerpunkt des Schuldvorwurfs bereits in der besonderen Gefährlichkeit der Tathandlung, ist die Versuchsstrafbarkeit zu bejahen (etwa bei § 178 StGB). Liegt der Schwerpunkt hingegen erst beim Eintritt des zum Grunddelikt gehörenden Erfolges und der dadurch geschaffenen besonderen Gefahr, scheidet eine Versuchsstrafbarkeit aus. Unter Berücksichtigung des soeben Gesagten gilt für § 227 StGB Folgendes: In der Regel geht die besondere Gefahr des Todes bei dieser Norm von der eingetretenen Verletzung aus, also dem Verletzungserfolg. Der Schwerpunkt der Vorwerfbarkeit liegt nicht bereits in der vom Täter ausgeführten Handlung, sondern erst in der auf dieser Handlung beruhenden Verletzung. Insoweit gelten andere Grundsätze als etwa bei § 178 StGB, wo die Gefahr des Todes für das Opfer typischerweise nicht vom Vergewaltigungserfolg, sondern vielmehr von der Tathandlung, die im Regelfall aus einer Gewaltanwendung besteht, ausgeht.

Die Meinung, die auch bei § 227 StGB als Grundlage einer besonderen Gefahr bereits einen Versuch der Körperverletzung annehmen will, verkennt zum einen den eben dargelegten Sinn der Norm. Zum anderen übersieht sie aber auch den Wortlaut der Vorschrift. Mit »Körperverletzung« im Sinne des § 227 StGB ist nur der Eintritt einer Verletzung und nicht bereits die darauf abzielende Handlung gemeint. Es wäre abwegig, etwa im Rahmen des § 223 StGB die dort beschriebene Körperverletzung schon dann anzunehmen, wenn es lediglich bei der darauf abzielenden Handlung bleibt. Nötig ist immer der Eintritt des Verletzungserfolges. Schließlich spricht § 227 StGB des Weiteren ausdrücklich von dem Tode der »verletzten« Person. Die Wortlautauslegung ergibt somit, dass die Person, deren Tod später eintritt, stets auch »verletzt« gewesen sein muss, eine erfolglose Verletzungshandlung allein genügt nicht; ein Annehmen dessen verstößt mithin gegen das Bestimmtheitsgebot aus Art. 103 Abs. 2 GG.

Daraus folgt, dass eine Versuchsstrafbarkeit des § 227 StGB abzulehnen ist, § 227 StGB setzt stets eine vollendete Körperverletzung voraus. Bleibt die Körperverletzung im Versuchsstadium stecken, scheidet eine Strafbarkeit nach § 227 StGB aus.

Ergebnis: Eine Strafbarkeit wegen versuchter Körperverletzung mit Todesfolge scheitert bereits an der Strafbarkeit eines solchen Versuchs.

Z könnte sich aber wegen versuchter gefährlicher Körperverletzung gemäß den §§ 224 Abs. 1 und 2 Nr. 2, 22, 23 Abs. 1 StGB strafbar gemacht haben.

Die Tat ist nicht vollendet und der Versuch der gefährlichen Körperverletzung ist gemäß § 224 Abs. 2 StGB strafbar. Z hatte Tatentschluss zur gefährlichen Körperverletzung und hat hierzu durch den ausgeführten Schlag des Weiteren auch unmittelbar angesetzt im Sinne des § 22 StGB.

An der Rechtswidrigkeit und der Schuld bestehen keine Zweifel.

Ergebnis: Z hat sich wegen versuchter gefährlicher Körperverletzung strafbar gemacht.

Z könnte sich schließlich auch wegen fahrlässiger Tötung des B gemäß § 222 StGB strafbar gemacht haben.

Durch den Schlag nach B hat sich Z objektiv sorgfaltswidrig verhalten und den eingetretenen Erfolg in der konkreten Form ursächlich und vorhersehbar herbeigeführt. Insbesondere war objektiv und für Z auch subjektiv vorhersehbar, dass B versuchen würde, sich vor dem Schlag zu retten. Der Sprung aus dem Fenster ist als todesauslösende Ursache zuzurechnen.

Ergebnis: Z ist wegen fahrlässiger Tötung des B zu bestrafen.

Gesamtergebnis: Z ist aufgrund des Schlages gegen B zu bestrafen wegen § 222 StGB in Tateinheit (§ 52 Abs. 1 StGB) mit den §§ 224 Abs. 1 und 2, 22, 23 Abs. 1 StGB.

2. Abschnitt

Straftaten gegen die persönliche Freiheit → §§ 239 ff. StGB

Fall 6

Badespaß

An einem warmen Sommerabend erblickt Rechtsstudent R im örtlichen Baggersee eine unbekleidete junge Schwimmerin (S), deren Sachen am Ufer liegen. Frauenliebhaber R ergreift kurzerhand die Kleidungsstücke, versteckt diese und sich selbst in einem nahe gelegenen Gebüsch und wartet darauf, dass S das Wasser verlässt. Als S nach 25 Minuten immer noch keine Anstalten macht, aus dem Wasser zu steigen, legt der entnervte R die Sachen der S, die von alledem gar nichts mitbekommen hatte, zurück ans Ufer und will gerade verschwinden, als er vom Fußgänger F aufgehalten wird. F, der die ganze Sache von einer Parkbank aus beobachtet hatte, meint zu R, er werde mit seinem Mobiltelefon sofort die Polizei rufen und Anzeige erstatten, wenn R sich nicht bei S entschuldigt und danach »*zur Strafe!*« selbst in voller Montur in den See springt. R kommt aus Angst vor der Anzeige den Forderungen des F nach. F hatte zu keinem Zeitpunkt vor, die Polizei zu benachrichtigen.

Strafbarkeit von R und F?

> **Schwerpunkte:** Freiheitsberaubung nach § 239 StGB, Grundfall; aktueller und potentieller Fortbewegungswille; Freiheitsberaubung als Dauerdelikt; Nötigung gemäß § 240 Abs. 1 StGB; Drohung mit einem empfindlichen Übel; Verwerflichkeitsklausel des § 240 Abs. 2 StGB; Zweck-Mittel-Relation; Drohung mit einer Strafanzeige; Drohung mit einem Unterlassen.

Lösungsweg

Strafbarkeit des R durch das 25-minütige Verstecken der Sachen

§ 239 Abs. 1 StGB (Freiheitsberaubung)

I. Tatbestand (A: objektiv):

1.) Als *Tathandlung* kommt nach dem Wortlaut des Gesetzes zum einen das »Einsperren« und zum anderen jede Beraubung der Freiheit »auf andere Weise« in Betracht.

»Einsperren« (= Verhindern am Verlassen des Raumes durch äußere Vorrichtung) ist im vorliegenden Falle nicht einschlägig und kommt im Übrigen auch in den universitären Übungsarbeiten wenig bis gar nicht vor, denn es ist schlicht zu einfach. Wann jemand eingesperrt ist oder nicht, lässt sich im Regelfall unproblematisch feststellen (BGH NStZ **2001**, 420; RGSt **61**, 239; S/S-*Eser/Eisele* § 239 StGB Rz. 5; *Fischer* § 239 StGB Rz. 7; *Wessels/Hettinger* BT 1 Rz. 372).

Weitaus interessanter und mithin auch deutlich prüfungsrelevanter ist dann selbstverständlich die zweite Tatalternative der Freiheitsberaubung, nämlich die Freiheitsberaubung »in anderer Weise«. Diese Variante ist der Oberbegriff der Norm, das »Einsperren« somit lediglich ein Unter- bzw. ein Spezialfall der Beraubung der Freiheit (*Lackner/Kühl* § 239 StGB Rz. 3; S/S-*Eser/Eisele* § 239 StGB Rz. 5).

Definition: Die Freiheitsberaubung **»in anderer Weise«** erfüllt, wer den anderen unter vollständiger Aufhebung seiner Fortbewegungsfreiheit daran hindert, seinen Aufenthaltsort zu verlassen; dem Einsperren muss diese Variante nicht ähnlich sein (BGH DAR **2005**, 691; BGH NStZ **1992**, 33; BGHSt **14**, 314; RGSt **6**, 232; *Wessels/Hettinger* BT 1 Rz. 372; S/S-*Eser/Eisele* § 239 StGB Rz. 6).

Im Rahmen dessen kommen dann eine ganze Reihe von Möglichkeiten in Betracht, eine solche Freiheitsberaubung zu begehen, zum **Beispiel:** Der Lenker eines Autos verhindert durch schnelles Fahren, dass der Beifahrer aussteigen kann (BGH DAR **2005**, 691; BGH NStZ **1992**, 34); der Fahrer einer Straßenbahn oder eines Zuges öffnet entgegen dem berechtigten Verlangen des Fahrgastes die Tür nicht (RG DZ **08**, 746); wenn aufgrund eines Fluglotsenstreikes die Landeerlaubnis für ein Flugzeug und somit auch für die Passagiere verweigert wird (*Blei* in JA 1973, 386); durch unwahre Tatsachenbehauptung des Täters wird die Verhaftung eines anderen veranlasst (BGHSt **3**, 4); durch eine Blockadeaktion vor einem Haus werden die Bewohner am Verlassen gehindert (OLG Köln NStZ **1985**, 550); einfaches Festhalten (OLG Hamm JMBl NW **64**, 31); Hypnose (RGSt **61**, 241); Anbinden oder Fesseln (RGSt **17**, 127; JW **25**, 973).

Und dazu gehört dann auch unser kleiner Fall, in dem R die Kleider der S, die nackt im See badet, an sich nimmt. Die arme S kann nun zwar theoretisch den See noch verlassen, wird sich aber kaum frei bewegen können, sie hat ja keine Kleider. Und wenn man es genau betrachtet, ist sie dadurch daran gehindert, ihren Aufenthaltsort (See) zu verlassen. Und dies erfüllt nach der oben gegebenen Definition den Begriff der Freiheitsberaubung **»in anderer Weise«** im Sinne des § 239 Abs. 1 StGB (RGSt **6**, 231; MK/*Wieck/-Noodt* § 239 StGB Rz. 28; *Krey/Heinrich* BT 1 Rz. 314; LK/*Träger/Schluckebier* § 239 StGB Rz. 17; S/S-*Eser/Eisele* § 239 StGB Rz. 6). Es handelt sich hierbei um eine sogenannte »psychische Schranke«, die das Verlassen des Aufenthaltsortes verhindert. Dazu im Gegensatz steht natürlich dann die »physische Schranke«, die freilich fraglos leichter zu prüfen ist, etwa beim Einsperren in einen Raum (*Krey/Heinrich* BT 1 Rz. 314; MK/*Wieck/-Noodt* § 239 StGB Rz. 28; vgl. aber auch BGH vom 11.11.**1994** in NStE Nr. 3 zu § 239 StGB, wo das Gericht eine Freiheitsberaubung ***durch Unterlassen*** – ohne Begründung – ablehnt, obwohl der Täter eine Frau nackt im Wald zurücklässt). Beide Schranken, also sowohl die »psychische«, als auch die »physische« reichen zur Verwirklichung des § 239 Abs. 1 StGB regelmäßig aus, wie gesagt, die physische Schranke ist leichter zu überprüfen.

ZE.: Wir können somit an dieser Stelle feststellen, dass R durch das vorübergehende Wegnehmen der Kleider die Tathandlung der Freiheitsberaubung »in anderer Weise« erfüllt hat.

2.) Eigentlich nicht wirklich abgrenzbar von der gerade vorgenommenen Prüfung müssen wir nun aber noch erörtern, ob denn auch tatsächlich eine Beraubung der Freiheit der S eingetreten ist. An dieser Stelle verbirgt sich in unserem Fall noch ein nicht unbeachtliches Problem, **nämlich**: Die S hat von der ganzen Aktion überhaupt nichts bemerkt!

Die Frage, die sich angesichts dieses Umstandes stellt, ist, ob man auch dann jemanden anderen seiner Freiheit berauben kann, wenn derjenige davon gar nichts mitbekommt. Und das ist tatsächlich gar nicht so leicht zu beantworten, es gibt insoweit unterschiedliche Auffassungen:

- Nach einer Meinung soll es auf den ***aktuell-tatsächlichen Willen*** zur Ortsveränderung des Opfers ankommen. Demnach kann man eine Freiheitsberaubung nur dann begehen, wenn das Opfer im konkreten Fall den Willen hatte, den Ort zu verlassen oder sich fortzubewegen (*Fischer* § 239 StGB Rz. 4; NK/*Sonnen* § 239 StGB Rz. 8; *Arzt/Weber* BT § 9 Rz. 13; *Bloy* ZStW 96, 703; SK/*Wolters/Horn* § 239 StGB Rz. 3; *Schumacher* in *Wessels*-Festschrift 1993, Seite 431). Diese Meinung reklamiert für sich, dass die Freiheitsberaubung der Nötigung ähnlich und deshalb ausschließlich der tatsächliche Wille des Opfers maßgeblich sei. Habe das Opfer gar keinen aktuellen Willen gehabt, den Ort zu verlassen, sei auch die Freiheitsberaubung ausgeschlossen, so z.B. bei Schlafenden oder Bewusstlosen.

Im vorliegenden Fall hätte diese Ansicht zur Konsequenz, dass eine Freiheitsberaubung zulasten der S ausgeschlossen ist, denn die S hat von der Aktion mit den Kleidern überhaupt nichts bemerkt, sie war im Wasser. S fehlte demnach für die fraglichen 25 Minuten der aktuell-tatsächliche Wille zur Ortsveränderung.

- Nach anderer Auffassung aber kommt es auf diesen aktuell-tatsächlichen Willen ***nicht*** an. Vielmehr soll der § 239 Abs. 1 StGB die ***potentielle Bewegungsfreiheit*** schützen mit der Folge, dass es ohne Bedeutung ist, ob das Opfer im konkreten Fall seinen Aufenthaltsort verlassen wollte oder nicht (BGHSt **32**, 183; BGHSt **14**, 314; OLG Köln NJW **1986**, 334; MK/*Wieck-Noodt* § 239 StGB Rz. 15; S/S-*Eser/Eisele* § 239 StGB Rz. 1 und 11; *Wessels/Hettinger* BT 1 Rz. 370; LK/*Träger/Schluckebier* § 239 StGB Rz. 17; *Krey/Heinrich* BT 1 Rz. 315). Diese Ansicht, die zwanglos als »herrschend« bezeichnet werden kann, hat folgende Argumente auf ihrer Seite (vgl. dazu: *Hillenkamp* BT, Problem Nr. 6): In die Bewegungsfreiheit, die unstreitig von § 239 StGB geschützt wird, wird auch eingegriffen, wenn das Opfer von ihr zur Tatzeit keinen Gebrauch machen will. Es kann für die kriminelle Energie des Täters keinen Unterschied machen, ob das Opfer gerade – etwa zufällig – nicht den Ort verlassen will. Auch Kranke oder Ruhebedürftige müssen vom

Schutz des § 239 StGB erfasst werden. Diesen Personen aber fehlt regelmäßig der aktuelle Fortbewegungswille, obwohl sie ihn ausüben könnten. Unstreitig behalten Schlafende und auch Bewusstlose den Gewahrsam an den ihnen gehörenden Gegenständen im Sinne des § 242 StGB, obwohl sie ihn nicht aktuell ausüben oder gebrauchen können. Es ist nicht einsehbar, warum das für das höherwertige Rechtsgut der persönlichen Freiheit nicht gelten soll. Das Freiheitsrecht genießt Verfassungsrang und ist daher weit auszulegen, um etwa zu verhindern, dass Menschen unter Verletzung des Respekts vor ihrer Persönlichkeit straflos eingesperrt werden können, nur weil sie keinen aktuellen Fortbewegungswillen haben (MK/*Wieck-Noodt* § 239 StGB Rz. 15).

Im vorliegenden Fall wäre nach der letztgenannten Ansicht demnach eine Freiheitsberaubung nach § 239 Abs. 1 StGB anzunehmen, denn es spielt dann keine Rolle, dass S den Aufenthaltsort während der Dauer des Kleiderentzuges gar nicht verlassen wollte. Es kommt allein auf den potentiellen Willen an.

Klausurhinweise: Diesen Streit darf man in der Übungsarbeit nicht übersehen. Es gibt im Rahmen des § 239 StGB nämlich nicht viele Probleme, die abgefragt werden können, vgl. etwa die reichlich kurzen Erläuterungen zur Freiheitsberaubung bei *Wessels/Hettinger* BT 1 Rz. 370-379 – 3 Seiten! – oder auch *Krey/Heinrich* BT 1 Rz. 313-319 – 3 Seiten –. Daran kann man ermessen, dass die Freiheitsberaubung nicht gerade zu den absoluten Knüllern bei der Problemhäufung gehört. Und eben daraus folgt dann aber auch, dass das Wenige, was an prüfungsrelevantem Stoff da ist, bitteschön auch gelernt werden muss. Ein Übersehen wiegt umso schwerer, je weniger die Norm an Schwierigkeiten hergibt. Merken.

Der oben aufgezeigte Streit um den Fortbewegungswillen des Opfers verfügt neben den beiden schon dargestellten Ansichten noch über eine dritte Auffassung, die ich hier der Vollständigkeit halber und für die Oberschlauen noch erwähnen möchte: Vertreten wird insoweit noch die Meinung, dass es zwar grundsätzlich auf die potentielle Bewegungsfreiheit ankommen soll, dies indessen mit der Einschränkung, dass der ***Bewegungswille*** zum Tatzeitpunkt auch ***aktualisierbar*** ist (*Bohnert* in JuS 1977, 746; *Meyer-Gerhards* in JuS 1974, 568; in diese Richtung auch *Wessels/Hettinger* BT 1 Rz. 370; zum ganzen *Fahl* in Jura 1998, 456). Diese Meinung kommt dann zu einem anderen Ergebnis als die auf die potentielle Bewegungsfreiheit abstellende Auffassung, wenn der Täter sicher ausschließen kann, dass das Opfer sich zum konkreten Tatzeitpunkt fortbewegen will. Das wäre etwa möglich bei Schlafenden oder Bewusstlosen, wenn der Täter ausschließen kann, dass das Opfer während der Dauer der Tathandlung erwacht (*Krey/Heinrich* BT 1 Rz. 315; *Wessels/Hettinger* BT 1 Rz. 370; *Mitsch* in JuS 1993, 223). Diese Auffassung wird in der Klausur nicht erwartet, bringt aber selbstverständlich Sonderpunkte, wenn man sie kennt. In der Hausarbeit – gerade wenn es um Schlafende oder Bewusstlose geht und der Täter ein Erwachen ausschließen kann – gehört die Ansicht natürlich in den Text.

Wir wollen im vorliegenden Fall mal der oben als »herrschend« bezeichneten Meinung folgen und demnach feststellen, dass es für die Verwirklichung des Tatbestandes des § 239 Abs. 1 StGB keine Rolle spielt, ob die S das Wegnehmen der Kleider bemerkt hat oder nicht. Sie ist in jedem Falle in ihrer ***potentiellen*** Bewegungsfreiheit beeinträchtigt, und das langt nach herrschender Meinung für § 239 Abs. 1 StGB.

Noch was: Die Tatsache, dass R nach 25 Minuten entnervt aufgibt und die Sachen an den ursprünglichen Platz zurücklegt, hindert die Verwirklichung des Tatbestandes des § 239 Abs. 1 StGB nicht.

Denn: Insoweit muss man zunächst wissen, dass der § 239 Abs. 1 StGB ein sogenanntes »**Dauerdelikt**« ist, was im konkreten Fall bedeutet, dass die ***Vollendung*** der Tat eintritt mit dem Eintritt des Freiheitsverlustes und die ***Beendigung*** eintritt mit der Wiederaufhebung der Freiheitsentziehung (BGHSt **20**, 227; S/S-*Eser/Eisele* § 239 StGB Rz. 11; *Wessels/Hettinger* BT 1 Rz. 375; LK/*Träger/Schluckebier* § 239 StGB Rz. 17). Die Dauer der Freiheitsentziehung spielt also keine Rolle für die Frage, ob und wann das Delikt vollendet ist. In § 239 Abs. 3 Nr. 1 StGB findet man den Hinweis, dass eine Freiheitsentziehung, die länger als eine Woche dauert, die Tat zum Verbrechen macht und insoweit eine Qualifikation zum Grunddelikt des § 239 Abs. 1 StGB darstellt (MK/*Wieck-Noodt* § 239 StGB Rz. 42; *Wessels/Hettinger* BT 1 Rz. 377). An den Umständen, die die Vollendung und die Beendigung der Tat begründen (vgl. oben), ändert das aber nichts. Die Unterscheidung zwischen Vollendung und Beendigung spielt dann eine Rolle, wenn zwischen diesen beiden gerade genannten Zeitpunkten weitere Beteiligte in das Geschehen einsteigen. Eine Beihilfe oder Mittäterschaft ist nämlich auch nach der Vollendung bis zum Eintritt der Beendigung des Delikts noch möglich.

Im konkreten Fall können wir feststellen, dass das Delikt nach § 239 Abs. 1 StGB in dem Moment ***vollendet*** war, als R die Kleider der S an sich genommen hat und in die Büsche verschwunden ist. Dass er die Sachen später – nach 25 Minuten – zurücklegt, hat rechtlich keine Auswirkungen mehr, außer der Tatsache, dass damit die Tat ***beendet*** war. Der Eintritt der Vollendung übrigens hindert im vorliegenden Fall die Möglichkeit des Rücktritts nach § 24 Abs. 1 Satz 1 StGB, denn zurücktreten kann man grundsätzlich nur von einer versuchten Tat, nicht von einem vollendeten Delikt. Der Versuch einer Freiheitsberaubung nach § 239 Abs. 1 und 2 StGB ist nur unter den Umständen möglich, dass die Freiheitsentziehung tatsächlich zu **keinem** Zeitpunkt eingetreten ist, ansonsten wäre § 239 StGB ja – wie gesagt – schon vollendet. Bitte merken.

Wir kehren zurück zu unserer Fall-Lösung und stellen fest, dass R durch das vorübergehende Verstecken der Sachen den objektiven Tatbestand der Freiheitsberaubung »**in anderer Weise**« gemäß § 239 Abs. 1 StGB verwirklicht hat.

B: Subjektiver Tatbestand:

Da ergeben sich jetzt keine Probleme mehr; der nach § 15 StGB obligatorische Vorsatz ist hier fraglos gegeben; unser R wusste um alle Umstände, die den objektiven Tatbestand erfüllen.

II. Rechtswidrigkeit und III. Schuld:

Auch hier ergeben sich keine Bedenken; R handelte rechtswidrig und schuldhaft.

Erg.: R hat sich durch das vorübergehende Ansichnehmen der Kleider strafbar gemacht wegen Freiheitsberaubung gemäß § 239 Abs. 1 StGB.

Strafbarkeit des F

§ 240 Abs. 1 StGB (Nötigung)

I. Tatbestand (A: objektiv):

1.) Nötigungsmittel

a) In Betracht kommt im vorliegenden Fall nur die ***Drohung mit einem empfindlichen Übel***; F hat keine Gewalt gegenüber R ausgeübt. Und diese Drohung mit dem empfindlichen Übel werden wir uns nun mal näher ansehen, die Prüfung teilt sich in mehrere Schritte auf, im Einzelnen:

> **Definition:** ***Drohung*** ist das auf die Einschüchterung des Opfers gerichtete Inaussichtstellen eines zukünftigen Übels, auf dessen Eintritt der Drohende sich Einfluss zuschreibt. Hierbei kommt es nicht darauf an, dass der Drohende seine Drohung wahrmachen will oder kann; es genügt vielmehr, dass das Opfer die Drohung ernst nehmen sollte und auch ernst nahm (BGH NStZ **2014**, 251; BGHSt **23**, 294; *Wessels/Hettinger* BT 1 Rz. 402, 404; *Fischer* § 240 StGB Rz. 31; S/S-*Eser/Eisele* vor § 234 StGB Rz. 30; *Krey/Heinrich* BT 1 Rz. 325).

Diese Definition sollte man sich unbedingt einprägen und vor allem eben auch beachten, dass es ***nicht*** darauf ankommt, ob der Täter die Drohung wahrmachen will oder kann. An dieser Stelle fallen die Studenten sehr gerne rein, weil sie irrtümlich meinen, eine Drohung verdiene nur dann die Bezeichnung, wenn der Täter sie auch in die Tat umsetzen wolle und könne. Das ist, wie wir jetzt wissen, nicht so.

Beachte: Das Gegenstück zur Drohung ist die in § 240 Abs. 1 StGB genannte »Gewalt«, die ebenfalls taugliches Nötigungsmittel ist. Wir werden uns dem Gewaltbegriff erst im nächsten Fall ausführlich widmen, wollen uns aber trotzdem schon mal kurz Folgendes merken: »Gewalt« unterscheidet sich von der »Drohung« allein durch das Zeitmoment: »**Drohung**« bedeutet die Inaussichtstellung eines ***zukünftigen*** Übels;

»Gewalt« ist ein ***gegenwärtiges*** Übel. Der Oberbegriff ist demnach die Übelszufügung; bei der Drohung wird das Übel nur für später in Aussicht gestellt, bei der Gewalt tut`s hingegen direkt weh.

Zurück zu unserem Fall, und in dem geht es ausschließlich um die ***Drohung***, denn F hat dem R eine Strafanzeige in Aussicht gestellt und vorgespiegelt, dass er mit seinem Mobiltelefon die Polizei anrufen werde (würde also später erst wehtun). Unabhängig davon, dass wir noch nicht geklärt haben, ob diese Strafanzeige ein »empfindliches Übel« im Sinne der oben genannten Definition ist, können wir nach der Definition der Drohung schon mal sagen, dass die Tatsache, dass F zu keinem Zeitpunkt wirklich die Polizei anrufen wollte, unbeachtlich für den Begriff der »Drohung« ist (Def. noch mal vergleichen). Entscheidend ist nur, dass R den Erklärungen des F Glauben geschenkt hat. F hat dem R also »gedroht« im Sinne des § 240 Abs. 1 StGB.

b) Des Weiteren müssen wir jetzt aber fragen, ob diese Strafanzeige, mit der unser F den R bedroht, auch tatsächlich ein »empfindliches« Übel darstellt.

Definition: Mit einem ***empfindlichen*** Übel wird gedroht, wenn der in Aussicht gestellte Nachteil von einer Erheblichkeit ist, dass seine Ankündigung geeignet erscheint, den Bedrohten im Sinne des Täterverlangens zu motivieren, es sei denn, dass gerade von dem Bedrohten in seiner Lage erwartet werden kann, dass er der Drohung in besonnener Selbstbehauptung standhält (BGH NStZ **2014**, 151; BGHSt **32**, 165; BGHSt **31**, 201; KG StraFo **2012**, 328; *Fischer* § 240 StGB Rz. 32a; *Wessels/Hettinger* BT 1 Rz. 404; *Lackner/Kühl* § 240 StGB Rz. 13).

Hört sich an wie ziemliche Laberei, und: Ist es leider auch. Man muss sich daran gewöhnen, dass es beim Tatbestand der Nötigung aus § 240 StGB wenig konkret zugeht, was sich hier bei der Definition des empfindlichen Übels, noch mehr aber später bei der Prüfung der Rechtswidrigkeit gemäß § 240 Abs. 2 StGB zeigen wird. Im Rahmen des Tatbestandes – also beim Begriff des empfindlichen Übels – beschränken sich die Lehrbücher und Kommentare neben dem Nennen der Definition tatsächlich dann auch auf das Aufzählen von Beispielsfällen, um zu erläutern, was ein solches »empfindliches Übel« ist (vgl. etwa die Aufzählungen *Wessels/Hettinger* BT 1 Rz. 404, *Fischer* § 240 StGB Rz. 33 oder S/S-*Eser/Eisele* § 240 StGB Rz. 9). Für die **Fall-Lösung** heißt das, dass man an dieser Stelle der Klausur dann relativ freie Hand hat, es zählt vor allem die Begründung, weniger das Ergebnis. Beachtet werden sollte bei der Subsumtion vor allem der letzte Teil der eben gegebenen Definition, also da, wo der Kram mit dem »Standhalten in besonnener Selbstbehauptung« steht (bitte noch mal lesen). An dieser Stelle scheiden sich die Geister, denn da hat vermutlich jeder eine eigene Vorstellung von, was und wem ein besonnener Mensch standhalten muss, hier ein paar Kostproben:

Nach BGH NStZ **1982**, 287 ist es ***kein*** empfindliches Übel, wenn der Täter damit droht, die Beziehung zu einem Mädchen (dem Opfer) abzubrechen; ebenso wenig

»die Freundschaft aufzukündigen« (*Fischer* § 240 StGB Rz. 17); standhalten soll man auch der Drohung mit einer Dienstaufsichtsbeschwerde (OLG Koblenz VRS **1982**, 208); ebenso der Drohung mit der gerichtlichen Geltendmachung von scheinbaren Ansprüchen aus Telefonsexverträgen (OLG Karlsruhe NStZ-RR **1996**, 296); auch die Ankündigung eines Rechtsanwalts, der Gegner werde »Schwierigkeiten bekommen«, wenn er eine bestimmte Forderung nicht begleiche, stellt kein empfindliches Übel dar (KG StraFo **2012**, 328).

Demgegenüber soll sehr wohl ein ***empfindliches*** Übel im Sinne des § 240 Abs. 1 StGB vorliegen, wenn etwa das Unterbleiben der Heizöllieferung für ein Wohnhaus im Winter angedroht wird (OLG Hamm NJW **1983**, 1506); wenn Lärmterror im Mehrfamilienhaus angedroht wird (OLG Koblenz NJW **1993**, 1809); wenn der Prof. der Doktorandin androht, ihr kein Thema für ihre Arbeit zu geben, wenn sie nicht mit ihm ins Bett geht (BGH NStZ **1997**, 494); Androhung des Entzuges des Arbeitsplatzes (BGH NJW **1993**, 1807); Androhung der Aufnahme in eine »schwarze Liste« (OLG Hamburg HESt **2**, 294); Androhung, sich selbst zu töten (BGH NStZ **1982**, 286; OLG Hamm NStZ **1995**, 548).

Wir schauen uns jetzt mal unseren Fall an und müssen dann fragen, ob die Androhung mit einer Strafanzeige wegen des vorliegenden Verhaltens des R (Freiheitsberaubung) unter die oben gegebene Definition des empfindlichen Übels zu subsumieren ist: Und im Rahmen des Tatbestandes ist dies dann tatsächlich recht eindeutig: die Androhung einer Strafanzeige qualifiziert die allgemeine Meinung als »empfindliches Übel« im Sinne des § 240 Abs. 1 StGB (BGH NStZ **2014**, 152; BGHSt **5**, 254; *Fischer* § 240 StGB Rz. 32a; *Wessels/Hettinger* BT 1 Rz. 404; *Lackner/Kühl* § 240 StGB Rz. 13; S/S-*Eser/Eisele* § 240 StGB Rz. 9). Bitte beachte insoweit, dass es keine Rolle spielt, dass R im vorliegenden Fall tatsächlich eine Straftat begangen hat und mithin das Stellen einer Strafanzeige ein quasi rechtmäßiges – erlaubtes – Verhalten des F darstellt. Auch ein erlaubtes Verhalten kann für das Opfer ein durchaus empfindliches Übel sein (*Lackner/Kühl* § 240 StGB Rz. 13; S/S-*Eser/Eisele* § 240 StGB Rz. 9), was bei einer Strafanzeige ohne Weiteres nachvollziehbar ist.

> **Hinweis:** Dass das Androhen einer Strafanzeige, wie wir jetzt wissen, die tatbestandlichen Voraussetzungen eines »empfindlichen Übels« im Sinne des § 240 Abs. 1 StGB verwirklicht, heißt damit noch lange nicht, dass sich F nun wegen Nötigung des R strafbar gemacht hat. Die eigentliche Problematik um das Androhen von Strafanzeigen verbirgt sich im Rahmen des § 240 StGB an anderer, späterer Stelle, und zwar bei der ***Rechtswidrigkeit***, die bei § 240 StGB einer gesonderten Prüfung unterzogen wird (§ 240 Abs. 2 StGB). Das machen wir gleich noch, aber im Moment sind wir noch dabei die Tatbestandsvoraussetzungen zu prüfen, und da gehört die Rechtswidrigkeit eben nicht hin.

ZE.: F hat dem R ein empfindliches Übel im Sinne des § 240 Abs. 1 StGB angedroht, als er ihm eine Strafanzeige in Aussicht stellte. Ein taugliches Nötigungsmittel liegt mithin vor.

2.) Nötigungserfolg

Die Drohung mit dem empfindlichen Übel muss als ursächliche Konsequenz ein Handeln, Dulden oder Unterlassen des Opfers zur Folge haben (§ 240 Abs. 1 StGB). **Beachte**: Die Erklärung des Opfers, das vom Täter beabsichtigte Handeln später tun zu ***wollen*** (was dann aber tatsächlich ***nicht*** passiert), reicht hingegen nicht; in diesem Falle bleibt es bei einer ***versuchten*** Nötigung (vgl. BGH NStZ **2013**, 36). Im Übrigen ergeben sich an dieser Stelle aber keine weiteren Probleme. So dann auch in unserem Fall: Als Folge der Drohung des F entschuldigt sich R bei der S und springt danach in voller Montur in den Badesee. Dabei handelt es sich fraglos um eine bzw. zwei Handlungen, die ursächlich auf der Drohung des F beruhen und tatsächlich ausgeführt wurden.

ZE.: Ein Nötigungserfolg ist eingetreten.

ZE.: Der objektive Tatbestand des § 240 Abs. 1 StGB ist erfüllt.

B: Subjektiver Tatbestand:

F handelte fraglos vorsätzlich im Sinne des § 15 StGB und erfüllt damit auch den subjektiven Tatbestand des § 240 Abs. 1 StGB.

II. Rechtswidrigkeit:

Normalerweise erschöpft sich die Prüfung der Rechtswidrigkeit darin, dass man feststellt, ob einer der herkömmlichen Rechtfertigungsgründe – also etwa § 32 oder § 34 StGB – vorliegt. Ist das nicht der Fall, schreibt man den Standard-Satz: »*Rechtfertigungsgründe sind vorliegend nicht ersichtlich, mithin handelte der Täter rechtswidrig*«, und das war`s dann.

Hier bei der Nötigung aber ist das anders, die Rechtswidrigkeit ist regelmäßig das ***Hauptproblem*** der gesamten Prüfung (so sagen das wörtlich z.B. *Wessels/Hettinger* BT 1 Rz. 421 oder auch S/S-*Eser/Eisele* § 240 StGB, die vom »Kernproblem« der Norm sprechen). Dementsprechend müssen wir uns das hier genauer anschauen, aber keine Bange, es ist nicht wirklich schwierig, wenn man die Grundregeln lernt und später dann auch bitte anwendet. Man hält sich dabei an ***diese*** Reihenfolge:

1.) Trotz der Existenz des § 240 Abs. 2 StGB muss man zunächst ***immer*** prüfen, ob nicht einer der herkömmlichen Rechtfertigungsgründe eingreift, also z.B. § 32 StGB (Notwehr) oder § 34 StGB (rechtfertigender Notstand) oder auch etwa § 229 BGB (Selbsthilfe). Liegt einer dieser oder ein anderer Rechtfertigungsgrund vor, entfällt jede Erörterung des § 240 Abs. 2 StGB, denn die Tat ist dann bereits gerechtfertigt, ohne Rückgriff auf die sogenannte »Verwerflichkeitsklausel« des § 240 Abs. 2 StGB (BGHSt **39**, 133; *Wessels/Hettinger* BT 1 Rz. 425; S/S-*Eser/Eisele* § 240 StGB Rz. 16; *Fischer* § 240 StGB Rz. 40). Merken.

2.) Erst im zweiten Schritt dann – also nach Ausschluss der in Betracht kommenden Rechtfertigungsgründe – ist der Weg frei zu **§ 240 Abs. 2 StGB**. Und im Rahmen der Prüfung des § 240 Abs. 2 StGB wird nun festgestellt, ob die wegen Fehlens eines Rechtfertigungsgrundes eigentlich rechtswidrige Tat auch unter Berücksichtigung einer gesamtbewertenden, sozialethischen Beurteilung als rechtswidrig betrachtet werden kann und muss (BGHSt **35**, 270; BVerfGE **73**, 206; S/S-*Eser/Eisele* § 240 StGB Rz. 16; *Wessels/Hettinger* BT 1 Rz. 423).

Durchblick: Diese Sonderprüfung im Bereich der Rechtswidrigkeit des § 240 StGB, die sich im gesamten StGB ansonsten übrigens nur noch in **§ 253 StGB** findet und deshalb auch ***keinesfalls*** übersehen werden darf, hat folgenden **Hintergrund**: Der Gesetzgeber hat in § 240 Abs. 1 StGB eine relativ ***unbestimmte*** Formulierung geschaffen, insbesondere der Begriff des »empfindlichen Übels« ist beliebig ausdehnbar. Dies hat zur Konsequenz, dass unter Umständen auch eigentlich nicht strafwürdige Verhaltensweisen ohne Verstoß gegen den Gesetzeswortlaut des § 240 Abs. 1 StGB subsumiert und mithin als strafbares Unrecht angesehen werden können (vgl. die Beispiele oben). Um nun diesen sogenannten »**offenen Tatbestand**« des § 240 StGB vernünftig eingrenzen zu können, hat der Gesetzgeber im Jahre **1943** die Verwerflichkeitsprüfung in die Vorschrift eingebaut, die auf der Ebene der Rechtswidrigkeit ermöglicht, unter Abwägung der betroffenen Interessen die Strafwürdigkeit eines Verhaltens zu korrigieren, das wegen des offenen Wortlautes unter den Tatbestand der Norm passt. Und verstehen kann man das am besten, wenn man auch noch weiß, dass § 240 Abs. 1 StGB nach altem Gesetzeswortlaut nur dann erfüllt war, wenn der Täter das Nötigungsopfer mit einem ***Verbrechen*** oder ***Vergehen*** (!) bedrohte und so zu einem bestimmten Verhalten veranlasste. Als der Gesetzgeber 1943 aus dem angedrohten Verbrechen oder Vergehen dann ein »**empfindliches Übel**« gemacht hat, wurde damit der Anwendungsbereich der Norm derart erweitert, dass man auf anderer Ebene eine uferlose Ausweitung verhindern musste. Und deshalb hat man da die Verwerflichkeitsklausel des § 240 Abs. 2 StGB erfunden und in die Norm eingebaut.

Bei der Prüfung des § 240 Abs. 2 StGB ist nun maßgebend die ***Relation*** zwischen dem angestrebten ***Zweck*** und dem dafür vom Täter verwendeten ***Mittel***. Die Verknüpfung zwischen dem Mittel (also der Drohung oder der Gewaltanwendung) und dem Nötigungszweck muss ***rechtlich verwerflich*** sein; hierbei knüpft der Begriff der Verwerflichkeit an sozialethische Wertungen an und setzt ein gesteigertes Unwerturteil voraus. Rechtlich verwerflich ist, was sozial unerträglich und wegen seines grob anstößigen Charakters sozial in besonderem Maße zu missbilligen ist (BGHSt **35**, 270; *Wessels/Hettinger* BT 1 Rz. 426; S/S-*Eser/Eisele* § 240 StGB Rz. 15; *Fischer* § 240 StGB Rz. 40). Das Ganze nennt man die »**Zweck-Mittel-Relation**« (diese Bezeichnung sollte in der Übungsarbeit übrigens fallen).

Wie das dann im Einzelnen funktioniert, hängt immer am konkreten Einzelfall und kann deshalb leider auch nicht in irgendeiner Form verbindlich gelernt werden. Letztlich läuft die Prüfung des § 240 Abs. 2 StGB darauf hinaus, dass man als Klausurschreiber an dieser Stelle der Arbeit kaum etwas falsch machen kann, denn die Beurteilung des Einzelfalls trifft jeder anders. Hier ist es ähnlich wie weiter oben bei der Frage, wem oder was ein besonnener Mensch »standhalten« muss und was folglich dann nicht oder doch als Drohung mit einem empfindlichen Übel bezeichnet werden kann.

Bei der Verwerflichkeitsprüfung ist also in der Klausur konkret angesagt, das Mittel, das der Täter eingesetzt hat, zu vergleichen und in Relation zu setzen mit dem vom Täter unter Zuhilfenahme dieses Mittels angestrebten Zweck. Entsteht bei dieser Prüfung ein ***sozialethisches Missverhältnis***, ist die Tat auch verwerflich im Sinne des § 240 Abs. 2 StGB und damit endgültig rechtswidrig. Bei dieser Erörterung kann dann zum einen schon das angewendete Mittel grundsätzlich verwerflich sein, was regelmäßig bei Gewaltanwendung angenommen wird. Des Weiteren kann aber auch der erstrebte Zweck schon alleine so verwerflich sein, dass es keiner weiteren Prüfung einer Relation mehr bedarf. Im Klausurfall indessen tauchen die beiden gerade genannten Varianten normalerweise nicht auf, denn der Prüfer will vielmehr sehen, ob die Relation von an sich zulässigem Zweck zu an sich zulässigem Mittel insgesamt verwerflich ist. Tatsächlich findet an dieser Stelle dann so etwas wie eine Güterabwägung der beiderseitigen Interessen statt (vgl. nur S/S-Eser/Eisele § 240 StGB Rzn. 17 ff., dort insbesondere Rz. 23).

Um nun wenigstens ein Gespür für diese Verwerflichkeitsprüfung im Rahmen des § 240 Abs. 2 StGB zu bekommen, gibt es leider keinen anderen Weg, als sich Beispielsfälle anzusehen. Und das wollen wir jetzt auch mal machen. Bitte beachte, dass weiter unten im Gutachten eine ausformulierte Lösung der Verwerflichkeitsprüfung nachzulesen ist, dort dann selbstverständlich konkret auf unseren Fall mit der angedrohten Strafanzeige bezogen. Nachlesen schadet vermutlich nicht.

Als ***verwerflich*** im Sinne des § 240 Abs. 2 StGB ist angesehen worden:

> → Androhen des Scheiterns der Promotion, wenn die sexuellen Erwartungen des Professors nicht erfüllt werden (BGH NStZ **1997**, 494); Androhung der Abschiebung eines Ausländers, um eine Zahlung zu erzwingen (BGH NStZ-RR **1996**, 6); Androhen der Weiterleitung einer Strafanzeige durch den Ladendetektiv, wenn keine Geldzahlung des Ertappten erfolgt (BGH NJW **2005**, 3724); Aushängen von Türen und Fenstern, um den Mieter zur Räumung zu zwingen (S/S-*Eser/Eisele* § 240 StGB Rz. 21); Eintreiben einer Darlehnsschuld mit Gewalt oder Drohung (S/S-*Eser/Eisele* § 240 StGB Rz. 21); Erzwingen der Einfahrt in eine Parklücke (BayObLG NJW **1995**, 2646; vgl. aber auch OLG Naumburg NZV **1998**, 163); Verhindern des Überholens (BGHSt **18**, 389; aber auch BGHSt **34**, 241); **immer** verwerflich ist die Nötigung zur Begehung einer Straftat (S/S-*Eser/Eisele* § 240 StGB Rz. 21; einschränkend SK/*Horn/Wolters* § 240 StGB Rz. 45).

Als ***nicht*** verwerflich im Sinne des § 240 Abs. 2 StGB wurde angesehen:

> → Androhung eines Vermieters, die Stromzufuhr zu unterbrechen, um rückständige Miete einzufordern (OLG Hamm NJW **1983**, 1505); Herausdrängen des Vermieters durch den Mieter aus dem zur alleinigen Benutzung zur Verfügung stehenden Garten (OLG Frankfurt NStZ-RR **2000**, 107); Arbeitsniederlegung im Rahmen eines Arbeitskampfes (S/S-*Eser/Eisele* § 240 StGB Rz. 25); Zwang zur Verhinderung einer Selbsttötung (BayObLG NJW **1965**, 163)

Man merkt an diesen Beispielen, dass das Ganze wenig strukturiert daherkommt und deshalb auch keine allgemeingültigen Regeln für die Klausur- oder Hausarbeitslösung aufgestellt werden können. Es bleibt, wie schon mehrfach angesprochen, dabei, dass im Rahmen der Prüfung des § 240 Abs. 2 StGB die Umstände des Einzelfalles entscheiden und demnach in der konkreten Situation vom Bearbeiter entsprechend gewürdigt werden müssen.

Besondere Beachtung verdient allerdings noch die Problematik um die Androhung von ***Strafanzeigen*** bzw. die Androhung einer gerichtlichen Geltendmachung von Ansprüchen. Das nämlich kommt in der Praxis unverhältnismäßig oft vor und ist – vermutlich aus diesem Grund – dann auch recht häufig Gegenstand von Klausuren und Hausarbeiten. Erfreulicherweise gibt es bei diesem Problembereich ausnahmsweise auch verbindliche Regeln, und die wollen wir uns jetzt mal ansehen:

> **Ausgangslage:** Unser F droht dem R eine Strafanzeige an, wenn R sich nicht bei S entschuldigt und danach dann »zur Strafe« in voller Montur in den See springt. Bis jetzt haben wir oben im Tatbestand des § 240 Abs. 1 StGB geklärt, dass diese Androhung mit einer Strafanzeige durchaus ein empfindliches Übel aus der Sicht des Opfers R darstellt. Es ist daher insoweit unerheblich, dass F diese Drohung tatsächlich zu keinem Zeitpunkt wahrmachen will (vgl. oben). Schließlich ist R dadurch, dass er den Forderungen des F nachgekommen ist, auch zu einem Handeln »genötigt« worden im Sinne des § 240 Abs. 1 StGB.

1.) Im Rahmen der Rechtswidrigkeit müssen wir im ersten Schritt dann zunächst mal nach allgemeinen Rechtfertigungsgründen fragen, denn – hatten wir oben gesagt – nur wenn kein solcher herkömmlicher Rechtfertigungsgrund vorliegt, ist der Weg überhaupt frei zur Verwerflichkeitsprüfung des § 240 Abs. 2 StGB.

> Im vorliegenden Fall hätte man nun tatsächlich mal einen Augenblick über eine ***Nothilfe*** gemäß **§ 32 Abs. 2 StGB** nachdenken können, denn durch sein Verhalten hinsichtlich der Kleider hat R ja eine Freiheitsberaubung nach § 239 Abs. 1 StGB begangen. Und insoweit käme nun für den F, der das alles beobachtet hat, durchaus eine Nothilfesituation in Form eines Angriffs auf das Rechtsgut »Freiheit« der S in Betracht. **Aber:** Der Angriff des R war, als F eingeschritten ist, längst vorbei und beendet, denn R hatte die Sachen schon wieder an den Platz zurückgelegt und der S damit ihre Freiheit quasi zurückgegeben. Es mangelte für eine Nothilfesituation nach

§ 32 Abs. 2 StGB mithin an einem ***gegenwärtigen*** Angriff. Und folglich kam dieser – und auch ein anderer – Rechtfertigungsgrund nicht mehr in Betracht.

2.) Im zweiten Schritt kommt die Erörterung der Frage, ob das Verhalten des F nun auch »verwerflich« ist im Sinne des § 240 Abs. 2 StGB. Und hier erfolgt jetzt die Prüfung der **»Zweck-Mittel-Relation«**, also der Frage, ob das angestrebte Verhalten des Täters zu dem von ihm verwendeten Mittel in einem sozialethischen Missverhältnis steht.

Bei der Androhung von Strafanzeigen oder der Androhung bzw. Durchführung sonstiger staatlicher Zwangsmittel durch Privatpersonen muss man unterscheiden:

a) Wer den Vorrang staatlicher Zwangsmittel missachtet und sich als Einzelner ohne speziellen Rechtfertigungsgrund anmaßt, die Gesetzestreue anderer mit Gewalt oder Drohung zu erzwingen, handelt verwerflich im Sinne des § 240 Abs. 2 StGB (BGHSt **39**, 133; S/S-*Eser/Eisele* § 240 StGB Rz. 19a; *Lesch* in StV 1993, 578; *Roxin* NStZ 1993, 335; *Wessels/Hettinger* BT 1 Rz. 429; *Hillenkamp* in JuS 1994, 769).

Beispiel: Bordellbesitzer B erfährt per Zufall, dass mehrere Rechtsradikale am nächsten Tag sein Etablissement stürmen und in Schutt und Asche legen wollen. Ohne die Polizei zu benachrichtigen, bewaffnet sich B mit einer Schrotflinte und vertreibt tags darauf die anrückenden Personen unter Androhung des Gebrauchs der Schusswaffe (Fall vereinfacht nach BGHSt **39**, 133, 136). In dem Androhen des Schusswaffengebrauchs liegt fraglos eine Drohung mit einem empfindlichen Übel, unter Umständen sogar schon Gewaltanwendung mit dem durchaus legalen und ***rechtmäßigen*** Ziel, die ihn und seine Sachwerte bedrohenden Personen zu vertreiben. Dieses Drohen ist allerdings deshalb ***verwerflich*** im Sinne des § 240 Abs. 2 StGB, weil der Täter sich hier in die Rolle der Staatsgewalt begibt und den Vorrang staatlicher Zwangsmittel missachtet (hier: Aufgaben der Polizei).

b) Andererseits handelt ***nicht*** verwerflich, wer mit einer Strafanzeige oder allgemein mit der Staatsgewalt und deren Organen droht, um Forderungen, die sich aus dem anzuzeigenden Vorfall ergeben, durchzusetzen (BGH NJW **1996**, 2877). Die Strafanzeige muss sich aber stets auf den Vorgang beziehen, aus dem die Forderung resultiert. Betrifft sie einen anderen Vorfall, ist die Androhung zur Durchsetzung einer Forderung dann wieder verwerflich, selbst wenn der andere Vorgang eine Strafanzeige rechtfertigt (S/S-Eser/Eisele § 240 StGB Rz. 23). Eine Nötigung in Form der Drohung mit einer Strafanzeige ist demnach nur dann nicht widerrechtlich im Sinne des § 240 Abs. 2 StGB, wenn der durch eine strafbare Handlung Geschädigte mit der Strafanzeige Wiedergutmachung des Schadens erreichen will.

Beispiel: A haut B auf die Nase und weigert sich dann, dem B den daraus entstandenen Schaden zu ersetzen. Wenn B dem A nun wegen des Vorfalls eine Strafanzeige (wegen Körperverletzung) androht, um so die Durchsetzung seines Schadensersatzanspruchs zu erreichen, ist dieses Androhen **nicht** verwerflich im Sinne des § 240 Abs. 2 StGB. Droht B dem A hingegen zur Durchsetzung seiner Forderung mit einer Strafanzeige, weil B weiß, dass A schon seit Jahren ohne Führerschein fährt, ist diese Drohung dann verwerflich im Sinne des § 240 Abs. 2 StGB, denn das Fahren ohne

Führerschein hat nichts zu tun mit der Forderung aus der Körperverletzung. Alles klar!?

Zum Fall: Unser F droht dem R mit einer an sich begründeten Strafanzeige, denn R hat den Tatbestand der Freiheitsberaubung gegenüber S verwirklicht. Insoweit erscheint die Androhung der Strafanzeige (= Mittel) nicht verwerflich. Allerdings stellt sich die Frage, ob dies auch dann noch gelten kann, wenn man beachtet, zu welchem **Zweck** der F diese Androhung verwendet hat. F beabsichtigte, den R dafür zu bestrafen, dass er der S die Kleider weggenommen hatte.

F wollte keine Ansprüche irgendwelcher Art durchsetzen, ihm selbst standen ja auch gar keine Forderungen aus dem Vorgang zu. Vielmehr maßt sich F im vorliegenden Fall die Anwendung des ausschließlich dem Staate zustehenden Strafanspruchs an. Das Verhalten des R zu sanktionieren, ist allein die Sache der Staatsgewalt, nicht des einzelnen Bürgers. Im Übrigen existiert weder ein Anspruch auf eine Entschuldigung noch ein Anspruch darauf, dass R »zur Strafe« selbst in voller Montur in den See springt. Das mag zwar für den Beobachter eine scheinbar »gerechte« Strafe darstellen, eröffnet aber bei einer Tolerierung den Weg zum Faustrecht, bei dem jeder selbst über die Strafe für fremdes Tun entscheidet. Der vorliegende Fall ist mithin vergleichbar mit dem oben als erstes angeführten Beispiel, in dem sich der Täter unter Missachtung der Staatsgewalt an die Stelle einer staatlichen Behörde setzt.

ZE.: Die Nötigung ist somit ***verwerflich*** im Sinne des § 240 Abs. 2 StGB.

ZE.: Damit ist die Drohung des F insgesamt rechtswidrig.

III. Schuld: Keine Zweifel.

Ergebnis: F hat sich durch sein Verhalten strafbar gemacht wegen Nötigung des R gemäß § 240 Abs. 1 StGB.

Zur Abrundung:

Ähnlich wie bei der Freiheitsberaubung nach § 239 StGB steckt auch im Nötigungstatbestand des § 240 Abs. 1 StGB auf der rechtlichen, also materiellen Ebene nicht viel Klausurrelevantes, »reine« Nötigungsklausuren sind daher auch eher die Ausnahme. Vielmehr taucht die Nötigung meist als Nebenschauplatz im Zusammenhang mit anderen Vorschriften auf. Wie man dann die Norm zu prüfen hat, haben wir in den Grundzügen eben kennengelernt. Dabei wollen wir es – zumindest im Falle der Drohungsvariante des § 240 StGB – grundsätzlich auch bewenden lassen. Im nächsten Fall schauen wir uns gleich die andere Alternative des § 240 Abs. 1 StGB – nämlich die ***Gewaltanwendung*** – noch genauer an.

Eines der ganz wenigen echten Standard-Probleme der Drohungsvariante des § 240 Abs. 1 StGB wollen wir uns aber hier im Nachschlag doch noch ansehen, und zwar deshalb, weil es sich in jedem Lehrbuch findet und im Übrigen auch schon mal Gegenstand einer BGH-Entscheidung gewesen ist. Zugegebenermaßen keine leichte Kost, es geht um folgenden Fall aus dem Jahre 1983 (→ BGHSt **31**, 195):

Die beiden Kaufhausdetektive A und B haben das 16-jährige Mädchen M beim Stehlen eines Schals (Wert: 20 Euro) ertappt und sitzen mit ihr nun im Büro, um die Strafanzeige aufzunehmen. Als A, der die Anzeige geschrieben und zur Weiterleitung an sich genommen hat, das Büro verlässt, meint B zu M, er könne die Sache »unter den Tisch fallen lassen«, wenn M mit ihm schlafe. M verabredet sich daraufhin mit B für den nächsten Tag, erscheint dort dann aber mit der Polizei, der sie sich zwischenzeitlich offenbart hat. **Hat sich B wegen (versuchter) Nötigung nach § 240 Abs. 1 StGB strafbar gemacht?**

Auf den ersten Blick scheint das recht eindeutig, denn B will die M dazu bringen, mit ihm zu schlafen, wenn er dafür die Weiterleitung der Anzeige verhindert. Darin liegt eine Drohung mit einem empfindlichen Übel (Anzeige) und auch ein darauf ursächlich beruhendes Handeln der M (GV); und das Ganze steht fraglos in einem außerordentlich verwerflichen Zweck-Mittel-Verhältnis, denn solche Schweinereien darf man nicht machen. Also, keine Zweifel am Vorliegen des § 240 StGB, oder?!

Das Problem erkennt man, wenn man sich mal genau anschaut, womit der B im vorliegenden Fall eigentlich droht: B droht damit, die Weiterleitung der Anzeige durch seinen Kollegen A nicht zu verhindern. Und wenn man es so betrachtet, droht B also nicht mit einer Handlung, sondern vielmehr mit einem ***Unterlassen***. B will es unterlassen, die Anzeige zu verhindern, wenn M nicht mit ihm schlafe.

Zwar kann man grundsätzlich auch mit einem Unterlassen drohen und beachtlichen Druck ausüben: So etwa die in eine Drohung verkleidete Weigerung, einen Arbeitssuchenden einzustellen oder die Zahlung von Unterhalt fortzuführen oder einen Sportverein in der Zukunft weiter zu unterstützen, wenn der andere Teil nicht entsprechenden Forderungen nachkommt (*Wessels/Hettinger* BT 1 Rz. 407). Fraglich ist jedoch, ob die Drohung mit einem Unterlassen die Qualität eines »**empfindlichen Übels**« im Sinne des § 240 Abs. 1 StGB haben kann, insbesondere dann, wenn für den Drohenden im konkreten Fall keine Rechtspflicht zum Handeln besteht. Würde man das annehmen, würde § 240 Abs. 1 StGB sanktionieren, dass jemand die Unterlassung einer Handlung androht, deren Vornahme die Rechtsordnung allein in das Belieben des Einzelnen stellt (schwieriger, aber wichtiger Satz, bitte noch mindestens einmal lesen).

Aus den gerade dargelegten Gedanken folgerte die über lange Jahre hinweg herrschende Meinung sowohl in der Wissenschaft als auch der Rechtsprechung, dass ein Drohen mit einem Unterlassen nur dann tatbestandsmäßig im Sinne des § 240 Abs. 1 StGB sei, wenn der Täter im konkreten Fall eine Rechtspflicht zum Handeln habe. Nur unter diesen Umständen entfalte die Drohung für den Bedrohten auch die Qualität eines empfindlichen Übels. Ohne Rechtspflicht zum Handeln könne die ange-

> drohte Unterlassung kein empfindliches Übel sein: Wenn der Sponsor des Fußballvereins androht, in Zukunft nicht mehr zu zahlen, handele es sich nicht um ein »empfindliches Übel« im Sinne des § 240 Abs. 1 StGB, denn die Zahlung steht allein im Belieben des Sponsors (BGH NStZ **1982**, 287; OLG Hamburg NJW **1980**, 2592; *Schubarth* in JuS 1981, 726; *Haffke* in ZStW 84, 71; *Arzt/Weber* BT § 9 RZ. 51; SK/*Horn/Wolters* § 240 StGB Rz. 16). Und überträgt man dies nun auf unseren Kaufhausdetektiv-Fall, würde der B in Bezug auf § 240 StGB ***straflos*** ausgehen, denn er hatte ***keine*** Rechtspflicht dahingehend, die Anzeige aufzunehmen bzw. an die Staatsanwaltschaft oder Polizei weiterzugeben (lies insoweit auch § 248 a StGB).

Diese Meinung, dass nur bei einer Rechtspflicht zum Handeln ein »empfindliches Übel« vorliegen kann, hat der BGH mit der Entscheidung aus dem Jahre 1983 (→ BGHSt **31**, 195) dann endgültig aufgegeben und vielmehr festgelegt, dass es für die Tauglichkeit einer Unterlassungsdrohung im Rahmen des § 240 Abs. 1 StGB unerheblich sei, ob eine Rechtspflicht zum Handeln bestand oder nicht (BGHSt **31**, 195; bestätigt in BGH NJW **2005**, 3724; vgl. auch S/S-*Eser/Eisele* § 240 StGB Rz. 20; *Stoffers* in JR 1988, 496; LK/*Träger/Altwater* § 240 StGB Rz. 53; *Fischer* § 240 StGB Rz. 34; nach wie vor **zweifelnd:** *Wessels/Hettinger* BT 1 Rz. 409, 410; *Krey/Heinrich* BT 1 Rz. 387; *Roxin* in JR 1983, 333). Für die Empfindlichkeit des Übels sei es bei der Androhung eines Unterlassens ohne Bedeutung, ob der Drohende konkret zum Handeln rechtlich verpflichtet sei oder nicht. Dies liege unter anderem daran, dass es häufig nur von den Formulierungen abhängt, ob der Täter nun tatsächlich ein Handeln oder ein Unterlassen androht. Dies wird am vorliegenden Fall prima deutlich: Unser Kaufhausdetektiv hat der M zwar angedroht, die Anzeige nicht unter den Tisch fallen zu lassen (= Unterlassen), kann aber eigentlich auch so verstanden werden, dass er in Zusammenarbeit mit dem Kollegen die Anzeige an die Polizei weiterleitet (= Handeln), wenn M nicht mit ihm schläft (so auch *Krey/Heinrich* B 1 Rz. 387). Im Ergebnis stellt der BGH im Rahmen des § 240 Abs. 1 StGB damit für den Begriff des »empfindlichen Übels« das Unterlassen dem Tun gleich, und verzichtet vor allem auf eine Rechtspflicht zum Handeln. Auch ein Unterlassen, das der Täter androht, kann somit grundsätzlich ein empfindliches Übel im Sinne des Nötigungstatbestandes sein. Es braucht in der ***Tatbestandsprüfung*** des § 240 Abs. 1 StGB nicht mehr erörtert zu werden, ob überhaupt eine Rechtspflicht zum Handeln für den Täter bestand.

Das Fehlen der Rechtspflicht zum Handeln soll nach BGH-Ansicht dann aber im Bereich der ***Verwerflichkeitsprüfung*** des § 240 Abs. 2 StGB Beachtung finden (BGHSt **31**, 195, 201). Konkret heißt das, dass man an dieser Stelle in der Rechtswidrigkeit fragt, ob es tatsächlich im Sinne der Zweck-Mittel-Relation verwerflich ist, wenn man androht, ein im alleinigen persönlichen Belieben stehendes Handeln für die Zukunft zu unterlassen, wenn nicht bestimmte Forderungen erfüllt werden, zum Beispiel:

> Vereinssponsor S droht dem Verein V an, in Zukunft keine Zahlungen in Millionenhöhe, von denen der Verein abhängig ist, mehr zu leisten, wenn der Verein das Stadion nicht nach dem Firmennamen des S umbenennt. Der Verein kommt der

Forderung des S nach, um finanziell nicht in den Ruin zu gehen. **Ist S strafbar nach § 240 StGB?**

Früher herrschende Meinung: Schon kein »empfindliches Übel« im Sinne des § 240 Abs. 1 StGB, denn S hatte keine Rechtspflicht zum Handeln, Sponsoren zahlen nämlich ziemlich freiwillig. Die Prüfung einer Nötigung ist damit schon auf der Ebene des Tatbestandes zu Ende. S ist straflos.

Heute herrschende Meinung: Durchaus ein »empfindliches Übel« im Sinne des § 240 Abs. 1 StGB für den Verein, denn der Verein ist abhängig vom Geld des S, geht mithin baden, wenn nicht mehr gezahlt wird. Auf Tatbestandsebene ist das somit kein Problem, S hat mit einem empfindlichen Übel gedroht. Problematisch ist dann aber die Verwerflichkeit bei der Rechtswidrigkeitsprüfung im Rahmen des § 240 Abs. 2 StGB, also die Frage, ob die angedrohte Unterlassung (keine Zahlungen mehr) in sozialethischem Missverhältnis zum angestrebten Zweck (Benennung des Stadions nach der Firma des S) steht. Und da wird man dann je nach Sachlage argumentieren müssen, um zu einem adäquaten Ergebnis zu kommen; man stelle sich vor, der S ist Bordellbesitzer oder führt ein sonst anrüchiges Gewerbe, das mit dem Sport nur schlecht in Verbindung zu bringen ist. Unter diesen Umständen wäre es also durchaus möglich, den S hier zu verurteilen, wenn man Verwerflichkeit annimmt. Bei der anderen Ansicht oben wäre das gänzlich ausgeschlossen, denn dort hatten wir ja schon im Tatbestand die Prüfung beendet, weil es aufgrund einer mangelnden Rechtspflicht zum Handeln bereits am »empfindlichen Übel« fehlte. Alles klar!? Gut.

Gutachten

R könnte sich durch das vorübergehende Verstecken der Kleider der S wegen Freiheitsberaubung gemäß § 239 Abs. 1 StGB strafbar gemacht haben.

Objektiver Tatbestand:

1.) Dann muss R die S entweder eingesperrt oder auf andere Weise ihrer Freiheit beraubt haben. In Betracht kommt im vorliegenden Fall nur eine Freiheitsberaubung in anderer Weise; R hat die S nicht eingesperrt.

Die Freiheitsberaubung in anderer Weise erfüllt, wer den anderen unter vollständiger Aufhebung seiner Fortbewegungsfreiheit daran hindert, seinen Aufenthaltsort zu verlassen; dem Einsperren muss diese Variante nicht ähnlich sein. Durch das Verstecken der Kleider ist die S gehindert, ihren Aufenthaltsort zu verlassen. Zwar könnte S theoretisch den See verlassen, indessen ist dies ohne Kleider nicht zumutbar. Es handelt sich bei dem Verstecken der Kleider um die Errichtung einer sogenannten psychischen Schranke, die das Verlassen des Aufenthaltsortes verhindert.

2.) Es fragt sich indessen, welche Auswirkungen der Umstand hat, dass die S von dem Wegnehmen der Kleider tatsächlich gar keine Kenntnis erlangte. In Betracht kommt der Ausschluss des Tatbestandes des § 239 Abs. 1 StGB dann, wenn das Opfer von der Beraubung der Freiheit nichts bemerkt, weil es sich zum fraglichen Zeitraum gar nicht fortbewegen will.

a) Nach einer Meinung soll es auf den aktuell-tatsächlichen Willen zur Ortsveränderung des Opfers ankommen. Demnach kann man eine Freiheitsberaubung nur dann begehen, wenn das Opfer im konkreten Fall den Willen hatte, den Ort zu verlassen oder sich fortzubewegen. Die Freiheitsberaubung sei der Nötigung ähnlich und deshalb ausschließlich der tatsächliche Wille des Opfers maßgeblich. Habe das Opfer gar keinen aktuellen Willen gehabt, den Ort zu verlassen, sei auch die Freiheitsberaubung ausgeschlossen, so z.B. bei Schlafenden oder Bewusstlosen. Im vorliegenden Fall hätte diese Ansicht zur Konsequenz, dass eine Freiheitsberaubung zulasten der S ausgeschlossen ist, denn die S hat von der Aktion mit den Kleidern überhaupt nichts bemerkt; sie war im Wasser. S fehlte demnach der aktuell-tatsächliche Wille zur Ortsveränderung.

b) Dieser Ansicht, die im Rahmen des § 239 Abs. 1 StGB nur den aktuell-tatsächlichen Fortbewegungswillen schützen will, kann nicht gefolgt werden. Sie übersieht, dass in die Bewegungsfreiheit, die unstreitig von § 239 StGB geschützt wird, auch dann eingegriffen werden kann, wenn das Opfer von ihr zur Tatzeit keinen Gebrauch machen will. Es kann für die kriminelle Energie des Täters keinen Unterschied machen, ob das Opfer gerade – etwa zufällig – nicht den Ort verlassen will. Auch Kranke oder Ruhebedürftige müssen vom Schutz des § 239 StGB erfasst werden. Diesen Personen aber fehlt regelmäßig der aktuelle Fortbewegungswille, obwohl sie ihn ausüben könnten. Unstreitig behalten Schlafende und auch Bewusstlose den Gewahrsam an den ihnen gehörenden Gegenständen im Sinne des § 242 StGB, obwohl sie ihn nicht aktuell ausüben oder gebrauchen können. Es ist nicht einsehbar, warum das für das höherwertige Rechtsgut der persönlichen Freiheit nicht gelten soll. Das Freiheitsrecht genießt Verfassungsrang und ist daher weit auszulegen, um etwa zu verhindern, dass Menschen unter Verletzung des Respekts vor ihrer Persönlichkeit straflos eingesperrt werden können, nur weil sie keinen aktuellen Fortbewegungswillen haben. Ausschlaggebend für § 239 Abs. 1 StGB ist somit nicht der aktuell-tatsächliche, sondern der potentielle Fortbewegungswille des Opfers. Es spielt demnach keine Rolle, ob das Opfer im konkreten Fall seinen Aufenthaltsort tatsächlich verlassen wollte; entscheidend ist allein der potentielle Wille, der nur dann ausgeschlossen werden kann, wenn der Täter sicher davon ausgeht, dass das Opfer im konkreten Fall keine Fortbewegung vollziehen will.

Davon aber kann im vorliegenden Fall nicht gesprochen werden, die S hätte jederzeit den Entschluss fassen können, das Wasser zu verlassen. Dass sie dies konkret nicht getan hat, entlastet den R mithin nicht.

Subjektiver Tatbestand:

R handelte fraglos vorsätzlich.

Rechtswidrigkeit und Schuld:

Es bestehen keine Bedenken in Bezug auf die Rechtswidrigkeit und die Schuld.

Ergebnis: R hat sich durch das vorübergehende Verstecken der Kleider wegen Freiheitsberaubung gemäß § 239 Abs. 1 StGB strafbar gemacht.

Strafbarkeit des F

F könnte sich durch seine Ankündigung, eine Strafanzeige gegen R zu stellen, wenn R sich nicht bei S entschuldigt und danach dann in voller Montur in den See springt, wegen Nötigung gemäß § 240 Abs. 1 StGB strafbar gemacht haben.

Objektiver Tatbestand:

1.) F muss zunächst den R mit einem empfindlichen Übel bedroht haben; eine Gewaltanwendung kommt nicht in Betracht. Drohung ist das auf die Einschüchterung des Opfers gerichtete Inaussichtstellen eines zukünftigen Übels, auf dessen Eintritt der Drohende sich Einfluss zuschreibt. Hierbei kommt es nicht darauf an, dass der Drohende seine Drohung wahr machen will oder kann; es genügt vielmehr, dass das Opfer die Drohung ernst nehmen sollte und auch ernst nahm. F hat dem R das Stellen einer Strafanzeige angedroht, mithin ein Übel in Aussicht gestellt. Die Tatsache, dass F diese Drohung zu keinem Zeitpunkt wahrmachen wollte, spielt angesichts der soeben gegebenen Definition der Drohung keine Rolle; entscheidend ist vielmehr, dass R die Drohung des F ernst genommen hat, was sich spätestens darin zeigt, dass R den Forderungen des F nachgekommen ist.

2.) Zu prüfen ist, ob das Inaussichtstellen einer Strafanzeige im vorliegenden Fall auch als ein empfindliches Übel im Sinne des § 240 Abs. 1 StGB angesehen werden kann. Mit einem empfindlichen Übel wird gedroht, wenn der in Aussicht gestellte Nachteil von einer Erheblichkeit ist, dass seine Ankündigung geeignet erscheint, den Bedrohten im Sinne des Täterverlangens zu motivieren, es sei denn, dass gerade von dem Bedrohten in seiner Lage erwartet werden kann, dass er der Drohung in besonnener Selbstbehauptung standhält.

Das Androhen einer Strafanzeige indessen stellt für das Opfer in jedem Falle ein empfindliches Übel dar; es kann nicht erwartet werden, dass das Opfer einer solchen Androhung in besonnener Selbstbehauptung standhält, selbst wenn das Opfer eine entsprechende Straftat begangen hat. Ein an sich rechtmäßiges Verhalten wie das Stellen einer Strafanzeige schließt die Empfindlichkeit des Übels nicht aus. Etwaige Korrekturen sind insoweit nicht im Tatbestand, sondern allenfalls bei der Verwerflichkeitsprüfung des § 240 Abs. 2 StGB vorzunehmen. F hat dem R mit einem empfindlichen Übel gedroht.

3.) Diese Drohung mit dem empfindlichen Übel muss als ursächliche Konsequenz ein Handeln, Dulden oder Unterlassen zur Folge haben. Als Folge der Drohung des F entschuldigt sich R bei der S und springt danach in voller Montur in den Badesee. Dabei handelt es sich fraglos um eine bzw. zwei Handlungen, die ursächlich auf der Drohung des F beruhen. Ein Nötigungserfolg ist eingetreten. Der objektive Tatbestand des § 240 Abs. 1 StGB ist somit erfüllt.

Subjektiver Tatbestand:

F handelte bei seiner Drohung vorsätzlich.

Rechtswidrigkeit:

1.) Im vorliegenden Fall kommt als Rechtfertigungsgrund die Nothilfe gemäß § 32 Abs. 2 StGB in Betracht, denn durch das Verhalten hinsichtlich der Kleider hat R, wie oben erörtert, eine Freiheitsberaubung nach § 239 Abs. 1 StGB begangen. Es fragt sich aber, ob zu dem Zeitpunkt, in dem F einschreitet, noch eine Nothilfelage vorliegt. Diese setzt einen gegenwärtigen rechtswidrigen Angriff voraus. Allerdings war der Angriff des R, als F eingeschritten ist, bereits beendet, denn R hatte die Sachen schon wieder an den Platz zurückgelegt und der S damit ihre Freiheit quasi zurückgegeben. Es mangelte für eine Nothilfesituation nach § 32 Abs. 2 StGB mithin an einem gegenwärtigen Angriff. Folglich kommt der Rechtfertigungsgrund der Nothilfe nicht in Betracht. Andere Rechtfertigungsgründe sind nicht ersichtlich.

2.) Das Fehlen eines Rechtfertigungsgrundes indiziert im Rahmen der Nötigung allein nicht die Rechtswidrigkeit des Verhaltens des Täters. Vielmehr muss des Weiteren eine Verwerflichkeitsprüfung nach § 240 Abs. 2 StGB durchgeführt werden, um dem offenen Tatbestand des § 240 Abs. 1 StGB auf der Ebene der Rechtswidrigkeit ein adäquates Korrelat zur Seite zu stellen, das eine uferlose Ausweitung strafwürdigen Verhaltens verhindert.

Konkret ist bei der Prüfung des § 240 Abs. 2 StGB die Relation zwischen dem angestrebten Zweck und dem dafür vom Täter verwendeten Mittel maßgebend. Die Verknüpfung zwischen dem Mittel und dem Nötigungszweck muss rechtlich verwerflich sein; hierbei knüpft der Begriff der Verwerflichkeit an sozialethische Wertungen an und setzt ein gesteigertes Unwerturteil voraus. Rechtlich verwerflich ist, was sozial unerträglich und wegen seines grob anstößigen Charakters sozial in besonderem Maße zu missbilligen ist

Im vorliegenden Fall droht F dem R eine Strafanzeige für die von R begangene Freiheitsberaubung an, um ihn zu einer Entschuldigung und zum Springen in den See zu nötigen. Insoweit kann zunächst festgestellt werden, dass das Androhen einer Strafanzeige an sich nicht grundsätzlich verwerflich ist, sondern vielmehr zur Durchsetzung von Forderungen, die in unmittelbarem Zusammenhang zur begangenen Straftat stehen, verwendet werden darf. Es fragt sich aber, ob auch die Androhung der Strafanzeige zu dem von F hier verfolgten Zweck sozial erträglich und rechtlich zu billigen ist. Hierbei ist zu beachten, dass F sich mit seinem verfolgten Zweck quasi an die Stelle der Staatsgewalt setzt, da er eine »Bestrafung« des R erreichen will. F wollte keine Ansprüche irgendwelcher Art durchsetzen, ihm selbst standen auch gar keine Forderungen aus dem Vorgang zu. Vielmehr maßt sich F im vorliegenden Fall die Anwendung des ausschließlich dem Staate zustehenden Strafanspruchs an. Das Verhalten des R zu sanktionieren, ist allein die Sache der Staatsgewalt, nicht des einzelnen Bürgers, gar eines Außenstehenden. Im Übrigen existiert auch für den Betroffenen weder ein Anspruch auf eine Entschuldigung noch ein Anspruch darauf, dass R selbst in den See springt. Die vom Gesetzgeber vorgesehenen Sanktionen sehen solche Handlungen nicht vor.

Wer den Vorrang staatlicher Zwangsmittel missachtet und sich als Einzelner ohne speziellen Rechtfertigungsgrund anmaßt, die Gesetzestreue anderer mit Gewalt oder Drohung zu erzwingen bzw. die mangelnde Gesetzestreue selbst zu sanktionieren, handelt sozial unerträglich und mithin verwerflich im Sinne des § 240 Abs. 2 StGB. Billigte man ein solches Verhalten rechtlich und sozial-ethisch, würde dies den Weg zum Faustrecht eröffnen, bei dem jeder selbst über Strafe für fremdes Tun entscheidet.

Die Nötigung durch F ist in dieser Form sozial unerträglich und in besonderem Maße zu missbilligen. Sie ist folglich verwerflich im Sinne des § 240 Abs. 2 StGB.

Das Verhalten des F ist somit insgesamt rechtswidrig.

Schuld:

F handelte schuldhaft.

Ergebnis: F hat sich durch sein Verhalten gegenüber R strafbar gemacht wegen Nötigung gemäß § 240 Abs. 1 StGB.

Fall 7

Rettet die Bäume!

Um auf die zunehmende Umweltzerstörung aufmerksam zu machen, beschließt Rechtsstudent R, eine Sitzblockade auf der Autobahn durchzuführen. Er wählt dafür einen Platz, an dem wegen einer Großbaustelle in beiden Richtungen nur eine Spur befahren werden kann. Mit einem großen Schild (»*Rettet die Bäume!*«) wartet R morgens auf einen günstigen Moment, springt über die Leitplanke auf die Fahrbahn und nimmt dort Platz.

Dummerweise hat sich aber einige Minuten vorher zwei Kilometer aufwärts ein Unfall mit anschließender Vollsperrung ereignet; lediglich ein einziges Fahrzeug konnte die Stelle noch passieren. Autofahrer A steuert auf den R zu und hält etwa drei Meter vor dem sitzenden R an, um ihn nicht zu verletzen. Als R merkt, dass außer dem einen Wagen nichts mehr folgt, springt er kurzerhand auf die andere Fahrbahnseite. Dort verursacht er durch seinen Sitzstreik innerhalb kürzerster Zeit einen 20-minütigen Stau, an dem 250 Fahrzeuge beteiligt sind.

Strafbarkeit des R? § 315 b StGB bleibt außer Betracht.

Schwerpunkte: Die Nötigung bei Sitzblockaden; der Gewaltbegriff des § 240 Abs. 1 StGB; die Nötigung im Straßenverkehr; Verwerflichkeitsprüfung des § 240 Abs. 2 StGB bei Demonstrationen; Fernziele der Demonstranten als »Zweck« im Rahmen des § 240 Abs. 2 StGB; Probleme der Strafzumessung bei § 240 StGB; die höchstrichterliche Rechtsprechung zum Gewaltbegriff: BVerfGE **92**, 1; BGHSt **41**, 182 und BVerfG NJW **2011**, 3020.

Lösungsweg

Vorab: Dieser Fall befasst sich mit einem der am häufigsten und vor allem am umfangreichsten diskutierten Themen im Strafrecht überhaupt, nämlich dem ***Gewaltbegriff*** im Rahmen des **§ 240 Abs. 1 StGB** (vgl. etwa MK/*Sinn* § 240 StGB Rzn. 29-76). Hierbei geht es hauptsächlich um ***Sitzblockaden*** und die Frage, ob eine solche Blockade den Straftatbestand der Nötigung erfüllt oder nicht. Und da es sich beim Hinsetzen auf die Fahrbahn offensichtlich nicht um eine »Drohung mit einem empfindlichen Übel« handelt, kommt natürlich nur die »Gewalt« als Nötigungsmittel in Betracht. Die folgende Lösung dreht sich mithin so gut wie ausschließlich um diesen Begriff der »**Gewalt**« im Rahmen des § 240 Abs. 1 StGB; es ist nicht ganz so einfach, aber leider unbedingt notwendig, zu verstehen und auch zu lernen, ansonsten nämlich hat man bei einer Klausur oder Hausarbeit, die sich mit diesem Thema befasst, keine Chance.

Strafbarkeit des R durch die Blockade des A

§ 240 Abs. 1 StGB (Nötigung)

I. Tatbestand (A: objektiv):

1.) ***Nötigungsmittel*** des § 240 Abs. 1 StGB: Gewalt oder Drohung mit einem empfindlichen Übel. In Betracht kommt vorliegend in unserem Fall natürlich nur die ***Gewalt***; R hat niemandem gedroht.

Mit der üblichen juristischen Arbeitstechnik müssten wir – so wie im letzten Fall bei dem Begriff der Drohung – hier dann jetzt einfach die Definition von »Gewalt« hinschreiben und könnten im Weiteren die klassische Subsumtion starten, also prüfen, ob der vorliegende Sachverhalt unter die Definition passt. Aber das genau ist das Problem: Es gibt keine verbindliche Definition des Gewaltbegriffs, zumindest nicht bei § 240 Abs. 1 StGB. Der Gewaltbegriff unterliegt seit vielen Jahren einem ständigen Wandel sowohl in der Wissenschaft, vor allem aber in der Rechtsprechung. Und um das zu verstehen und dann später für die Fall-Lösung auch nutzbar machen zu können, kommen wir leider nicht daran vorbei, uns die Entwicklung des Gewaltbegriffs – in gebotener Kürze – anzusehen. Anfangen wollen wir dabei allerdings nicht mit juristischen Fachbegriffen, sondern mit dem gesunden Menschenverstand, denn der wird uns auf die richtige Spur bringen:

Zunächst wollen wir nämlich mal den gerade erwähnten gesunden Menschenverstand bemühen und uns unter Berücksichtigung dessen fragen, ob unser R hier im Fall mit seinem Verhalten ***Gewalt*** ausgeübt hat. Das scheint auf den ersten Blick eigentlich so gut wie ausgeschlossen, denn wenn wir uns mal unjuristisch an die Sache rantasten, dann ist einfaches »**Hinsetzen auf die Fahrbahn**« alles, aber keine »**Gewalt**«. Den Begriff der »Gewalt« füllen nach herkömmlichem Verständnis nämlich vielmehr Verhaltensweisen aus, die zum einen mit Krafteinwirkung seitens des Täters und zum anderen mit körperlicher Zwangswirkung beim Opfer in Verbindung stehen. Bestes Beispiel dürfte der banale Faustschlag gegen den Körper des Opfers sein (= Krafteinwirkung des Täters + körperliche Zwangswirkung beim Opfer). **Also:** Der gesunde Menschenverstand würde im vorliegenden Fall den Begriff der Gewalt problemlos und klar verneinen.

Und schon sind wir bei der Entwicklung des Gewaltbegriffs in der Rechtsprechung angelangt, denn genau so, wie wir das gerade gesagt haben, hat ursprünglich das **Reichsgericht** den Begriff der Gewalt ausgelegt (RGSt **46**, 404; **64**, 115; **69**, 330). Das nannte man dann »**körperlich-dynamischer**« Gewaltbegrifff; wobei hier aber auch schon ausgereichen sollte, das Opfer durch Umdrehen eines Schlüssels einzusperren (RGSt **27**, 406; **73**, 343), weil man sagte, hier wirke der Zwang körperlich, denn das

Opfer könne – selbst wenn es wollte – die Zwangswirkung nicht beheben (hierzu *Otto* in NStZ 1992, 569). Wichtig war aber stets, dass seitens des Täters Kraftentfaltung vorlag und beim Opfer körperlich spürbarer Zwang erreicht wurde.

Dieser Gewaltbegriff des Reichsgerichts, bei dem es seitens des Täters eine Krafteinwirkung und seitens des Opfers eine körperliche Zwangswirkung geben musste, war dem BGH von Beginn an zu eng. In einer seiner allerersten Entscheidungen hat der BGH deshalb am 5. April 1951 (BGHSt **1**, 145) schon entschieden, dass man auf die Kraftentfaltung beim Täter auch verzichten könne, es komme vielmehr entscheidend darauf an, dass das **Opfer** körperlichen Zwang spüre. Der BGH hat damit den gerade dargestellten Gewaltbegriff des Reichsgerichts zunächst einmal **»vergeistigt«**: Und zwar – wie gesagt – so, dass man von der körperlichen Kraftentfaltung seitens des Täters nach und nach abgerückt ist und den Schwerpunkt des Gewaltbegriffs vom Täterverhalten auf die ***Wirkung beim Opfer*** verlagerte (BGHSt **1**, 145; BGHSt **4**, 210; BGHSt **16**, 341; BGHSt **25**, 237; *Fischer* § 240 StGB Rz. 10). Gewalt werde demnach z.B. auch verübt, wenn der Täter das Opfer durch ein ohne Gewaltanwendung beigebrachtes Betäubungsmittel seiner Widerstandskraft beraube.

Im – letzten – Zuge der Weiterentwicklung des Gewaltbegriffs hat der BGH dann im oberberühmten **»*Laepple*-Urteil«** vom **8. August 1969** auch noch auf die rein physische, also die körperliche Wirkung beim Opfer verzichtet und schließlich auch das schlichte Hinsetzen vor die Straßenbahn als »Gewalt« bezeichnet mit dem Argument, es reiche bereits geringe körperliche Kraft des Täters und ***psychische Zwangswirkung*** beim Opfer, also eine seelische Zwangslage (BGHSt **23**, 46). In dem gerade benannten »*Laepple*-Fall« hatte sich der damalige Studentenführer *Klaus Laepple* in Köln auf dem *Neumarkt* auf die Straßenbahnschienen gesetzt, um gegen die Erhöhung der Preise der Kölner Verkehrbetriebe zu demonstrieren. Ein Straßenbahnfahrer hatte, um Herrn *Laepple* nicht zu überfahren, dann seine Straßenbahn angehalten.

Der BGH hat Herrn *Laepple* wegen dieses Vorgehens nach § 240 Abs. 1 StGB verurteilt und ausgesprochen, dass es der Erfüllung des Gewaltbegriffs nicht entgegensteht, dass

> *»...der Täter nur mit **geringem körperlichem Kraftaufwand** einen psychisch determinierten Prozess in Lauf setzt. Entscheidend ist hierbei, welches Gewicht dem von dem Täter ausgeübten psychischen Zwang zukam. ... Stellt sich ein Mensch der Bahn auf den Schienen entgegen, so liegt darin die Ausübung eines Zwanges, der für den Fahrer sogar unwiderstehlich ist, denn er muss halten, weil er sonst einen Totschlag beginge.« (BGHSt **23**, 46, 54)*

Und wenn wir uns das jetzt noch mal klarmachen, stellen wir fest, dass es nunmehr für den Gewaltbegriff des § 240 Abs. 1 StGB schon ausreicht, wenn der Täter nur geringen körperlichen Kraftaufwand betreibt und damit beim Opfer einen *psychisch determinierten* Prozess (= z.B. Angst) auslöst. Die körperliche Zwangswirkung beim Opfer als Voraussetzung des Gewaltbegriffs ist mithin vollständig weggefallen.

Zusammenfassung: Der Gewaltbegriff des § 240 Abs. 1 StGB hat sich in den Jahren seit Einführung des StGB im Jahre 1871 mächtig gewandelt. Während ganz früher nach Ansicht des Reichsgerichts eine körperliche Krafteinwirkung des Täters und eine körperliche Zwangswirkung beim Opfer nötig waren, hat der BGH diesen körperlich-dynamischen Gewaltbegriff weitestgehend aufgeweicht (»vergeistigter Gewaltbegriff«): Und zwar zunächst durch den Verzicht auf die Kraftentfaltung beim Täter und dann später – sozusagen als Krönung – im eben benannten »*Laepple*-Urteil« von 1969 auch unter Verzicht auf die körperliche Zwangswirkung beim Opfer. Strafbar wegen Nötigung, weil das Merkmal der »Gewalt« erfüllend, sollte also bereits derjenige sein, der sich auf die Straßenbahnschienen setzt, um so das Anhalten der Bahn zu bewirken. Hierbei genügen zur Erfüllung des Gewaltbegriffs das einfache Hinsetzen unter minimalstem körperlichem Einsatz des Täters und ein rein psychisch wirkender Prozess beim Opfer.

Punkt.

Und jetzt kehren wir mal zurück zu dem von uns oben bemühten »gesunden Menschenverstand« und fragen uns, was davon übrig geblieben ist. Die Antwort lautet: **Nichts!** Denn der gesunde Menschenverstand kann das, was wir gerade als Definition von »Gewalt« herausgearbeitet haben, sicherlich nicht mehr nachvollziehen. Und jetzt endlich sind wir bei der entscheidenden Stelle angelangt, denn: Es fragt sich, ob die Auslegung des Gewaltbegriffs durch den BGH, die wir eben gerade kennengelernt haben, nicht gegen das ***Bestimmtheitsgebot*** aus **Art. 103 Abs. 2 GG** verstößt.

Durchblick: Das in Art. 103 Abs. 2 GG (§ 1 StGB) konstituierte Bestimmtheitsgebot schreibt unter anderem vor, dass Straftatbestände vom Gesetzgeber so eindeutig »bestimmt« sein müssen, dass diejenigen, die sich an diese Normen halten sollen (also die Bürger!), die Paragrafen auch verstehen können. Das leuchtet ein, denn nur dann können sie sich ja auch daran halten. Auch die Gerichte sind von dem Bestimmtheitsgebot betroffen, sie müssen die Paragrafen nämlich so auslegen, dass kein Verstoß gegen das verfassungsrechtliche Bestimmtheitsgebot vorliegt; insbesondere dürfen sie die Normen nicht zum Nachteil des Täters weiter auslegen, als es der ***Wortlaut*** der Vorschrift gestattet. Der ***Wortsinn*** bildet stets die äußerste Auslegungsgrenze zulasten des Täters. Das liegt daran, dass die Bürger imstande sein müssen, anhand des Wortlautes des Gesetzes das Risiko einer Bestrafung einschätzen zu können (sehr wichtiger Satz, bitte noch mal lesen!).

Der Bürger liest nun im Gesetz, also in § 240 Abs. 1 StGB, das Wort **»Gewalt«**; und nach der herkömmlichen Vorstellung dieses Begriffes (gesunder Menschenverstand!) ist damit vor allem körperliche Krafteinwirkung des Täters und körperliche Zwangswirkung beim Opfer gemeint. Dann muss der Bürger aber feststellen, dass er vom BGH auch dann wegen »Gewalt« nach § 240 Abs. 1 StGB verurteilt wird, wenn er sich nur vor eine Straßenbahn setzt und damit eigentlich wahrscheinlich gerade ***gewaltfrei*** demonstrieren wollte. Und da fragt man sich, ob eine solche, den gesunden Menschenverstand auf den Kopf stellende Auslegung des § 240 Abs. 1 StGB nicht verfassungswidrig ist, denn der Bürger kann nach dem Lesen des Gesetzestextes hier kaum noch einschätzen, wann er sich strafbar verhält und wann nicht.

Und genau diese Gedanken haben im Jahre 1995 zu einer Leitentscheidung des Bundesverfassungsgerichts (BVerfG) zur Auslegung des Gewaltbegriffs bei Sitzdemonstrationen im Rahmen des § 240 Abs. 1 StGB geführt. Am **10.01.1995** hat das BVerfG entschieden, dass die Auslegung des BGH zum Gewaltbegriff – also die Sache mit dem »*Laepple*-Urteil« – gegen das Grundgesetz verstößt, weil sie den Begriff der »Gewalt« zu weit, nämlich über den Wortsinn der Vorschrift hinaus zulasten des Täters ausdehnt, wenn auf der Straße sitzende Demonstranten wegen Nötigung verurteilt werden (BVerfGE **92**, 1 = NJW **1995**, 1141). Das BVerfG hat in der benannten Entscheidung gesagt, dass der Gewaltbegriff des § 240 Abs. 1 StGB im Rahmen von Sitzdemonstrationen wegen Verstoßes gegen das Bestimmtheitsgebot nicht so weit ausgedehnt werden darf, dass auch die Fälle erfasst sind, in denen das Verhalten des Täters lediglich in körperlicher Anwesenheit besteht und die Zwangswirkung auf den Genötigten nur psychischer Natur ist (BVerfGE **92**, 1, dort Seite 18; bestätigt durch BVerfGE **104**, 92; vgl. auch z.B. OLG Düsseldorf NJW **1999**, 2921 sowie den instruktiven Fall zur Nötigung im Straßenverkehr durch zu dichtes Auffahren im Stadtverkehr BVerfG NJW **2007**, 1669).

Also: Das, was wir eben so prima herausgearbeitet haben, ist seit dem 10.01.1995 für Sitzdemonstrationen nicht mehr gültig, denn das BVerfG hat die Auslegung des BGH zum Begriff der Gewalt für verfassungswidrig erklärt. Wenn die soeben angesprochenen Voraussetzungen vorliegen, also lediglich körperliche Anwesenheit des Täters + rein psychische Zwangswirkung beim Opfer, darf nicht mehr wegen Nötigung verurteilt werden, es fehlt am Begriff der Gewalt im Rahmen des § 240 Abs. 1 StGB. Das BVerfG hat den Gewaltbegriff bzw. die Auslegung durch den BGH jetzt also wieder insoweit eingeschränkt, dass der Bürger, der ja der Adressat der gesetzlichen Vorschriften ist, die Normen mit seinem gesunden Menschenverstand nachvollziehen kann und vor allem beim schlichten, aus seiner Sicht zumeist sogar gerade »gewaltfreien« Hinsetzen auf die Straße nicht fürchten muss, wegen § 240 Abs. 1 StGB verurteilt zu werden.

Vorsicht: Das war aber noch nicht alles, es kommt gleich noch eine beachtliche Steigerung, deshalb bitte die gerade eben geschriebenen Sätze sorgfältig nachlesen und einprägen. Und bitte auch vergegenwärtigen, dass das BVerfG damit die jahrelange Rechtsprechung des BGH kurzerhand gekippt hat, was für die Richter am BGH nicht gerade ein Kompliment ist. Wir werden gleich sehen, dass der BGH trotzdem einen Weg gefunden hat, diese Rechtsprechung des BVerfG zu umgehen. Aber erst mal zurück

zum Fall: Unser R hat sich auf die Autobahn gesetzt und dadurch bewirkt, dass A anhalten muss, will er den R nicht überfahren und verletzen, gegebenenfalls sogar töten. Das Verhalten erschöpft sich demnach in schlichter Anwesenheit des Täters, gekoppelt bzw. verbunden mit rein seelischer Zwangslage beim Opfer. Und nach dem, was wir eben gelernt haben, erfüllt dies **nicht** den Gewaltbegriff des § 240 Abs. 1 StGB. R bleibt folglich schon mangels Erfüllung des objektiven Tatbestandes aus § 240 Abs. 1 StGB straflos.

Erg.: R hat sich durch das Blockieren der Fahrbahn, auf der ihm lediglich der A entgegen kam, nicht wegen Nötigung nach § 240 Abs. 1 StGB strafbar gemacht.

Strafbarkeit des R hinsichtlich der anderen Fahrbahn

§ 240 Abs. 1 StGB (Nötigung)

Beachte: Das ist jetzt kein Witz. Wir haben zwar soeben festgestellt, dass das einfache Absitzen auf der Fahrbahn wegen Verstoßes gegen das Bestimmtheitsgebot ***nicht*** den Gewaltbegriff des § 240 Abs. 1 StGB erfüllt (BVerfGE **92**, 1); und damit wäre auch die zweite Blockade durch R eigentlich straflos.

Wir hatten aber weiter oben schon mal darauf hingewiesen, dass das BVerfG mit seiner Entscheidung vom **10.01.1995** die jahrelange Rechtsprechung des BGH zur Strafbarkeit von Sitzblockaden mit einem Schlag aufgehoben bzw. ausgehebelt hat. So was kommt vor und stellt an sich auch keinen nennenswerten Vorgang dar. Hier aber bei der Rechtsprechung des BGH zum Nötigungstatbestand war das anders. Wissen muss man nämlich, dass Mitte der 90-er Jahre kein Thema rechtspolitisch so umstritten gewesen ist wie die Frage nach der Strafbarkeit von Sitzblockaden. Der BGH hat über viele Jahre sämtliche verfassungsrechtlichen Bedenken außer Acht gelassen und seit dem »*Laepple*-Urteil« im Jahre 1969 die Demonstranten immer ziemlich schmerzlos wegen § 240 Abs. 1 StGB verurteilt. Als nun das BVerfG im Jahre 1995 über diese Praxis zu entscheiden und – wie wir jetzt wissen – dem BGH Missachtung der Verfassung vorgehalten hatte, schien der Streit zwischen den Gerichten für die Zukunft zugunsten des BVerfG und damit vor allem auch zugunsten der Demonstranten beigelegt. Das vor allem auch deshalb, weil die Entscheidungen des BVerfG wegen § 31 BVerfGG für die Instanzgerichte, also auch den BGH (!), **bindende** Wirkung haben.

Weit gefehlt: Der BGH hat nur wenige Monate nach der Entscheidung des BVerfG vom Januar 1995 schon am **20. Juli 1995** doch noch einen Weg gefunden, die Bindungswirkung der BVerfG-Entscheidung zu umgehen (→ BGHSt **41**, 182). Und jetzt wird es noch mal richtig interessant und auch knifflig, aber, keine Angst, wir werden es gleich verstehen, denn wir haben die notwendige Vorarbeit dafür schon geleistet: Die Ausgangslage nach der BVerfG-Entscheidung war ja die, dass ***keine*** Gewalt im Sinne des § 240 Abs. 1 StGB vorliegt, wenn es um die Kombination von ***schlichter körperlicher Anwesenheit*** durch den Täter und rein seelischer, also ***psychischer***

Zwangswirkung beim Opfer geht. So weit klar und auch von uns herausgearbeitet, vgl. oben.

Der BGH hat nun in der gerade zitierten Entscheidung vom 20. Juli 1995 ziemlich schlau seinen Willen, Sitzdemonstranten eben doch und vor allem trotz der bindenden BVerfG-Entscheidung wegen Nötigung zu bestrafen, mit folgendem Trick durchgesetzt: Der BGH unterscheidet zwischen dem ***ersten*** angehaltenen Fahrzeug und den weiter folgenden Autos. Dies sei nämlich ein erheblicher Unterschied, und deshalb sei der Demonstrant, der ***mehrere*** Wagen zum Halten bringt, wegen Nötigung der Autos, die sich nach bzw. hinter dem ersten Fahrzeug stauen, zu bestrafen. Und wir schauen uns das jetzt mal an unserem konkreten Fall an, R hat ja in der 2. Variante 250 Autos zum Halten gezwungen:

I. Tatbestand (A: objektiv):

1.) Nötigungsmittel: Drohung oder Gewalt. Hier kommt wieder nur »**Gewalt**« in Betracht.

Erster Schritt: Wenn wir uns das oben ausführlich Erläuterte nun noch mal vor Augen führen, stellen wir fest, dass auch hier der Täter R ohne beachtliche körperliche Kraftentfaltung durch schlichte Anwesenheit bei den Autofahrern einen psychisch determinierten Prozess, nämlich eine seelische Zwangslage, auslöst. Diese seelische Zwangslage sieht so aus, dass die Fahrer nicht weiterfahren, weil sie sonst den R überfahren müssten (= seelische Zwangslage). Und genau das reicht nach der Entscheidung des BVerfG nicht aus für »Gewalt« im Sinne des § 240 Abs. 1 StGB. Haben wir oben gelernt.

Zweiter Schritt: Bei genauem Hinsehen offenbart sich aber dann doch ein entscheidender Unterschied zum vorherigen Fall, bei dem nur ***ein*** Auto zum Stehen kam, nämlich:

Im zweiten Fall, in dem mehrere Autos hintereinander stehen, ist psychisch beeinträchtigt nur der ***erste Fahrer*** des Staus, denn nur der ist in der seelischen Zwangslage, nämlich den R nicht überfahren zu dürfen. Alle anderen Fahrer aber sehen sich einem unüberwindbaren physischen (!) Hindernis gegenüber, sie könnten nämlich – selbst wenn sie wollten und den psychischen Zwang überwänden – weder vor noch rückwärts fahren, da dort ja die übrigen Autos stehen. Und wenn diese Fahrer nunmehr durch die übrigen Autos physisch beeinträchtigt sind, ist der Fall dann nicht mehr vergleichbar mit dem Beschluss des BVerfG; dort war – wir haben es oben schon gesagt – nur ***ein*** Fahrzeug von den Tätern angehalten worden. Hier aber ist das anders, denn durch die Blockadeaktion vor dem ersten Wagen setzt der Täter absichtlich die Ursache für die ***physische*** Beeinträchtigung der übrigen Fahrer; und deshalb kann, ohne die vom BVerfG aufgestellten Regeln zu verletzen, wegen Nötigung aller hinter dem ersten Fahrer stehender Fahrzeuge bzw. Fahrer verurteilt werden (BGH NJW **1995**, 2643 = BGHSt **41**, 182).

Also: Da muss man schon ganz schön genau hinsehen, um zu kapieren, worum es geht. **Wiederholung:** Nach BVerfG reicht es für den Gewaltbegriff des § 240 Abs. 1 StGB nicht aus, wenn das Verhalten des Täters sich in schlichter Anwesenheit erschöpft und er dadurch beim Opfer eine rein psychische, also seelische Zwangslage, hervorruft. Wenn der Täter aber bei einer Sitzblockade mehrere Autos zum Stehen bringt, liegt diese Kombination nicht vor: Nur der ***erste*** Fahrer nämlich steht vor einer ***seelischen Zwangslage***, denn nur er könnte tatsächlich weiterfahren, wenn er wollte. Deshalb scheidet auch nur hinsichtlich des ersten Fahrers eine Nötigung wegen des BVerfG-Urteils aus. Alle weiteren Fahrer aber sehen sich nicht einer seelischen Zwangslage gegenüber, sie sind vielmehr ***physisch*** beeinträchtigt, denn sie können gar nicht weiterfahren, die übrigen Autos versperren ***unüberwindbar*** den Weg. Und genau das ist der Unterschied zum BVerfG-Urteil. Und deshalb können Demonstranten wegen »Gewaltanwendung« nach § 240 Abs. 1 StGB in Bezug auf alle hinter dem ersten Fahrer stehenden Autos bestraft werden (BGHSt **41**, 182), ohne die Entscheidung des BVerfG zu verletzen. Sehr beachtlich, oder!?

Das ist die Finte. Und die sollte man dann auch kennen, was wir soeben erledigt haben. Wenn man in einer Klausur die – wie wir jetzt wissen – rechtserhebliche Unterscheidung zwischen dem Anhalten nur ***eines*** Autos und dem Stau von ***mehreren*** PKWs aufschlüsseln kann, und zwar so, wie wir das jetzt hier gemacht haben, gibt es selbstredend eine Menge Sonderpunkte; vermutlich glaubt der Prüfer gar nicht, dass man das ohne Mogeln hinbekommen hat. Taucht die Problematik hingegen in einer Hausarbeit auf, muss man sich natürlich auch mit den Ansichten auseinandersetzen (die Rechtsprechung zusammenfassend: *Magnus* in NStZ 2012, 538), die die BGH-Rechtsprechung, die man übrigens »**Zweite-Reihe-Rechtsprechung**« nennt, ablehnen (vgl. dazu etwa *Amelung* in NJW 1995, 2584; *Altvater* in NStZ 1995, 278; *Krey* in JR 1995, 265; *Schroeder* in JuS 1995, 875 oder *Hruschka* in JZ 1995, 737).

Und das Allerletzte: Das BVerfG hat zunächst in einer Entscheidung vom 24.10.2001 (→ BVerfGE **104**, 92) ausdrücklich offengelassen, ob es diese »Zweite-Reihe-Rechtsprechung« des BGH für verfassungskonform hält, um dann am **07.03.2011** seinen endgültigen Segen zu erteilen. Zu einem Fall, in dem es (wieder mal) um Sitzblockaden ging, heißt es in der entsprechenden Entscheidung des Bundesverfassungsgerichts vom 7. März 2011 wörtlich: »*...Die vom Bundesgerichtshof entwickelte sogenannte `Zweite-Reihe-Rechtsprechung´ begegnet jedenfalls im Hinblick auf das Bestimmtheitsgebot des Art. 103 Abs. 2 GG keinen verfassungsrechtlichen Bedenken mehr, da sie* ***nicht*** *den Wortsinn des Gewaltsbegriffs des § 240 StGB sprengt...*« (NJW **2011**, 3020). **Konsequenz**: Die von uns eben erlernte, ziemlich clevere Rechtsprechung des BGH zur Nötigung bei Sitzblockaden (die sogenannte »**Zweite-Reihe-Rechtsprechung**«) ist damit quasi endgültig und ***verbindlich*** geworden, jedenfalls für die deutschen Gerichte (bitte lies: § 31 BVerfGG). Merken.

Zurück zu unserer Fall-Lösung:

In unserer zweiten Fall-Variante also hat R nun also doch Gewalt im Sinne des § 240 Abs. 1 StGB verübt gegenüber allen 249 (!) hinter dem ersten Auto stehenden Fahrern, weil die das jeweilige Auto einschließenden Fahrzeuge ***physische Wirkung*** auf den jeweils betroffenen Fahrer haben. Die Fahrer könnten nicht weg, auch wenn sie es wollten! Sie sind eingeschlossen zwischen den übrigen Fahrzeugen (= **physischer**, und nicht nur psychischer Zwang). R hat mithin gegenüber den 249 Fahrern das Nötigungsmittel »Gewalt« angewendet.

2.) Nötigungserfolg:

R hat durch seine Blockade die 249 Fahrer dazu genötigt, am jeweiligen Platz stehen zu bleiben. Dies erfüllt die Voraussetzungen einer von § 240 Abs. 1 StGB benannten Unterlassung.

<u>ZE.</u>: Der objektive Tatbestand des § 240 Abs. 1 StGB ist erfüllt.

B: Subjektiver Tatbestand:

R handelte fraglos vorsätzlich im Sinne des § 15 StGB und erfüllt mithin auch den subjektiven Tatbestand des § 240 StGB.

II. Rechtswidrigkeit:

1.) Rechtfertigungsgründe sind für den R nicht erkennbar.

2.) Einen Augenblick müssen wir dann hier bei der Nötigung noch über die »Zweck-Mittel-Relation« im Rahmen der ***Verwerflichkeitsklausel*** des § 240 Abs. 2 StGB reden, haben wir im vorherigen Fall ja schon kennengelernt.

Und da ergeben sich bei Demonstrationen zum Teil noch beachtliche Probleme, die wir allerdings im vorliegenden Fall relativ knapp abhandeln können. Die Rechtswidrigkeit nach § 240 Abs. 2 StGB liegt dann vor, wenn die Anwendung der Gewalt oder der Drohung zu dem angestrebten Zweck als verwerflich anzusehen ist (Gesetz lesen). Und bei uns ergibt sich also dann konkret folgende Frage: Ist das Hinsetzen auf der Autobahn (= Mittel), um die Fahrer zum Anhalten zu zwingen (= Zweck) als verwerflich anzusehen? Antwort: Ja, so was macht man nämlich nicht.

Problem: R wollte auf die Umweltzerstörung aufmerksam machen. Und das ist ja nun ein ziemlich vernünftiges Ziel, das hinter dem Verhalten des R steckt. Es fragt sich aber, ob bei der gerade vorgenommenen Zweck-Mittel-Prüfung das sozusagen **»entfernte«** Ziel des R auch Berücksichtigung finden kann. Und damit sind wir bei einer weiteren problematischen Fragestellung aus dem Bereich der Demonstrationsfälle angelangt, nämlich:

> Werden die sogenannten »**Fernziele**« der Demonstranten bei der Rechtswidrigkeit im Rahmen des § 240 Abs. 2 StGB berücksichtigt, oder dürfen diese Ziele erst bei der Strafzumessung Niederschlag finden?

Um zu verstehen, worum es bei dieser Frage geht, muss man sich vor Augen führen, dass Demonstrationen immer stattfinden, um irgendwelche Ziele der Demonstranten zu verfolgen. Das können unterschiedliche Dinge sein, wie z.B. Verhinderung von Atomtransporten, Demos gegen die Rüstung; Demos gegen die USA; Demos gegen Preiserhöhungen; Demos gegen rechtslastige Parteien usw. usw.. Und zumeist haben die Demonstranten eben Ziele, mit denen sich die Mehrzahl der Bürger des Landes dann auch tatsächlich identifizieren kann. Es fragt sich nun, ob man diese eigentlich sinnvollen Ziele schon im Bereich der Rechtswidrigkeit des § 240 Abs. 2 StGB berücksichtigen kann und soll; die Konsequenzen wären sehr beachtlich, denn wenn man dies bejaht und die Ziele der Demonstranten dann entsprechend wichtig einstuft, entfällt mangels Rechtswidrigkeit bzw. mangels Verwerflichkeit die Bestrafung wegen § 240 Abs. 1 StGB. Berücksichtigt man hingegen die Fernziele erst in der Strafzumessung, sind die Demonstranten grundsätzlich wegen Nötigung auch strafbar, man orientiert dann aber das Strafmaß – also die Höhe der Strafe – an den Fernzielen, bzw. nimmt dort dann eine Güterabwägung vor.

Die Beantwortung der Frage, an welcher Stelle der Nötigungsprüfung die Fernziele der Demonstranten zu berücksichtigen sind, ist ***streitig***: Nach überwiegender Ansicht in der Literatur und auch des BGH gehören die sogenannten »Fernziele« der Demonstranten ***nicht*** in die Verwerflichkeitsprüfung des § 240 Abs. 2 StGB, sondern dürfen und müssen ausschließlich bei der Strafzumessung berücksichtigt werden (BGHSt **35**, 276). Die Begründung für diese Auffassung lässt sich hören, im Einzelnen:

Aus der Funktion der Verwerflichkeitsklausel des § 240 Abs. 2 StGB ergibt sich, dass der darin angestrebte »Zweck« nichts anderes sein kann, als das in Abs. 1 des § 240 StGB genannte »Handeln, Dulden oder Unterlassen« als das Ziel der Zwangsausübung. Fernziele, also die quasi dahinter stehende Motivation des Täters, können aus diesem Grund bei der Prüfung des § 240 Abs. 2 StGB keine Berücksichtigung finden. Das Gesetz knüpft für den Ausschluss der Rechtswidrigkeit grundsätzlich an objektive Kriterien an (z.B. in § 32 StGB). Soweit hier auch subjektive Elemente gefordert werden, wie etwa der Notwehrwille, handelt es sich um eine Beschränkung der Rechtfertigungsmöglichkeit, nicht aber wie bei § 240 Abs. 2 StGB um eine Erweiterung. Tatsächlich gibt es gar keine objektivierbaren Beurteilungsmaßstäbe für die Bewertung von Fernzielen. Die politische Überzeugung des Täters darf keiner inhaltlichen Kontrolle unterworfen werden. Wörtlich heißt es beim BGH (BGHSt **35**, 276) dazu:

»...Begnügt man sich mit allgemeinen Kategorien wie ›Frieden‹, ›Menschenrechte‹ oder ›Umweltschutz‹, wird es kaum ein Anliegen geben, das sich nicht unter eines der die Öffentlichkeit berührenden Themen stellen lässt und demnach bei der Abwägung die Rechtswidrigkeit ausschließen würde...«

Leuchtet ein, wie ich meine, und das sehen auch wichtigere Personen als ich genauso (vgl. z.B. *Krey/Heinrich* BT 1 Rz. 380a; *Wessels/Hettinger* BT 1 Rz. 423; SK/*Horn*/*Wolters*

§ 240 StGB Rz. 37a; *Fischer* § 240 StGB Rz. 44; *Arzt* in JZ 1988, 776; auch BVerfGE **73**, 206). Die Diskussion indessen ist insoweit noch keinesfalls abgeschlossen. Eine andere Meinung, also die Berücksichtigung der Fernziele schon in der Rechtswidrigkeit, vertreten durchaus namhafte Autoren wie z.B. die Herren *Eser* und *Eisele* im S/S bei § 240 StGB Rz. 29 oder auch *Lackner/Kühl* bei § 240 StGB Rz. 18. In zwei jüngeren Entscheidung des BVerfG zum Nötigungstatbestand (→ BVerfGE **104**, 92 und BVerfG NJW **2011**, 3020) finden sich übrigens ebenfalls eindeutige Hinweise darauf, dass man im Rahmen der Verwerflichkeitsprüfung des § 240 Abs. 2 StGB bei einer Grundrechtsabwägung – dort war es jeweils der Art. 8 GG – die Zwecke der Demonstranten berücksichtigen müsse. Sehr lesbar ist insoweit zudem das abweichende Votum der Richterin *Haas* zu BVerfGE **104**, 92, die diese Variante nachvollziehbar ablehnt und mit der herrschenden Meinung die Fernziele nur bei der ***Strafzumessung*** berücksichtigt sehen will. Wie gesagt, abschließend geklärt ist das Ganze noch nicht.

Noch was: Die weiter oben zitierte BGH-Entscheidung (BGHSt **35**, 276), wo die ganzen schönen Argumente drinstehen, ist eigentlich durch den Beschluss des BVerfG vom 12. Januar 1995 wegen Verfassungswidrigkeit aufgehoben worden. Allerdings bezieht sich diese Aufhebung faktisch – wie die Herren *Krey/Heinrich* im BT 1 bei Rz. 380c anmerken – nicht auf den Teil der Verwerflichkeitsklausel, sondern nur auf den Gewaltbegriff (so auch *Fischer* § 240 StGB Rz. 27). Die oben angeführten Argumente können also weiterhin verwendet werden, um zu begründen, warum die Fernziele der Demonstranten bei der Rechtswidrigkeit keine Berücksichtigung finden dürfen. Abschließend sei noch auf eine recht neue Entscheidung des BGH vom Januar 1998 hingewiesen, in der der BGH die Verwerflichkeit einer Blockade von Eisenbahnschienen mithilfe eines Stahlkörpers bejaht, und hierbei erstaunlicherweise auch kurz auf die »gewichtigen Anliegen der Allgemeinheit«, die die Demonstranten verfolgten, eingeht. In diesem Fall ging es um die Blockade einer der berühmten »**Castor-Transporte**« (BGHSt **44**, 34).

Zurück zum Fall: Das Fernziel des R, nämlich der »Umweltschutz«, findet nach dem soeben Gesagten bei der Prüfung der Verwerflichkeit im Rahmen des § 240 Abs. 2 StGB nach herrschender Meinung keine Berücksichtigung, sondern kann lediglich später bei der Strafzumessung als mildernd gewertet werden. R handelt somit insgesamt rechtswidrig.

Schuld: Keine Zweifel, R stehen keine Schuldausschließungsgründe zur Seite.

Erg.: R hat sich wegen Nötigung gemäß § 240 Abs. 1 StGB in 249 Fällen (!) strafbar gemacht. Bei der Bestrafung kann das Gericht nunmehr das entfernte Ziel der Demonstration, also den Umweltschutz, unter Umständen strafmildernd berücksichtigen und entsprechend einordnen.

Anhang:

Der aufmerksame Leser wird bemerkt haben, dass sich an keiner einzigen Stelle im Lösungstext eine verbindliche Definition des ***Gewaltbegriffes*** findet, obwohl wir jetzt eben seitenweise über diesen Begriff geredet haben. Zu Beginn des Falles bei der Erörterung der Entwicklung des Gewaltbegriffes haben wir ja festgestellt, dass es deshalb keine solche verbindliche Definition gibt, weil sich der Begriff der Gewalt in einem ständigen Wandel befindet.

Nun kommt das aber in der Übungsarbeit nicht gerade überzeugend, wenn man in einer Klausur über die Nötigung nach § 240 Abs. 1 StGB von einer verbindlichen Definition der Gewalt gar nichts schreibt, selbst wenn es aus den genannten Gründen überhaupt keine andere Möglichkeit gibt. Wir wollen uns deshalb hier im Nachschlag zum Fall mal einen knappen Überblick verschaffen und uns ansehen, was die verschiedenen Lehrbücher und Kommentare zur Definition bzw. zum Begriff der Gewalt schreiben. Der Leser kann sich dann selbst ein Bild machen und entscheiden, welche der genannten Definitionen er wählt. Anfangen wollen wir mit dem Klassiker, nämlich dem Lehrbuch von ***Wessels/Hettinger***. Dort steht bei Rz. 383 als Definition für den Begriff der Gewalt:

»***Gewalt*** ist der körperliche Zwang durch Entfaltung von Kraft oder durch physische Einwirkungen sonstiger Art, die nach ihrer Zielrichtung, Intensität und Wirkungsweise dazu bestimmt und geeignet ist, die Freiheit der Willensentschließung oder Willensbetätigung eines anderen aufzuheben oder zu beeinträchtigen«.

Klingt prima, ist nur leider für den herkömmlichen Klausur-Gebrauch zum einen reichlich lang und damit kaum reproduzierbar, zum anderen aber auch zur Bewältigung der Grenzfälle – wie z.B. unseren Fall oben – nicht ganz leicht zu handhaben. Immerhin bekäme man damit wenigstens hin, unseren Sachverhalt zu subsumieren, freilich ohne die von uns oben bei der Erläuterung gebrauchten Begriffe wie »schlichte körperliche Anwesenheit« und »psychisch determinierter Prozess«. Dafür passt das Hinsetzen auf die Fahrbahn unter die eben in der Definition gebrauchte Formulierung »physische Einwirkung sonstiger Art« und die Wirkung beim Autofahrer A kann man als »Beeinträchtigung der Willensbetätigung« fassen, denn A kann seinen Willen weiterzufahren nicht ausüben.

Anders liest sich das Ganze z.B. dann im Lehrbuch der Herren ***Krey/Heinrich*** (BT 1 Rz. 342):

»***Gewalt*** erfordert auf Täterseite die Anwendung von, sei es auch nur geringfügiger, Körperkraft; auf Opferseite muss die Zwangswirkung physisch vermittelt sein, während der rein psychische Zwang nicht genügt. Die Zwangswirkung darf nicht allein oder primär seelischer Natur sein, sondern muss zumindest auch wesentlich körperlich vermittelt werden. Der Zwang muss schließlich zur Überwindung eines geleisteten oder erwarteten Widerstandes eingesetzt werden«.

Da wird man sich schon fragen müssen, ob eine solche Darstellung für Klausurzwecke überhaupt als »Definition« taugt. Immerhin wird hier klarer als bei *Wessels/Hettinger* in die Täter- und die Opferseite aufgeteilt, was unserem Lösungsbild von oben schon recht nahekommt. Diese Darstellung zum Gewaltbegriff dürfte sich eignen, um im Ernstfall die entscheidenden Passagen herauszufiltern und dann nutzbar zu machen.

Schließlich lohnt ein Blick in zwei Standard-Kommentare, zunächst den von ***Schönke/Schröder*** (S/S), dort von den Herren ***Eser*** und ***Eisele*** bearbeitet, findet sich folgende Definition des Begriffs der Gewalt (vor § 234 StGB Rz. 6):

> »***Gewalt*** ist jedes Mittel, mit dem auf den Willen oder das Verhalten eines anderen durch ein gegenwärtiges empfindliches Übel eine Zwangswirkung ausgeübt wird.«

Eine ähnlich kurze und kompakte Definition findet sich im Kommentar von ***Fischer***, das ist das graue Buch, das auf den Tischen der Richter bzw. der Gerichte steht. Dort heißt es (§ 240 StGB Rz. 8):

> »***Gewalt*** ist der physisch vermittelte Zwang zur Überwindung eines geleisteten oder erwarteten Widerstandes.«

Unschwer zu erkennen, dass diese beiden letztgenannten Definitionen deutlich studentenfreundlicher daherkommen, weil sie zum einen kürzer sind und somit dann auch mehr Platz zur Interpretation lassen; zum anderen sind sie natürlich auch leichter zu merken und können folglich in der Klausur eher abgerufen werden. Es erscheint daher auch logischerweise ratsam, als Ausgangssituation in der Übungsarbeit eine dieser beiden Vorgaben auszuwählen, wobei ich eher zu der von den Herrn ***Eser*** und *Eisele* im S/S neige. Konkret sollte man folgendermaßen vorgehen:

Im Rahmen der Prüfung des § 240 Abs. 1 StGB wird man zunächst das ***Nötigungsmittel*** auszuwählen haben, im hier besprochenen Fall also dann die »Gewalt«; so haben wir das weiter oben in unserer Prüfung auch gemacht. Im Unterschied zu unserer Lösungsskizze kann man dann in der Klausurarbeit natürlich nicht die komplette geschichtliche Entwicklung des Gewaltbegriffs aufsagen, das interessiert nämlich in der ganzen beachtlichen Länge niemanden in der Klausur. Wir haben das oben in der Lösung aber deshalb gemacht, damit die Zusammenhänge deutlich werden und damit man als Kandidat die heutige Rechtslage verstehen kann. In der Klausur muss dann aber mit dem ***aktuellen*** Gewaltbegriff gearbeitet werden, denn der Prüfer will nicht wissen, wie man den Fall vor 120 oder 40 Jahren gelöst hätte, sondern es geht um **heute**. Die Prüfung leitet man deshalb dann sinnvollerweise mit einer der gerade eben genannten Definitionen ein, indem man diese einfach hinschreibt:

Also etwa: *»R muss zur Erfüllung des Tatbestandes des § 240 Abs. 1 StGB zunächst Gewalt ausgeübt haben. Gewalt definiert sich als ...«*

Und dann folgen die vom Kandidaten ausgewählte Definition sowie die konkrete Subsumtion dieser Definition unter den geschilderten Sachverhalt. Hierbei kann und sollte man nun auf die einzelnen fragwürdigen Punkte eingehen: Also die Frage, ob einfaches Hinsetzen auf die Fahrbahn mit lediglich psychischer Zwangswirkung ausreicht, um den gewählten Gewaltbegriff zu erfüllen. Vorgehen verstanden!? Wie das in unserem Fall konkret dann aussehen müsste, steht selbstverständlich gleich unten im Gutachten, wir werden dort die Definition der Herrn ***Eser*** und ***Eisele*** benutzen und entsprechend subsumieren. Nachlesen schadet sicher nicht.

Das Letzte:

Schließlich noch ein paar warme Worte zu den im Rahmen der Nötigung ständig auftauchenden Begriffen »**vis absoluta**« und »**vis compulsiva**«.

> **Definition Nr. 1:** ***Vis absoluta*** (→ *absolute* Gewalt) liegt vor, wenn der Täter entweder die Willensbildung des Opfers ausschaltet oder aber die Willensbetätigung unmöglich macht, Beispiele sind: Festhalten, Fesseln, Anbinden, Einsperren, Betäuben (S/S-*Eser/Eisele* vor § 234 StGB Rz. 13; *Wessels/Hettinger* BT 1 Rz. 396).

> **Definition Nr. 2:** ***Vis compulsiva*** (→ *beugende* Gewalt) dient dem Zweck, einen Willensentschluss beim Opfer zu erzwingen. Das Opfer soll sich, um die weitere Übelszufügung des Täters abzuwenden, dem Willen des Täters entsprechend verhalten. Beispiele sind: bedrängendes Auffahren; Ohrfeigen; Übertönen einer Vorlesung; Zufahren auf Menschen, um sie zum Ausweichen zu zwingen (MK/*Sinn* § 240 StGB Rz. 29; S/S-*Eser/Eisele* vor § 234 StGB Rz. 15; *Wessels/Hettinger* BT 1 Rz. 396).

Prima, wenn man so was weiß, **nur**: Im Rahmen des § 240 Abs. 1 StGB interessiert diese Unterscheidung leider niemanden, denn beide gerade benannten Formen der Gewalt erfüllen völlig unstreitig den Tatbestand des § 240 Abs. 1 StGB (S/S-*Eser/Eisele* § 240 StGB Rz. 4; LK/*Träger/Altwater* § 240 StGB Rz. 5; *Wessels/Hettinger* BT 1 Rz. 396; *Lackner/Kühl* § 240 StGB Rz. 9). Fall-Relevanz hat diese Unterscheidung mithin für § 240 Abs. 1 StGB nicht, denn egal, ob vis absoluta oder vis compulsiva, der Tatbestand ist erfüllt. Die Unterscheidung der Gewaltformen kann hingegen bedeutsam werden zum Beispiel bei der räuberischen Erpressung nach § 255 StGB, dort scheidet unter Umständen die vis absoluta als Gewaltform aus (vgl. dazu *Schwabe,* Strafrecht BT 2, Fälle 6–11). In der Klausur zur Nötigung nach § 240 StGB gibt es aus diesem Grund nur einen kleinen Sonderpunkt, wenn man zum Verhalten des Täters dann die entsprechend richtige (!) Bezeichnung hinschreibt, etwa:

»A fesselte den B und verübte aufgrund der so vollzogenen Ausschaltung der Willensbetätigung absolute Gewalt gegenüber seinem Opfer.«

Wie gesagt, das muss man so nicht hinschreiben, insbesondere, wenn man sich nicht sicher ist, ob es jetzt ***vis absoluta*** oder ***vis compulsiva*** ist, spart man sich diese Erklärung besser und sagt einfach, dass es sich um eine Form von Gewalt im Sinne des § 240 Abs. 1 StGB handelt, und Schluss. Kein Drama.

Gutachten

R könnte sich dadurch, dass er auf der Fahrbahn Platz nahm und damit den A zum Anhalten zwang, wegen Nötigung gemäß § 240 Abs. 1 StGB strafbar gemacht haben.

Objektiver Tatbestand:

R muss den A mit Gewalt oder Drohung mit einem empfindlichen Übel zu einer Handlung, Duldung oder Unterlassung genötigt haben.

1.) Als Nötigungsmittel kommt im vorliegenden Fall lediglich die Gewalt in Betracht, R hat niemandem gedroht. Gewalt ist jedes Mittel, mit dem auf den Willen oder das Verhalten eines anderen durch ein gegenwärtiges empfindliches Übel eine Zwangswirkung ausgeübt wird. Fraglich ist, ob das schlichte Hinsetzen auf die Fahrbahn in Verbindung mit der beim Opfer A erzielten Wirkung des Anhaltens seines Fahrzeugs unter die genannte Definition der Gewalt subsumiert werden kann. Dafür spricht zunächst, dass auch die schlichte körperliche Anwesenheit als Mittel zur Erzwingung fremden Verhaltens geeignet ist. Dies zeigt sich deutlich am hier zu entscheidenden Fall, A wird durch das Hinsetzen gezwungen anzuhalten. Des Weiteren ist beachtlich, dass das durch R erzwungene Anhalten auf der Autobahn als Zwangswirkung mit einem empfindlichen Übel seitens des Opfers betrachtet werden kann. A muss sein Fahrzeug gegen seinen Willen auf der Autobahn anhalten, will er den R nicht verletzen. Unter Berücksichtigung dessen könnte das Verhalten des R, gekoppelt mit der bei A erzielten Wirkung, als Gewalt im Sinne des § 240 Abs. 1 StGB qualifiziert werden.

Diese Auslegung des Gewaltbegriffs aus § 240 Abs. 1 StGB begegnet indessen möglicherweise verfassungsrechtlichen Bedenken, namentlich kommt ein Verstoß gegen das aus Art. 103 Abs. 2 GG resultierende Bestimmtheitsgebot in Betracht. Das Bestimmtheitsgebot fordert, dass Straftatbestände zulasten des Täters nicht weiter ausgelegt werden dürfen, als es der Wortsinn der Norm gestattet. Dieses Gebot folgt aus dem Umstand, dass für den Bürger bei der Beachtung der gesetzlichen Vorschriften absehbar sein muss, wann strafrechtlich relevantes Verhalten vorliegt. Gemessen an diesen Grundsätzen ist im vorliegenden Fall zunächst festzustellen, dass der Begriff der Gewalt nach herkömmlichem Sprachgebrauch auf der Seite des Ausübenden die Entfaltung – wenigstens geringer – körperlicher Kraft erfordert. Auf Seiten des Opfers versteht sich der Gewaltbegriff darin, dass ein körperlich wirkender Zwang erreicht werden muss; lediglich psychisch vermittelter Zwang, beispielsweise Angst oder sonstige rein seelisch begründete Zwangswirkungen, genügen nicht zur Erfüllung des Gewaltbegriffes.

Vorliegend wendet R durch das Hinsetzen auf die Fahrbahn nur minimalste körperliche Kraft auf; sie beschränkt sich auf die Bewegung zum entsprechenden Ort – der Autobahn – und dem Verweilen am ausgesuchten Platz. Es handelt sich hierbei um eine Form der schlichten körperlichen Anwesenheit. Die Wirkung beim Opfer manifestiert sich demgegenüber in einer rein seelisch begründeten Zwangslage; A hält seinen Wagen an, weil er R nicht verletzen oder gar töten will. Dies zeitigt einen psychisch determinierten Prozess, begründet aber keine körperliche Zwangswirkung. Damit ergibt sich, dass die Kombination aus minimalster körperlicher Kraftentfaltung seitens des Täters und rein seelisch begründeter Zwangswirkung beim Opfer gegeben ist. Eine solche Verbindung aber kann nicht unter das Merkmal der Gewalt im Sinne des § 240 Abs. 1 StGB subsumiert werden, ohne das von Art. 103 Abs. 2 GG geforderte Bestimmtheitsgebot zu verletzen. Diese Auslegung würde die Wortgrenze der Vorschrift unzulässigerweise überspannen und dem Bürger die Anwendung der Norm gänzlich unverständlich erscheinen lassen.

Mithin ist der vorliegende Sachverhalt nicht unter den Gewaltbegriff des § 240 Abs. 1 StGB zu fassen. R hat durch das schlichte Hinsetzen auf die Fahrbahn, mit dem der Autofahrer A zum Anhalten gezwungen wurde, keine Gewalt ausgeübt. Es fehlt somit am ersten Merkmal der Nötigung.

Ergebnis: R hat sich durch seine Sitzblockade gegenüber A nicht wegen Nötigung gemäß § 240 Abs. 1 StGB strafbar gemacht.

R könnte sich aber durch das Besetzen der anderen Fahrbahn wegen Nötigung der 250 Fahrer nach § 240 Abs. 1 StGB strafbar gemacht haben.

Objektiver Tatbestand:

R muss die 250 Fahrer mit Gewalt oder Drohung mit einem empfindlichen Übel zu einer Handlung, Duldung oder Unterlassung genötigt haben.

1.) Als Nötigungsmittel kommt auch hier lediglich die Gewalt in Betracht; R hat niemandem gedroht. Gewalt ist jedes Mittel, mit dem auf den Willen oder das Verhalten eines anderen durch ein gegenwärtiges empfindliches Übel eine Zwangswirkung ausgeübt wird. Fraglich ist auch hier, ob das schlichte Hinsetzen auf die Fahrbahn in Verbindung mit der bei den Opfern erzielten Wirkung des Anhaltens ihrer Fahrzeuge unter die genannte Definition der Gewalt subsumiert werden kann. Grundsätzlich gelten zunächst die Ausführungen von soeben mit der Konsequenz, dass hinsichtlich des ersten Fahrers des Staus keine Gewalt im Sinne des § 240 Abs. 1 StGB vorliegt. Es fragt sich aber, ob nicht in Bezug auf die dahinter platzierten Fahrzeuge bzw. deren Fahrer nicht eine andere Beurteilung angezeigt ist. Es ist oben festgestellt worden, dass die Verbindung schlichter körperlicher Anwesenheit seitens des Täters mit rein seelischer Zwangslage für den Gewaltbegriff des § 240 Abs. 1 StGB nicht ausreicht. Insoweit folgt dies aus dem Bestimmtheitsgebot aus Art. 103 Abs. 2 GG, das eine Auslegung einer Strafnorm zulasten des Täters am Wortsinn begrenzt. Die eben benannte Kombination von Täter- und Opferseite trifft indessen für die hinter dem ersten Fahrer stehenden Fahrzeuge nicht zu. Beachtlich ist Folgendes: Die Fahrzeuge bzw. Fahrer, die sich hinter dem ersten Wagen befinden, unterliegen nicht einem rein psychischen Zwang. Vielmehr sind sie durch die übrigen Fahrzeuge eingeschlossen und könnten, selbst wenn sie wollten, ihren Standort nicht verlassen. Es handelt sich hierbei somit nicht nur um eine psychische, sondern um eine physische Zwangswirkung, ausgelöst durch die Blockade des R. Lediglich der erste Fahrer könnte unter Überwindung seiner seelischen Zwangslage tatsächlich weiterfahren. Dies aber ist für die übrigen Fahrer nicht möglich. Mithin wirkt der von R ausgelöste Zwang für die 249 hinter dem ersten Fahrzeug stehenden PKWs bzw. deren Fahrer körperlich. Ein beim Opfer körperlich wirkender Zwang aber kann ohne Verletzung des Bestimmtheitsgebotes als Gewalt im Sinne des § 240 Abs. 1 StGB gewertet werden. R hat Gewalt gegenüber den 249 Fahrern ausgeübt.

2.) Diese Fahrer hat R zum 20-minütigen Verweilen auf den Plätzen gezwungen und mithin zu einer Unterlassung des Weiterfahrens genötigt.

Der objektive Tatbestand des § 240 Abs. 1 StGB liegt vor.

Rechtswidrigkeit:

1.) Rechtfertigungsgründe sind im vorliegenden Fall nicht ersichtlich.

2.) Zu prüfen ist indessen, ob die Rechtswidrigkeit auch unter Berücksichtigung des § 240 Abs. 2 StGB bejaht werden kann. Die Rechtswidrigkeit nach § 240 Abs. 2 StGB liegt dann vor, wenn die Anwendung der Gewalt oder der Drohung zu dem angestrebten Zweck als verwerflich anzusehen ist; zu prüfen ist die sogenannte »Zweck-Mittel-Relation«.

a) Insoweit ist zunächst festzustellen, dass das Hinsetzen auf die Fahrbahn als Nötigungsmittel, um die Fahrer zum Anhalten zu zwingen, als Nötigungserfolg verwerflich im soeben benannten Sinne ist. Autofahrer dürfen auf der Fahrbahn nicht durch absichtliches Hinsetzen einer Person angehalten werden.

b) Es fragt sich aber, inwieweit das von R quasi entfernt verfolgte Ziel, nämlich die Aufmerksamkeit auf die Umweltzerstörung zu lenken, im Rahmen des § 240 Abs. 2 StGB bereits Berücksichtigung finden muss.

Insoweit ist jedoch zu beachten, dass sich aus der Funktion der Verwerflichkeitsklausel des § 240 Abs. 2 StGB ergibt, dass der darin angestrebte »Zweck« nichts anderes sein kann, als das in Abs. 1 des § 240 StGB genannte »Handeln, Dulden oder Unterlassen« als das Ziel der Zwangsausübung. Fernziele, also die quasi dahinter stehende Motivation des Täters, können aus diesem Grund an dieser Stelle keine Berücksichtigung finden. Das Gesetz knüpft für den Ausschluss der Rechtswidrigkeit grundsätzlich an objektive Kriterien an (z.B. in § 32 StGB). Soweit hier auch subjektive Elemente gefordert werden, wie etwa der Notwehrwille, handelt es sich um eine Beschränkung der Rechtfertigungsmöglichkeit, nicht aber wie bei § 240 Abs. 2 StGB um eine Erweiterung. Tatsächlich gibt es gar keine objektivierbaren Beurteilungsmaßstäbe für die Bewertung von Fernzielen. Die politische Überzeugung des Täters darf keiner inhaltlichen Kontrolle unterworfen werden. Begnügt man sich nämlich mit allgemeinen Kategorien wie »Frieden«, »Menschenrechte« oder »Umweltschutz«, wird es kaum ein Anliegen geben, das sich nicht unter eines der die Öffentlichkeit berührenden Themen stellen lässt und demnach die Rechtswidrigkeit ausschließen würde. Die Fernziele der Demonstranten dürfen mithin nicht bei der Zweck-Mittel-Relation im Rahmen der Prüfung des § 240 Abs. 2 StGB berücksichtigt werden; sie können nur bei der Strafzumessung Einfluss haben. R handelte folglich insgesamt rechtswidrig, als er sich auf die Fahrbahn setzte.

Schuld:

R handelte schuldhaft; Schuldausschließungsgründe sind nicht erkennbar.

Ergebnis: R hat sich wegen Nötigung gemäß § 240 Abs. 1 StGB in 249 Fällen strafbar gemacht. Im Rahmen der Strafbemessung kann das Gericht das Anliegen des R, auf die Umweltzerstörung aufmerksam zu machen, strafmildernd berücksichtigen.

3. Abschnitt

Die Beleidigungsdelikte

→ §§ 185 ff. StGB

Fall 8

Beim Zahnarzt

Zahnarzt-Hasser A sitzt auf dem Behandlungsstuhl von Dr. Z und erwartet das Abschleifen eines Schneidezahnes. Als Z die erste Spritze in den Gaumen des A setzt, verliert A die Beherrschung. In Rage beschimpft er den Z als *»geldgeilen, unfähigen Schlächter«*, der nach der Behandlung noch *»die Rechnungen fingiere, um doppeltes Salär zu kassieren«*. Im Übrigen sei er *»wie alle deutschen Zahnärzte«* ein *»Pfuscher und kapitalistischer Halsabschneider«*. A steht auf und verlässt wütend das Behandlungszimmer. Auf dem Weg aus der Praxis macht er noch einen kurzen Abstecher in den Warteraum und erklärt den dort sitzenden sieben Patienten, er solle ihnen von Z ausrichten, sie müssten sich noch eine Weile gedulden, weil er (Z) jetzt erst mal in Ruhe seine Sprechstundenhilfe befummeln wolle.

Als Z die ganze Geschichte am Abend seinem Kollegen K erzählt, fühlt der sich sofort beleidigt und stellt am nächsten Morgen zusammen mit Z bei der Staatsanwaltschaft Strafantrag gegen A wegen aller in Betracht kommenden Delikte.

Strafbarkeit des A in Bezug auf Z und K?

Schwerpunkte: Beleidigung nach § 185 StGB; Abgrenzung zur üblen Nachrede und zur Verleumdung gemäß den §§ 186, 187 StGB; Tatbestandsaufbau des § 187 StGB; Abgrenzung Tatsache / Werturteil; Kreditgefährdung als Vermögensdelikt bei § 187 StGB; Qualifikation der Verleumdung nach § 187, 2. Halbsatz StGB; Voraussetzungen der Beleidigung unter einer Kollektivbezeichnung.

Lösungsweg

I. Strafbarkeit des A in Bezug auf Z:

Das Schimpfen im Behandlungszimmer

§ 185 StGB (Beleidigung)

I. Tatbestand (A: objektiv):

Durch seine Äußerungen kann A gegenüber Z den Beleidigungstatbestand aus § 185 StGB erfüllt haben, wenn hierin eine ***Kundgabe von Missachtung oder Nichtachtung*** zu sehen ist (BGHSt **1**, 288; BGHSt **16**, 83; BVerfG NJW **2007**, 1194).

Beachte: Diese Formulierung ***muss*** in jede Beleidigungsklausur, da sie der kleinste gemeinsame Nenner der unzähligen Formen der Definition der Beleidigung ist und 100% ig auf dem Lösungsblatt des Korrektors steht (BGHSt **1**, 288; *Fischer* § 185 StGB Rz. 4; S/S-*Lenckner/Eisele* § 185 StGB Rz. 2; *Lackner/Kühl* § 185 StGB Rz. 3; *Wessels/Hettinger* BT 1 Rz. 508).

Hinsichtlich der Begehungsform, also der Tathandlung, kommen unterschiedliche Varianten in Betracht: Regelmäßig wird eine Beleidigung durch die Äußerung einer Person begangen, und diese Äußerung kann dann entweder in mündlicher oder in schriftlicher Form erfolgen. Daneben gibt es aber auch noch die Möglichkeit, einen anderen in ***tätlicher Form*** zu beleidigen, darunter fallen die sogenannten »symbolischen Handlungen« (Vogel zeigen, Stinkefinger usw.), unsittliche Handlungen (Befummeln von Hintern oder Brüsten; bezgl. des Glotzens über die Toilettenwand, vgl. instruktiv BGH NStZ-RR **2005**, 140; ebenfalls schmuddelig und schön lesbar OLG Bamberg in NStZ **2007**, 96) und schließlich auch die klassischen Tätlichkeiten wie etwa Ohrfeigen oder auch Spucken ins Gesicht (Einzelheiten bei *Wessels/Hettinger* BT 1 Rz. 508; *Fischer* § 185 StGB Rz. 9).

Wir werden uns hier mit der häufigsten Form der Beleidigung, nämlich der mündlichen Äußerung befassen. Und um die zu verstehen und den gesamten Bereich der §§ 185–187 StGB besser oder überhaupt in den Griff zu bekommen, schauen wir uns gleich zu Beginn eine bedeutsame Unterteilung an, nämlich:

> Bei der Untersuchung der §§ 185–187 StGB spielt die Abgrenzung zwischen ***Tatsache*** und ***Werturteil*** (Meinungsäußerung) eine wichtige Rolle. Insoweit sei an dieser Stelle bereits vorweggenommen, dass für die §§ 186, 187 StGB nur ***Tatsachenbehauptungen*** als Tathandlung in Betracht kommen, während eine einfache Beleidigung nach § 185 StGB sowohl durch eine Tatsachenbehauptung als auch durch ein Werturteil begangen werden kann. Tatsachen unterscheidet man von Werturteilen relativ einfach anhand der ***Beweisfähigkeit***, also der Frage, ob die aufgestellte Behauptung dem Beweis zugänglich, quasi *nachprüfbar* ist (*Wessels/Hettinger* BT 1 Rz. 492).

Zum Fall: Das gerade Gesagte wenden wir jetzt mal an und überprüfen, inwieweit A den Z durch Tatsachenbehauptungen und/oder Werturteile beleidigt, ihm also die Miss- bzw. Nichtachtung kundgetan hat.

a) Die Anrede als »*geldgeiler, unfähiger Schlächter*« spricht dem Z die Fähigkeit ab, seinen Beruf vernünftig auszuüben und lässt sich in dieser Form daher zwanglos als Kundgabe der Missachtung seiner Persönlichkeit subsumieren (BayObLG NJW **2005**, 1291; KG NJW **2005**, 2872; S/S-*Lenckner/Eisele* § 185 StGB Rz. 2; *Fischer* § 185 StGB Rz. 9; *Lackner/Kühl* § 185 StGB Rz. 5; vgl. aber auch BVerfG NJW **2009**, 749 zur Anrede »**Dummschwätzer**«). Hierbei handelt es sich um ein Werturteil, da diese Behauptungen einer Nachprüfung ***nicht*** zugänglich sind. Und hierunter fällt dann des Weiteren auch die Bezeichnung als »Pfuscher und kapitalistischer Halsabschneider«, die in jedem Falle auf Z persönlich bezogen ist und diesem wiederum Unvermögen bezüglich seines Berufes als auch ein ungesundes Gewinnstreben anträgt; auch dies ist ***nicht*** nachprüf- bzw. beweisbar und mithin ein Werturteil (Meinungsäußerung).

ZE.: Durch die Werturteile »geldgeiler unfähiger Schlächter« sowie »Pfuscher und kapitalistischer Halsabschneider« hat A gegenüber Z seine Miss- und Nichtachtung kundgetan und ihn folglich objektiv tatbestandsmäßig beleidigt im Sinne des § 185 StGB.

b) Das Vorhalten der *fingierten Rechnungen* hingegen ist kein Werturteil, sondern eine Behauptung von ***Tatsachen*** (nachprüfbar!).

Aber: Damit Tatsachenbehauptungen den Beleidigungstatbestand erfüllen können, müssen diese Tatsachenbehauptungen zunächst einmal »ehrenrührig« sein (S/S-*Lenckner/Eisele* § 185 StGB Rz. 1; *Wessels/Hettinger* BT 1 Rz. 493). Und das heißt, die Behauptungen müssen dem Betroffenen den sittlichen, personalen oder sozialen Geltungswert absprechen. Unserem Z wirft der A hier vor, er kassiere mit fingierten Rechnungen doppeltes Salär. Ein solches Verhalten wäre rechtswidrig (§ 263 StGB), unsittlich und spricht dem Z daher den sozialen und sittlichen Geltungswert ab (S/S-*Lenckner/Eisele* § 185 StGB Rz. 2).

Aufgepasst: Bei einer Tatsachenbehauptung, die man gegenüber dem Betroffenen selbst abgibt, muss die behauptete Tatsache im Rahmen des § 185 BGB nach herrschender Meinung nicht nur ehrenrührig, sondern zusätzlich auch noch ***unwahr*** sein (*Lackner/Kühl* § 185 StGB Rz. 2; *Wessels/Hettinger* BT 1 Rz. 513; S/S-*Lenckner/Eisele* § 185 StGB Rz. 1). Die Unwahrheit der Tatsache ist im Rahmen des § 185 StGB ein ***objektives Tatbestandsmerkmal***, was sehr beachtliche Konsequenzen für die Fall-Lösung hat, denn: Da wir die Unwahrheit im objektiven Tatbestand prüfen und folglich auch feststellen müssen, gehen Beweisschwierigkeiten nach dem Grundsatz »in dubio pro reo« hier zugunsten des Angeklagten (OLG Köln NJW **1964**, 2121; *Fischer* § 186 StGB Rz. 12; *Lackner/Kühl* § 185 StGB Rz. 11). Konkret heißt das, dass bewiesen sein muss, dass die vom Täter behauptete Tatsache unwahr ist und, dass der Täter um diese Unwahrheit auch wusste, sie wenigstens aber billigend in Kauf genommen hat (OLG Koblenz MDR **1977**, 864; *Wessels/Hettinger* BT 1 Rz. 513; *Geppert* in Jura 1983, 587; S/S-*Lenckner/Eisele* § 185 StGB Rz. 6).

Wenn wir das mal konsequent auf unseren Fall übertragen, müsste zur Bestrafung des A wegen einer unwahren Tatsachenbehauptung aus § 185 StGB feststehen, dass der Z keine Rechnungen fingiert hat, um doppelte Kohle zu kassieren. Zumindest müsste das Gericht eine entsprechende Prüfung vornehmen. In der Klausurbearbeitung hat man als Kandidat deshalb streng darauf zu achten, welche entsprechenden Hinweise der Sachverhalt gibt. Und wir wollen diese Konsequenz, auch wenn es sich vorliegend komisch anfühlt, in unserem Fall durchhalten und hier zugunsten des A annehmen, dass die Unwahrheit seiner Behauptungen nicht erwiesen ist und folglich eine Bestrafung wegen unwahrer Tatsachenbehauptung nach § 185 StGB ausscheidet.

Wie gesagt, in der Klausur oder Hausarbeit sollte man den Sachverhalt insoweit genau beachten und in jedem Falle, egal, welche Lösung man wählt, dem Prüfer mitteilen, dass man die Regeln, die bei § 185 StGB hinsichtlich der Wahrheit der behaupteten Tatsache gelten (vgl. soeben), kennt.

ZE.: Durch das Beschimpfen des Z im Behandlungszimmer hat A den Z mittels einer Meinungsäußerung bzw. eines Werturteils objektiv beleidigt gemäß § 185 StGB.

Erg.: Der subjektive Tatbestand, die Rechtswidrigkeit **(II.)** und auch die Schuld **(III.)** stoßen vorliegend nicht mehr auf Bedenken mit der Konsequenz, dass sich A durch seine Schimpfkanone im Behandlungszimmer wegen Beleidigung des Z aufgrund von Werturteilen gemäß § 185 StGB strafbar gemacht hat.

Die Erklärung im Wartezimmer gegenüber den Patienten

§ 185 StGB (Beleidigung des Z)

Vorab: Wir haben oben gelernt, dass man eine Beleidigung sowohl durch Werturteile als auch durch die Äußerung ehrenrühriger unwahrer Tatsachen begehen kann. Das war die erste Einteilung. Jetzt kommt eine zweite wichtige Unterteilung dazu, nämlich:

> Eine Beleidigung kann man nicht nur dadurch begehen, dass man die Kundgabe der Missachtung oder Nichtachtung gegenüber dem Betroffenen ***selbst*** vornimmt. Dies ist vielmehr auch möglich durch eine Erklärung über den Betroffenen ***gegenüber Dritten***. Hier muss man allerdings sehr genau hinschauen: Erklärungen über eine Person gegenüber Dritten werden nämlich grundsätzlich von den §§ 186 und 187 StGB erfasst (bitte das Gesetz lesen). Indessen gilt dies nur dann, wenn es sich um ***Tatsachenbehauptungen*** handelt. Bitte unterstreiche im Gesetzestext der §§ 186, 187 StGB jeweils das Wort »Tatsache«. Aus dem Umstand, dass Tatsachenbehauptungen über einen anderen gegenüber Dritten von den §§ 186, 187 StGB erfasst werden, folgt nun, dass die Beleidigung eines anderen gegenüber Dritten nur noch durch Werturteile oder Meinungsäußerungen möglich ist (S/S-*Lenckner/Eisele* § 185 StGB Rz. 1; *Lackner/Kühl* § 185 StGB Rz. 2; *Krey/Heinrich* BT 1 Rz. 390). Ansonsten – also bei Tatsachenbehauptungen gegenüber Dritten – kommen allein die §§ 186, 187 StGB in Betracht. Merken.

In unserem Fall hängt eine mögliche Strafbarkeit nach § 185 StGB durch die Aussagen gegenüber den Patienten somit davon ab, ob es sich um Tatsachenbehauptungen oder aber um ein Werturteil bzw. eine Meinungsäußerung handelt. Wenn es eine Tatsachenbehauptung ist, scheidet § 185 StGB aus, dafür sind dann die §§ 186 und 187 StGB zuständig; ist es hingegen ein Werturteil, kommt § 185 StGB in Betracht, denn Werturteile werden von den genannten Vorschriften der §§ 186, 187 StGB nicht erfasst.

Feinkost: Bezüglich der Abgrenzung der Tatsachenbehauptung vom Werturteil ist hinsichtlich der oben schon benannten »Beweisbarkeit« zum einen der objektive Erklärungswert und zum anderen der Vorsatz des Täters maßgeblich (BGHSt **6**, 159; **12**, 287; BayObLG NStZ **2005**, 215: BayObLG NJW **2005**, 1291; *Krey/Heinrich* BT 1 Rz. 393). Hierbei ist zu beachten, dass bei einer ehrenrührigen Tatsachenbehauptung regelmäßig auch Werturteile aus dieser Behauptung selbst erwachsen können. Diese aus der Tatsachenbehauptung erwachsenen Urteile reichen indessen ***nicht*** für ein selbstständig strafbares Verhalten nach § 185 StGB (BGHSt **12**, 287; S/S-*Lenckner/Eisele* § 186 StGB Rz. 4; *Wessels/Hettinger* BT 1 Rz. 505; *Krey/Heinrich* BT 1 Rz. 393). Hier bleibt es bei einer Tatsachenbehauptung. Werturteil und Tatsachenbehauptung können aber dann zusammentreffen und auch parallel strafbar sein nach § 185 und § 186 bzw. § 187 StGB, wenn beide zwar gemeinsam, gleichwohl aber unabhängig voneinander abgegeben werden, zum **Beispiel:**

A erklärt gegenüber B: »*Der C hat gestern meinen Wagen zerkratzt und ist im Übrigen sowieso ein Mistkerl, der jeden beklauen würde, wenn er dazu nur die Möglichkeit hätte.*«

Hier hat A zum einen eine Tatsachenbehauptung aufgestellt (Auto zerkratzt), des Weiteren aber von dieser Behauptung unabhängig noch ein Werturteil über C abgelassen (Mistkerl). Und deshalb käme grundsätzlich eine Strafbarkeit sowohl nach § 186 StGB (oder § 187 StGB) als auch nach § 185 StGB in Betracht (BayObLG NStZ **2005**, 215; S/S-*Lenckner/Eisele* § 186 StGB Rz. 21).

Zum Fall: Gegenüber den Patienten behauptet A eine ***Tatsache***, nämlich dass Z ihn beauftragt habe, ihnen mitzuteilen, dass Z jetzt erst mal in Ruhe seine Sprechstundenhilfe befummeln wolle und sie sich daher gedulden müssten. In dieser Tatsachenbehauptung liegt zwar zusätzlich noch ein Werturteil über den Z, indessen ergibt sich dieses Werturteil aus der Tatsachenbehauptung selbst, steht also ***nicht*** unabhängig davon. Und nach dem oben Gesagten bedeutet dies, dass hier eine Strafbarkeit wegen Beleidigung nicht in Betracht kommt, denn es fehlt an einem selbstständig geäußerten Werturteil. Es verbleibt nur die Tatsachenbehauptung, und diese beurteilt sich im vorliegenden Fall mithin nun ausschließlich nach den §§ 186, 187 StGB.

Erg.: Eine Strafbarkeit nach § 185 StGB wegen Beleidigung des Z aufgrund der Erklärung gegenüber den Patienten im Wartezimmer scheidet folglich aus.

§ 187 StGB (Verleumdung)

Vorab: Neben dem eben schon geschilderten Unterschied zwischen § 185 StGB und den §§ 186, 187 StGB sollte man zum besseren Verständnis kurz noch einen Blick auf die ***Schutzrichtung*** der Vorschriften werfen.

§ 185 BGB betrifft die Kundgabe ***eigener*** Missachtung bzw. Nichtachtung. Das heißt, bei dieser Norm wird die Kundgabe der durch den Täter geäußerten Missachtung bzw. Nichtachtung des Opfers bestraft. Demgegenüber funktionieren die §§ 186 und 187 StGB anders, nämlich: Die §§ 186, 187 StGB sanktionieren, dass der Täter eine ***fremde*** Missachtung – des Opfers – durch Dritte ermöglicht. Das heißt, der Täter gibt durch seine Handlung den Auslöser dafür, dass Dritte das Opfer nunmehr missachten (könnten). Diese Normen setzen daher auch immer voraus *(»in Beziehung auf einen anderen«)*, dass die Tathandlung gegenüber mindestens einem Dritten erfolgt, selbst wenn das Opfer dabei ist (*Wessels/Hettinger* BT 1 Rz. 490). Merken.

Anhand dessen erklärt sich jetzt auch der oben schon erwähnte Umstand, dass die §§ 186, 187 StGB immer nur Tatsachenbehauptungen und keine Werturteile betreffen, denn: So richtig prima schaden und hintenherum Stimmung gegen das Opfer machen kann man am besten dadurch, dass man irgendwelche Tatsachenbehauptungen aufstellt. Ein Satz wie *»der Abteilungsleiter ist ein geiler Bock«* (= Werturteil) haut keinen wirklich vom Hocker; demgegenüber wird der Satz *»gegen den Abteilungsleiter lief schon mal ein Verfahren wegen sexueller Nötigung«* (= Tatsachenbehauptung) ganz andere Wirkung bei den Mitarbeitern der Firma auslösen. Und genau das hat der Gesetzgeber auch gesehen und deshalb die Anwendung der §§ 186, 187 StGB auf Tatsachenbehauptungen beschränkt (zum ganzen vgl. S/S-*Lenckner/Eisele* § 186 StGB Rz. 1). Bei Werturteilen bleibt dann lediglich die Beleidigung nach § 185 StGB.

Zurück zu unserem Fall und der Verleumdung des Z:

I. Tatbestand (A: objektiv):

Erforderlich ist zunächst, dass A in Beziehung auf einen anderen eine unwahre Tatsache behauptet oder verbreitet hat (Gesetz lesen). Hier erklärt A gegenüber den Patienten in Beziehung auf Z, dass dieser ihnen durch A ausrichten lasse, er wolle jetzt erst einmal in Ruhe seine Sprechstundenhilfe befummeln. Dies ist fraglos eine unwahre Tatsachenbehauptung in Beziehung auf einen anderen, denn unser Z hat den A **nicht** beauftragt, irgendwelche – und schon gar nicht diese – Erklärungen gegenüber den Patienten abzugeben.

Durchblick (schwer!): Bitte beachte, dass bei § 187 StGB die Unwahrheit der Tatsachenbehauptung – ebenso wie bei § 185 StGB – ***objektives Tatbestandsmerkmal,*** hingegen bei § 186 StGB lediglich eine »objektive Bedingung der Strafbarkeit« ist (*Lackner/Kühl* § 186 StGB Rz. 1). Das heißt, dass bei § 187 StGB und bei § 185 StGB zur Verurteilung des Täters die Unwahrheit bewiesen feststehen muss, während wenn bei § 186 StGB an der Wahrheit Zweifel bestehen, der Täter (!) das Beweisrisiko – nicht die Beweislast! – trägt (*Lackner/Kühl* § 186 StGB Rz. 7a, *Fischer* § 186 StGB Rz. 8). Und das bedeutet, dass der Täter bei § 186 StGB nur dann der Verurteilung entgeht, wenn die Wahrheit der behaupteten Tatsache durch die gerichtliche Beweisaufnahme bewiesen wird. Ein Misslingen dieses Beweises geht hier – entgegen dem Grundsatz in dubio pro reo! – zulasten des Täters (*Fischer* § 186

StGB Rz. 3). Wird die Tatsache indes als wahr bewiesen, ist dieser Beweis dann ein ***Strafausschließungsgrund*** für den Täter (S/S-*Lenckner/Eisele* § 186 StGB Rz. 10). Bitte beachte insoweit noch, dass die eben bezeichnete »**objektive Bedingung der Strafbarkeit**« aus § 186 StGB, also die Nichterweislichkeit der behaupteten Tatsache, ein sogenannter »**Tatbestandsannex**« ist und im Fallaufbau im Anschluss an den Tatbestand – also vor der Rechtswidrigkeit – geprüft wird (*Wessels/Beulke/Satzger* AT Rz. 861). Es ist aber kein objektives Tatbestandsmerkmal und muss folglich auch ***nicht*** vom Vorsatz umfasst sein.

Zurück zum Fall: Die von A aufgestellte unwahre Tatsachenbehauptung muss geeignet sein, den Z verächtlich zu machen und in der öffentlichen Meinung herabzuwürdigen. Hierbei sollte man übrigens wissen, dass diese beiden gerade genannten Formulierungen nicht notwendig voneinander abgegrenzt werden müssen, sie erfassen beide den Ehrbegriff in allen seinen Aspekten (S/S-*Lenckner/Eisele* § 186 StGB Rz. 5; *Fischer* § 186 StGB Rz. 13; LK/*Herdegen* § 186 StGB Rz. 10). Die Erklärung des A unterstellt dem Z, dass dieser während seiner Behandlungszeit Patienten warten lässt, weil er mit seiner Sprechstundenhilfe zugange ist. Ein solches Verhalten spricht dem Z eine schlechte Berufsauffassung zu und ist daher geeignet, ihn verächtlich zu machen und in der öffentlichen Meinung herabzuwürdigen.

Feinkost: Des Weiteren kommt hier aber auch noch die lediglich in § 187 StGB genannte »Kreditgefährdung« in Betracht. Hierbei handelt es sich um ein ***Vermögensdelikt*** (!), das logischerweise demnach nicht die Ehre, sondern das Vermögen des Betroffenen schützt (*Fischer* § 187 StGB Rz. 2). Mit »**Kredit**« ist hier gemeint das Vertrauen, das jemand hinsichtlich der Erfüllung seiner vermögensrechtlichen Verbindlichkeiten genießt (*Lackner/Kühl* § 187 StGB Rz. 2). Und das kann und muss man in unserem Fall durchaus als gefährdet ansehen (verletzt sein muss es nicht – abstraktes Gefährdungsdelikt), denn wenn der Zahnarzt seine Patienten warten lässt, um seine Sprechstundenhilfe zu befummeln, ist das sicher geeignet, die Vertragserfüllung seitens des Zahnarztes in Frage zu stellen bzw. das Vertrauen insoweit zu erschüttern. A hat folglich mit seiner Erklärung gegenüber den Patienten auch eine Kreditgefährdung des Z im Sinne des § 187 StGB begangen. Und da die Schutzrichtung der beiden Varianten des § 187 StGB, also einmal Ehrverletzungs- und einmal Vermögensdelikt, jeweils eine andere ist, besteht zwischen beiden Alternativen – wenn die übrigen Voraussetzungen der Strafbarkeit vorliegen – sogar **Idealkonkurrenz** (S/S-*Lenckner/Eisele* § 187 StGB Rz. 8).

ZE.: A hat durch seine Erklärung im Wartezimmer sowohl die ehrverletzende als auch die vermögensrechtliche Variante des § 187 StGB objektiv tatbestandlich erfüllt.

B: Subjektiver Tatbestand:

Neben dem obligatorischen Vorsatz muss hier bezüglich der Unwahrheit der behaupteten Tatsache der Täter »wider besseres Wissen« handeln (bedingter Vorsatz reicht also nicht), was hier indessen fraglos gegeben ist.

Am Vorliegen der **Rechtswidrigkeit** und der **Schuld** bestehen keine Zweifel.

Erg.: Durch seine Erklärung im Wartezimmer hat sich A wegen Verleumdung gemäß § 187 StGB sowohl in Bezug auf die Ehre als auch auf das Vermögen des Z strafbar gemacht.

§ 187, 2. Halbsatz StGB (Qualifikation zu § 187, 1. Halbsatz StGB)

> **Merke:** Sowohl § 187 StGB als auch § 186 StGB hat in seinem zweiten Halbsatz jeweils eine ***Qualifikation*** zum ersten Halbsatz, wobei die öffentliche Behauptung und das Verbreiten von Schriften und die Versammlung (nur in § 187 StGB) genannt wird (bitte die Normen lesen).

Hier kam die »öffentliche« Kundgabe in Betracht, da A seine Erklärung immerhin gegenüber sieben im Wartezimmer sitzenden Patienten abgibt. ***Öffentlich*** ist eine Verleumdung dann, wenn sie von einem größeren, nach Zahl und Individualität unbestimmten oder durch nähere Beziehung nicht verbundenen Personenkreis unmittelbar wahrgenommen werden kann (OLG Hamm GA **80**, 223; KG JR **1984**, 249; MK/*Regge/Pegel* § 186 StGB Rz. 35; *Fischer* § 186 StGB Rz. 16; LK/*Herdegen* § 186 StGB Rz. 13; S/S-*Lenckner/Eisele* § 186 StGB Rz. 19).

Subsumtion: Da konnte man nun argumentieren und durchaus vertreten, dass die Patienten im Wartezimmer zwar zahlenmäßig festgemacht werden können (sieben Personen), indessen als »ohne nähere Beziehung verbundener Personenkreis« anzusehen sind und folglich die Qualifikationsmerkmale des § 187, 2. Halbsatz StGB erfüllt werden (KG JR **1984**, 249; *Lackner/Kühl* § 80 a StGB Rz 2). Insoweit böte sich als Argument noch an, dass die Zusammenkunft der Patienten in dieser Konstellation schlicht ***zufällig*** und daher auch als öffentlich zu beurteilen ist. Andererseits kann man sich auch auf den Standpunkt stellen, dass bei nur sieben Personen der Strafzweck dieser Qualifikation, nämlich die besondere Gefahr und Schädigung für das Opfer, noch nicht betroffen ist, sondern vielmehr eine unbestimmte und nicht individualisierte Zahl von Empfängern erfordert (S/S-*Lenckner/Eisele* § 186 StGB Rz. 19 oder *Lackner/Kühl* § 186 StGB Rz. 19).

Der Fall ist hier daher auch offen, sodass mit vernünftiger Begründung ***beide*** Ergebnisse vertreten werden können. Wichtig ist nur, dass das Problem überhaupt gesehen und dann mit Argumenten bewältigt wird (vgl. dazu das Gutachten unten).

Erg.: Je nach Geschmack und Begründung liegt also der qualifizierte Tatbestand der öffentlichen Verleumdung nach § 187, 2. Halbsatz StGB vor, oder eben nicht. Im zweiten Fall verbliebe dann – wie oben festgestellt – der Grundtatbestand der Verleumdung aus § 187, 1. Halbsatz StGB.

II. Strafbarkeit des A in Bezug auf K:

§ 185 StGB (Beleidigung)

Beachte zunächst: Als Kundgabe der Missachtung oder Nichtachtung des K kommt lediglich die Äußerung in Betracht, die A gegenüber Z auf ***alle*** deutschen Zahnärzte bezieht, also »Pfuscher und kapitalistische Halsabschneider«. Und nach sorgfältiger Beachtung der oben aufgestellten bzw. mitgeteilten Regeln kann dies lediglich nach § 185 StGB strafbar sein, denn es handelt sich bei dem von A getätigten Ausspruch nicht um eine Tatsachenbehauptung, sondern um ein Werturteil.

I. Tatbestand (A: objektiv):

Dass in der Äußerung des A eine Kundgabe der Missachtung liegt, steht außer Zweifel. Fraglich ist indessen, ob durch diese, dem Z gegenüber getätigte Aussage nun auch tatsächlich der K beleidigt ist. Das gleich aufzuschlüsselnde Problem nennt sich »Beleidigung einer Einzelperson unter einer Kollektivbezeichnung« und hat Folgendes zur Voraussetzung (S/S-*Lenckner/Eisele* vor § 185 StGB Rz. 7; *Wessels/Hettinger* BT 1 Rz. 472; SK/*Rudolphi/Rogall* vor § 185 StGB Rz. 11):

1.) Zum einen muss die bezeichnete Personengruppe sich deutlich aus der Allgemeinheit **hervorheben**, damit geprüft werden kann, ob die betroffene Person dieser Gruppe auch zugeordnet werden kann (*Wessels/Hettinger* BT 1 Rz. 473). Und das ist hier kein Problem, die »deutschen Zahnärzte« umschreiben einen solchen Personenkreis.

2.) Des Weiteren muss dieser Personenkreis aber auch ***zahlenmäßig überschaubar*** sein. Bevölkerungsteile, die sich nur nach Hunderttausenden oder gar Millionen bestimmen lassen, gehören hierzu nicht (BGHSt **11**, 207; **36**, 83; BayObLG NJW **1990**, 921).

Insoweit muss man hier dann sehen, dass die vorliegend zu untersuchende Bezeichnung »deutschen Zahnärzte« ebenso wie etwa »der deutsche Richterstand« (RGSt **1**, 292), »die Patentanwälte« (Bay ObLG NJW **1953**, 554), »die deutschen Offiziere« (RG LZ **1915**, 60), die »Spitze der Großbanken« (OLG Hamm DB **1980**, 1250), unter Umständen »die Polizei« (BayObLG NJW **1990**, 921) und sogar nur »die deutschen Ärzte« (RG JW **32**, 3113) nach allgemeiner Meinung zahlenmäßig bestimmbar in diesem Sinne sind (S/S-*Lenckner/Eisele* Vorbem. §§ 185 ff. StGB Rz. 7b/8). Man wird sich allerdings insoweit sicherlich fragen können, wo hier die Grenzen sind, denn andere ähnlich gelagerte Aufzählungen sollen dann wieder nicht zahlenmäßig überschaubar und folglich für den Beleidigungstatbestand nicht tauglich sein: So fallen z.B. »**die Akademiker**« oder »**die Katholiken**« bzw. »**die Protestanten**« wegen ihrer großen und in der Regel nicht fest bestimmbaren Zahl ***nicht*** mehr unter diese zahlenmäßig überschaubare Größe (*Wessels/Hettinger* BT 1

Rz. 473). Inwieweit auch »**die Soldaten**« zahlenmäßig überschaubar und deshalb einer Kollektivbeleidigung zugänglich sind, war höchst umstritten und ist vom Bundesverfassungsgericht im Jahre 1995 ziemlich bemerkenswert gelöst worden (BverfGE **93**, 266 = NStZ **1996**, 26): In dieser außerordentlich berühmten Entscheidung ging es um die Frage, ob die Behauptung »**Soldaten sind Mörder**« einzelne Bundeswehrsoldaten beleidigt im Sinne des § 185 StGB: Das BVerfG hat das verneint und entsprechende Urteile der Instanzgerichte aufgehoben und wegen Verstoßes gegen Art. 5 GG für ***verfassungswidrig*** erklärt mit folgender Begründung: Man müsse hier zwischen allen Soldaten der Welt und den Soldaten der Bundeswehr unterscheiden. Eine Beleidigung der Bundeswehrsoldaten sei nicht möglich, wenn nur allgemein von »**Soldaten**« gesprochen wird. Man könne dem Täter dann keine Beleidigung der Bundeswehrsoldaten in Deutschland unterstellen (vgl. dazu finden umfassend: *Schwabe*, »Lernen mit Fällen «, Staatsrecht II/Grundrechte, Fall Nr. 4 sowie *Krey/Heinrich* BT 1 Rz. 397a; *Kriele* in NJW 1994, 1879; *Fischer* § 193 StGB Rz. 17 m.w.N.).

3.) Damit sich nun auch jedes Mitglied der betroffenen Gruppe beleidigt fühlen kann und muss, muss sich die Äußerung dann tatsächlich auch auf ***alle*** diese Mitglieder der Gruppe beziehen. Und genau das ist bei den Pauschalurteilen in der Regel fragwürdig.

Denn: Erforderlich ist nach Ansicht des BGH (St **36**, 83) und auch der Literatur (S/S-*Lenckner/Eisele* vor § 185 StGB Rz. 7 oder *Krey/Heinrich* BT 1 Rz. 395), dass der Täter hier jedem Einzelnen seine Ehre absprechen bzw. ihn in seiner Ehre verletzen will. Dafür ist zwar nicht notwendig, dass der Täter jedes einzelne Mitglied der betroffenen Gruppe kennt (*Fischer* § 185 StGB Rz. 22). Indessen muss sich die Erklärung aus der Sicht des Täters tatsächlich an alle Betroffenen richten und geeignet sein, diese einzelnen Personen in ihrer persönlichen Ehre zu kränken.

Und daran scheitert es dann, wenn Behauptungen getätigt werden, die – auch für den Täter sichtbar – so, wie sie inhaltlich getätigt werden, nicht zutreffen können (*Krey/Heinrich* BT 1 Rz. 395). Gemeint sind Sätze wie »alle deutschen Ärzte sind Kurpfuscher« oder »alle deutschen Richter beugen das Recht« (ausdrücklich BGHSt **36**, 83, 87). In solchen Fällen kann sich mangels Bezug auf individualisierbare Personen auch niemand betroffen und beleidigt fühlen (BGH a.a.O., der dort aber die Soldaten der BW anders behandelt). Genau betrachtet fließt hier im objektiven Bereich der Tatbestandsprüfung schon ein subjektives Element ein, um den Tatbestand bereits an dieser frühen Stelle vernünftig einzuschränken (*Krey/Heinrich* BT 1 Rz. 395). Es wird also an dieser Stelle schon nach der Zielrichtung des Täters gefragt, also ob er wirklich alle beteiligten Personen der Gruppe persönlich beleidigen wollte. *Krey/Heinrich* sprechen insoweit vom »objektiven Erklärungswert« der Kundgabe (a.a.O.).

Zum Fall:

Unser A wollte augenscheinlich ***nicht*** jeden einzelnen Zahnarzt in Deutschland persönlich, sondern vor allem den Z beleidigen, was ihm ja auch gelungen ist. Seine

Erklärung entbehrt objektiv einer – soweit bei diesem Werturteil bzw. der Meinungsäußerung überhaupt möglich – realen Grundlage mit der Folge, dass eine Beleidigung anderer Zahnärzte als des Z durch diese Aussage nicht möglich ist (vgl. dazu BGHSt **36**, 83, 87 sowie *Krey/Heinrich* BT 1 Rz. 395).

Erg.: Durch die Aussage gegenüber Z, alle deutschen Zahnärzte seien Pfuscher und kapitalistische Halsabschneider, hat A den K nicht beleidigt. Eine Bestrafung aus § 185 StGB wegen Beleidigung des K scheidet mithin aus.

Gutachten

A könnte sich durch sein Verhalten im Behandlungszimmer wegen Beleidigung des Z nach § 185 StGB strafbar gemacht haben.

Objektiver Tatbestand:

Dann muss in den Äußerungen des A die Kundgabe der Miss- oder Nichtachtung des Z zu sehen sein.

1.) Die Anrede als »geldgeiler, unfähiger Schlächter« spricht dem Z die Fähigkeit ab, seinen Beruf vernünftig auszuüben und lässt sich in dieser Form daher als Kundgabe der Missachtung seiner Persönlichkeit subsumieren. Hierbei handelt es sich um ein Werturteil, diese Behauptungen sind einer Nachprüfung nicht zugänglich. Darunter fällt dann des Weiteren auch die Bezeichnung als »Pfuscher und kapitalistischer Halsabschneider«, die in jedem Falle auf Z persönlich bezogen ist und diesem wiederum Unvermögen bezüglich seines Berufes als auch ein ungesundes Gewinnstreben anträgt; auch dies ist nicht nachprüf- bzw. beweisbar und mithin ein Werturteil.

A hat den Z durch die getätigten Meinungsäußerungen objektiv gemäß § 185 StGB beleidigt.

2.) Hinsichtlich der Vorhaltungen, A fingiere Rechnungen, um anhand dieser Rechnungen dann doppeltes Salär zu kassieren, muss zunächst gesehen werden, dass es sich im Unterschied zum Vorherigen um eine Tatsachenbehauptung handelt. Solche Tatsachenbehauptungen müssen zum einen ehrenrührig und zum anderen auch unwahr sein, um den Tatbestand zu erfüllen.

Ehrenrührig bedeutet, die Behauptung muss dem Betroffenen den sittlichen, personalen oder sozialen Geltungswert absprechen. Dem Z wirft der A hier vor, er kassiere mit fingierten Rechnungen doppeltes Salär. Ein solches Verhalten wäre rechtswidrig (§ 263 StGB), unsittlich und spricht dem Z daher den sozialen und sittlichen Geltungswert ab. Fraglich ist indessen, ob die Unwahrheit der Tatsachenbehauptung vorliegend feststeht. Insoweit muss beachtet werden, dass die Unwahrheit objektives Tatbestandsmerkmal ist und mithin bewiesen feststehen muss, um zur Verurteilung des Täters zu gelangen. Davon aber kann mangels genauerer Angaben im Sachverhalt zulasten des Täters nicht ausgegangen werden. Hier muss vielmehr nach dem Grundsatz in dubio pro reo zugunsten des Täters entschieden werden.

A hat sich folglich wegen der Behauptung unwahrer Tatsachen nicht wegen § 185 StGB strafbar gemacht.

Subjektiver Tatbestand:

Hinsichtlich der gegenüber Z geäußerten Werturteile handelte A vorsätzlich im Sinne des § 15 StGB.

Rechtswidrigkeit und Schuld:

A handelte weder gerechtfertigt noch ohne Schuld.

Ergebnis: Durch sein Verhalten im Behandlungszimmer hat sich A wegen Beleidigung in Form der Äußerung von Werturteilen gemäß § 185 StGB strafbar gemacht.

A könnte sich durch seine Erklärungen gegenüber den Patienten im Wartezimmer wegen Beleidigung des Z gemäß § 185 StGB strafbar gemacht haben.

Objektiver Tatbestand:

Insoweit muss hinsichtlich des objektiven Tatbestandes zunächst beachtet werden, dass Tatsachenbehauptungen gegenüber Dritten nicht von § 185 StGB, sondern von den §§ 186, 187 StGB erfasst werden sollen. Eine Strafbarkeit nach § 185 StGB kommt bei einer Erklärung gegenüber Dritten nur dann in Betracht, wenn es sich um ein Werturteil handelt.

In vorliegenden Fall hängt eine mögliche Strafbarkeit nach § 185 StGB durch die Aussagen gegenüber den Patienten somit davon ab, ob es sich um Tatsachenbehauptungen oder aber um ein Werturteil bzw. eine Meinungsäußerung handelt. Hierbei ist zu berücksichtigen, dass auch in einer Tatsachenbehauptung ein Werturteil liegen kann; dieses ist indessen nur dann nach § 185 StGB strafbar, wenn ihm selbstständige Bedeutung zukommt und nicht lediglich aus der Tatsachenbehauptung folgt. Gegenüber den Patienten behauptet A eine Tatsache, nämlich dass Z ihn beauftragt habe, ihnen mitzuteilen, dass Z es jetzt erst mal in Ruhe seine Sprechstundenhilfe befummeln wolle und sie sich daher gedulden müssten. In dieser Tatsachenbehauptung liegt zwar zusätzlich noch ein Werturteil über den Z, indessen ergibt sich dieses Werturteil aus der Tatsachenbehauptung selbst, steht also nicht unabhängig davon. In diesem Fall aber kommt eine Strafbarkeit wegen Beleidigung nicht in Betracht, denn es fehlt an einem selbstständig geäußerten Werturteil. Es verbleibt nur die Tatsachenbehauptung, und diese beurteilt sich im vorliegenden Fall mithin nun ausschließlich nach den §§ 186, 187 StGB.

Ergebnis: Eine Strafbarkeit nach § 185 StGB wegen Beleidigung des Z aufgrund der Erklärung gegenüber den Patienten im Wartezimmer scheidet folglich aus.

Die Äußerungen gegenüber den Patienten könnten aber eine Verleumdung des Z gemäß § 187 StGB darstellen.

Objektiver Tatbestand:

Erforderlich ist zunächst, dass A in Beziehung auf einen anderen eine unwahre Tatsache behauptet oder verbreitet hat. Hier erklärt A gegenüber den Patienten in Beziehung auf Z, dass dieser ihnen durch A ausrichte lasse, er wolle jetzt erst einmal in Ruhe seine Sprechstundenhilfe befummeln. Dies ist eine unwahre Tatsachenbehauptung in Beziehung auf einen anderen, denn unser Z hat den A nicht beauftragt, irgendwelche – und schon gar nicht diese – Erklärungen gegenüber den Patienten abzugeben.

a) Die unwahre Tatsachenbehauptung muss geeignet sein, den Z verächtlich zu machen und in der öffentlichen Meinung herabzuwürdigen. Die Erklärung des A unterstellt dem Z, dass dieser während seiner Behandlungszeit Patienten warten lässt, weil er mit seiner Sprechstundenhilfe zugange ist. Ein solches Verhalten spricht dem Z eine schlechte Berufsauffassung zu und ist daher geeignet, ihn verächtlich zu machen und in der öffentlichen Meinung herabzuwürdigen.

b) Des Weiteren kommt auch die Variante der Kreditgefährdung aus § 187 StGB in Betracht. Mit Kredit im Sinne des § 187 StGB ist das Vertrauen gemeint, das jemand hinsichtlich der Erfüllung seiner vermögensrechtlichen Verbindlichkeiten genießt.

Dieser Kredit ist gefährdet, denn wenn der Zahnarzt seine Patienten warten lässt, um mit seiner Sprechstundenhilfe Körperlichkeiten auszutauschen, ist das sicher geeignet, die Vertragserfüllung seitens des Zahnarztes in Frage zu stellen bzw. das Vertrauen insoweit zu erschüttern. A hat folglich mit seiner Erklärung gegenüber den Patienten auch eine Kreditgefährdung des Z im Sinne des § 187 StGB begangen.

Subjektiver Tatbestand:

A handelte vorsätzlich.

Rechtswidrigkeit und Schuld:

Es bestehen keine Zweifel an der Rechtswidrigkeit und der Schuld.

Ergebnis: A hat sich strafbar gemacht wegen Verleumdung nach § 187 StGB sowohl in der Variante der Verächtlichmachung als auch der Kreditgefährdung. Beide Taten stehen, da sie unterschiedliche Rechtsgüter betreffen, in Idealkonkurrenz zueinander gemäß § 52 StGB.

A könnte sich durch seine Erklärung gegenüber den 7 Patienten im Wartezimmer des Weiteren auch wegen der Qualifikation der Verleumdung aus § 187, 2. Halbsatz StGB strafbar gemacht haben.

Objektiver Tatbestand:

Insoweit kommt eine öffentliche Kundgabe in Betracht, da A seine Erklärung gegenüber sieben im Wartezimmer sitzenden Patienten abgibt. Öffentlich ist eine Verleumdung dann, wenn sie von einem größeren, nach Zahl und Individualität unbestimmten oder durch nähere Beziehung nicht verbundenen Personenkreis unmittelbar wahrgenommen werden kann.

Diesbezüglich ist zu beachten, dass die Patienten im Wartezimmer zwar als ohne nähere Beziehung verbundener Personenkreis anzusehen sind und folglich die Qualifikationsmerkmale des § 187, 2. Halbsatz StGB erfüllt sein könnten. Allerdings muss der Strafzweck der vorliegenden Variante des § 187 StGB berücksichtigt werden, nämlich die besondere Gefahr und Schädigung für das Opfer. Dies aber erfordert eine unbestimmte und nicht individualisierte Zahl von Empfängern und kann bei 7 Personen noch nicht angenommen werden.

Ergebnis: A hat sich nicht auch wegen der Qualifikation aus § 187 StGB strafbar gemacht.

Strafbarkeit des A in Bezug auf K

A könnte sich auch in Bezug auf K wegen Beleidigung nach § 185 StGB strafbar gemacht haben.

Objektiver Tatbestand:

In der Aussage gegenüber Z, dass alle deutschen Zahnärzte Pfuscher und kapitalistische Halsabschneider seien, liegt fraglos eine Kundgabe der Missachtung. Es fragt sich aber, ob dies auch gegenüber K, der gar nicht anwesend war, strafrechtliche Wirkung im Sinne des § 185 StGB entfalten kann. Hierbei stellt sich das Problem der Zulässigkeit einer Beleidigung einer Einzelperson durch eine Kollektivbezeichnung.

1.) Voraussetzung dafür ist zum einen, dass sich die bezeichnete Personengruppe deutlich aus der Allgemeinheit hervorhebt, damit geprüft werden kann, ob die betroffene Person dieser Gruppe auch zugeordnet werden kann. Im vorliegenden Fall umschreiben die »deutschen Zahnärzte« einen solchen Personenkreis.

2.) Des Weiteren muss dieser Personenkreis auch zahlenmäßig überschaubar sein. Bevölkerungsteile, die sich nur nach Hunderttausenden oder gar Millionen bestimmen lassen, gehören hierzu nicht. Insoweit muss man hier dann sehen, dass die »deutschen Zahnärzte« keine zahlenmäßig unbestimmte Gruppe sind, sondern zahlenmäßig definiert werden können.

3.) Damit sich nun auch jedes Mitglied der betroffenen Gruppe beleidigt fühlen kann und muss, muss sich die Äußerung dann tatsächlich auch auf alle diese Mitglieder der Gruppe beziehen. Dies ist bei den Pauschalurteilen in der Regel fragwürdig.

Erforderlich ist insoweit nach allgemeiner Meinung, dass der Täter hier jedem Einzelnen seine Ehre absprechen bzw. ihn in seiner Ehre verletzen will. Dafür ist zwar nicht notwendig, dass der Täter jedes einzelne Mitglied der betroffenen Gruppe kennt. Indessen muss sich die Erklärung aus der Sicht des Täters tatsächlich an alle Betroffenen richten und geeignet sein, diese einzelnen Personen in ihrer persönlichen Ehre zu kränken.

A wollte nicht jeden einzelnen Zahnarzt in Deutschland persönlich, sondern vor allem den Z beleidigen, was ihm, wie oben erörtert, auch gelungen ist. Seine Erklärung entbehrt objektiv einer – soweit bei diesem Werturteil bzw. der Meinungsäußerung überhaupt möglich – realen Grundlage mit der Folge, dass eine Beleidigung anderer Zahnärzte als des Z durch diese Aussage nicht möglich ist.

Ergebnis: Durch die Aussage gegenüber Z, alle deutschen Zahnärzte seien Pfuscher und kapitalistische Halsabschneider, hat A den K nicht beleidigt. Eine Bestrafung aus § 185 StGB wegen Beleidigung des K scheidet mithin aus.

4. Abschnitt

Die Urkundsdelikte → §§ 267 ff. StGB

Fall 9

Vollbefriedigend!

Rechtsstudent R benötigt zur Vervollständigung seiner Scheine lediglich noch die Klausur im Strafrecht-Grundkurs. Leider hat R aber von dem zu erwartenden Thema keinen blassen Schimmer. Er verabredet daher mit dem Repetitor W folgenden Plan: 15 Minuten nach Ausgabe der Aufgabenzettel bringt R dem auf der Toilette wartenden W das Blatt mit dem Aufgabentext. W fertigt sodann die Lösung an, die sich R etwa 10 Minuten vor Abgabe wieder abholt und, nachdem er seine Unterschrift unter den von W gefertigten Text gesetzt hat, abgibt. Es geschieht alles wie geplant.

In der tags darauf abgehaltenen Nachbesprechung stellen R und W fest, dass W die Hauptprobleme der Arbeit übersehen hat. Rs letzte Rettung ist nun noch seine lose Bekanntschaft mit der Korrekturassistentin K, von der R weiß, dass sie eine Schwäche für ihn hat. R verabredet sich mit K bei ihr zuhause und ändert, als K nach übermäßigem Alkoholgenuss eingeschlafen ist, an den entscheidenden Stellen den Text der Klausur. Die Arbeit wird später von der ahnungslosen K mit »vollbefriedigend« benotet.

Strafbarkeit des R?

Schwerpunkte: Der Grundfall zu § 267 StGB; der Aufbau des Tatbestands; der Urkundsbegriff im Strafrecht; der Begriff der »Echtheit« einer Urkunde; die Geistigkeitstheorie; das Herstellen einer unechten Urkunde; das Verfälschen einer echten Urkunde; das Verhältnis der Tatvarianten des § 267 Abs. 1 StGB zueinander; das Gebrauchen einer Urkunde.

Lösungsweg

Das Anfertigen der Klausur

§ 267 Abs. 1, 1. Var. StGB (Herstellen einer unechten Urkunde)

I. Tatbestand (A: objektiv):

Die Klausur muss nun zunächst eine ***Urkunde*** im Sinne des § 267 Abs. 1 StGB sein.

Definition: ***Urkunde*** ist eine verkörperte Gedankenerklärung, die allgemein oder für Eingeweihte verständlich ist, ihren Aussteller erkennen lässt und zum Beweis einer rechtlich erheblichen Tatsache geeignet und bestimmt ist (BGHSt **4**, 284; BGHSt **13**, 235; OLG Köln StraFo **2014**, 33; S/S-*Heine/Schuster* § 267 StGB Rz. 2; *Lackner/Kühl* § 267 StGB Rz. 2; LK/*Zieschang* § 267 StGB Rz. 4).

Achtung: Diese Definition ist allgemeingültig, und sie ***muss*** sitzen! Der Begriff der Urkunde wird garantiert in jeder Urkundsklausur abgefragt und das Nichtkennen bringt so sicher wie das Amen in der Kirche eine miese Note ein. Bei der Definition kommt es nicht auf den Wortlaut im Einzelnen an; je nach Lehrbuch oder Kommentar tauchen die Definitionen mit unterschiedlichen Spielarten auf (vgl. etwa *Wessels/Hettinger* BT 1 Rz. 790, MK/*Erb* § 267 StGB Rz. 25 oder *Fischer* § 267 StGB Rz. 2). Gemeinsam haben aber alle die zentralen Begriffe, und die stehen deshalb auch beim Korrektor auf dem Lösungsblatt und müssen dann eben in der Klausur auch fallen.

Die Urkundsdefinition teilt sich auf in drei Merkmale, die in den Übungsarbeiten sorgfältig auseinandergehalten werden müssen, und zwar:

1.) Die Klausur muss zunächst eine ***verkörperte Gedankenerklärung*** sein.

Dieses Merkmal erfordert eine stofflich fixierte Gedankenäußerung einer Person und soll die Grenze schaffen zu rein mündlich oder sonst vergänglichen Gedankenäußerungen, die nicht dem Urkundsbegriff unterliegen (OLG Köln StraFo **2014**, 33; S/S-*Heine/Schuster* § 267 StGB Rz. 4; *Wessels/Hillenkamp* BT 1 Rz. 792); man nennt das Ganze die sogenannte »**Perpetuierungsfunktion**« einer Urkunde (*perpetuell* = dauernd).

Hier: In der von R abgegebenen und unterschriebenen Klausur findet sich die auf den Blättern stofflich fixierte – perpetuierte – Gedankenerklärung des R, dass die gestellte Aufgabe so wie aufgeschrieben zu lösen sei; im Übrigen liegt in der Klausur die Erklärung des R, dass er persönlich die Arbeit angefertigt hat (zu den Übungsarbeiten und ihrem Inhalt: BGHSt **17**, 297; BayObLG JZ **1981**, 201).

2.) Des Weiteren muss die verkörperte Gedankenerklärung geeignet und bestimmt sein, im ***Rechtsverkehr Beweis*** zu erbringen. Die Urkunde muss nach objektiven Kriterien geeignet sein, für eine rechtserhebliche Tatsache Beweis zu erbringen (*Fischer* § 267 StGB Rz. 8; S/S-*Heine/Schuster* § 267 StGB Rz. 9). Man nennt dieses Merkmal der Beweiseignung und -bestimmung die »**Beweisfunktion**« der Urkunde (*Wessels/Hettinger* BT 1 Rz. 795).

Hier: Die Klausur des R war ohne Probleme geeignet und bestimmt, das Vorhandensein oder Nichtvorhandensein der erforderlichen Kenntnisse zum Erwerb des Übungsscheines nachzuweisen (BGHSt **17**, 297; BayObLG JZ **1981**, 201; *Wessels/Hettinger* BT 1 Rz. 795).

3.) Schließlich muss die Erklärung ihren ***Aussteller*** erkennen lassen.

Die verkörperte Gedankenerklärung muss ihren Aussteller bezeichnen, das heißt auf eine bestimmte Person oder auch etwa eine Behörde hinweisen, die als Urheber und Garant hinter der urkundlichen Erklärung steht (*Wessels/Hettinger* BT 1 Rz. 801; S/S-*Heine/Schuster* § 267 StGB Rz. 16). Und das nennt man dann »**Garantiefunktion**« der Urkunde, und die ist wichtig, weil erst durch den sichtbaren Urheber die Urkunde einen Beweiswert erhält in der Form, dass erkennbar ist, wer hinter der Erklärung steht (LK/*Zieschang* § 267 StGB Rz. 26; SK/*Hoyer* § 267 StGB Rz. 41).

Hier: Unser R hat die Klausurarbeit unterschrieben und geht damit als Aussteller aus der Erklärung hervor.

ZE.: Die von R (und W) angefertigte Klausur ist eine Urkunde im Sinne des § 267 Abs. 1 StGB.

Fraglich ist nun aber des Weiteren, ob diese von R (und W) hergestellte Urkunde auch ***unecht*** ist (bitte das Gesetz lesen, § 267 Abs. 1 StGB).

Definition: *Unecht* ist eine Urkunde dann, wenn sie den Anschein erweckt, von einer anderen Person als ihrem wirklichen Aussteller herzurühren – sogenannte »**Identitätstäuschung**« (*Wessels/Hettinger* BT 1 Rz. 821; LK/*Zieschang* § 267 StGB Rz. 16; *Fischer* § 267 StGB Rz. 27). Einfacher: Die Urkunde ist unecht, wenn der wirkliche und der erkennbare Aussteller nicht identisch sind.

Durchblick: An dieser Stelle sitzen regelmäßig die Fragen, auf die die Studenten am häufigsten – und vom Prüfer durchaus beabsichtigt – reinfallen, und zwar aus folgendem Grund: Verstehen muss man nämlich zunächst einmal, dass der Strafgrund des § 267 StGB ***nicht*** der ist, den Rechtsverkehr vor inhaltlich unwahren Schriftstücken zu schützen. Das aber glauben die meisten Studenten und halten deshalb z.B. die von der Mutter für die Schule geschriebene Entschuldigung, in der die Mama wahrheitswidrig die Beerdigung der Oma als Grund für das Fehlen an den letzten drei Tagen vor den Ferien angibt, für eine Urkundenfälschung (ist ja gelogen!). Das Gleiche gilt für den Fall, dass ein Arzt einem befreundeten Patienten wahrheitswidrig eine Krankheit attestiert, um dem Patienten bei seinem Chef damit ein paar Tage »Urlaub« zu verschaffen. Auch da denken die Studenten, es handele sich fraglos um eine Urkundenfälschung, war ja ***gelogen*** vom Doktor.

Darauf aber kommt es nicht an!

§ 267 StGB bezweckt vielmehr, den Rechtsverkehr vor Erklärungen zu schützen, die der aus der jeweiligen Urkunde erkennbare Aussteller entweder so nicht oder überhaupt gar nicht abgegeben hat, sondern vielmehr ein anderer. Der Rechtsverkehr muss nämlich darauf vertrauen können, dass eine Urkunde, die Beweis für einen rechtlichen Vorgang erbringt, auch tatsächlich denjenigen bindet, der als Aussteller erkennbar ist. Alles andere interessiert im Rahmen des § 267 StGB nicht. Der Aussteller kann also ruhig in seiner Erklärung (Urkunde) flunkern, was das Zeug hält; solange er auch der erkennbare Aussteller ist, unterliegt er nicht dem Schutzzweck des § 267 StGB, denn der Rechtsverkehr weiß, an wen er sich – hinsichtlich dieser Lüge – halten muss und kann. Der wirkliche Aussteller ist in diesem Falle sozusagen »**greifbar**« und kann für die erklärten Lügen zur Rechenschaft gezogen werden. Und solange ***das*** gewährleistet ist, findet § 267 StGB keine Anwendung.

Also: Wer lügt, verwirklicht noch lange nicht den Tatbestand des § 267 StGB. Solange der Rechtsverkehr weiß, an wen er sich hinsichtlich dieser Lüge halten kann, erfüllt eine solche Lüge nicht das Merkmal der »Unechtheit« einer Urkunde. Das Delikt des § 267 StGB soll nicht vor *Lügen* schützen, sondern davor, dass rechtserhebliche Erklärungen in den Verkehr gelangen und der wirkliche Urheber dieser Erklärung nicht ermittelt werden kann. Die nicht unter § 267 StGB fallende sogenannte **»schriftliche Lüge«** bleibt regelmäßig aber dennoch nicht straflos, dafür gibt`s dann immer noch § 263 StGB oder wie im Arztbeispiel oben etwa die §§ 277-279 StGB.

Zurück zum Fall: Und dort halten wir uns zunächst mal an die weiter oben gegebene Definition, wonach eine Urkunde unecht ist, wenn der wirkliche und der erkennbare Aussteller nicht identisch sind, die sogenannte »Identitätstäuschung«. Und auf den ersten Blick wird man sagen können und auch müssen, dass hier der erkennbare Aussteller der Urkunde (der Klausur) der R ist, denn R hat die Klausur unterschrieben. Zum anderen müssen wir dann feststellen, dass der wirkliche Aussteller demgegenüber der W ist, denn W hat die Klausur tatsächlich angefertigt, in diesem Fall den Text geschrieben.

Der erkennbare und der wirkliche Aussteller stimmen demnach nicht überein, sind nicht identisch; es liegt ein Fall der sogenannten »Identitätstäuschung« vor. Die Urkunde ist mithin ***unecht***.

Aber: Da fehlt noch was, eine Finte, die man kennen muss, wenn man sich mit den Urkundsdelikten befasst. Wir werden sie jetzt kennenlernen, sie ist außerordentlich wichtig und erfordert eine genauere Betrachtung eines Begriffes, den wir eben schon benutzt haben, ohne ihn allerdings näher anzusehen. Gemeint ist der zur Definition der *Unechtheit* von uns eben verwendete Begriff des »**Ausstellers**«.

Im Normalfall der Urkundenfälschung unterschreibt der Täter z.B. einen Scheck mit falschem Namen, setzt einen Betrag ein und kassiert dann bei der Bank die Kohle; oder der Täter ändert den Inhalt des von der Oma bereits angefertigten und unterzeichneten Testaments – ohne Wissen der Oma – nachträglich zu seinen Gunsten. Hier ist die Subsumtion unter das Merkmal der »Unechtheit« einfach: Der erkennbare Aussteller (Scheckinhaber oder Oma) stimmt nicht mit dem wirklichen überein, das war unser Täter. In beiden Fällen will der erkennbare Aussteller, also Oma oder Scheckinhaber, diese Erklärung des Täters ***nicht*** für sich gelten lassen.

Es kommt nun aber schon mal vor, dass der erkennbare »**Aussteller**« die entsprechende Erklärung zwar nicht persönlich, nennen wir es mal *mit eigener Hand*, angefertigt hat, sie aber dennoch als eigene Erklärung für sich gelten lassen will; sich also mit dieser fremden, von einem anderen angefertigten Erklärung trotzdem »binden« will.

> → **Beispiel 1:** Der X unterschreibt die von seinem Steuerberater S angefertigte Steuererklärung, ohne sie durchgesehen zu haben. Hier ist wirklicher Aussteller der S, erkennbarer Aussteller indessen der X. Trotzdem ist der X daran gebunden (das will er ja auch), obwohl er die Erklärung selbst – mit eigener Hand – gar nicht angefertigt hat.

> → **Beispiel 2:** Oma O bittet ihren Enkel E darum, das Formular für den Antrag auf einen Wohnberechtigungsschein auszufüllen; E macht das auch und O unterschreibt lediglich am Ende des Papiers. Auch in diesem Fall will sich die O selbstverständlich die von E körperlich gefertigte Erklärung als eigene zurechnen lassen.

> → **Beispiel 3:** Die Klausur in unserem Fall ist zwar von W körperlich angefertigt worden, R will hier die Ausführungen des W aber ***für sich*** gelten lassen und unterschreibt die – fremde – Erklärung. Er macht sich somit die Erklärungen des W durch seine Unterzeichnung zu eigen und will auch an diese gebunden werden (dass er sich das später, weil der W nur Müll hingeschrieben hat, anders überlegt, ist unerheblich). R will also nicht nur der erkennbare, sondern auch der wirkliche Aussteller dieser Erklärung sein, obwohl er die Erklärung nicht selbst mit eigener Hand angefertigt hat.

An diesen Fällen erkennt man, dass die Definition des Begriffes des »**Ausstellers**« nicht allein beschränkt werden kann auf die Person, die die Erklärung körperlich, also mit eigener Hand, angefertigt hat. Vielmehr kann man auch dann »Aussteller« im Sinne der Definition der Echtheit oder Unechtheit einer Urkunde sein, wenn man sich eine fremde Erklärung als eigene zurechnen lassen will. Entscheidend ist in diesem Falle, ob man ***geistig*** hinter der fremden Erklärung steht bzw. stehen will.

Und aus diesen Gedanken hat die Rechtsprechung und die herrschende Meinung dann eine allgemeingültige Definition des Begriffes des »Ausstellers« entwickelt (BGHSt **13**, 382, 385; *Lackner/Kühl* § 267 StGB Rz. 14; LK/*Zieschang* § 267 StGB Rz. 15; *Wessels/Hettinger* BT 1 Rz. 801; S/S-*Heine/Schuster* § 267 StGB Rz. 55), und die geht so:

Definition: ***Aussteller*** im Sinne des § 267 StGB ist derjenige, der ***geistig*** hinter der jeweiligen Erklärung steht und sie damit als eigene Erklärung im Rechtsverkehr für sich gelten lässt. Er braucht die Erklärung nicht notwendig persönlich (körperlich) erstellt zu haben, sondern kann sich auch eine fremde Erklärung zu eigen machen.

Das ist die sogenannte »**Geistigkeitstheorie**«. Und wir wissen jetzt nicht nur, dass es die gibt, sondern auch, warum die so heißt. Bitte einprägen. Die Geistigkeitstheorie ist ungefähr genau so wichtig, wie der Urkundsbegriff. Hinter der Geistigkeitstheorie verbergen sich zumeist üble Fallen in der Klausur, wie man etwa an unserem Fall sieht: Denn wer hätte gedacht, dass R sich ***nicht*** strafbar gemacht hat, als er die Klausur von W anfertigen ließ und dann den Text unterschrieben hat!?

Subsumtion: R unterschreibt die von W angefertigte Klausur mit seinem Namen und will folglich die Erklärungen des W für sich gelten lassen; er steht ***geistig*** hinter der von W angefertigten Erklärung (**Geistigkeitstheorie**) und ist folglich deren ***Aussteller*** im Sinne der Definition des Echtheit einer Urkunde. Und da R auch der erkennbare Aussteller ist (er hat unterschrieben), stimmen der wirkliche und der erkennbare Aussteller überein. Die Urkunde ist damit »**echt**« im Sinne des § 267 Abs. 1 StGB.

Keine Rolle spielt übrigens, ob R den Text der Arbeit nun gelesen hat oder nicht. Wenn er unterschreibt, ohne zu lesen, ist das seine Nachlässigkeit, die er aber offenbar bewusst hinnimmt (Erläuterung dazu noch bei *Wessels/Hettinger* BT 1 Rz. 825 und BayObLG JZ **1981**, 201). Gleiches gilt dann im Übrigen auch für den X oben in dem Beispiel mit der Steuererklärung und natürlich auch für die Oma, die ihren Enkel das Formular ausfüllen lässt. In beiden Fällen stehen die Beteiligten ***geistig*** hinter der von dem anderen angefertigten Erklärung und sind folglich nicht nur die erkennbaren, sondern auch die wirklichen Aussteller (vgl. auch BGH NStZ **2003**, 543, wo der BGH dies selbst für den Fall bejaht, in dem der Täter eine Unterschrift einer Urkunde ausradiert und dann seine eigene einsetzt; auch dabei entsteht eine ***echte*** Urkunde!).

Und noch was: Dass das, was der R hier macht, je nach persönlicher Lebenseinstellung auch noch unredlich ist, in jedem Falle einen Täuschungsversuch darstellt und ihm möglicherweise sogar eine Exmatrikulation einbringt – es ist für § 267 StGB völlig egal. Denn der erkennbare und der wirkliche Aussteller der Klausur stimmen überein. Und, auch wenn es sich immer noch komisch anfühlt, nur das zählt für § 267 StGB.

ZE.: Es fehlt bereits am objektiven Tatbestand des § 267 Abs. 1 StGB, die angefertigte Urkunde ist **echt**, R ist sowohl der erkennbare als auch der wirkliche Aussteller.

Erg.: Eine Bestrafung nach § 267 Abs. 1 StGB ***entfällt*** mangels Unechtheit der von R hergestellten Urkunde.

Feinkost: Danach war zwar nicht gefragt, aber selbstverständlich hat sich auch der W durch das Anfertigen des Textes logischerweise dann nicht strafbar gemacht wegen § 267 Abs. 1 StGB. W und R handeln im vorliegenden Falle übrigens nach einem gemeinsamen Plan, was bei entsprechender Fall-Frage zur Folge gehabt hätte, W und R als Mittäter gemäß § 25 Abs. 2 StGB zu untersuchen. An der Straflosigkeit des geschilderten Sachverhaltes hätte dies freilich nichts geändert.

Und jetzt schauen wir mal, ob das weitere Verhalten des R ebenfalls straflos ist, R ändert ja später noch eigenhändig den Text. Und das könnte sein:

§ 267 Abs. 1, 2. Var. StGB (Verfälschen einer echten Urkunde)

I. Tatbestand (A: objektiv):

Es liegt eine – wie wir oben festgestellt haben – echte Urkunde in Form der angefertigten Klausur vor. Diese echte Urkunde muss R nunmehr ***verfälscht*** haben.

> **Definition:** ***Verfälschen*** ist das nachträgliche Verändern des gedanklichen Inhalts einer echten Urkunde, das den Anschein erweckt, als habe der Aussteller die Erklärung von Anfang an so abgegeben, wie sie nach der Veränderung vorliegt; das Ergebnis der Verfälschung muss stets wieder eine Urkunde sein (BGHSt **9**, 235; OLG Köln NJW **1983**, 769; BayObLG NJW **1990**, 264; S/S-*Heine/Schuster* § 267 StGB Rz. 64; *Fischer* § 267 StGB Rz. 33).

Der letzte Teil der Definition gerade weist auf ein Problem hin, das häufig übersehen wird, nämlich: Wenn das Ergebnis einer Verfälschung nach § 267 Abs. 1, 2. Var. StGB immer auch eine ***Urkunde*** sein muss, liegt in jeder Verfälschung dann regelmäßig aber auch wieder ein *Herstellen* einer neuen *unechten Urkunde* (also § 267 Abs. 1, 1. Var. StGB). Dann aber wäre die 2. Variante des § 267 Abs. 1 StGB schlicht überflüssig. Denn in jedem Verfälschen im Sinne des § 267 Abs. 1, 2. Var. StGB läge – wie gesagt – auch immer die 1. Var. vor, also ein Herstellen einer unechten Urkunde.

Es fragt sich deshalb, in welchem Verhältnis die ersten beiden Varianten des § 267 Abs. 1 StGB zueinander stehen, damit das ganze überhaupt einen Sinn macht, und es fragt sich insoweit vor allem dann auch, welche Anwendungsfälle die 2. Variante, also das Verfälschen einer echten Urkunde, überhaupt hat:

- Die ***herrschende Meinung*** sagt dazu Folgendes: Die 2. Variante ist ein Spezialfall der 1. Variante und verdrängt diese beim Vorliegen der entsprechenden Voraussetzungen, also wenn jemand an einer bereits bestehenden echten Urkunde rumfuchtelt und eine unechte daraus macht. Dann liegt zwar neben der 2. Variante auch die 1. Variante vor (Herstellen einer unechten Urkunde), diese 1. Variante tritt aber hinter der spezielleren 2. Variante zurück (wird folglich in der Klausur auch nicht geprüft!). Eine eigenständige Bedeutung, also ohne ein paralleles Vorliegen auch der 1. Variante, erlangt die 2. Variante dann, wenn der ursprüngliche Aussteller seine ***eigene*** echte Urkunde nachträglich abändert; denn dann entsteht nämlich keine neue unechte, sondern eine neue *echte* Urkunde (BGHSt **13**, 382; *Wessels/Hettinger* BT 1 Rz. 847; *Fischer* § 267 StGB Rz. 34; LK/*Zieschang* § 267 StGB Rz. 153; *Lackner/Kühl* § 267 StGB Rz. 21; *Kargl* in JA 2003, 604; *Blei* in JA 1976, 103;

Paeffgen in Jura 1980, 487). Daher kann jetzt die 1. Var. nicht mehr eingreifen, da diese die Herstellung einer *unechten* Urkunde verlangt (bitte das Gesetz lesen). Kapiert!?

Zum Fall: Unser R ändert seine ***eigene*** Klausur. Damit bleibt ***er*** aber immer noch erkennbarer und wirklicher Aussteller, denn **er** ist der Unterzeichner und nur *er* hat den Text geändert. Die Urkunde ist folglich auch nach der Veränderung nach wie vor »echt«. R hat demnach nur die 2. Variante erfüllt, nicht auch gleichzeitig die 1. Variante. Allerdings ist das Ergebnis des Verfälschungsvorganges keine unechte, sondern eine echte Urkunde. Und es fragt sich, ob das für die 2. Variante, also den Verfälschungsvorgang, ausreicht. Immerhin haben wir oben ja gelernt, dass der Strafgrund des § 267 Abs. 1 StGB der ist, den Rechtsverkehr vor unechten Urkunden zu schützen, nicht aber vor echten!

Die herrschende Meinung sagt in einem solchen Fall, dass der ursprüngliche Aussteller seine eigene – echte – Urkunde doch verfälschen kann im Sinne der 2. Variante des § 267 Abs. 1 StGB, und es insbesondere keine Rolle spielt, dass das Ergebnis des Verfälschens dann eine echte Urkunde ist. Voraussetzung ist allerdings, dass er Veränderungen vornimmt, nachdem seine alleinige Verfügungsgewalt und ***Veränderungsbefugnis*** über die Urkunde ***erloschen*** oder zeitweise aufgehoben ist (BGHSt **13**, 382; BGH GA **63**, 16; *Lackner/Kühl* § 267 StGB Rz. 21; *Wessels/Hettinger* BT 1 Rz. 847; *Fischer* § 267 StGB Rz. 33).

Leuchtet ein: Wenn der Aussteller die Urkunde in den Rechtsverkehr bringt und sich dieser Rechtsverkehr nun auf den Inhalt verlässt, kann der Aussteller jetzt nicht ankommen und dann nachträglich noch den Inhalt ändern. Auf diesen Inhalt hatte sich der Rechtsverkehr nämlich schon verlassen. Der Aussteller hatte daher in dem Moment, in dem er die Urkunde anderen Personen zugänglich macht (= in den Rechtsverkehr einführt), seine Abänderungsbefugnis verloren. Im Einzelfall ist also stets sehr genau zu prüfen, ob und wann, also zu welchem Zeitpunkt, der ursprüngliche Aussteller seine Verfügungsbefugnis verloren hat. Ab diesem Zeitpunkt darf auch der Aussteller nichts mehr ändern.

Also: Wer seine eigene echte Urkunde nach Verlust der Abänderungsbefugnis doch noch verändert, stellt zwar wieder eine echte Urkunde her, ***erfüllt*** aber trotzdem den ***Verfälschungstatbestand*** des § 267 Abs. 1 StGB. Merken.

In unserem Fall hat R durch die Abgabe der Klausur die Verfügungsbefugnis verloren, da man ab diesem Zeitpunkt dann selbstverständlich nichts mehr ändern darf. Die Klausur wird ja gerade deshalb unter diesen Bedingungen geschrieben.

ZE.: R hätte somit nach dieser Ansicht seine eigene echte Urkunde verfälscht im Sinne des § 267 Abs. 1, 2. Var. StGB. R hatte auch Vorsatz sowie die Absicht, den Rechtsverkehr zu täuschen. Der regelmäßig erfüllte § 274 Abs. 1 Nr. 1 StGB tritt in diesem Falle hinter § 267 Abs. 1, 2. Var. StGB zurück.

Beachte jetzt: Das war die herrschende Meinung, die wir später auch favorisieren werden. Es gibt allerdings zu diesem Problemkreis noch eine andere Auffassung, die wir leider nicht ignorieren dürfen, denn sie hat gewichtige Stimmen aus der Wissenschaft auf ihrer Seite und muss deshalb erwähnt und vor allem erklärt werden:

- Diese andere Ansicht meint zur Existenzberechtigung der 2. Variante des § 267 Abs. 1 StGB, das Ergebnis eines Verfälschungsvorganges i.S.d. § 267 Abs. 1, 2. Var. StGB müsse stets eine ***unechte*** Urkunde sein. Das erfordere der Strafzweck der Norm und daher entfalle eine Bestrafung nach § 267 StGB, wenn der ursprüngliche Aussteller seine eigene Urkunde nachträglich abändere (MK/*Erb* § 267 StGB Rz. 191; NK/*Puppe* § 267 StGB Rz. 86; *Puppe* in Jura 1979, 630, 639; SK/*Hoyer* § 267 StGB Rz. 83; *Samson* in JuS 1970, 375; *Geerds* in Jura 1986, 440; *Otto* in JuS 1987;769; S/S-*Heine/Schuster* § 267 StGB Rz. 68; *Kienapfel* in JR 1975, 515 sowie Jura 1983, 185; *Krack* in JR 1998, 479). Hier sei dann nur Platz für **§ 274 Abs. 1 StGB**, wenn die Voraussetzungen vorliegen. Folgt man dieser Auffassung, hätte das für unseren Fall nun beachtliche Konsequenzen, denn: Der ursprüngliche Aussteller R ändert seine eigene echte Urkunde ab und produziert, wie wir oben schon festgestellt haben, wieder eine echte Urkunde. Und damit fliegt § 267 Abs. 1 2. Var. StGB nun raus, denn die gerade mitgeteilte Meinung will ja als Ergebnis des Verfälschungsvorganges immer eine unechte Urkunde haben. Und daran fehlt es hier. Für den R bliebe dann nur § 274 StGB.

Hinweis: Diese Ansicht ist bis heute die Erklärung schuldig geblieben, welche selbstständige Funktion die 2. Variante des § 267 StGB haben soll (*Wessels/Hettinger* BT 1 Rz. 848). Denn nach dieser Meinung ist bei dem Verfälschungsvorgang immer auch die 1. Var. des § 267 Abs. 1 StGB erfüllt, es liegt stets auch ein Herstellen einer unechten Urkunde vor (ausführlich zum Ganzen S/S-*Heine/Schuster* § 267 StGB Rz. 68).

<u>ZE.</u>: Nach der Gegenansicht scheidet im vorliegenden Fall durch das nachträgliche Abändern des Klausurtextes § 267 Abs. 1, 2. Var. StGB aus, denn R stellt keine neue unechte Urkunde her.

Zur Darstellung des Streits in der Klausur (oder Hausarbeit):

Man startet die Prüfung mit § 267 Abs. 1, 2. Var. StGB und kommt dann zu der Stelle, an der man fragt, was denn das Ergebnis des Verfälschungsvorganges sein muss. Und jetzt weist man darauf hin, dass nach einer Ansicht immer eine ***unechte*** Urkunde herauskommen muss, wenn der Täter die echte Urkunde verfälscht. Dann aber erklärt man, dass sich – bei dieser Auslegung – die Existenz der 2. Variante des § 267 Abs. 1 StGB nicht begründen lässt, da dann in jeder Verfälschung auch ein Herstellen im Sinne der 1. Var. liegen muss. Daher ist diese Ansicht abzulehnen (wie das dann konkret ausgeschrieben in der Übungsarbeit aussehen muss, steht – wie immer – weiter unten im ***Gutachten*** zum Fall).

ZE.: Wir folgen der herrschenden Meinung mit der Konsequenz, dass R durch das nachträgliche Ändern des Textes den objektiven Tatbestand des § 267 Abs. 1, 2. Var. StGB erfüllt. R handelte des Weiteren vorsätzlich, zur Täuschung im Rechtsverkehr (besondere Deliktsabsicht, nicht vergessen!), rechtswidrig und schuldhaft.

Erg.: R hat sich wegen Verfälschens einer echten Urkunde nach § 267 Abs. 1, 2. Var. StGB strafbar gemacht. Der ebenfalls verwirklichte § 274 Abs. 1 StGB tritt im Wege der Gesetzeskonkurrenz als notwendige Begleittat des § 267 Abs. 1, 2. Var. StGB zurück.

Noch ein Nachtrag:

Dadurch, dass R die veränderte Klausur dann bei K liegen lässt, verwirklicht er des Weiteren noch die Variante des ***Gebrauchens*** einer verfälschten Urkunde gemäß § 267 Abs. 1, 3. Var. StGB. *Gebrauchen* bedeutet, die Urkunde der sinnlichen Wahrnehmung des zu Täuschenden zugänglich zu machen, etwa durch Vorlegen (BGHSt **36**, 64; *Fischer* § 267 StGB Rz. 35; *Lackner/Kühl* § 267 StGB Rz. 23). Hier macht R die veränderte Klausur der zu täuschenden K zugänglich, indem er die Arbeit nach der Veränderung »liegen lässt«.

Durchblick: Es ist der Normal-Fall, dass derjenige, der die Urkunde hergestellt oder verfälscht hat, diese Urkunde seiner vorherigen Absicht nach dann auch gebraucht im Sinne des 3. Variante des § 267 Abs. 1 StGB. Urkunden werden nämlich hergestellt oder verfälscht, gerade ***damit*** man sie dann später auch gebrauchen kann. Welchen Sinn macht ein gefälschter Scheck, wenn ich ihn mir dann zuhause an die Wand hänge oder ins Klo werfe? Oder welchen Sinn macht die von R verfälschte Klausur, wenn er sie in den Mülleimer geschmissen hätte?

Wie gesagt, es ist die Regel, dass der Täter die Urkunde nicht nur herstellen oder verfälschen will, sondern sie natürlich auch nur für den vorgesehenen Zweck verwendet (= gebraucht). Und weil das so ist und der Täter dafür nun keine Extra-Strafe kriegen soll, gilt folgende Regel: Das vom Täter von vorneherein beabsichtigte Gebrauchen einer hergestellten oder verfälschten Urkunde stellt für sich keinen neuen Strafgrund dar, sondern gehört zu einer ***einheitlichen Tat*** der Urkundenfälschung, die auch nur einmal als Urkundenfälschung bestraft wird (BGH NJW **2009**, 1518; BGH wistra **2008**, 182; BGHSt **5**, 291; S/S-*Heine/Schuster* § 267 StGB Rz. 79; *Fischer* § 267 StGB Rz. 44; *Wessels/Hettinger* BT 1 Rz. 853). Wenn man so was in der Klausur hinschreibt und es im konkreten Fall dann auch stimmt (!), gibt es ein Lächeln auf dem Gesicht des Prüfers (= Sonderpunkte). Im Gutachten weiter unten steht, wie man das dann am schönsten und wirkungsvollsten zu Papier bringt. Nachlesen schadet nicht.

Gesamtergebnis: R hat sich wegen Verfälschens einer echten Urkunde gemäß § 267 Abs. 1, 2. Variante StGB strafbar gemacht.

Gutachten

R könnte sich durch das Anfertigen der Klausurarbeit wegen des Herstellens einer unechten Urkunde gemäß § 267 Abs. 1, 1. Var. StGB strafbar gemacht haben.

Objektiver Tatbestand:

Voraussetzung ist zunächst, dass es sich bei der angefertigten Klausur um eine Urkunde handelt.

Urkunde ist jede verkörperte Gedankenerklärung, die ihren Aussteller erkennen lässt und zum Beweis einer rechtlich erheblichen Tatsache geeignet und bestimmt ist.

a) In der von R abgegebenen und unterschriebenen Klausur findet sich die Gedankenerklärung des R, dass die gestellte Aufgabe so wie aufgeschrieben zu lösen sei; im Übrigen liegt in der Klausur die Erklärung des R, dass er persönlich die Arbeit angefertigt hat. Diese Arbeit war des Weiteren geeignet und auch bestimmt dazu, über den Leistungsstand des R Nachweis zu erbringen und Grundlage der Scheinausstellung zu sein. Schließlich ist R, der den Text unterschrieben hat, als Aussteller erkennbar.

Daraus folgt, dass die von R angefertigte Klausur alle Voraussetzungen des Urkundsbegriffs erfüllt und mithin eine Urkunde im Sinne des § 267 Abs. 1 StGB darstellt.

b) Es stellt sich indessen die Frage, ob diese Urkunde auch unecht ist. Unecht ist eine Urkunde dann, wenn sie den Anschein erweckt, von einer anderen Person als dem wirklichen Aussteller herzurühren; erforderlich ist demnach eine Identitätstäuschung über den wirklichen Aussteller der Urkunde. Im vorliegenden Fall hat W den Text der Arbeit angefertigt, diesen von W angefertigten Text hat dann aber R unterschrieben. R ist mithin als Aussteller des von W erstellten Textes erkennbar. Und insoweit müsste man von einer Identitätstäuschung und mithin der Unechtheit der Urkunde ausgehen.

Dies ließe indessen unberücksichtigt, dass es nicht darauf ankommt, wer die Erklärung tatsächlich – körperlich – angefertigt hat. Entscheidend ist im Rahmen des § 267 Abs. 1 StGB vielmehr, wer geistig hinter der Erklärung steht, sich diese zurechnen lassen will. Hierbei spielt es keine Rolle, ob derjenige die Erklärung dann selbst angefertigt hat oder sich aber eine fremde Erklärung zu eigen machen will. Aussteller der Urkunde ist der, der geistig hinter der Erklärung steht, nicht zwingend der, der die Erklärung tatsächlich körperlich angefertigt hat. Im zu entscheidenden Fall hatte zwar W den Text angefertigt; diesen Text aber wollte sich R zu eigen machen und hat deshalb auch unterschrieben. Dass R den Text unter Umständen gar nicht gelesen hat, spielt hierbei keine Rolle. Entscheidend ist lediglich sein Wille, den von einem anderen angefertigten Text für sich gelten zu lassen. Und unter Berücksichtigung dessen ist daher festzustellen, dass die von W und R angefertigte Urkunde echt ist. Der erkennbare Aussteller stimmt mit dem geistig hinter der Erklärung stehenden Aussteller überein.

Ergebnis: Eine Bestrafung wegen Urkundenfälschung aus § 267 Abs. 1 StGB kommt mithin durch die Anfertigung der Klausur nicht in Betracht.

R könnte sich aber durch das nachträgliche Verändern der Klausur bei K wegen Urkundenfälschung gemäß § 267 Abs. 1, 2. Var. StGB strafbar gemacht haben.

Objektiver Tatbestand:

Voraussetzung für die Begehung der 2. Tatvariante des § 267 Abs. 1 StGB ist das Verfälschen einer echten Urkunde.

1.) Die von R und W hergestellte Klausur ist, wie oben erörtert, eine echte Urkunde. Diese muss R nun auch verfälscht haben. Verfälschen ist das nachträgliche Verändern des gedanklichen Inhalts einer echten Urkunde, das den Anschein erweckt, als habe der Aussteller die Erklärung von Anfang an so abgegeben, wie sie nach der Veränderung vorliegt. Das Ergebnis der Verfälschung muss stets wieder eine Urkunde sein. Im vorliegenden Fall ändert R den Text seiner Klausur. Damit erweckt er den Anschein, als habe die Klausur von Anfang an diesen Inhalt gehabt, was nicht der Wahrheit entspricht. R verfälscht damit seine echte Urkunde.

2.) Es fragt sich aber, welche Auswirkungen es hat, dass R ja selbst nach wie vor der erkennbare Aussteller und auch der wirkliche Aussteller dieser Urkunde bleibt. Damit mangelt es an der für die Urkundenfälschung erforderlichen Identitätstäuschung mit der Konsequenz, dass in derartigen Konstellationen eine Urkundsstraftat abzulehnen wäre.

a) Nach einer Meinung scheidet aus diesen Erwägungen hier eine Bestrafung wegen des Verfälschens einer echten Urkunde aus. Das Ergebnis des Verfälschungsvorganges müsse stets eine unechte Urkunde sein. Verändere der ursprüngliche Aussteller nachträglich seine eigene Urkunde, sei dieses Merkmal nicht erfüllt und die Urkundenverfälschung entfalle mangels Identitätstäuschung. Es sei dann nur Platz für § 274 StGB.

b) Dieser Ansicht steht indessen entgegen, dass sie die Existenz der 2. Var. des § 267 Abs. 1 StGB nicht zu erklären vermag. Wenn nämlich das Ergebnis des Verfälschungsvorganges stets eine unechte Urkunde sein müsste, läge immer auch die 1. Var. des § 267 Abs. 1 StGB vor. Es fragt sich dann aber, welche Berechtigung bzw. Anwendung § 267 Abs. 1, 2. Var. StGB haben soll. Vielmehr ist es deshalb zur Erfüllung des Verfälschungsvorganges auch ausreichend, wenn der ursprüngliche Aussteller seine Urkunde verändert und mithin wieder eine echte Urkunde herstellt. In diesem Falle erlangt die 2. Var. des § 267 Abs. 1 StGB eigenständige Bedeutung. Erforderlich dafür ist allerdings, dass zum Zeitpunkt der Veränderung die Befugnis bzw. Verfügungsgewalt des ursprünglichen Ausstellers erloschen oder wenigstens zeitweise aufgehoben ist. Nur dann wird der Strafzweck des § 267 StGB erreicht, nämlich das Vertrauen des Rechtsverkehrs in die Verbindlichkeit der ursprünglich ausgestellten Erklärung erschüttert. Vorliegend hatte R seine Befugnis zur Veränderung der Klausur in dem Moment der Abgabe verloren. Seine nachträgliche Änderung produziert zwar wieder eine echte Urkunde, denn R ist nach wie vor erkennbarer und auch wirklicher Aussteller. Indessen erfüllt R nach dem oben Gesagten dennoch den Verfälschungstatbestand, da seine Verfügungsgewalt über die Urkunde erloschen war. R hat folglich eine echte Urkunde verfälscht im Sinne des § 267 Abs. 1, 2. Alt. StGB.

Subjektiver Tatbestand:

R handelte bei seinem Vorgehen vorsätzlich im Sinne des § 15 StGB und des Weiteren auch zur Täuschung im Rechtsverkehr, er wollte die Arbeit als Grundlage seiner Note gelten lassen.

Rechtswidrigkeit und Schuld:

Es bestehen keine Zweifel daran, dass R sowohl rechtswidrig und schuldhaft handelte.

Ergebnis: R hat sich strafbar gemacht wegen Urkundenfälschung in der 2. Variante des § 267 Abs. 1 StGB.

Dadurch, dass R die verfälschte Urkunde dann bei K zur Korrektur liegen ließ, könnte R des Weiteren noch die Gebrauchsvariante des § 267 Abs. 1, 3. Alt. StGB verwirklicht haben.

R hat die verfälschte Urkunde der K zur Korrektur überlassen. Gebrauchen bedeutet, die Urkunde dem zu Täuschenden so zugänglich zu machen, dass dieser sie wahrnehmen kann. K korrigiert die Klausur später, hat sie mithin wahrgenommen. Das Gebrauchsmerkmal ist erfüllt. R handelt vorsätzlich, zur Täuschung im Rechtsverkehr und auch rechtswidrig sowie schuldhaft. Eine selbstständige Bedeutung erlangt die 3. Var. des § 267 Abs. 1 StGB im Falle des Gebrauchens seitens des ursprünglichen Herstellers oder Verfälschers aber nur dann, wenn bei der Herstellung oder Verfälschung der Gebrauchsvorsatz noch nicht gefasst ist. Im hier zu entscheidenden Fall hatte R bei der Verfälschung die Absicht, dieses nur zu tun, um diese verfälschte Urkunde dann auch zu gebrauchen. Damit handelt es sich bei der Verwirklichung der Gebrauchsvariante nicht um eine gesondert zu würdigende Straftat, sondern dieses Gebrauchen gehört zur einheitlich erfüllten Urkundenfälschung und mithin zu einer Tat im Sinne des § 267 Abs. 1 StGB.

Ergebnis: R hat sich demnach trotz der Verwirklichung der 2. und der 3. Var. des § 267 Abs. 1 StGB nur wegen einer einheitlichen Urkundenfälschung strafbar gemacht. Schließlich hat R durch das Abändern der ursprünglichen Klausur diese vernichtet im Sinne des § 274 Abs. 1 Nr. 1 StGB. Allerdings tritt der Tatbestand des § 274 StGB als notwendige Begleiterscheinung des § 267 Abs. 1, 2. Alt. StGB im Wege der Konsumtion hinter dieser Vorschrift zurück.

Fall 10

Scharf und geizig

Der Bundestagsabgeordnete A will seine Sekretärin befummeln und mietet sich mit ihr für das Wochenende in der Pension des P ein. Um die Peinlichkeit einer Entdeckung zu vermeiden, trägt A – vor den Augen des ahnungslosen P – in das Anmeldeformular »*Eheleute Schwabe*« sowie eine fiktive Adresse ein. Der geizige A will sich dadurch auch die Möglichkeit offenhalten, unbemerkt und notfalls ohne Bezahlung die Pension verlassen zu können. Als das Wochenende zur Freude des A dann völlig entspannt verläuft, zahlt A am Sonntagabend die Rechnung und erhält einen auf »*Eheleute Schwabe*« ausgestellten Rechnungsbeleg von P.

Einige Tage später legt A der Bundestagsverwaltung eine als solche erkennbare Kopie dieses Beleges über die dreitägige Beherbergung vor, um eine Erstattung der »Arbeitstagung« zu erreichen. A hatte den Beleg zuhause auf einen Kopierer gelegt und dann mit Hilfe eines anderen Blattes oben in der Ecke die Personalien ausgetauscht. Hierfür hatte A beim Kopieren ein Blatt mit seinem Namen unter die entsprechende Stelle der auf die »*Eheleute Schwabe*« ausgestellten Rechnung geschoben. Durch die so erfolgte Ablichtung beider Blätter war A auf der Kopie jetzt als Empfänger der ursprünglichen Rechnung sichtbar.

Strafbarkeit des A? § 263 StGB (Betrug) bleibt außer Betracht.

Schwerpunkte: Urkundsbegriff; Zeichnen mit falschem Namen / Namenstäuschung bei § 267 StGB; Identitätstäuschung; Begriff des Ausstellers im Rahmen der Echtheitsprüfung; der subjektive Tatbestand des § 267 StGB, Täuschungsabsicht bezogen auf den Rechtsverkehr, maßgeblicher Zeitpunkt; Urkundseigenschaft einer Kopie.

Lösungsweg

Strafbarkeit des A durch das Ausfüllen des Anmeldeformulars

§ 267 Abs. 1, 1. Var. StGB (Herstellen einer unechten Urkunde)

I. Tatbestand (A: objektiv):

Das ausgefüllte Anmeldeformular der Pension muss zunächst eine ***Urkunde*** im Sinne des § 267 Abs. 1 StGB sein.

Definition: ***Urkunde*** im Sinne der Norm ist jede verkörperte Gedankenerklärung, die allgemein oder für Eingeweihte verständlich ist, ihren Aussteller erkennen lässt und zum Beweis einer rechtlich erheblichen Tatsache geeignet und bestimmt ist (BGHSt **13**, 239; OLG Köln StraFo **2014**, 33; S/S-*Heine/Schuster* § 267 StGB Rz. 2).

1.) Das Anmeldeformular der Pension trägt die verkörperte Gedankenerklärung in sich, dass der Ausfüller soundso heißt, an einem bestimmten Ort wohnt und sich für einen bestimmten Zeitraum im Haus eingemietet hat (*Krey/Heinrich* BT 1 Rz. 703).

2.) Das Anmeldeformular ist des Weiteren geeignet und bestimmt, über den Abschluss und den Bestand des Beherbergungsvertrages Beweis zugunsten des Pensionsbesitzers zu erbringen (*Krey/Heinrich* BT 1 Rz. 703; *Seier* in JA 1979, 137; *Wessels/Hettinger* BT 1 Rz. 828).

3.) Schließlich sind als Aussteller die »Eheleute Schwabe« ohne Zweifel erkennbar. Bitte beachte insoweit, dass es keine Rolle spielt, ob die dort genannte und damit erkennbare Person einschließlich der Adresse überhaupt existent ist (S/S-Heine/Schuster § 267 StGB Rz. 49). Es muss nur ein – auch fiktiver – Aussteller erkennbar sein.

Aber: Etwas anderes gilt dann, wenn offensichtlich die benannte Person nicht oder nicht mehr existent ist, z.B. der Text wird unterschrieben mit »J.W. von Goethe«. In diesen Fällen der sogenannten »offenen Anonymität« mangelt es nach allgemeiner Ansicht schon am erkennbaren Aussteller (S/S-*Heine/Schuster* § 267 StGB Rz. 18; LK/*Zieschang* § 267 StGB Rz. 42; *Krey/Heinrich* BT 1 Rz. 707).

ZE.: Das ausgefüllte Anmeldeformular ist eine Urkunde im Sinne des § 267 Abs. 1 StGB.

Diese Urkunde muss nun des Weiteren auch ***unecht*** sein.

Definition: ***Unecht*** ist eine Urkunde dann, wenn sie nicht von demjenigen herrührt, der aus ihr als Aussteller hervorgeht, sogenannte »Identitätstäuschung« (BGHSt **33**, 160; BGHSt **40**, 203; *Wessels/Hettinger* BT 1 Rz. 821; *Fischer* § 267 StGB Rzn. 27 ff.).

Auf den ersten Blick wird man vorliegend unter diese Definition hier problemlos subsumieren können, denn der erkennbare Aussteller sind die »Eheleute Schwabe«, der wirkliche Aussteller aber ist der A; damit wäre die Urkunde ***unecht***, denn der Aussteller täuscht durch die Verschleierung seines wirklichen Namens über seine Identität.

Schaut man genauer hin, stellt man indessen fest, dass A zwar über seinen ***Namen***, aber nicht wirklich auch über seine ***Identität*** täuscht, denn: Als A das Anmeldeformular ausfüllt, weiß und sieht der P, der als zu täuschende Person hier in Frage kommt, wer das Formular ausfüllt. P irrt sich also nicht über die Person, die die Urkunde hergestellt. Die Person steht nämlich unmittelbar vor ihm. Er irrt sich lediglich über den Namen der Person. Angesichts dessen fragt sich, ob man auch in diesem Fall von einer für § 267 StGB ja notwendigen »Identitätstäuschung« ausgehen kann, oder ob es sich lediglich um eine straflose ***Namenstäuschung*** handelt. Und tatsächlich gibt es zu dieser Frage zwei unterschiedliche Ansichten. Allerdings müssen wir, um die Problematik vollständig erfassen zu können, noch einen Blick auf die Besonderheiten des Falles werfen, nämlich:

In unserem Fall gibt der A fraglos einen falschen Namen an. Interessant ist insoweit aber noch seine diesbezügliche Motivation, die sich zum einen auf die Wahrung des Inkognitos, zum anderen aber auch noch auf das mögliche unerkannte Verschwinden – notfalls ohne Zahlung – bezieht. Diese Motivation wird gleich noch wichtig, denn – soviel vorweg – bei den Fällen der Namenstäuschung hat die Motivation des Täters entscheidende Bedeutung.

a) Und wir beginnen damit, uns anzusehen, welche Folge eine Namenstäuschung hat, die man vornimmt, um sein Inkognito zu wahren:

- Nach ***einer Ansicht*** mangelt es in solchen Fällen an der Unechtheit der Urkunde und demnach schon am ***objektiven Tatbestand*** des § 267 Abs. 1 StGB. Für die Beurteilung der Echtheit der Urkunde solle es in den Fällen der schlichten Namenstäuschung nämlich darauf ankommen, ob die Namensangabe in der konkreten Situation für die Beteiligten von Bedeutung sei. Habe der betroffene Rechtsverkehr kein Interesse am richtigen Namen, fehle es auch an der Identitätstäuschung. Hierbei spiele die Absicht des Täters eine Rolle; wenn der Aussteller gewillt sei, sich trotz Namenstäuschung aus der Erklärung verpflichten zu lassen, habe diese subjektive Seite bereits Auswirkungen auf das objektive Merkmal der Echtheit (BGHSt **40**, 206; **1**, 117; *Fischer* § 267 StGB Rz. 31; *Krey/Heinrich* BT 1 Rz. 705; LK/*Zieschang* § 267 StGB Rz. 129; *Otto* in JuS 1987, 761; zweifelnd: *Wessels/Hettinger* BT 1 Rz. 828).

- Nach ***anderer Meinung*** liegt in solchen Fällen objektiv eine unechte Urkunde vor, es mangele indessen dann regelmäßig an der Täuschungsabsicht und folglich am ***subjektiven Tatbestand***. Zur Begründung wird angeführt, dass das einzige Identitätsmerkmal einer Person nun mal sein Name sei mit der Folge, dass eine Namenstäuschung immer auch eine Identitätstäuschung im Sinne des § 267 StGB darstellt. Ob der Täter sich trotz Namenstäuschung an die Erklärung binden lassen wolle, könne erst im subjektiven Tatbestand bei der Täuschungsabsicht berücksichtigt werden. Die Urkunde jedenfalls sei ***unecht*** (S/S-*Heine/Schuster* § 267 StGB Rz. 51; NK/*Puppe* § 267 StGB Rz. 67; *Kienapfel* in NStZ 1987, 28; *Seier* in JA 1979, 137; *Samson* in JuS 1970, 374; SK/*Hoyer* § 267 StGB Rz. 44; unklar BGHSt **33**, 159, 161, wo das Gericht auf den subjektiven Tatbestand abstellt – im Gegensatz dazu aber BGHSt **40**, 206).

Wir merken uns: Wer nur deshalb über seinen Namen täuscht, um unerkannt zu bleiben, ansonsten aber keine Absichten hat, den Rechtsverkehr zu täuschen, insbesondere einen vermögenswerten Vorteil zu erlangen, begeht nach ***beiden*** gerade genannten Ansichten keine Urkundenfälschung. Nach der ersten Meinung fehlt es insoweit am objektiven Tatbestand, die Urkunde ist demnach nicht unecht. Nach der anderen Auffassung liegt zwar eine unechte Urkunde vor, indessen fehlt es in jedem Falle dann am subjektiven Tatbestand, da der Täter keine Absicht hat, den Rechtsverkehr zu täuschen.

ZE.: Betrachten wir alleine die Absicht des A, sein Inkognito zu wahren, wäre er ***nicht*** nach § 267 StGB zu bestrafen. Entweder es mangelt bereits am objektiven Tatbestand (1. Ansicht) oder es scheitert an der im subjektiven Tatbestand benannten Täuschungsabsicht (2. Ansicht).

b) Es fragt sich nun aber noch, ob dieses Ergebnis Bestand hat unter Berücksichtigung der Tatsache, dass A sich auch das Verschwinden – notfalls ohne Zahlung – durch seine Namenstäuschung offenhalten wollte.

Durchblick: Was jetzt kommt, lässt sich nach dem aufmerksamen Lesen des gerade eben Dargestellten schon erahnen. Wir haben weiter oben bereits festgestellt, dass in den Fällen der Namenstäuschung die ***Absicht*** des Täters entscheidende Bedeutung hat. Und dem folgend war klar, dass der Täter, der keine auf die Täuschung des Rechtsverkehrs abzielende Absicht hat, straflos ausgeht, wenn er nur über seinen Namen täuscht, wie etwa zur Wahrung des Inkognitos. Ebenso klar ist dann aber auch, dass dies dann nicht (mehr) gilt, wenn der Täter über den Namen täuscht, um unter Vereitelung des Beweiszweckes der Urkunde den Rechtsverkehr zu täuschen, sich also etwa einen Vermögensvorteil zu verschaffen oder auch nur die Absicht dazu hat.

Folge: Wer in einem Hotel unter falschem Namen absteigt, um später die Zeche zu prellen oder sich dies auch nur offenhalten will, stellt nach allgemeiner Meinung mit der Unterzeichnung des Anmeldeformulars eine ***unechte*** Urkunde her und hat auch die für § 267 StGB erforderliche Täuschungsabsicht (BGH MDR **1973**, 556; *Wessels/Hettinger* BT 1 Rz. 828; *Arzt/Weber* BT § 31 Rz. 14; *Otto* in JuS 1987, 761).

Die Namenstäuschung und ihre strafrechtliche Beurteilung nach § 267 StGB hängt also ab von der hinter der Täuschung steckenden Absicht des Täters. Will sich der Täter mit der Täuschung unter Vereitelung des Beweiswertes der Urkunde – unter Umständen neben anderen Zwecken – einen Vermögensvorteil verschaffen oder hat die darauf gerichtete Absicht, liegt unter diesen Umständen eine Urkundenfälschung im Sinne des § 267 Abs. 1, 1. Var. StGB vor. Und hierbei ist dann zum einen zunächst die ***Unechtheit*** der Urkunde im objektiven Tatbestand festzustellen, um im Weiteren auch die für § 267 StGB erforderliche Absicht im subjektiven Tatbestand zu bejahen.

Feinkost: Bei der Untersuchung der Absichten des Täters muss man gut aufpassen und darf sich vor allem nicht durch einen möglichen Sinneswandel im Laufe des Falles irritieren lassen. So spielt es in unserem Fall nämlich keine relevante Rolle, dass A später die Rechnung tatsächlich zahlt, obwohl er sich anfangs die Bezahlung noch offenhalten wollte. Dadurch entfällt ***nicht*** seine Absicht, sich einen Vermögensvorteil zu beschaffen und den Rechtsverkehr zu täuschen im Sinne des § 267 StGB, denn: Der erforderliche Vorsatz und die deliktspezifischen Absichten des Täters müssen zum Zeitpunkt der Ausführungshandlung des Delikts vorliegen. Und das steht sogar im Gesetz, bitte lies **§ 15 StGB:** Da steht ***»Strafbar ist nur vorsätzliches Handeln, ...«***.

Daraus folgt: Man muss den Vorsatz haben beim »Handeln«. Maßgebender Zeitpunkt für das Vorliegen des Tatbestandsvorsatzes und der besonderen Absichten ist immer nur die *Begehung der Tat*, das heißt die Vornahme der tatbestandlichen Ausführungshandlung (BGH NStZ **1983**, 452; S/S-*Sternberg-Lieben/Schuster* § 15 StGB Rz. 48; *Wessels/Beulke/Satzger* AT Rz. 206). Die tatbestandliche Ausführungshandlung des § 267 StGB ist das Herstellen der unechten Urkunde; das macht der A, als er das Formular ausfüllt. Und deshalb zählt nur, was er ***zu diesem Zeitpunkt*** an Absichten verwirklicht. Und es zählt vor allem nicht, was ihm dann später noch einfällt. Dass er später seinen ursprünglichen Vorsatz dann doch nicht in die Tat umsetzt, ist somit unerheblich, denn er hatte den erforderlichen Vorsatz bzw. die deliktspezifische Absicht zum Zeitpunkt der Tathandlung. Und das reicht (BGHSt **10**, 153; *Wessels/Beulke/Satzger* AT Rz. 206; *Seier* in JA 1979, 137; S/S-*Sternberg-Lieben/Schuster* § 15 StGB Rz. 49). Merken.

Erg.: A hat sich wegen Urkundenfälschung gemäß § 267 Abs. 1, 1. Var. StGB strafbar gemacht, als er das Anmeldeformular mit falschem Namen ausfüllt. A hat diese unechte Urkunde durch das Vorlegen bzw. Zurückgeben an P des Weiteren auch »gebraucht« im Sinne des 3. Var. des § 267 StGB. Dieses Gebrauchen tritt aber hinter dem Herstellen zurück; es handelt sich um eine »einheitliche Tat« des § 267 StGB (vgl. die Erläuterungen dazu im vorherigen Fall).

Anhang

Wir haben jetzt gelernt, welche Folgen es für die Strafbarkeit nach § 267 StGB hat, wenn man ein Schriftstück mit falschem Namen unterzeichnet. Das muss – wie wir jetzt wissen – nicht immer auch gleich eine Urkundenfälschung sein. Sofern der Täter keine kriminellen (rechtlich erheblichen) Absichten hat, sondern zu dieser Erklärung rechtsgeschäftlich stehen will, kann auch im Zeichnen mit dem falschen Namen eine bloße straflose Namenstäuschung liegen, da es sich **nicht** um eine unechte Urkunde handelt (siehe oben).

Und jetzt ist an der Zeit, uns noch die merkwürdige Konstruktion anzusehen, dass demgegenüber beim Zeichnen mit dem ***richtigen Namen*** eine Urkundenfälschung und da vor allem eine ***unechte*** Urkunde vorliegen kann. Grundlage für das Verständnis dieser Problematik ist eine Entscheidung des BGH vom 29. Juni 1994 (→ BGHSt **40**, 203), in der es um Folgendes ging:

Der Täter hatte bei verschiedenen Versandhäusern Waren bestellt, ohne zahlungsfähig zu sein. Die Warenhäuser hatten ab dem Erreichen einer sogenannten »Bonitätsgrenze« eine interne Auslieferungssperre für den jeweiligen Kunden verhangen, in diesem Fall dann für den Täter. Um diese Auslieferungssperre nun zu umgehen, hatte der Täter weiter bestellt und hierbei unter anderem die Schreibweise seines Namens durch Vertauschen einzelner Buchstaben geändert; andere ihm tatsächlich zustehende Vornamen benutzt, die den Firmen bislang nicht bekannt waren; bei richtiger Namensangabe falsche Geburtsdaten zugefügt; bei richtiger Namensangabe die Anschrift geringfügig geändert in der – zutreffenden – Hoffnung, der Postbote würde bei der Zustellung der Ware dies als Versehen betrachten und an den Täter ausliefern (und noch einiges mehr). Auf diese Art und Weise umging der Täter die EDV-gesteuerte Bonitätskontrolle der Versandhäuser und erlangte Waren in Höhe von insgesamt 106.000, – DM (!). **Strafbar nach § 267 StGB?**

Neben dem erfüllten Betrug war nun zu prüfen, ob auch eine Urkundenfälschung nach § 267 StGB vorlag und hier insbesondere die Frage zu klären, ob der Täter trotz zutreffender Namensangabe über seine Identität getäuscht hatte.

Der BGH hat das in sämtlichen Fällen ***bejaht***, unter anderem mit der Begründung, es liege trotz richtiger Namensangabe eine unechte Urkunde vor, weil für die Firmen zum Namen in diesem Falle wegen der EDV-gesteuerten Verwaltung stets auch die vollständigen und vor allem genauen Daten, also der exakte Name, die Geburtsdaten und auch die Adresse gehörten. Nur anhand dieser vollständigen Daten werde von den Firmen die Person mittels der EDV-Anlage identifiziert. Dies hat zur Konsequenz, dass in Täuschungsabsicht diesbezüglich geänderte Daten – etwa auch der der Firma nicht bekannte andere Vorname des Täters – die Person als eine andere kennzeichne, als die, die der Firma bekannt ist (BGHSt **40**, 203; zustimmend *Puppe* in JZ 1997, 490; *Wessels/Hettinger* BT 1 Rz. 827; S/S-*Heine/Schuster* § 267 StGB Rz. 52; LK/*Zieschang* § 267 StGB Rz. 130).

Also: Eine Urkundenfälschung durch Herstellen einer unechten Urkunde funktioniert demnach auch dann, wenn man zwar seinen richtigen Namen angibt, dafür aber andere Daten, die im konkreten Fall zur Identifizierung der Person notwendig sind, ändert. Das wird hier an dem geschilderten Fall schön deutlich, die EDV-Anlage der Versandhäuser reagierte im Sinne einer Auslieferungssperre nur dann, wenn die **vollständigen** Daten vorlagen, also nicht nur der richtig geschriebene Name, sondern auch Adresse und Geburtsdatum. Deshalb war das Ändern der jeweiligen Daten insoweit hier eine Urkundenfälschung in der Form des Herstellens einer unechten Urkunde gemäß § 267 Abs. 1, 1. Var. StGB.

Herstellen und Vorlegen der Kopie bei der Bundestagsverwaltung

§ 267 Abs. 1, 1.+3. Variante (Urkundenfälschung)

1. Herstellen einer unechten Urkunde

I. Tatbestand (A: objektiv):

1.) Die von A erstellte und später der Bundestagsverwaltung vorgelegte Fotokopie muss zunächst einmal eine Urkunde sein. Und die Definition dafür kennen wir mittlerweile:

> ***Urkunde*** ist immer noch jede verkörperte Gedankenerklärung, die zum Beweis im Rechtsverkehr geeignet und bestimmt ist und ihren Aussteller erkennen lässt (BGHSt **18**, 66; BGHSt **24**, 140; OLG Köln StraFo **2014**, 33; *Fischer* § 267 StGB Rz. 2; S/S-*Heine/Schuster* § 267 StGB Rz. 4; *Wessels/Hettinger* BT 1 Rz. 790).

Und jetzt aufgepaßt:

a) Die verkörperte Gedankenerklärung dieser Fotokopie ist ***nicht*** der tatsächlich in Worten darauf sich befindende Inhalt. Wer eine Kopie herstellt, verkörpert nicht die im Original stehende Gedankenerklärung, sondern fertigt nur die ***bildliche Wiedergabe*** der in einem anderen Schriftstück verkörperten Erklärung (BGH NStZ **2013**, 105; BGH StV **1994**, 18; BGHSt **24**, 140). Ebenso wie bei einer Abschrift berichtet die – als solche erkennbare – Kopie nur über Inhalt und Fassung ihrer Vorlage bzw. des Originals (S/S-*Heine/Schuster* § 267 StGB Rz. 40; *Krey/Heinrich* BT 1 Rz. 717; *Kienapfel* in NJW 1971, 1781; *Wessels/Hettinger* BT 1 Rz. 811; BayObLG NStZ **1994**, 88; OLG Düsseldorf NJW **2001**, 167; OLG Hamm vom 25.03.**2004** – 3 Ws 54/04).

> **Durchblick:** Wer eine Kopie anfertigt, gibt keine neue eigene verkörperte Gedankenerklärung mit dem in der Vorlage sich befindenden Inhalt ab (wie soll das beim Drücken des Kopierknopfes – Herstellungsvorgang! – auch gehen?). Vielmehr erklärt der Kopierende nur, dass es eine Vorlage mit dem entsprechenden Inhalt gibt, und er eben jetzt eine Kopie davon angefertigt hat. Einen eigenen gedanklichen Inhalt bezogen auf die Gedankenerklärung der Vorlage gibt der Kopierende ***nicht*** ab (und damit natürlich auch die Kopie selbst nicht). Daraus folgt, dass die verkörperte Gedankenerklärung der Kopie sich darin erschöpft, dass es zu dieser Kopie eine entsprechende Vorlage gibt. Konsequenterweise kann man daher an dieser Stelle schon die Prüfung beenden mit dem Argument, diese Erklärung habe keinen für § 267 StGB ausreichenden gedanklichen Inhalt (so wohl S/S-Heine/Schuster § 267 StGB Rz. 40 und auch *Krey/Heinrich* BT 1 Rz. 717). Das stellt dann auch der BGH fest (St **24**, 140, 141), prüft aber dennoch weiter, und so wollen wir das jetzt auch machen:

b) Die Fotokopie dient dem ***Beweis im Rechtsverkehr*** dieser gerade geschilderten Tatsache, also dass die Kopie die bildliche Wiedergabe des Originals – mit gleichem Inhalt – ist. Auch hier wird man übrigens zweifeln können, da sich fragt, ob dieser gedankliche Inhalt überhaupt für den Rechtsverkehr beweiskräftig ist (S/S-*Heine/Schuster* § 267 StGB Rz. 10; *Fischer* § 267 StGB Rz. 12; BGHSt **1**, 17). Somit kann man theoretisch auch an dieser Stelle die Prüfung beenden. Auch hier meldet der BGH (St **24**, 140, 141) Zweifel an, stellt schließlich dann aber entscheidend auf den letzten Prüfungspunkt der Urkundseigenschaft ab, nämlich:

c) Fraglich ist, ob die Kopie ihren ***Aussteller*** erkennen lässt.

Nach allgemeiner Meinung wird das verneint, und zwar aus folgenden Gründen: Zwar kann man auf der Kopie sehen, wer das Original ausgestellt hat, bei uns etwa der P. Allerdings sieht man der Kopie als solcher – also dem neu hergestellten Blatt – nicht an, wer dieses Blatt produziert hat. Die Kopie enthält – wie oben schon mal gesagt – nur die ***bildliche Wiedergabe*** der in einem anderen Schriftstück von einer anderen Person verkörperten Erklärung. Der erkennbare Aussteller des Originals ist nicht auch der Aussteller der Kopie, das kann jemand ganz anderes sein und der ist nicht erkennbar (BGHSt **24**, 140; BayObLG NJW **1992**, 3311 und NStZ **1994**, 88; S/S-*Heine/Schuster* § 267 StGB Rz. 42a; *Fischer* § 267 StGB Rz. 12b; *Lackner/Kühl* § 267 StGB Rz. 16; *Wessels/Hettinger* BT 1 Rz. 811; *Geppert* in Jura 1990, 271; *Keller* in JR 1993, 300).

Einfacher: Man sieht der Kopie nicht an, wer den Knopf des Kopiergerätes gedrückt und damit diese Kopie – also das jetzt vorliegende Blatt – tatsächlich hergestellt hat. Das weiß man nur vom Original.

ZE.: Egal an welcher Stelle man nun die Prüfung beendet (jede der drei Stellen ist zulässig, wobei die Buchstaben a und c sich vorzugswürdig anbieten), in jedem Falle mangelt es der Kopie an der Urkundseigenschaft, und damit scheidet eine Bestrafung wegen Herstellens einer unechten Urkunde durch die Anfertigung der Kopie aus.

> **Beachte:** Hierzu gibt es noch eine andere, sich durchaus im Aufwind befindende Ansicht, die behauptet, Kopien käme sehr wohl Urkundseigenschaft zu (NK/*Puppe* § 267 StGB Rz. 47a; *Puppe* in NStZ 2001, 482; *Freund* in StV 2001, 234; *Engert* in JA 1997, 31). Für die Klausur dürfte das die Möglichkeit eröffnen (aber nicht erzwingen), die Meinung zu erwähnen und mit vernünftiger Begründung abzubügeln. Für die Hausarbeit aber bedeutet das, die Ansicht muss ***in jedem Falle*** Erwähnung finden und entsprechend der Fall-Relevanz auch bearbeitet werden. Hilfreich ist dann die Anmerkung von Frau *Puppe* zum Urteil des OLG Düsseldorf (NJW **2001**, 167) in der NStZ 2001, Seite 482.

Wir folgen der herrschenden Meinung und demnach hat sich unser A nicht wegen Urkundenfälschung nach § 267 Abs. 1, 1. Var. StGB strafbar gemacht.

2. Gebrauchen einer unechten oder verfälschten Urkunde

Obwohl die herrschende Meinung der Kopie die Urkundseigenschaft grundsätzlich abspricht, soll davon abweichend aber – auch nach herrschender Meinung – die Gebrauchsvariante des § 267 Abs. 1 StGB in Frage kommen, wenn der Täter eine unechte Urkunde herstellt oder eine echte verfälscht, um ihren Inhalt sodann im Wege der Ablichtung (= Kopie) dem Rechtsverkehr zugänglich zu machen (BGH NStZ **2003**, 543; BGHSt **5**, 293; **24**, 140, 142; OLG Stuttgart NJW **2006**, 2869; OLG Köln StV **1987**, 297; S/S-*Heine/Schuster* § 267 StGB Rz. 42b; *Fischer* § 267 StGB Rz. 24; *Wessels/Hettinger* BT 1 Rz. 811). Das bedeutet, dass der Täter zunächst eine unechte Urkunde herstellen oder eine echte Urkunde verfälschen muss, diese dann kopieren und ***dann*** die Kopie dieser vorher erstellten Urkunde dem Rechtsverkehr zugänglich machen muss (schwieriger Satz, bitte noch mal lesen). Dann soll trotz Kopie der § 267 Abs. 1 StGB in der Gebrauchsvariante vorliegen.

Zum Fall: Diese Variante würde in unserem Fall demnach nur dann zutreffen, wenn A die Kopie einer unechten Urkunde, die er vorher erstellt oder verfälscht hat, in den Rechtsverkehr bringt. Das aber tut unser A nicht, denn: Als A die beiden Blätter auf den Kopierer legt, hat er die ursprüngliche Rechnung damit noch nicht verfälscht. Insoweit muss nämlich unbedingt beachtet werden, dass A nur die zwei Blätter **lose** auf den Kopierer legt; und das ist noch keine feste dauerhafte Verbindung im Sinne einer für den Urkundsbegriff erforderlichen »**Verkörperung**« (dazu instruktiv: BGH NStZ **2003**, 543; vgl. auch BGH MDR **1976**, 813). Damit hat A nicht die Kopie einer verfälschten Urkunde erstellt, sondern nur die Kopie zweier loser Blätter. Und das reicht, wenn wir die eben benannte Regel beachten wollen (der schwierige Satz oben), nicht. Bitte prüfen.

Noch mal klarmachen: Wir hatten gesagt, dass Kopien nach herrschender Meinung keine Urkundseigenschaft haben und folglich für den Straftatbestand des § 267 StGB nicht taugen. Dabei bleibt es auch grundsätzlich. Das, was wir gerade soeben gelernt haben, stellt aber nun eine Ausnahme dieses Grundsatzes dar und macht die Kopie dann eben doch zum tauglichen Objekt des § 267 StGB, allerdings nur unter den dort genannten Voraussetzungen. Bitte noch mal diese Voraussetzungen nachlesen und versuchen zu verstehen und, wenn möglich, merken.

ZE.: Auch das Gebrauchen einer verfälschten Urkunde nach den eben aufgezeigten Regeln kommt daher vorliegend nicht in Betracht, da es an einer verfälschten Urkunde als Vorlage für die Kopie fehlt.

Erg.: Und damit scheidet eine Strafbarkeit des A wegen Urkundenfälschung nach § 267 StGB sowohl wegen des Herstellens einer unechten Urkunde als auch wegen des Gebrauchens einer verfälschten Urkunde aus. A bleibt diesbezüglich – nach den Urkundsstraftaten – also ***straflos***.

Nachschlag

Bitte beachte, dass die Geschichte mit den Fotokopien neben den eben schon dargestellten Feinheiten noch einige andere Facetten hat, auf die man als Kandidat prima reinfallen kann:

1.) So stellt z.B. die Beglaubigung einer Fotokopie – auch die private Beglaubigung – eine Urkunde dar, da Beglaubigung und Kopie eine sogenannte ***zusammengesetzte Urkunde*** sind (*Krey/Heinrich* BT 1 Rz. 717; *Wessels/Hettinger* BT 1 Rz. 816). Was eine zusammengesetzte Urkunde genau ist, lernen wir im nächsten Fall.

2.) Des Weiteren können fotografische Reproduktionen (auch Fotokopien) ausnahmsweise doch Urkundseigenschaft haben, wenn sie so geschickt hergestellt sind, dass man den Unterschied zum Original nicht erkennen kann und folglich auch nicht merkt, eine Fotokopie vor sich zu haben (*Fischer* § 267 StGB Rz. 20; S/S-*Heine/Schuster* § 267 StGB Rz. 42b). Bei *Wessels/Hettinger* (BT 1 Rz. 811) findet sich insoweit der schöne Fall des BayObIG aus dem Jahre 1988 (BayObIG GA **89**, 134), bei dem der Täter mit Farbkopien ***Monatskarten*** der ***Deutschen Bahn*** perfekt nachahmt und dann benutzt. Bei uns kommt diese Variante freilich nicht in Betracht, da die Kopie als solche erkennbar war (Sachverhalt!). Zum Problem um Farbkopien vgl. BGH NStZ **2013**, 105 und OLG Stuttgart NJW **2006**, 2869.

3.) Bitte beachte auch, dass ***Fotokopien*** nach herrschender Meinung ***keine*** technischen Aufzeichnungen im Sinne des **§ 268 Abs. 2 StGB** sind und folglich das Herstellen einer Fotokopie nicht den Tatbestand des § 268 Abs. 1 Nr. 1 StGB erfüllt. Begründet wird dies zutreffend damit, dass es bei der Kopie für den Begriff der technischen Aufzeichnung daran fehlt, dass die Darstellung durch ein technisches Gerät ganz oder zum Teil selbstständig bewirkt wird (BGHSt **24**, 142; OLG Stuttgart NJW **2006**, 2869; OLG Köln StV **1987**, 297; *Krey/Heinrich* BT 1 Rz. 719; *Wessels/Hettinger* BT 1 Rz. 868; LK/*Zieschang* § 268 StGB Rz. 17; *Fischer* § 268 StGB Rz. 7).

4.) Interessant ist schließlich noch die rechtliche Einordnung eines »**Telefax**« in Bezug auf § 267 StGB:

a) Zunächst sollte man wissen, dass unstreitig die 3. Var. des § 267 StGB erfüllt ist, also das Gebrauchen, wenn man einem anderen eine unechte Urkunde zufaxt (*Krey/Heinrich* BT 1 Rz. 717a). Dieses Faxen stellt dann das Gebrauchen der Urkunde dar, die man auf das Fax gelegt hat, also der ursprünglichen Urkunde.

b) Schwierig zu beantworten ist aber die Frage, ob der Zettel, der beim Empfänger ankommt (also das Fax selbst), dann wieder eine neue unechte Urkunde darstellt und mithin die Variante des Herstellens einer unechten Urkunde durch das Faxen erfüllt wäre.

- Nach ***einer Meinung*** soll es sich bei dem Fax dann tatsächlich um eine ***Urkunde*** handeln, vor allem deshalb, weil das Fax heutzutage wie ein Original akzeptiert wird; so gilt das Fax nach OLG Köln (CR **1991**, 612) etwa als Urkunde im Sinne des § 592 Satz 1 ZPO und wird auch als wirksames Mittel anerkannt, um bei Gericht ein Rechtsmittel einzulegen (BVerfG NJW **1987**, 2067; BGH wistra **2010**, 184; BGH NJW **1990**, 990; OLG Düsseldorf NJW **1995**, 2177). Des Weiteren wird angeführt, dass man dem Fax im Unterschied zur Fotokopie wegen der Kurzbezeichnung und der Fax-Nummer ansieht, von wem es stammt (*Fischer* § 267 StGB Rz. 21; NK/*Puppe* § 267 StGB Rz. 20; *Hardtung* in JuS 1998, 719; LK/*Zieschang* § 267 StGB Rz. 122; *Krey/Heinrich* BT 1 Rz. 717a; SK/*Hoyer* § 267 StGB Rz. 21; S/S-*Heine/Schuster* § 267 StGB Rz. 43; *Wessels/Hettinger* BT 1 Rz. 811).

- Die ***andere Auffassung*** lehnt diese Überlegungen ab und will dem Fax ebenso wie der Kopie ***keine*** Urkundseigenschaft zukommen lassen (OLG Oldenburg StV **2009**, 361; OLG Zweibrücken NJW **1998**, 2918; SK/*Hoyer* § 267 StGB Rz. 21; *Hohmann/Sander* BT II § 17 Rz. 31; *Maurach/Schroeder* BT II § 65 Rz. 39; *Lackner/Kühl* § 267 StGB Rz. 16; zum Ganzen siehe auch *Beckemper* in JuS 2000, 123).

Hier beim Telefax ist also alles offen und es kann deshalb mit Sicherheit davon ausgegangen werden, dass diese Thematik noch häufig Gegenstand von Klausuren und Hausarbeiten sein wird. Nach meiner Einschätzung dürfte es für eine vernünftige Note in der Klausur aber schon reichen, wenn man die eben angeführten Argumente, die für die Urkundseigenschaft eines Telefax sprechen, im Kopf hat und bei Bedarf auch niederschreiben kann.

Gutachten

A könnte sich dadurch, dass er vor den Augen des P in das Anmeldeformular »Eheleute Schwabe« und eine fiktive Adresse eintrug, wegen Urkundenfälschung gemäß § 267 Abs. 1, 1. Alt. StGB strafbar gemacht haben.

Objektiver Tatbestand:

1.) Dann muss das Anmeldeformular eine unechte Urkunde sein. Urkunde ist jede verkörperte Gedankenerklärung, die allgemein oder für Eingeweihte verständlich ist, ihren Aussteller erkennen lässt und zum Beweis im Rechtsverkehr geeignet und bestimmt ist.

Das Anmeldeformular trägt die Erklärung in sich, dass der Eintragende den entsprechenden Namen trägt, an einem bestimmten Ort wohnt und sich in der Pension für eine bestimmte Anzahl von Tagen eingemietet hat. Dieses Anmeldeformular dient zum Beweis der gerade geschilderten Tatsachen und des Weiteren zum Beweis des Abschlusses des Beherbergungsvertrages. Schließlich sind die »Eheleute Schwabe« als Aussteller des Formulars erkennbar. Das von A ausgefüllte Anmeldeformular ist mithin eine Urkunde im Sinne des § 267 Abs. 1 StGB.

2.) Diese Urkunde muss nun auch unecht sein. Unecht ist eine Urkunde dann, wenn sie nicht von demjenigen herrührt, der aus ihr als Aussteller hervorgeht; erforderlich ist eine sogenannte Identitätstäuschung. Im vorliegenden Fall gehen als Aussteller die »Eheleute Schwabe« aus dem Formular hervor. Wirklicher Aussteller ist indessen der A mit der Konsequenz, dass erkennbarer und wirklicher Aussteller nicht übereinstimmen. Daraus wiederum folgt, dass eine Identitätstäuschung angenommen werden muss. Etwas anderes könnte sich aber noch aus der Motivation des A bei dieser Eintragung ergeben. A hat zum einen zur Wahrung des Inkognitos und zum anderen, um sich die Möglichkeit der späteren Flucht zu erhalten, den falschen Namen in das Formular eingetragen.

a) Nach einer Ansicht fehlt es in den Fällen, in denen nur zur Wahrung des Inkognitos der Name falsch angegeben wird, an einer Identitätstäuschung und mithin an der Unechtheit der Urkunde. Es handele sich vielmehr um eine bloße Namenstäuschung, denn der Empfänger habe die Person, die das Schriftstück ausstellt, vor sich und könne die Erklärung deshalb auch dem richtigen Aussteller zuordnen. Der Empfänger irre sich in solchen Fällen nicht über die Person, sondern lediglich über den Namen dieser Person. Im Übrigen spiele hier im objektiven Tatbestand auch bereits die subjektive Tendenz des Täters eine Rolle. Wolle der Täter die Urkunde nicht zur Täuschung verwenden, müsse diese mangelnde Täuschungsabsicht bereits im objektiven Tatbestand Berücksichtigung finden und schließe folglich die Unechtheit der Urkunde aus.

b) Dem steht indessen entgegen, dass das einzige Identitätsmerkmal einer Person im Rechtsverkehr sein Name ist. Wer sich über den Namen irrt, unterliegt einer Identitätstäuschung. Nur der Name garantiert letztlich das Auffinden des Ausstellers; darauf abzustellen, dass die Person bekannt ist, schützt den Rechtsverkehr nur solange, wie diese Person jederzeit habhaft gemacht werden kann. Des Weiteren kann die subjektive Seite des Täters nicht taugliches Abgrenzungsmerkmal für die objektiv zu bestimmende Unechtheit der Urkunde sein. Die Täuschungsabsicht wollte der Gesetzgeber im subjektiven Tatbestand erörtert wissen, was aus dem eindeutigen Gesetzeswortlaut des § 267 Abs. 1 StGB hervorgeht. Die erstgenannte Ansicht ist daher abzulehnen mit der Folge, dass die von A erstellte Urkunde unecht ist, da der wirkliche und der erkennbare Aussteller nicht identisch sind. Insoweit kann die weitere Absicht des A, notfalls ohne Bezahlung die Pension zu verlassen, an dieser Stelle unberücksichtigt bleiben. Die unechte Urkunde hat A hergestellt und mithin den objektiven Tatbestand des § 267 Abs. 1, 1. Alt. StGB erfüllt.

Subjektiver Tatbestand:

A handelt vorsätzlich im Sinne des § 15 StGB, er wusste um alle Umstände, die zum objektiven Tatbestand gehören. Erforderlich ist des Weiteren die Absicht, der Rechtsverkehr zu täuschen. Betrachtet man alleine die Motivation des A in Bezug auf die Wahrung des Inkognitos, müsste man die Täuschungsabsicht verneinen. A wollte insoweit zu seiner Erklärung im Übrigen rechtsgeschäftlich stehen. Indessen steht dem entgegen, dass sich A beim Unterzeichnen des Formulars auch die Möglichkeit offenhalten wollte, notfalls ohne Bezahlung die Pension zu verlassen. Unabhängig davon, ob der Täter dieses Vorhaben dann später in die Tat umsetzt, handelt er zum Zeitpunkt der Ausführungshandlung mit entsprechender Täuschungsabsicht im Sinne des § 267 Abs. 1 StGB. Sein Sinneswandel bleibt unerheblich, da die Täuschungsabsicht, ebenso wie der Vorsatz, gemäß § 15 StGB zum Zeitpunkt der Tathandlung vorliegen muss. Die Tathandlung lag in der Unterzeichnung des Formulars, und zu diesem Zeitpunkt hatte A die entsprechende Absicht.

Rechtswidrigkeit und Schuld:

Es bestehen keine Zweifel, dass A rechtswidrig und schuldhaft handelte.

Ergebnis: A hat sich beim Ausfüllen des Formulars mit dem falschen Namen wegen Urkundenfälschung gemäß § 267 Abs. 1, 1. Var. StGB strafbar gemacht.

A könnte sich durch das Anfertigen und Vorlegen der Kopie wegen Urkundenfälschung gemäß § 267 Abs. 1, 1. + 3. Var. StGB strafbar gemacht haben.

Objektiver Tatbestand:

Dann muss die angefertigte Kopie zunächst eine Urkunde gewesen sein. Die drei Merkmale der Urkunde sind weiter oben bereits benannt, im Einzelnen: Die verkörperte Gedankenerklärung einer Kopie liegt darin, dass von dieser Kopie ein Original existiert und diese Kopie eine bildliche Wiedergabe des Originals darstellt. Die Kopie verkörpert hingegen nicht die im Original verkörperte Erklärung neu. Und insoweit ist bereits fraglich, ob dieser Gedankeninhalt überhaupt tauglich ist als rechtliche bedeutsame Erklärung im Rahmen des § 267 Abs. 1 StGB und als beweiserhebliche Aussage im Rechtsverkehr schützenswert sei soll. Dies kann dahingestellt bleiben.

Denn jedenfalls scheitert die Urkundsqualität einer Kopie daran, dass der Aussteller nicht erkennbar ist. Zwar kann man auf einer Kopie sehen, wer das Original ausgestellt hat, im vorliegenden Fall demnach die Pension P bzw. der Inhaber. Allerdings sieht man der Kopie als solcher – also dem neu hergestellten Blatt – nicht an, wer dieses Blatt produziert hat. Die Kopie enthält nur die bildliche Wiedergabe der in einem anderen Schriftstück von einer anderen Person verkörperten Erklärung. Der erkennbare Aussteller des Originals ist nicht auch der Aussteller der Kopie, das kann jemand ganz anderes sein, und der ist auch nicht erkennbar. Man sieht der Kopie nicht an, wer den Kopiervorgang, also die Herstellung des Blattes am Kopiergerät und damit der als Urkunde in Betracht kommenden Kopie, getätigt hat. Daraus ergibt sich, dass die von A angefertigte Kopie keine Urkundsqualität hat und mithin als Tatobjekt für § 267 Abs. 1 StGB ausscheidet.

Ergebnis: A hat sich somit weder wegen Herstellens einer unechten Urkunde noch wegen Gebrauchens einer unechten Urkunde nach § 267 Abs. 1 StGB strafbar gemacht.

Fall 11

Katy Pörry

W möchte die neue CD von *Katy Pörry* kaufen und betritt aus diesem Grund die Verkaufsräume des Musikhauses *Sadurn* in Köln. Dort hält W nach kurzer Suche das begehrte Stück in Händen, muss allerdings feststellen, dass der Preis nicht seinen Vorstellungen entspricht. Auf der durchsichtigen Plastikfolie, mit der die CD komplett verschweißt ist, klebt das Preisschild mit stolzen 20 Euro. Diesen Betrag will W keinesfalls zahlen. Er schaut sich um und sieht gleich neben sich auf dem Boden einen offenen Karton, in dem sich 200 noch nicht ausgepackte und einsortierte Exemplare einer anderen CD befinden. Diese CDs sind zwar bereits einzeln eingeschweißt, indessen noch nicht mit Preisen ausgezeichnet. Auf der Außenseite des Kartons klebt aber ein Preisschild mit dem Betrag von zehn Euro. Das hatte ein Mitarbeiter des Hauses dort am Vorabend kurz vor Dienstschluss noch angebracht, damit am nächsten Tag bei der Einzelauszeichnung keine Fehler gemacht werden.

Als W sich unbeobachtet glaubt, zieht er vorsichtig von der Plastikfolie der *Katy Pörry*-CD das Preisschild ab und hält es – angeklebt an den Daumen – in der linken Hand. Sodann löst er mit der anderen Hand das Schild von dem Karton und klebt es an die jetzt freie Stelle seiner CD. Das Preisschild der CD wiederum heftet W an den Karton. Noch bevor W den Weg zur Kasse antreten kann, wird er vom Kaufhausdetektiv, der die ganze Sache beobachtet hatte, gestellt.

Strafbarkeit des W?

Schwerpunkte: Zusammengesetzte Urkunden, Preisschildertausch; Begriff des Beweiszeichens, Abgrenzung zum Kennzeichen; Problem der räumlich festen Verbindung; Beweiszeichen und Bezugsobjekt; Täuschungsabsicht; Urkundenunterdrückung nach § 274 Abs. 1 Nr. 1 StGB; Verhältnis zu § 267 Abs. 1 StGB.

Lösungsweg

Vorab: Dieser Fall ist knifflig. Und zwar deshalb, weil er neben den inhaltlichen Problemen um die sogenannte »**zusammengesetzte Urkunde**« vor allem auch aufbautechnisch hohe Anforderungen an den Bearbeiter stellt. Wir werden den Fall gleich aus diesem Grund auch zunächst mit einigen Aufbau- und Verständnishinweisen beginnen, in denen erklärt wird, wie man mit der hier vorliegenden Fallgestaltung aufbaumäßig am sinnvollsten umgeht. Diese Hinweise sollten sehr aufmerksam gelesen und später im richtigen (Klausur-)Leben auch beachtet werden; sie alleine ermöglichen eine Erfolg versprechende Bewältigung dieser häufig gestellten Problematik um das Vertauschen von Preisschildern.

Strafbarkeit durch die Manipulation an der Katy Pörry-CD

§ 267 Abs. 1, 2. Var. StGB (Verfälschen einer echten Urkunde)

Aufbau- und Verständnishinweise:

Bei den Fällen der vorliegenden Art – also dem Vertauschen von Preisschildern – findet sich stets die gleiche Konstellation: Der Täter muss, um eine andere Urkunde herzustellen, erst die vormals bestehende Urkunde beschädigen oder vernichten (also hier: das Preisschild seiner CD abmachen), zumeist dann sogar noch eine andere Urkunde beschädigen oder vernichten (hier: möglicherweise der Karton mit Preisschild als Urkunde), um dann durch die Verbindung beider Handlungen mit einer letzten Handlung, nämlich dem Wiederanbringen der Schilder, zu einer oder sogar zwei neuen verfälschten Urkunden zu gelangen. Es liegen in solchen Fällen also immer mehrere Teilakte vor, die jeder für sich betrachtet schon als Einzelstraftat tatbestandsmäßig wären, nämlich: Hinsichtlich des Abtrennens des Preisschildes nach § 274 Abs. 1 Nr. 1 StGB und eventuell auch nach § 303 StGB; hinsichtlich des Wiederanklebens dann § 267 Abs. 1, 1. Var. StGB. Würde man nun streng chronologisch vorgehen, also nach Zeitablauf, müssten diese einzelnen Teilakte schön sorgsam ***nacheinander*** geprüft werden, also zunächst das Abtrennen und danach dann das Wiederanbringen der Schilder an den betreffenden Objekten.

In den Fällen des Vertauschens von Preisschildern macht man das aber nicht. Vielmehr beginnt man mit dem ***letzten*** Akt, nämlich dem Ankleben des Schildes an das vom Täter zum späteren Gebrauch beabsichtigte Objekt. Und hierbei startet man, wie unserer Lösung weiter oben zu entnehmen ist, mit dem Verfälschungstatbestand aus **§ 267 Abs. 1, 2. Var. StGB**. Und warum das so ist, schauen wir uns jetzt mal genauer an:

1.) Das Verhalten des Täters (hier des W) ist in solchen Fällen nämlich stets darauf gerichtet, am Ende eine ***verfälschte Urkunde*** in Händen zu haben, um diese in der Regel dann auch zu benutzen: Unser W will die Schilder vertauschen, um die CD dann billiger zu erwerben. Sämtliche vorher vollzogenen Teilakte sind lediglich eine Art Durchgangsstadium hinsichtlich dieses eigentlichen Ziels, nämlich dem Verfälschen der ursprünglichen Urkunde. Eine Aufteilung in die einzelnen Teilakte mit entsprechender chronologischer Prüfung würde den natürlichen Lebenssachverhalt und damit die einheitliche Tathandlung missachten (*Wessels/Hettinger* BT 1 Rz. 845). Aus diesem Grund ist es sinnvoller, nicht mit § 274 StGB oder § 303 StGB zu beginnen, sondern gleich § 267 StGB an den Anfang zu stellen.

Diese Reihenfolge gebietet des Weiteren auch die ***Konkurrenz*** der Vorschriften zueinander. Denn bei Vorliegen des § 267 StGB treten die eben schon benannten Normen der §§ 274, 303 StGB hinter der Urkundenfälschung in Gesetzeskonkurrenz zurück (LK/*Zieschang* § 274 StGB Rz. 62; S/S-*Heine/Schuster* § 274 StGB Rz. 22; *Lackner/Kühl* § 274 StGB Rz. 8; MK/*Freund* § 274 StGB Rz. 75; a.A. *Fischer* § 274 StGB Rz. 11). Man beginnt die Prüfung grundsätzlich immer mit der Norm, hinter der die anderen Vorschriften, die auch noch in Betracht kommen, zurücktreten könnten, hier also mit § 267 StGB.

2.) Und bei § 267 StGB selbst beginnt man dann nicht mit der 1. Variante, also dem Herstellen einer unechten Urkunde, sondern startet sogleich mit der 2. Variante, dem Verfälschen einer echten Urkunde. Denn die 2. Variante des § 267 Abs. 1 StGB ist ein Spezialfall der 1. Variante und geht dieser dann vor, wenn beim Verfälschungsvorgang hinsichtlich einer echten Urkunde eine unechte Urkunde herauskommt (*Wessels/Hettinger* BT 1 Rz. 844 sowie oben Fall Nr. 9). In diesen Fällen tritt die ebenfalls verwirklichte 1. Variante hinter der 2. Variante zurück (= muss und darf nicht mehr geprüft werden).

Merke: Man unterscheidet die Anwendung der ersten beiden Varianten des § 267 Abs. 1 StGB am besten anhand folgender – vereinfacht dargestellter – Überlegung: **§ 267 Abs. 1, 1. Var. StGB** soll die Fälle erfassen, in denen sozusagen »aus dem Nichts« eine unechte Urkunde geschaffen wird, also vorher war keine Urkunde da, und der Täter stellt jetzt aber eine her. **§ 267 Abs. 1, 2. Var. StGB** soll demgegenüber die Fälle erfassen, in denen schon eine (echte) Urkunde da ist, der Täter daran jetzt rumfuchtelt und dadurch dann eine neue (unechte) Urkunde macht, also quasi aus der alten eine neue Urkunde produziert.

In unserem Fall war schon etwas vorhanden, wie wir später sehen werden eine echte Urkunde (die CD), und W fuchtelt daran jetzt so lange herum, bis etwas anderes entsteht, eine neue Urkunde. Also: § 267 Abs. 1, 2. Var. StGB, der Verfälschungstatbestand.

Und jetzt endlich zum Fall:

Voraussetzungen des § 267 Abs. 1, 2. Var. StGB

I. Tatbestand (A: objektiv):

W muss mit seinem Verhalten eine echte Urkunde verfälscht haben.

1.) Zu prüfen ist demnach zunächst, ob die CD, das Preisschild auf der Plastikfolie oder beides zusammen eine echte ***Urkunde*** darstellt.

Definition: ***Urkunde*** ist eine verkörperte Gedankenerklärung, die allgemein oder für Eingeweihte verständlich ist, ihren Aussteller erkennen lässt und zum Beweis einer rechtlich erheblichen Tatsache geeignet und bestimmt ist (BGHSt **13**, 235; OLG Köln StraFo **2014**, 33; S/S-*Heine/Schuster* § 267 StGB Rz. 2; *Fischer* § 267 StGB Rz. 2; *Lackner/Kühl* § 267 StGB Rz. 2; LK/*Zieschang* § 267 StGB Rz. 4).

a) Fraglich ist demnach zuvorderst, inwieweit entweder dem Preisschild oder der verpackten CD ein verkörperter Erklärungsinhalt zukommt.

→ Das ***Preisschild*** für sich betrachtet hat keinen verkörperten Erklärungsinhalt; dort finden sich lediglich Zeichen bzw. Zahlen, die ohne weiteren Bezug eine Aussage nicht hergeben. Die Dinger heißen deshalb Beweis- oder gegebenenfalls auch Kenn»zeichen«; zur Unterscheidung später.

→ Die ***CD*** für sich betrachtet hat ebenfalls keinen – strafrechtlich relevanten – verkörperten Erklärungsinhalt. Man könnte höchstens annehmen, die Hülle (das Cover) der CD sagt aus, dass die inliegende CD den entsprechenden Titel beinhaltet. Das aber ist strafrechtlich hier irrelevant, da W dies nicht manipuliert.

Zu prüfen ist mithin, ob der CD in Verbindung mit dem aufgeklebten Preisschild ein verkörperter Erklärungsinhalt zukommt. Das Preisschild, das auf die Hülle der CD geklebt ist, gibt die Erklärung des Hauses *Sadurn* ab, dass die CD 20 € kostet. Dies ist eine rechtlich erhebliche Gedankenerklärung, sodass es sich vorliegend um eine sogenannte »zusammengesetzte Urkunde«, bestehend aus einem ***Beweiszeichen*** (Preisschild) und einem ***Bezugsobjekt*** (CD), handeln könnte.

Durchblick: Das gerade Dargestellte ist – mit einer später noch erklärten äußerst wichtigen Feinheit – die mittlerweile ganz herrschende Meinung hinsichtlich der Möglichkeit, Beweiszeichen und Objekte im Rahmen des Urkundsbegriffs zu fassen (BGHSt **9**, 235; BGHSt **18**, 70; BGHSt **45**, 197; LK/*Zieschang* § 267 StGB Rz. 100; *Fischer* § 267 StGB Rz. 23; *Lackner/Kühl* § 267 StGB Rz. 8; S/S-*Heine/Schuster* § 267 StGB Rz. 36a). Es gilt z.B. auch für Autokennzeichen + Auto (BGHSt **18**, 70; BGHSt **45**, 197); Prüfplakette des TÜV + Kennzeichen (AG Waldbröl NJW **2005**, 2871; BayObLG MDR **1966**, 168); Künstlerzeichen + Bild (OLG Frankfurt NJW **1970**, 673); Striche + Bierdeckel (RG DStZ **16**, 77); Ohrmarke + Kuh (RG HRR **35**, 1635); eingestanzte Fahrgestellnummer + Rahmen (BGHSt **16**, 98); weitere Nachweise bei S/S-*Heine/Schuster* § 267 StGB Rz. 23 und 36a oder bei *Fischer* § 267 StGB Rz. 4). In all diesen Fällen ergibt erst die Verbindung der jeweils benannten Objekte mit dem anderen Teil einen Erklärungsinhalt. Man muss beides also sozusagen »zusammensetzen«, um eine rechtlich erhebliche Erklärung zu erhalten. Und genau deshalb heißen diese Dinger dann eben »**zusammengesetzte Urkunde**«. Kapiert!?

Aber: Man muss bei der Bezeichnung im Übrigen sehr vorsichtig sein, weil hier nämlich stets mehrere Begriffe zur Erläuterung benutzt werden, die die Studenten dann gelegentlich schon mal durcheinander bringen, im Einzelnen:

Nach der in der Klausur zu folgenden Ansicht handelt es sich – wie schon erwähnt – vorliegend um eine ***zusammengesetzte Urkunde***, die sich aus einem ***Beweiszeichen*** und einem ***Bezugsobjekt*** zusammensetzt (*Fischer* § 267 StGB Rz. 23; NK/*Puppe* § 267

StGB Rz. 55). Nicht verunsichern lassen darf man sich insoweit etwa von *Wessels/Hettinger* (BT 1 Rz. 816), die hier als Definition der zusammengesetzten Urkunde eine »verkörperte Gedankenerklärung« + Bezugsobjekt verlangen und dann auch u.a. Preisschild + Ware anführen. Das ist nicht genau genug (weil unvollständig), denn das Preisschild an sich beinhaltet zunächst keine verkörperte Gedankenerklärung – ohne das Objekt –; nach der benannten Definition aber müsste bereits im Beweiszeichen eine Gedankenerklärung liegen, um eine zusammengesetzte Urkunde bejahen zu können (so leider auch zu ungenau OLG Köln NJW **1979**, 729; eindeutiger aber BGHSt **16**, 94).

Wir merken uns:

Eine ***zusammengesetzte Urkunde*** liegt vor, wenn sich eine verkörperte Gedankenerklärung mit einem Bezugsobjekt zu einer Beweiseinheit verbindet; hierbei ist auch zulässig, dass anstelle der Gedankenerklärung ein Beweiszeichen tritt, das für sich allein betrachtet keinen Erklärungsinhalt hat, indessen diesen durch die Verbindung mit dem Bezugsobjekt erlangt (BGHSt **16**, 94; OLG Köln StraFo **2010**, 40; vgl. umfassend auch *Heinrich* in JA 2011, 423).

Das Beweiszeichen ***ersetzt*** also im Rahmen einer zusammengesetzten Urkunde den für den Urkundsbegriff notwendigen ersten Bestandteil der verkörperten »Gedankenerklärung«. Das Besondere am Beweiszeichen ist somit, dass es erst durch die Verbindung mit dem Bezugsobjekt zur – für die zusammengesetzte Urkunde notwendigen – Gedankenerklärung wird.

Beispiele:

Der ***Führerschein*** enthält auch ohne Bild die Erklärung, dass die dort benannte Person eine Fahrerlaubnis hat (= Gedankenerklärung). Mit dem Bild dann ergibt das Ganze eine zusammengesetzte Urkunde (vgl. die 1. Var. der Def. soeben), die man durch Austauschen des Bildes verfälschen kann.

Das ***Preisschild*** an sich aber (wie auch die CD) enthält zunächst keine Erklärung, denn es beinhaltet nur an sich aussagelose Zeichen bzw. Zahlen. Diese Zeichen aber ***werden*** zu einer Gedankenerklärung durch die Verbindung mit dem Bezugsobjekt (CD). Und damit liegt dann *Gedankenerklärung + Bezugsobjekt = zusammengesetzte Urkunde* vor. Alles klar!?

Zum Schluss: Letztlich gibt es dann noch die sogenannten »**Kennzeichen**«, die im Unterschied zu den »**Beweiszeichen**« in Verbindung mit einem Augenscheinsobjekt keine Urkundsqualität haben. Kennzeichen unterscheiden sich von Beweiszeichen dadurch, dass sie zwar eine Gedankenerklärung herbeiführen können (i.V.m. dem Objekt); diese Erklärung dient aber nur dazu, die bezeichnete Sache von einer anderen Sache zu unterscheiden (S/S-*Heine/Schuster* § 267 StGB Rz. 20 m.w.N.), wobei insbesondere Eigentums- bzw. Herstellerzuordnungszeichen in Betracht kommen. **Beispiele:** Aufdruck »**Faber-Castell**« auf einem Stift (BGHSt **2**, 370); Namenszeichen auf

Tieren (RGSt **36**, 15); Fabriknummern auf Waren (RG GA Bd. **59**, 352); Dienststempel der Polizei in Diensthosen (RG GA Bd. **77**, 202).

In der Klausur bestimmt man daher zunächst sehr sorgfältig die Aussagekraft des Zeichens; läuft es tatsächlich dann nur auf eine Unterscheidung von anderen – gleichartigen – Sachen hinaus, handelt es sich um ein Kennzeichen und § 267 StGB kommt nicht in Betracht. Meiner Erfahrung nach kommen diese Fälle aber nur selten vor, da man nämlich dann bereits die Prüfung beenden muss und alle anderen Probleme des § 267 StGB nicht mehr erreicht, soll heißen: In dubio pro Beweiszeichen.

Zurück zum Fall: Dem Preisschild in Verbindung mit der CD kommt der Erklärungswert zu, dass die in der Verpackung sich befindende CD 20 Euro kostet. Damit nunmehr aber tatsächlich eine zusammengesetzte Urkunde, bestehend aus einem Beweiszeichen und einem Bezugsobjekt, vorliegt, ist noch eine weitere – höchst klausurträchtige – Voraussetzung (die oben angekündigte Feinheit) zu prüfen:

Zwischen dem Augenscheinsobjekt und dem Beweiszeichen muss, um die Perpetuierung (= Dauerhaftigkeit) der Gedankenerklärung bejahen zu können, nämlich zusätzlich noch eine hinreichend ***räumlich feste Verbindung*** bestehen.

Durchblick: Die Erfinder des StGB hatten vor über 120 Jahren als *Urkunde* nur die klassische ***schriftliche*** Form vor Augen. Beweiszeichen, zusammengesetzte Urkunden und den ganzen Quark hatte man nicht eingeplant, weil gar nicht gesehen. Da sich aber die Zeiten ändern und sich an geänderte Zeiten auch die Gesetze bzw. die Auslegung der Gesetze anpassen müssen, hat man mittlerweile dann eben auch – wir haben es oben erörtert – den Urkundsbegriff erweitert, u.a. auf zusammengesetzte Urkunden. Eine erweiterte Auslegung des Strafgesetzes (hier des Urkundsbegriffs) zum Nachteil des Täters führt aber immer auch die Gefahr des ***Verstoßes*** gegen das ***Bestimmtheitsgebot*** (Art. 103 Abs. 2 GG; § 1 StGB) mit sich. Deshalb müssen solche Schöpfungen immer eng gefasst und vor allem auch vom Strafzweck der Norm erfasst sein. Der Strafzweck des § 267 StGB liegt darin, das Vertrauen des Rechtsverkehrs in die Echtheit und damit die Beweiskraft der Urkunde zu schützen. Dieses Vertrauen des Rechtsverkehrs muss dann aber auch erst mal bestehen. Und die h.M. sagt nun, ein solches schützenswertes Vertrauen besteht nur dann, wenn das Objekt ***fest*** und ***dauerhaft*** mit der Erklärung (dem Beweiszeichen) verbunden ist. Denn nur dann kann der Bürger ja auch glauben, dass der Aussteller hier eine Beweiseinheit, an die er sich bindet, schaffen wollte (BGHSt **5**, 79; BGH NJW **1987**, 2384; BGH NStZ **1984**, 73; OLG Köln NJW **1979**, 729; Nachweise bei S/S-*Heine/Schuster* § 267 StGB Rz. 36a). So genügt es z.B. nicht, wenn das Preisschild nur vor der Ware steht, weil hier die lockere Verbindung jederzeit lösbar ist, etwa durch Wegstellen des Schildes. Gleiches gilt, wenn ein Preisschild zwar auf der Verpackung klebt, diese aber offen ist; dann lässt sich der Inhalt nämlich leicht vertauschen (oberlesenwert: OLG Köln NJW **1979**, 729; dazu auch *Wes-*

sels/Hettinger BT 1 Rz. 846), da eine feste dauerhafte Verbindung zwischen Ware und Preis nicht besteht.

Merke: Die Verbindung zwischen Erklärung und Objekt muss dergestalt dauerhaft, räumlich fest sein, dass der Rechtsverkehr hieraus einen vom Aussteller geschaffenen Bindungswillen bezüglich seiner Erklärung ersehen kann. Nur in diesen Fällen kommt der Verbindung dann Urkundsqualität zu.

Zum Fall: Zwar klebt das Preisschild nicht auf der Ware selbst, sondern nur auf der Plastikhülle. Allerdings ist die Plastikhülle verschweißt und umhüllt die CD damit abschließend und vollständig. Ein Austauschen der CD beispielsweise ist nicht möglich. Der Käufer bei *Sadurn* kann sicher sein, dass die Firma hinter dieser Erklärung steht. Es besteht eine räumlich feste Verbindung zwischen Beweiszeichen und Objekt. Es liegt damit eine verkörperte Gedankenerklärung im Rahmen einer zusammengesetzten Urkunde vor.

b) Diese Erklärung war auch geeignet und bestimmt, Beweis im Rechtsverkehr zu erbringen (vgl. oben).

c) Schließlich war die Firma *Sadurn* auch als Aussteller erkennbar. Regelmäßig schreibt man in der Klausur an dieser Stelle dann was von den »Umständen, die für den Käufer erkennbar waren«, denn: natürlich steht auf dem Preisschild nicht *Sadurn* drauf; allerdings steht W in diesem Geschäft, also ist die Erklärung eben von *Sadurn*.

ZE.: Damit liegt hinsichtlich der *Katy Pörry*-CD, die W in den Händen hält, eine Urkunde vor und die ist auch echt, denn der erkennbare Aussteller (*Sadurn*) ist auch der wirkliche Aussteller.

2.) Diese echte Urkunde muss W nunmehr im Sinne des § 267 Abs. 1, 2. Alt StGB ***verfälscht*** haben.

Definition: ***Verfälschen*** ist das nachträgliche Verändern des gedanklichen Inhalts einer echten Urkunde, das den Anschein erweckt, als habe der Aussteller die Erklärung von Anfang an so abgegeben, wie sie nach der Veränderung vorliegt (BGHSt **9**, 235; OLG Köln NJW **1983**, 769; *S/S-Heine/Schuster* § 267 StGB Rz. 64; MK/*Erb* § 267 StGB Rz. 180; *Fischer* § 267 StGB Rz. 33). Das Ergebnis der Verfälschung muss stets wieder eine Urkunde sein.

W klebt das Schild mit dem Betrag von 10 Euro auf die Plastikfolie und schafft damit eine neue zusammengesetzte Urkunde mit dem Erklärungsinhalt, die CD von *Katy Pörry* koste zehn Euro. Diese Urkunde ist zudem auch noch ***unecht***, da der wirkliche Aussteller (W) mit dem erkennbaren (*Sadurn*) nicht übereinstimmt. Auf die Streitfrage, ob das Ergebnis einer Verfälschung im Sinne des § 267 Abs. 1, 2. Var. StGB auch eine echte Urkunde sein kann, kommt es nicht an.

<u>ZE.</u>: Der objektive Tatbestand des § 267 Abs. 1, 2. Var. StGB ist somit erfüllt.

B: Subjektiver Tatbestand:

W handelte vorsätzlich und zur Täuschung im Rechtsverkehr, er wollte die CD später an der Kasse vorlegen.

An der **Rechtswidrigkeit** (II.) und **Schuld** (III.) bestehen keine Zweifel.

Erg.: Durch die Manipulation an der CD hat W eine Verfälschung einer echten Urkunde begangen und sich demnach gemäß § 267 Abs. 1, 2. Var. StGB strafbar gemacht. Die ebenfalls verwirklichte 1. Variante des § 267 Abs. 1 StGB tritt hinter § 267 Abs. 1, 2. Variante StGB zurück – Spezialität –, vgl. insoweit die Erklärungen oben zu Beginn.

Das Austauschen des Preisschildes an dem Karton

§ 267 Abs. 1, 2. Var. StGB (Verfälschen einer echten Urkunde)

I. Tatbestand (A: objektiv):

Dann muss (vgl. zum Aufbau jetzt oben) der Karton mit den CDs in Verbindung mit dem aufgeklebten Preisschild eine echte Urkunde gewesen sein. In Betracht kommt wieder eine zusammengesetzte Urkunde in Form der Verbindung von *Beweiszeichen* und *Augenscheinsobjekt*. Es muss folglich wieder eine dauerhafte verkörperte Gedankenerklärung vorliegen.

> **Aber:** Hier wird man – angesichts des oben Gesagten – jetzt Probleme haben; Voraussetzung ist nämlich auch hier eine räumlich feste, dauerhafte Verbindung zwischen Objekt und Beweiszeichen. Diese Verbindung aber besteht nur zwischen Karton und Beweiszeichen. Die CDs indessen liegen in dem offenen Karton und sind noch nicht ausgezeichnet.

Frage: Hat sich die Verbindung zwischen Objekt und dem Beweiszeichen schon derart manifestiert, dass ein erhöhtes schützenswertes Vertrauen des Rechtsverkehrs in die Beweiseinheit bejaht und damit eine Strafbarkeit des diese Beweiseinheit beeinträchtigenden Täters angenommen werden kann?

Antwort: Im Ergebnis wird man dies ***verneinen*** müssen. Im Unterschied zur 1. Fall-Variante besteht hier keine hinreichend feste Verbindung. Selbstverständlich ist eine – zumindest kurze – Argumentation gefragt, etwa so: Im Unterschied zu den übrigen CDs im Laden standen die vorliegend in Betracht kommenden Tonträger in einem offenen Karton auf dem Boden. Sie waren noch nicht ausgezeichnet und damit insoweit abgehoben von den anderen Verkaufsprodukten im Laden. Es war jederzeit möglich, die CDs aus dem Karton herauszunehmen und damit jedwede Verbindung zum Preisschild zu zerstören. Ein für den Straftatbestand des § 267 StGB erforderliches Vertrauen des Rechtsverkehrs in den Bestand der Erklärung ist folglich nicht ersichtlich.

ZE.: Es mangelt somit an einer verkörperten Gedankenerklärung und damit bereits am ersten Merkmal des Urkundsbegriffs.

Erg.: Eine Strafbarkeit nach § 267 Abs. 1 StGB aufgrund der Manipulation am Karton scheitert bereits am objektiven Tatbestand und kommt somit nicht in Betracht.

Exkurs: In einem außerordentlich beliebten Klausurfall vertauscht der Täter – anders als in unserem Fall – die Beweiszeichen an zwei vormals ***echten*** Urkunden, und dann lauert eine üble Falle im subjektiven Tatbestand des § 267 Abs. 1 StGB bezüglich der einen neu hergestellten unechten Urkunde.

Beispiel: Täter T nimmt zwei ähnlich aussehende Jacken mit unterschiedlichen, fest an die Jacke gehefteten Preisauszeichnungen mit in die Umkleidekabine. Dort heftet er die Preisschilder dann so um, dass er jetzt die teurere Jacke zum günstigeren Preis kaufen kann. Das Zeichen der teureren Jacke heftet er an die billigere und hängt dann die billigere Jacke mit dem falschen Preisschild wieder zu den übrigen Exemplaren. Die teurere Jacke bezahlt er anschließend – natürlich verbilligt – an der Kasse. **Strafbarkeit des T?**

Bezüglich der teureren Jacke läuft die Prüfung genau so wie hier eben hinsichtlich der CD durchgeführt, man kommt also zur 2. Variante des § 267 Abs. 1 StGB (und an der Kasse zu § 263 StGB). Interessant wird es dann aber bei der anderen Jacke, denn: Auch insoweit stellt T tatbestandlich objektiv eine ***unechte*** Urkunde her, was allerdings die meisten Kandidaten – wenn sie bis dahin überhaupt gekommen sind – dann dazu verleitet, den subjektiven Tatbestand zu schlabbern und einfach nach oben zu verweisen. Damit übersehen sie aber ein – freilich ziemlich verstecktes – Problem: T muss nämlich auch »zur Täuschung im Rechtsverkehr« die andere unechte Urkunde hergestellt haben, und das ist mehr als fraglich: Zur Täuschung im Rechtsverkehr im Sinne des § 267 StGB handelt der Täter nämlich nur dann, wenn er den Getäuschten durch den gedanklichen Inhalt der Urkunde zu einem rechtserheblichen Verhalten veranlassen will (S/S-Heine/Schuster § 267 StGB Rz. 85).

Und da wird man dann hinsichtlich der billigeren Jacke beachtliche Zweifel haben müssen, denn T zeigt an der Kasse nur die andere, die teurere Jacke. Die billigere Jacke hängt er wieder zu den übrigen Exemplaren. Eine Täuschungsabsicht im Rechtsverkehr scheidet mithin für die billigere Jacke aus (so sehen das auch *Wessels/Hettinger* BT 1 Rz. 845 a.E.). Es bleibt diesbezüglich dann nur **§ 274 Abs. 1 Nr. 1 StGB**, der dann natürlich ***nicht*** verdrängt wird; auch hier stellt sich freilich noch das Problem der Absicht, einem anderen einen Nachteil zuzufügen (lies § 274 Abs. 1 Nr. 1 StGB). Hierfür genügt aber bei § 274 StGB im Unterschied zu § 267 StGB zum einen bereits der **dolus 2. Grades** sowie inhaltlich jede Beeinträchtigung fremder Beweisführungsrechte (BGH NStZ **2010**, 332; *Lackner/Kühl* § 274 StGB Rz. 7). Das ist gegeben, denn das Kaufhaus ist u.a. in seiner Beweisführung hinsichtlich des Preises der billigeren Jacke beeinträchtigt.

In unserem Ausgangs-Fall spielte das Problem um den subjektiven Tatbestand des § 267 Abs. 1 StGB – wie erörtert – keine Rolle, denn das andere hergestellte Objekt war hier ja keine Urkunde, sondern eben nur der Karton mit Preisschild.

So, wir haben jetzt § 267 StGB sowohl bezüglich der CD als auch hinsichtlich des Kartons abschließend geprüft und festgestellt, dass in Bezug auf die CD ein Verfälschen einer echten Urkunde nach § 267 Abs. 1, 2. Var. StGB vorlag, während die Manipulation am Karton hingegen mangels Urkundeneigenschaft nicht von § 267 StGB erfasst wird.

Und jetzt können wir uns dann noch – in der gebotenen Kürze – den eingangs bei den Aufbauhinweisen schon erwähnten Normen widmen, nämlich den §§ 274 Abs. 1 StGB und § 303 StGB, die wegen des Abtrennens der Schilder noch in Betracht kamen.

Strafbarkeit wegen des Abtrennens des Schildes von der CD

§ 274 Abs. 1 Nr. 1 StGB (Urkundenbeschädigung)

Die Voraussetzungen der Norm lagen problemlos vor; W beschädigt die vormals bestehende echte Urkunde in Form der CD + Preisschild, als er das Preisschild entfernt. Damit sind die Tatbestandsvoraussetzungen des § 274 Abs. 1 Nr. 1 StGB gegeben. **Allerdings** haben wir weiter oben schon mal erwähnt, dass die Norm des § 274 Abs. 1 Nr. 1 StGB bei Vorliegen der Voraussetzungen des § 267 Abs. 1, 2. Var. StGB regelmäßig im Wege der Gesetzeskonkurrenz ***zurücktritt*** (Konsumtion).

In der Klausur fasst man sich deshalb – will man den Prüfer nicht unnötig ärgern – an dieser Stelle kurz und stellt in wenigen Sätzen fest, dass die Voraussetzungen der Variante des Beschädigens im Sinne des § 274 Abs. 1 StGB vorliegen, wenn durch die Veränderung der Urkunde der Beweisinhalt beeinträchtigt wird (S/S-*Cramer/Heine* § 274 StGB Rz. 8a). Dies ist im Falle der Verfälschung nach § 267 Abs. 1, 2. Var. StGB regelmäßig gegeben. Und nachdem man das gesagt hat, weist man dann darauf hin, dass die Norm im Wege der Gesetzeskonkurrenz (Konsumtion) hinter § 267 StGB zurücktritt. Und gut.

Feinkostabteilung: »Konsumtion« bedeutet, dass die verdrängte Norm regelmäßig bei der Erfüllung eines anderen Tatbestandes vorliegt.

Beispiel: Wer in ein Haus einsteigt, um dort dann Sachen wegzunehmen, verwirklicht die §§ 242 Abs. 1, 244 Abs. 1 Nr. 3 StGB (Einbruchsdiebstahl). Regelmäßig aber verwirklicht der Täter dadurch auch die Merkmale der Sachbeschädigung (Fenster zerdeppern, § 303 StGB) und des Hausfriedensbruchs (Eindringen ins Haus, § 123

StGB). Diese Normen treten dann hinter den §§ 242, 244 StGB zurück (vgl. zu § 303 StGB aber auch BGH StV **2001**, 673 und NStZ **2014**, 40), weil im Strafrahmen der §§ 242, 244 StGB die Verletzung der beiden anderen Normen gleichsam »verrechnet« ist = Konsumtion. Verstanden?

Zum Fall: Wer eine echte Urkunde verfälscht, muss dabei regelmäßig auch diese echte Urkunde irgendwie verändern, sonst kann er ja keine neue schaffen. Na, und die alte ist dann eben weg (= vernichtet) oder mindestens aber beschädigt. Und das erfüllt, wenn die sonstigen Voraussetzungen gegeben sind, auch immer den Tatbestand des § 274 Abs. 1 Nr. 1 StGB. Deshalb also ***Konsumtion***.

Beachte noch: Bei § 274 Abs. 1 StGB, der übrigens nur ***echte***, dem Täter nicht oder nicht ausschließlich gehörende Urkunden schützt (*Fischer* § 267 StGB Rz. 2; S/S-*Heine/Schuster* § 274 StGB Rz. 3), muss der Täter stets auch die Absicht haben, einem anderen einen Nachteil zuzufügen. Hier reicht aber nach mittlerweile ganz herrschender Ansicht – entgegen dem Wortlaut des Gesetzes! – schon dolus directus 2. Grades, also unbedingtes Wissen aus (BGH NStZ **2010**, 332; LK/*Zieschang* § 274 StGB Rz. 57; S/S-*Heine/Schuster* § 274 StGB Rz. 15; *Lackner/Kühl* § 274 StGB Rz. 7; *Fischer* § 274 StGB Rz. 9a; *Wessels/Hettinger* BT 1 Rz. 896).

Strafbarkeit wegen des Abtrennens des Schildes von dem Karton

§ 274 Abs. 1 Nr. 1 StGB (Urkundenbeschädigung)

Aber: Wir haben festgestellt, dass der Karton mit dem Preisschild gar keine Urkunde darstellt. Daher kommt § 274 Abs. 1 StGB auch nicht in Betracht.

§ 303 Abs. 1 StGB (Sachbeschädigung durch das Abtrennen des Preisschildes)

Diese Norm wiederum wird dann, wenn ihre Voraussetzungen vorliegen, von § 274 Abs. 1 Nr. 1 StGB verdrängt. Allerdings reicht für den Tatbestand des § 303 Abs. 1 StGB das Abtrennen des Preisschildes von der Ware regelmäßig nicht, da dies mit ganz geringem Aufwand behoben werden kann und die Gebrauchstauglichkeit nicht erheblich beeinträchtigt ist (*Lackner/Kühl* § 303 StGB Rz. 4; *S/S-Stree/Hecker* § 303 StGB Rz. 8b mit vielen Beispielen). Hinsichtlich des Kartons kam eine solche Beschädigung dann logischerweise noch weniger in Betracht, da der Karton keine Verpackung im Verkaufssinne darstellt und folglich in seiner Gebrauchstauglichkeit »als Karton« nicht beeinträchtigt ist.

Zwischenergebnis:

1.) Durch die Manipulation an der CD hat W eine Verfälschung einer echten Urkunde gemäß § 267 Abs. 1, 2. Var. StGB, eine Herstellung einer unechten Urkunde gemäß § 267 Abs. 1, 1. Var. StGB sowie ein Beschädigung einer Urkunde gemäß § 274 Abs. 1

Nr. StGB begangen. Hierbei tritt die 1. Var. des § 267 Abs. 1 StGB hinter der 2. Var. der Norm wegen Spezialität zurück. § 274 Abs. 1 Nr. StGB wird von § 267 Abs. 1, 2. Var. konsumiert. Es verbleibt mithin diesbezüglich eine Bestrafung nach § 267 Abs. 1, 2. Var. StGB.

2.) Die Manipulation an dem Karton erfüllt keinen Straftatbestand.

§§ 263 Abs. 1, 2, 22, 23 StGB (versuchter Betrug)

Das gehört der Vollständigkeit halber hier jetzt noch hin, denn W wollte die CD ja sogleich an der Kasse vorlegen. Und das wäre, wenn es denn geklappt hätte, fraglos ein Betrug gewesen. Hat aber nicht geklappt, der Kaufhausdetektiv war schneller, deshalb nur ein Versuch.

Wir werden jetzt hier keine umfassenden Ausführungen zum Betrug vornehmen, die gehören nicht in dieses Buch (vgl. dazu aber *Schwabe*, »Lernen mit Fällen«, BT 2 Vermögensdelikte, dort die Fälle 10 – 16). Gleichwohl sollte man aber wissen, dass der Betrug bei den Urkundsdelikten stets als Beiwerk mit vorkommt, denn eine Urkundenfälschung begeht man in der Regel, um mit der gefälschten Urkunde dann auch noch irgendetwas anzustellen. Und dieses »Irgendetwas« ist dann zumeist ein Vermögensdelikt, normalerweise ein Betrug.

Und so sollte das dann auch in unserem Fall laufen, W wollte die CD an der Kasse vorlegen und entsprechend weniger, als die CD eigentlich kostet, zahlen (= § 263 StGB). Problematisch wäre bei unserer Fallgestaltung gewesen, ob W diesen Betrug tatsächlich schon ***versucht*** hatte, als der Detektiv auftaucht, oder ob das hinsichtlich des § 263 StGB noch eine ***straflose Vorbereitungshandlung*** gewesen ist, an der Kasse war W ja noch lange nicht (Einzelheiten zur Abgrenzung bei *Schwabe* »Lernen mit Fällen« Strafrecht AT Fälle 15-17 oder *Wessels/Beulke/Satzger* AT Rz. 598). Wie das dann im Einzelnen zu lösen gewesen wäre, wollen wir uns hier an dieser Stelle ersparen, der Fall war schon schwierig genug. Die Lösung steht unten im Gutachten, wer möchte, kann dort nachlesen. Im Ergebnis dürfte es übrigens ein ***Versuch*** des § 263 StGB sein und nicht nur eine straflose Vorbereitungshandlung dazu (vgl. das Gutachten).

Erg.: W hat einen versuchten Betrug gemäß den §§ 263 Abs. 1, 2, 22, 23 StGB begangen. Beachte bitte, dass wegen § 263 Abs. 4 StGB i.V.m. § 248 a StGB ein Strafantrag für die Strafverfolgung erforderlich ist.

Gesamtergebnis: W hat sich strafbar gemacht wegen Verfälschens einer echten Urkunde gemäß § 267 Abs. 1, 2. Var. sowie wegen versuchten Betruges gemäß den §§ 263 Abs. 1, 2, 22, 23 StGB. Die beiden Taten stehen in Idealkonkurrenz gemäß § 52 StGB zueinander.

Zur Abrundung:

I.) Wir haben oben anhand des CD-Beispiels gelernt, was eine zusammengesetzte Urkunde ist und auch die Probleme, die dann in der Klausur auftauchen können, aufgeschlüsselt. Wir wollen uns jetzt – obwohl das im Text oben eigentlich schon passiert ist – noch einige andere Formen der zusammengesetzten Urkunde ansehen, die neben dem Preisschildertausch noch verhältnismäßig häufig in Klausuren und Hausarbeiten abgefragt werden. Und hierbei dreht es sich vor allem um ***Autos*** bzw. den ***Straßenverkehr***.

1.) Das ***Nummernschild*** am Kraftfahrzeug stellt in Verbindung mit dem Auto, an dem es angebracht ist, eine ***zusammengesetzte*** Urkunde im von uns oben gelernten Sinne dar (BGHSt **16**, 94; BGHSt **18**, 66). Wer das Nummernschild vertauscht, begeht mithin eine Urkundenfälschung gemäß § 267 Abs. 1, 2. Var. StGB.

2.) Wer am Nummernschild des Fahrzeugs die ***TÜV-Plakette*** vertauscht oder manipuliert, begeht ebenfalls eine Urkundenfälschung nach § 267 Abs.1, 2.Var. StGB, denn Nummernschild und TÜV-Plakette sind eine ***zusammengesetzte*** Urkunde (BGHSt **26**, 9/11; BayObLG NJW **1966**, 748; AG Waldbröl NJW **2005**, 2870); beachte insoweit auch die Verbindung mit der entsprechenden Eintragung im Fahrzeugschein (OLG Celle NZV **1991**, 319).

3.) Eine Urkundenfälschung verwirklicht auch, wer die ***Fabriknummer*** der Antriebsmaschine (des Motors) verändert (BGHSt **16**, 94). Denn die in der Regel eingestanzte Fabriknummer und der Motor stellen eine *zusammengesetzte Urkunde* dar.

4.) Ebenso begeht eine Urkundenfälschung, wer den ***Rahmen*** eines Autos, auf dem sich eine Fahrgestellnummer befindet, ausbaut und durch einen anderen Rahmen ersetzt (BGHSt **9**, 61). Fahrzeug und mit Fahrgestellnummer versehener Rahmen bilden eine *zusammengesetzte Urkunde*.

5.) ***Keine*** zusammengesetzte Urkunde bilden hingegen der Motor und das Auto (BGHSt **16**, 94). Wer also nur den Motor austauscht, begeht keine Urkundenfälschung.

6.) Wer den ***Tacho*** an einem Auto manipuliert, begeht nach herrschender Meinung ***keine*** Fälschung technischer Aufzeichnungen im Sinne des § 268 StGB (BGH wistra **2004**, 145; BGHSt **29**, 204; LK/*Zieschang* § 268 StGB Rz. 6; **a.A.** aber: OLG Frankfurt NJW **1979**, 118; LG Marburg MDR **1973**, 118; S/S-*Heine/Schuster* § 268 StGB Rz. 9) und auch ***keine*** Urkundenfälschung (aber einen Betrug, wenn er das Auto damit verkauft). Erfüllt ist durch die Tachomanipulation aber der seit dem 18.08.**2005** geltende **§ 22b Abs. 1 Nr. 1 StVG**.

7.) Wer in seinem ***Führerschein*** durch entsprechende Manipulation eine Fahrberechtigung für eine nicht erworbene Klasse bewirkt, gebraucht auch dann eine verfälschte Urkunde ***zur Täuschung im Rechtsverkehr***, wenn er bei einer Polizeikontrolle den

Führerschein vorlegt und sich in einem Auto befindet, für dessen Klasse er tatsächlich eine Fahrberechtigung besitzt (BGHSt **33**, 105).

II.) Schließlich lohnt sich noch ein etwas genauerer Blick auf vier jüngere, teilweise amüsante Entscheidungen, die sich ebenfalls mit dem Kfz bzw. dem Straßenverkehr befassen; sie haben alle für beachtliche Resonanz in der Literatur gesorgt und sind damit prädestiniert für Klausuren und Hausarbeiten:

1.) BGHSt 45, 197: Dort hatte das Gericht darüber zu entscheiden, ob derjenige eine Urkundenfälschung nach § 267 Abs. 1 StGB begeht, der das Kfz-Schild seines Autos entweder mit »**Anti-Blitz-Buchstaben**« versieht und damit für die fotografische Aufnahme durch Kontrollkästen unkenntlich macht oder – mit gleichem Effekt – das Schild mit reflektierendem Spray einsprüht. Das OLG Düsseldorf (NJW **1997**, 1793) hatte im erstgenannten Fall als Vorinstanz eine Urkundenfälschung bejaht, ebenso das LG Coburg im zweiten Fall. Der BGH aber hat diese Entscheidungen dann im Jahre 1999 korrigiert und die Angeklagten vom Vorwurf des § 267 StGB freigesprochen. Und zwar mit dem Argument, dass das Kennzeichen zwar eine zusammengesetzte Urkunde sei, der Erklärungsinhalt durch die Manipulation der vorliegenden Art aber nicht verändert werde. Es handele sich vielmehr lediglich um eine ***Beeinträchtigung*** hinsichtlich der ***Erkennbarkeit***. Und das genügt nicht für den Verfälschungstatbestand des § 267 Abs. 1 StGB. Für den Täter blieb dann immerhin noch § 22 Abs. 1 Nr. 3 StVG.

2.) In diesen Zusammenhang passt eine Entscheidung des LG Flensburg aus dem Jahre 1999 (NJW **2000**, 1664), in der der Täter eine ***Gegenblitzanlage*** (!) in sein Auto installiert hatte, um bei der Ablichtung durch den Kontrollkasten nicht erkannt zu werden. Das LG Flensburg hat den Täter vom Vorwurf des § 268 Abs. 3 StGB freigesprochen (vgl. auch OLG München in NJW **2006**, 2132 zum Einbau einer Sonnenblende zur Abwehr der Blitzlichtanlage; AG Berlin-Tiergarten in NStZ-RR **2000**, 9 und *Geppert* in Jura-Kartei 2000, § 268 StGB/5).

3.) Im Jahre 1998 (NJW **1999**, 1042) hat das OLG Köln festgestellt, dass ***Verkehrsschilder*** keine Urkunden im Sinne des § 267 StGB sind und einen Täter vom Vorwurf der Urkundenfälschung freigesprochen, der – und jetzt Achtung! – Folgendes gemacht hatte: Der Täter war in einer Tempo-30-Zone mit 57 km/h geblitzt worden. Um dem Bußgeld und den Punkten zu entgehen, hatte der Täter dann das Schild mit den 30 km/h mit einer Folie so überklebt, dass dort jetzt Tempo 50 km/h als Höchstgeschwindigkeit zu lesen war. Und dann hatte er auch noch sein Auto vor dieses neue Schild gestellt und als Beweis fotografiert, um dieses Bild dann im Prozess vorzulegen.

Wie gesagt, das OLG Köln hat den Sportsfreund vom Vorwurf der Urkundenfälschung freigesprochen mit dem Argument, das Verkehrsschild sei keine zusammengesetzte Urkunde, denn: Die hinreichend feste Verbindung von Schild und Straße sei nicht vom gedanklichen Urheber vorgenommen worden, nämlich der ***Straßenverkehrsbehörde***, sondern von der ***Straßenbaubehörde*** (zustimmend *Jahn* in JA 1999, 98) Im Übrigen mangele es auch an der Überschaubarkeit des Augenscheinobjekts (a.A. aber *Kucera* in JuS 2000, 208 und *Wrage* in NStZ 2000, 32). Das muss man nicht verstehen. Es reicht hier, wenn man sich das Ergebnis merkt, also dass Verkehrsschilder **keine** Urkundsqualität haben. Es blieben dann übrigens noch andere Straftaten, sodass der Täter nicht gänzlich frei ausgegangen ist (§§ 304 und 132 StGB).

4.) Außerordentlich einfallsreich war schließlich eine Täterin, die ihr Problem mit einer abgelaufenen TÜV-Plakette am Kfz folgendermaßen lösen wollte: Die auf das Jahr 2003 (»03«) datierte gelbe TÜV-Plakette auf dem Nummernschild ihres Wagens übermalte sie mit rosa Nagellack, da die Farbe rosa für TÜV-Plaketten mit Gültigkeit bis zum Jahr 2005 von der Behörde verwendet wurde. Die Zahl »03« ließ sie allerdings sichtbar stehen und hoffte, dass man beim flüchtigen Draufschauen aufgrund der rosa Einfärbung die abgelaufene Fahrberechtigung nicht bemerkte.

Das AG Waldbröl (= Ort in der Nähe von Köln) hat sie am 19.07.2005 dennoch wegen Urkundenfälschung nach § 267 Abs. 1, 2. Alt. StGB verurteilt mit der Begründung, dass trotz der »plumpen Fälschung« die Beweiseignung der Plakette nicht zu verneinen sei (NJW **2005**, 2870). Die Tatsache, dass die Zahl »03« auch weiterhin in der Mitte der Plakette sichtbar war, hindere dies nicht. Denn es liege in der Natur der Sache, dass bei solchen Plaketten die Kontrolle häufig nur durch einen flüchtigen Blick seitens der Polizisten, der hauptsächlich auf die Färbung gerichtet sei, erfolge. Der farblichen Unterlegung komme daher besondere Bedeutung zu mit der Konsequenz, dass die Veränderung der Farbe die Beweiseignung berühre und mithin den Verfälschungstatbestand erfülle (AG Waldbröl NJW **2005**, 2870).

Gutachten

W könnte sich dadurch, dass er das Preisschild von der *Katy Pörry*-CD entfernte und ein anderes aufklebte, wegen Urkundenfälschung gemäß § 267 Abs. 1, 2. Var. StGB strafbar gemacht haben.

Objektiver Tatbestand:

1.) Voraussetzung dafür ist, dass W eine echte Urkunde verfälscht hat. Als Urkunde kommen vorliegend die CD, das Preisschild sowie auch die Verbindung beider in Betracht. Urkunde ist eine verkörperte Gedankenerklärung, die allgemein oder für Eingeweihte verständlich ist, ihren Aussteller erkennen lässt und zum Beweis einer rechtlich erheblichen Tatsache geeignet und bestimmt ist.

a) Bezüglich des Preisschildes ist zunächst festzustellen, dass diesem allein kein Erklärungsgehalt zukommt. Auf dem Schild finden sich lediglich Ziffern, die ohne Bezugsobjekt keinen gedanklichen Inhalt verkörpern. Insoweit scheidet das Preisschild für sich betrachtet als Urkunde bereits mangels verkörperter Gedankenerklärung aus. Es handelt sich vielmehr nur um ein Beweiszeichen, das ohne Bezugsobjekt nicht unter § 267 StGB subsumiert werden kann.

b) Die CD selbst hat ebenfalls keinen strafrechtlich relevanten Erklärungsgehalt. Dabei handelt es sich lediglich um eine Hülle und eine innen liegende CD.

2.) Als Urkunde kommt aber die Verbindung von CD und Preisschild in Betracht. Die Hülle der CD und das darauf geklebte Preisschild ergeben zusammen den für den Rechtsverkehr bedeutsamen Erklärungsgehalt, dass die in der Hülle sich befindende CD den Preis von 20 Euro kostet. In Frage kommt daher eine sogenannte zusammengesetzte Urkunde, bestehend aus einem Beweiszeichen und einem Bezugsobjekt. Erforderlich für die Annahme einer solchen zusammengesetzten Urkunde ist indessen stets eine räumlich feste dauerhafte Verbindung zwischen dem Beweiszeichen und dem Bezugsobjekt. Nur unter diesen Umständen verdient diese Verbindung das Vertrauen des Rechtsverkehrs und damit auch den strafrechtlichen Schutz aus § 267 StGB. Im vorliegenden Fall muss beachtet werden, dass das Preisschild zwar nicht auf der Ware selbst klebt, sondern nur auf der Plastikhülle. Allerdings ist die Plastikhülle verschweißt und umhüllt die CD damit abschließend. Ein Austauschen beispielsweise ist folglich nicht möglich. Der Käufer bei *Sadurn* kann sicher sein, dass die Firma hinter dieser Erklärung steht. Es besteht damit eine für die zusammengesetzte Urkunde erforderliche räumlich feste Verbindung zwischen Beweiszeichen und Objekt. Und somit liegt eine verkörperte Gedankenerklärung im Rahmen einer zusammengesetzten Urkunde vor. Diese verkörperte Gedankenerklärung ist auch geeignet und bestimmt, im Rechtsverkehr Beweis zu erbringen, namentlich darüber, welchen Preis die CD kostet. Schließlich ist aus dieser zusammengesetzten Urkunde die Firma *Sadurn* als Aussteller erkennbar. Dies gilt selbst dann, wenn sich das Wort *Sadurn* nirgendwo auf der CD oder auf dem Preisschild findet. In diesem Fall sprechen die Umstände des Falles, W befindet sich im Hause *Sadurn*, für die Erkennbarkeit des Ausstellers.

Die CD mit dem auf die Hülle geklebten Preisschild ist demnach eine Urkunde im Sinne des § 267 Abs. 1 StGB. Und diese Urkunde ist auch echt, der erkennbare Aussteller war auch der wirkliche Aussteller, der *Sadurn* hatte die CD mit dem Preis von 20 Euro ausgezeichnet.

3.) Diese echte Urkunde muss W nun verfälscht haben. Verfälschen ist das nachträgliche Verändern des gedanklichen Inhalts einer echten Urkunde, das den Anschein erweckt, als habe der Aussteller die Erklärung von Anfang an so abgegeben, wie sie nach der Veränderung vorliegt. Das Ergebnis der Verfälschung muss stets wieder eine Urkunde sein.

W klebt, nachdem er das alte Schild abgetrennt hat, das neue Schild mit dem Betrag von zehn Euro auf die Plastikfolie und schafft damit eine neue zusammengesetzte Urkunde mit dem Erklärungsinhalt, die CD von *Katy Pörry* koste zehn Euro. Diese Urkunde ist zudem auch noch unecht, da der wirkliche Aussteller (W) mit dem erkennbaren (*Sadurn*) nicht übereinstimmt. Der objektive Tatbestand des § 267 Abs. 1, 2. Var. StGB ist somit erfüllt.

Subjektiver Tatbestand:

W handelt vorsätzlich im Sinne des § 15 StGB und zudem auch mit der erforderlichen Absicht, den Rechtsverkehr zu täuschen; W wollte die CD an der Kasse vorlegen und billiger erwerben.

Rechtswidrigkeit und Schuld:

Es bestehen keine Zweifel an der Rechtswidrigkeit und der Schuld des Handelns des W.

Ergebnis: W hat sich durch das Vertauschen der Preisschilder an der CD wegen Urkundenfälschung gemäß § 267 Abs. 1, 2. Var. StGB strafbar gemacht. Die ebenfalls verwirklichte 1. Variante des § 267 Abs. 1 StGB, das Herstellen einer unechten Urkunde, tritt aus Gründen der Spezialität hinter der erfüllten 2. Variante des § 267 Abs. 1 StGB zurück.

W könnte sich des Weiteren durch das Anheften des Preisschildes mit dem Betrag von 20 € an den Karton wegen Urkundenfälschung gemäß § 267 Abs. 1, 2. Var. StGB strafbar gemacht haben.

Objektiver Tatbestand:

Dann muss zunächst der Karton mit dem aufgeklebten Preisschild eine echte Urkunde, die W dann verfälscht hat, darstellen. Insoweit gelten die Ausführungen oben entsprechend. Es ist daher zu prüfen, ob Karton und aufgeklebtes Preisschild eine zusammengesetzte Urkunde sind. Insoweit ergeben sich indessen Bedenken aufgrund des Erfordernisses einer räumlich festen Verbindung. Im Unterschied zur 1. Fall-Variante besteht hier nicht die hinreichend feste Verbindung. Im Vergleich zu den übrigen CDs im Laden standen die vorliegend in Betracht kommenden Tonträger in einem offenen Karton auf dem Boden. Sie waren noch nicht ausgezeichnet und damit insoweit abgehoben von den anderen Verkaufsprodukten im Laden. Es war jederzeit möglich, die CDs aus dem Karton herauszunehmen und damit jedwede Verbindung zum Preisschild zu zerstören. Ein für den Straftatbestand des § 267 StGB erforderliches Vertrauen des Rechtsverkehrs in den Bestand der Erklärung ist folglich nicht ersichtlich.

Es mangelt mithin an der für eine zusammengesetzte Urkunde notwendigen räumlich festen Verbindung zwischen Beweiszeichen und Bezugsobjekt. Der Karton mit dem aufgeklebten Preisschild ist nicht taugliches Tatobjekt für § 267 Abs. 1 StGB.

Ergebnis: W hat sich durch das Vertauschen des Schildes am Karton nicht wegen § 267 Abs. 1 StGB strafbar gemacht.

In Betracht kommt eine Strafbarkeit des W nach § 274 Abs. 1 Nr. 1 StGB aufgrund des Abtrennens des alten Preisschildes von der CD.

W musste die alte zusammengesetzte Urkunde in der Form beschädigen, als er Bezugsobjekt und Beweiszeichen trennte. Der Vorsatz und das Wissen um den Nachteil des anderen liegen ebenso vor wie die Rechtswidrigkeit und die Schuld.

Der verwirklichte § 274 Abs. 1 Nr. 1 StGB tritt indessen in Gesetzeskonkurrenz hinter § 267 Abs. 1, 2. Var. StGB zurück, da die Beschädigung notwendiges Durchgangsstadium einer Verfälschung ist.

Eine Sachbeschädigung an der CD gemäß § 303 StGB aufgrund des Abtrennens des Preisschildes scheidet vorliegend aus; das Abtrennen kann mit sehr geringem Aufwand behoben werden und beeinträchtigt die Gebrauchstauglichkeit der Sache nicht erheblich.

W könnte sich schließlich wegen versuchten Betruges gemäß den §§ 263 Abs. 1 und 2, 22, 23 StGB dadurch strafbar gemacht haben, dass er in der Absicht, die CD an der Kasse vorzulegen, die Preisschilder vertauscht hat.

Vorprüfung:

Der Betrug ist nicht vollendet, es hat noch keine Täuschungshandlung stattgefunden. Der Versuch des Betruges ist strafbar gemäß § 263 Abs. 2 StGB.

Tatentschluss:

W wollte die CD an der Kasse vorlegen, dort einen entsprechenden Irrtum über den Preis der CD erregen und das Kassenpersonal dazu veranlassen, die Geltendmachung des zutreffenden Anspruchs auf 20 Euro zu unterlassen. W wusste um den dadurch eintretenden Vermögensschaden bei der Firma *Sadurn* und wollte sich schließlich auch rechtswidrig bereichern. W hatte mithin Tatentschluss zur Begehung eines Betruges.

Unmittelbares Ansetzen:

Fraglich ist allerdings, ob W zur Verwirklichung des Tatbestandes bereits unmittelbar angesetzt hat oder ob es sich bei der Manipulation der CDs lediglich um eine straflose Vorbereitungshandlung zum Betrug handelt.

Problematisch ist vorliegend, dass W noch kein Tatbestandsmerkmal verwirklicht hat. In diesem Falle ist das Versuchsstadium erreicht, wenn das Verhalten nach dem Gesamtplan des Täters so eng mit der tatbestandlichen Ausführungshandlung verknüpft ist, dass es bei ungestörtem Fortgang unmittelbar zur Verwirklichung des Straftatbestandes führen soll oder im unmittelbaren räumlichen und zeitlichen Zusammenhang mit ihr steht. W hat die Schilder vertauscht, um danach zur Kasse zu gehen und die CDs vorzulegen. Nach seiner Vorstellung war diese Fälschung folglich unmittelbar mit dem wenige Augenblicke später zu begehenden Betrug verbunden und auch unbedingt notwendige Voraussetzung.

Diese Fälschung stand auch in unmittelbar räumlichem und zeitlichem Zusammenhang mit der geplanten Täuschungshandlung an der Kasse. Folglich hat W, obwohl noch kein Tatbestandsmerkmal des Betruges verwirklicht ist, bereits unmittelbar zur Tatbestandserfüllung angesetzt und mithin nicht eine bloße Vorbereitungshandlung vollzogen, sondern das Versuchsstadium erreicht.

W hat unmittelbar zur Verwirklichung des Tatbestandes aus § 263 Abs. 1 StGB angesetzt.

Rechtswidrigkeit und Schuld:

Insoweit bestehen keine Zweifel, W handelte sowohl rechtswidrig als auch schuldhaft.

Ergebnis: W hat durch die Verfälschung auch einen versuchten Betrug gemäß den §§ 263 Abs. 1, 2, 22, 23 StGB begangen. Wegen § 263 Abs. 4 StGB i.V.m. § 248 a StGB ist ein Strafantrag für die Strafverfolgung erforderlich.

5. Abschnitt

Straftaten gegen die Rechtspflege

→ §§ 153 ff., 257 ff. StGB

Fall 12

Golden Girl

Geschäftsmann G ist wegen Steuerhinterziehung angeklagt. Als Zeuge vor Gericht geladen ist sein ehemaliger Geschäftspartner P, der Auskunft über ein vor Jahren getätigtes Projekt und dort insbesondere den erzielten Gewinn geben soll. Da P noch eine alte Rechnung mit G offen hat, erklärt er dem Gericht unter Eid, der Gewinn habe damals 100.000 Euro betragen. P ist sich indessen sicher, dass der Erlös in Wahrheit nur bei maximal 25.000 Euro lag. Im weiteren Verlauf der Verhandlung stellt sich dann zur Verwunderung des P heraus, dass der Gewinn tatsächlich 100.000 Euro betragen hatte.

Dies hatte die ehemalige Sekretärin S des G, die ebenfalls als Zeugin geladen war, wahrheitsgemäß ausgesagt. S hatte bei ihrer Vernehmung dafür aber ihr Lebensalter (64) gegenüber dem Gericht absichtlich fünf Jahre zu niedrig angegeben (59), um sich nicht vor ihren im Publikum sitzenden Freundinnen, denen gegenüber sie bislang stets behauptet hatte, sie sei noch unter 60, zu blamieren.

Strafbarkeit von P und S?

> **Schwerpunkte:** Grundfall zu den §§ 153, 154 StGB; Begriff der »falschen« Aussage bei den §§ 153, 154 StGB; Falschaussage bei wahrheitsgemäßer Bekundung; Umfang der Wahrheitspflicht bei einer Aussage, Erstreckung auch auf die persönlichen Angaben.

Lösungsweg

Strafbarkeit des P

§ 154 Abs. 1 StGB (Meineid)

I. Tatbestand (A: objektiv):

Das Problem im objektiven Tatbestand der Prüfung lag offensichtlich darin, dass P zwar die Unwahrheit sagen wollte, ihm dies aber nicht gelungen ist. Tatbestandlich ist dies am Merkmal **»falsch«** aufzuhängen. Zu der Frage, wann eine Aussage »falsch« ist, gibt es drei Ansichten, die sich wie folgt zusammenfassen lassen:

- Die herrschende Meinung bestimmt das Merkmal »falsch« anhand objektiver Gesichtspunkte und sagt, falsch sei die Aussage dann, wenn sie nicht mit der Wirklichkeit (Wahrheit) übereinstimmt (**»objektive Theorie«:** RGSt **68**, 278; RGSt **76**, 96; BGHSt **7**, 147; OLG Koblenz NStZ **1984**, 551; *Krey/Heinrich* BT 1 Rz. 552; LK/*Ruß* vor § 153 StGB Rz. 13; S/S-*Lenckner/Bosch* vor § 153 StGB Rz. 6; *Wolf* in JuS 1991, 177; *Fischer* § 153 StGB Rz. 4; *Lackner/Kühl* vor § 153 StGB Rz. 3).

- Nach anderer Ansicht ist die Aussage dann »falsch«, wenn sie nicht mit dem aktuellen Vorstellungsbild und dem Wissen des Täters übereinstimmt. Anschaulich gesprochen ist die Aussage falsch, wenn ein »Widerspruch zwischen Wort und Wissen« besteht (**»subjektive Theorie«:** OLG Bremen NJW **1960**, 1827; *Gallas* in GA 1957, 315; SK/*Rudolphi* vor § 153 StGB Rz. 43; MK/*Müller* § 153 StGB Rz. 51; NK/*Vorbaum* § 153 StGB Rz. 82).

- Die dritte Meinung will darauf abstellen, ob der Täter seiner Aussagepflicht nachgekommen ist, ob der Täter also das Wissen wiedergibt, das er bei kritischer Prüfung seines Erinnerungsvermögens reproduzieren könnte (**»Pflichttheorie«:** vgl. *Schmidthäuser*, Celle-Festschrift, S. 207; Otto in JR 1982, 296 sowie in JuS 1984, 161; *Klescewski* Strafrecht BT, Seite 213; brauchbare Darstellung zum Ganzen von *Wolf* in JuS 1991, 177 oder auch *Wessels/Hettinger* BT 1 Rz. 741-745).

Und jetzt? In den Fällen, in denen die Ansichten zu unterschiedlichen Ergebnissen führen, muss man sich natürlich damit befassen (sonst nicht!). Dabei stellt man dann zunächst anhand der verschiedenen Meinungen unter Bezugnahme auf den Fall die Streitrelevanz dar, um im zweiten Schritt argumentativ einer der benannten Ansichten den Vorzug zu geben. Und am besten macht man das dann so:

P will die Unwahrheit aussagen, erklärt aber die Begebenheiten, wie sie sich in Wirklichkeit zugetragen haben. Nach der objektiven Theorie hat P damit nicht »falsch« ausgesagt, da seine Bekundungen mit der Wirklichkeit übereinstimmen (es bliebe dann nur ein Versuch des § 154 StGB). Nach der subjektiven Theorie indessen ist die Aussage »**falsch**«, da die Erklärung nicht mit dem Vorstellungsbild des Täters übereinstimmt. Gleiches gilt nach der Pflichtentheorie, da P bewusst eine seinem Vorstellungsbild und seiner Pflicht widersprechende Aussage abgibt.

Die verschiedenen Ansichten führen demnach im vorliegenden Fall auch zu unterschiedlichen Ergebnissen. Gefordert ist somit eine Entscheidung, welcher der vorgestellten Meinungen gefolgt wird. Wir schauen uns deshalb mal die Argumente an, mit denen man die verschiedenen Auffassungen ablehnen bzw. annehmen kann:

> **Gegen** die subjektive Theorie spricht zunächst, dass eine einheitliche Auslegung aller Aussagedelikte – insbesondere der §§ 160 und 161 StGB – verhindert wird. Würde man beim Begriff der »falschen« Aussage allein auf die aktuelle subjektive Einstellung bzw. das Wissen des Täters abstellen, bliebe zunächst für § 161 StGB nur ein sehr eingegrenzter Anwendungsbereich, denn diese Norm setzt eine Fahrlässigkeit

hinsichtlich der »falschen« Aussage voraus. Kommt es aber alleine auf das aktuelle Wissen des Täters zum Zeitpunkt der Aussage an, könnte § 161 StGB nur dann greifen, wenn man dem Täter Fahrlässigkeit bei dem Abrufen seines Wissens (?) vorwirft (S/S-*Lenckner/Bosch* vor § 153 StGB Rz. 6) Die Existenz des § 160 StGB ließe sich gar nicht mehr erklären, denn: § 160 StGB soll nach herrschender Meinung denjenigen bestrafen, der einen anderen dazu bringt, dass der – unwissend – falsch aussagt. Wie soll der andere das aber machen, wenn er denkt, er sagt richtig aus? Nach der subjektiven Theorie wäre die Aussage aber nur dann falsch, wenn er wüßte, dass er die Unwahrheit spricht. Kann also nicht sein. ***Gegen*** die Pflichttheorie spricht bereits der Wortlaut des Gesetzes, der eine »falsche« und nicht eine »pflichtwidrige« Aussage fordert. Damit käme dann ein Verstoß gegen Art. 103 Abs. 2 GG (§ 1 StGB) – ***Bestimmtheitsgebot*** – in Betracht. Inwieweit der (z.B.) Zeuge bei seiner Aussage eine Pflicht verletzt und daher eine der Wirklichkeit nicht entsprechende Aussage abgegeben hat, ist keine Frage des objektiven Tatbestandes, sondern eine Frage der Sorgfaltswidrigkeit im Rahmen einer Fahrlässigkeitstat. Dafür aber hat der Gesetzgeber § 161 Abs. 1 StGB erfunden (lesen!). Zu folgen ist demnach der ***objektiven Theorie***, die im Übrigen für sich verbuchen kann, dass sie ein allgemein gültiges Maß zur Auslegung sämtlicher Aussagedelikte bietet und in ihrer Anwendung mit objektiven Kriterien auskommt. Sie verhindert schließlich den Umstand, dass ein Täter, der die Wirklichkeit – im Glauben, zu lügen – beschwört, wegen vollendeten Meineides bestraft wird, obwohl das eigentliche Schutzgut der Norm (nämlich die staatliche Rechtspflege, die durch falsche Aussagen gefährdet wird, vgl. BGHSt **8**, 309; BGHSt **10**, 143; LK/*Ruß* § 153 StGB Rz. 2) objektiv gar nicht bedroht ist. Hier ist vielmehr wegen ***Versuchs*** zu bestrafen (RGSt **61**, 159), denn der Versuch ist gerade dadurch gekennzeichnet, dass der Täter das betroffene Rechtsgut verletzen wollte, dies aber nicht geklappt hat.

ZE.: Da die Aussage des P mit der Wirklichkeit übereinstimmte, ist die Aussage demnach auch nicht »falsch« im Sinne des § 154 Abs. 1 StGB. Der objektive Tatbestand des § 154 Abs. 1 StGB liegt somit nicht vor.

Erg: P hat sich nicht wegen § 154 Abs. 1 StGB strafbar gemacht.

§§ 154 Abs. 1, 22, 23 StGB (versuchter Meineid)

Nach erfolgter Vorprüfung (Versuchsstrafbarkeit und Nichtvollendung) war im Tatentschluss festzustellen, dass der Vorsatz des P darauf gerichtet war, falsch auszusagen und P dazu auch unmittelbar angesetzt hatte, die Aussage war bereits gemacht.

Erg.: P hat sich wegen versuchten Meineides nach den §§ 154 Abs. 1, 22, 23 StGB strafbar gemacht.

Feinkost: Zu einem anderen Ergebnis wären hier die subjektive und auch die Pflichttheorie gekommen; die hätten den P nämlich nicht wegen Versuchs, sondern wegen vollendeten Meineides bestrafen müssen (vgl. oben).

Noch deutlicher wird die Relevanz der unterschiedlichen Ansichten zum Begriff der »falschen« Aussage übrigens dann, wenn man den Fall oben abwandelt in der Form, dass P bei ansonsten gleichem Sachverhalt uneidlich aussagt, also ohne Eidesleistung. Der dann in Betracht kommende § 153 StGB wäre nach der subjektiven und auch der Pflichttheorie tatbestandlich vollendet. P würde folglich mit Freiheitsstrafe von 3 Monaten bis zu 5 Jahren zu bestrafen sein (Gesetz lesen). Die objektive Theorie käme hingegen zur ***Straflosigkeit***, denn nach ihr bleibt in einem Fall, in dem der Täter zwar lügen will, objektiv aber die Wahrheit sagt, ja nur der Versuch; der aber ist bei § 153 StGB gar nicht strafbar. Alles klar!?

Strafbarkeit der S

§ 153 StGB (Uneidliche Falschaussage)

I. Tatbestand (A: objektiv):

S müsste als Zeugin vor Gericht oder einer anderen zur eidlichen Vernehmung zuständigen Stelle uneidlich falsch ausgesagt haben. Die Falschaussage kann sich angesichts der Sachverhaltsgestaltung allein auf die Altersangabe beziehen, die übrigen Erklärungen waren ja wahrheitsgemäß. Es fragt sich somit, ob auch die Angaben zur Person der Wahrheitspflicht des § 153 StGB unterliegen.

Ansatz: Die Wahrheitspflicht des vor Gericht Aussagenden umfasst alle Angaben, die Gegenstand der Vernehmung sind, wobei es insbesondere keine Rolle spielt, ob die Aussagen für die Entscheidung später erheblich sind, sprich bei der Entscheidung verwertet werden (BGH NStZ **1982**, 464; S/S-*Lenckner/Bosch* vor §§ 153 ff. StGB Rz. 9; *Fischer* § 154 StGB Rz. 8; *Wessels/Hettinger* BT 1 Rz. 746/748; LK/*Ruß* § 153 StGB Rz. 23).

Dieser gerade genannte Satz gilt zwar grundsätzlich, ist in seiner Konsequenz aber nicht durchhaltbar: Es gibt davon Ausnahmen, was folgender kleiner Fall verdeutlichen kann:

> Zeuge Z wird vom Gericht dazu befragt, ob er den auf der Anklagebank sitzenden Mann als denjenigen wiedererkennt, der im Supermarkt den Filialleiter umgehauen hat. Z verneint dies wahrheitsgemäß, erzählt dann dem Gericht ungefragt aber noch, seine Frau sei übrigens mit der Kassiererin des Supermarktes befreundet (was tatsächlich nicht stimmt).

Da wird man sich fragen: Wen interessiert das? Und deshalb gilt in Bezug auf die Wahrheitspflicht des Zeugen Folgendes:

> Spontane Aussagen, die mit der Vernehmung im konkreten Fall in keinerlei Zusammenhang stehen, unterliegen ***nicht*** der Wahrheitspflicht; so z.B. den Gegenstand der Vernehmung überschreitende Angaben (BGHSt **25**, 244), es sei denn, eine nachträgliche Erweiterung des Beweisthemas durch den Richter bringt die Aussage dann doch in einen konkreten Zusammenhang mit der Vernehmung und wird vom Zeugen auch aufrechterhalten (BGH NStZ **1982**, 464; /S/-*Lenckner/Bosch* vor §§ 153 ff. StGB Rz. 15; für eine generelle Wahrheitspflicht aber MüKo/*Müller* § 153 StGB

Rz. 20). Man spricht hier von einem »untrennbaren Zusammenhang« mit dem Gegenstand der Vernehmung, in dessen Rahmen die Aussagen abzugeben sind und bezüglich dessen übrigens auch nichts verschwiegen werden darf (*Wessels/Hettinger* BT 1 Rz. 748).

Folge: Wer irgendwelchen Müll zum Besten gibt, der in keinerlei Zusammenhang zu der Sache steht, über die er vernommen werden soll, unterliegt diesbezüglich ***nicht*** der Wahrheitspflicht und kann mithin auch kein Aussagedelikt verwirklichen, selbst wenn die Aussagen gelogen sind. In der Klausur hat man also stets sorgfältig darauf zu achten, inwieweit der Sachverhalt Auskunft darüber gibt, was Gegenstand der Vernehmung des Zeugen ist. Schwafelt der Zeuge über das Beweisthema hinweg, ist seine Aussage insoweit für die §§ 153 ff. StGB unbeachtlich. Und bitte beachte insoweit noch, dass dieses Beweisthema im ***Zivilprozess*** durch den Beweisbeschluss des Gerichts (vgl. §§ 358, 359 ZPO) begrenzt wird, während im ***Strafprozess*** der Zeuge formlos mit dem Gegenstand der Untersuchung vertraut gemacht wird (vgl. § 69 StPO), er also in der Regel erst in der Verhandlung selbst vom Gericht präzise zu den Gegenständen der Vernehmung informiert und dann befragt wird.

Zum Fall: Hier bei uns hat die S lediglich bei ihrer Altersangabe geflunkert, im Übrigen aber die Wahrheit ausgesagt. Wir müssen uns folglich fragen, ob die Altersangabe zum Gegenstand der Vernehmung im oben benannten Sinne gehört und damit dann auch tauglich ist für die Verwirklichung des § 153 StGB. Oder ob die Altersangabe nur sozusagen zum »Beiwerk« gehört, das nicht der Wahrheitspflicht der Aussagedelikte unterliegt.

Die Antwort ist so unstreitig wie eindeutig, nämlich:

> **Merke:** Die Angaben zur Person, also auch das Alter, gehören sowohl im Zivil- als auch Strafprozess ***immer*** zum Gegenstand der Vernehmung und unterliegen daher auch stets der Wahrheitspflicht im Rahmen der Aussagdelikte (RGSt **60**, 407; BGHSt **4**, 214; *Wessels/Hettinger* BT 1 Rz. 756; *S/S-Lenckner/Bosch* vor § 153 StGB Rz. 14). Im Strafprozess ergibt sich dies aus § 68 Abs. 1 StPO (bitte lesen), im Zivilprozess aus § 395 Abs. 2 ZPO (auch den bitte lesen).

Wie gesagt, das ist ***unstreitig*** und das sollte man sich deshalb unbedingt merken. Ebenfalls merken sollte man sich des Weiteren, dass diese Problematik mit der Falschaussage bei den Personalien noch eine andere Facette hat, nämlich: In den universitären Übungsarbeiten findet sich häufig der von uns oben gelöste Fall mit der falschen Altersangabe, dann aber noch gekoppelt mit der Variante, dass die betreffende Person der Überzeugung ist, dass die Altersangabe nicht zur eigentlichen Aussage gehört, bzw. bei einer Vereidigung nicht vom Eid umfasst ist (vgl. etwa *Wessels/Hettinger* BT 1 Rz. 747 und 761, dort ist es Fall 41).

Da wird es dann schon erheblich kniffliger, in Frage steht nämlich in solchen Fällen der ***Vorsatz*** des Täters gemäß § 15 StGB. Dieser Vorsatz muss sich nach allgemeiner Ansicht bei den §§ 153, 154 StGB unstreitig darauf beziehen, dass die Altersangabe schon zum Gegenstand der Vernehmung gehört bzw. im Fall der Vereidigung von der Eidesleistung umfasst ist. Und wenn der Täter dies nicht weiß oder sogar im Gegenteil glaubt, die Altersangabe gehöre gerade nicht zur Vernehmung und werde auch nicht von der Eidesleistung umfasst, liegt – Achtung! – ein vorsatzausschließender Tatbestandsirrtum gemäß § 16 Abs. 1 Satz 1 StGB vor (BGHSt **4**, 214; RGSt **60**, 407; *Ebert* in JuS 1970, 405; *Wessels/Hettinger* BT 1 Rz. 761). Gemäß § 16 Abs. 1 Satz 2 StGB kommt dann aber die fahrlässige Variante in Betracht, und die steht in § 161 StGB. Merken.

Hier in unserem konkreten Fall interessiert uns das übrigens nicht, denn die S hat keinerlei Erklärungen diesbezüglich abgegeben.

ZE.: S hat durch ihre wahrheitswidrige Namensangabe den objektiven Tatbestand des § 153 StGB erfüllt.

B: Subjektiver Tatbestand:

Der hierfür erforderliche Vorsatz liegt auf Seiten der S vor, insbesondere greift zu ihren Gunsten nicht § 16 StGB ein. Bitte beachte insoweit, dass ihre Motivation, sich vor ihren Freundinnen nicht blamieren zu wollen, hieran nichts ändert: S wusste, dass sie vor Gericht falsch aussagt. Und das reicht, denn das ist der Vorsatz, gerichtet auf den objektiven Tatbestand.

II. Rechtswidrigkeit und III. Schuld:

Keine Zweifel.

Erg.: S hat sich wegen uneidlicher Falschaussage gemäß § 153 StGB strafbar gemacht und kriegt folglich für diesen Quatsch mindestens drei Monate Knast.

Gutachten

P könnte sich dadurch, dass er dem Gericht aus seiner Sicht wahrheitswidrig erklärte, der Gewinn habe 100.000 Euro betragen, wegen Meineides gemäß § 154 StGB strafbar gemacht haben.

Objektiver Tatbestand:

Dann muss P vor einem Gericht falsch geschworen haben. Im vorliegenden Fall hat P aus seiner Sicht die Unwahrheit gesagt, tatsächlich indessen die Umstände zutreffend wiedergegeben. Es fragt sich, inwieweit dies eine »falsche« Aussage im Sinne des § 154 StGB darstellt.

a) Nach einer Ansicht, der sogenannten subjektiven Theorie, ist die Aussage dann falsch im Sinne des § 154 StGB, wenn sie nicht mit dem Vorstellungsbild und dem Wissen des Täters übereinstimmt. Demnach wäre die Aussage im vorliegenden Fall falsch, denn P glaubte, die Unwahrheit zu sagen.

b) Eine andere Meinung, die sogenannte Pflichttheorie, will darauf abstellen, ob der Täter seiner Aussagepflicht nachgekommen ist, ob der Täter also das Wissen wiedergibt, das er bei kritischer Prüfung seines Erinnerungsvermögens reproduzieren könnte. Nach dieser Auffassung wäre die Aussage des P ebenfalls falsch im Sinne des § 154 StGB, denn P glaubte zu lügen.

c) Eine dritte Auffassung schließlich, die sogenannte objektive Theorie, bestimmt das Merkmal »falsch« anhand objektiver Gesichtspunkte und sagt, falsch sei die Aussage dann, wenn sie nicht mit der Wirklichkeit (Wahrheit) übereinstimmt. Nach dieser Meinung hätte P nicht falsch ausgesagt, denn seine Aussage stimmt mit der Wirklichkeit objektiv überein.

Die Ansichten führen, wie gezeigt, im vorliegenden Fall zu unterschiedlichen Ergebnissen und müssen mithin abgewogen werden.

Gegen die subjektive Theorie spricht zunächst, dass eine einheitliche Auslegung aller Aussagedelikte – insbesondere der §§ 160 und 161 StGB – verhindert wird. Für § 161 StGB bliebe lediglich ein sehr eingegrenzter Anwendungsbereich. Die Existenz des § 160 StGB ließe sich gar nicht mehr erklären; denn § 160 StGB soll denjenigen bestrafen, der einen anderen dazu bringt, dass der – unwissend – falsch aussagt. Wie soll der andere das aber machen, wenn er denkt, er sagt richtig aus? Nach der subjektiven Theorie wäre die Aussage aber nur dann falsch, wenn er wüßte, dass er die Unwahrheit spricht. Gegen die Pflichttheorie spricht bereits der Wortlaut des Gesetzes, der eine »falsche« und nicht eine »pflichtwidrige« Aussage fordert. Damit läge ein Verstoß gegen das aus Art. 103 Abs. 2 GG (§ 1 StGB) folgende Bestimmtheitsgebot vor. Inwieweit der (z.B.) Zeuge bei seiner Aussage eine Pflicht verletzt und daher eine der Wirklichkeit nicht entsprechende Aussage abgegeben hat, ist keine Frage des objektiven Tatbestandes, sondern eine Frage der Sorgfaltswidrigkeit im Rahmen einer Fahrlässigkeitstat. Dafür aber hat der Gesetzgeber § 161 Abs. 1 StGB vorgesehen. Zu folgen ist demnach der objektiven Theorie, die garantiert, dass ein allgemein gültiges Maß zur Auslegung sämtlicher Aussagedelikte vorliegt und in ihrer Anwendung mit objektiven Kriterien auskommt. Sie verhindert im Übrigen den Umstand, dass ein Täter, der die Wirklichkeit im Glauben, zu lügen, beschwört, wegen vollendeten Meineides bestraft wird, obwohl das eigentliche Schutzgut der Norm, nämlich die staatliche Rechtspflege, die durch falsche Aussagen gefährdet wird, objektiv gar nicht bedroht ist. Hier ist vielmehr wegen Versuchs zu bestrafen, denn der Versuch ist gerade dadurch gekennzeichnet, dass der Täter das betroffene Rechtsgut verletzen wollte, dies aber nicht eingetreten ist.

P hat nach der hier favorisierten objektiven Theorie nicht falsch ausgesagt. Der objektive Tatbestand des § 154 StGB ist mithin nicht erfüllt.

Ergebnis: P ist nicht zu bestrafen wegen vollendeten Meineides gemäß § 154 StGB.

P könnte sich aber wegen versuchten Meineides gemäß den §§ 154, 22, 23 StGB strafbar gemacht haben.

Vorprüfung:

Die Tat ist nicht vollendet und der Versuch des Delikts ist strafbar, vgl. §§ 23 Abs. 1, 12 Abs. 1 StGB.

Tatentschluss:

P wollte die Unwahrheit aussagen und hatte folglich den Vorsatz auf die Begehung des § 154 StGB.

Unmittelbares Ansetzen:

P hat seine Aussage getätigt und folglich unmittelbar zur Verwirklichung des Tatbestandes angesetzt.

Rechtswidrigkeit und Schuld:

Es bestehen keine Zweifel, dass P rechtswidrig und schuldhaft handelte.

Ergebnis: P hat sich durch seine Aussage strafbar gemacht wegen versuchten Meineides gemäß den §§ 154, 22, 23 StGB.

S könnte sich wegen ihrer falschen Altersangabe strafbar gemacht haben wegen uneidlicher Falschaussage gemäß § 153 StGB.

Objektiver Tatbestand:

a) Dann müsste S vor Gericht falsch ausgesagt haben. S hat vor dem Gericht ihr Alter bei der Vernehmung 5 Jahre zu niedrig angegeben. Dies erfüllt nach allen Theorien zum Begriff der falschen Aussage den Tatbestand des § 153 StGB, da die Aussage sowohl objektiv als auch subjektiv nicht den Tatsachen entsprach.

b) Es fragt sich indes, ob auch die Personalien des Zeugen, demnach auch seine Auskünfte über das Alter, von der Wahrheitspflicht der Aussagedelikte umfasst sind. Dies könnte mit der Begründung verneint werden, dass die Altersangabe zur tatsächlichen Befragung über das Beweisthema regelmäßig keinen Bezug hat. Dem steht aber im Strafprozess § 68 Abs. 1 StPO und im Zivilprozess § 395 Abs. 2 ZPO entgegen. Nach den genannten Normen gehören die Angaben zur Person ausdrücklich zur Vernehmung des Zeugen und unterliegen mithin der Wahrheitspflicht. S hat mithin bei ihrer Altersangabe »falsch« im Sinne des § 153 StGB ausgesagt.

S hat den objektiven Tatbestand des § 153 StGB verwirklicht.

Subjektiver Tatbestand:

S müsste Vorsatz auf ihre falsche Aussage gehabt haben. S beabsichtigte, sich nicht vor ihren Freundinnen im Publikum zu blamieren. Allerdings hindert dies nicht den Vorsatz: S wollte ihr Alter dem Gericht gegenüber unrichtig angeben. Ihre Motivation dazu bleibt unerheblich, da sie keinen Einfluss auf die Verwirklichung des objektiven Tatbestandes hat.

Rechtswidrigkeit und Schuld:

S handelte rechtswidrig und schuldhaft.

Ergebnis: S ist schuldig wegen uneidlicher Falschaussage gemäß § 153 StGB.

Fall 13

Ich bin katholisch!

Opa O führt vor dem Amtsgericht einen Rechtsstreit gegen den Treppenlifthersteller T über ein beim Kauf eines Liftes dem O angeblich zugesagtes Rücktrittsrecht. Im Rahmen der mündlichen Verhandlung vor Gericht erläutert O zunächst seinen Klageantrag und erklärt dabei bewusst wahrheitswidrig, T habe ihm das Rücktrittsrecht zugesichert.

Im Anschluss daran wird Os Freund F, der bei den Verkaufsverhandlungen zugegen war, als Zeuge vom Gericht vernommen. Auch F lügt dem Gericht vor, T habe dem O das fragliche Rücktrittsrecht damals eingeräumt. F war zu dieser Aussage von O überredet worden, wobei O allerdings im Glauben war, F könne sich wegen seines hohen Alters an den Vorgang nicht mehr richtig erinnern und werde gutgläubig von der Richtigkeit seiner Aussage überzeugt sein. Als der *sehr* katholische F dann nach Beendigung seiner Aussage überraschend vereidigt werden soll, bekommt er beim Sprechen der Eidesformel weiche Knie. Er bricht nach den Worten *»Ich schwöre es, so wahr...«* ab und korrigiert seine Aussage der Wahrheit entsprechend. Danach dann wird F ordnungsgemäß vereidigt.

Strafbarkeit von F und O? § 263 StGB (Betrug) bleibt außer Betracht.

Schwerpunkte: Verhältnis der Tatbestände des Meineides (§ 154 StGB) und der uneidlichen Falschaussage (§ 153 StGB) zueinander; Vollendung und Versuch der Aussagedelikte; Rücktritt gemäß § 24 StGB von § 154 StGB; Abgrenzung zum Strafaufhebungsgrund des § 158 StGB; Verleitung zur Falschaussage nach § 160 StGB.

Lösungsweg

Strafbarkeit des F

§ 154 Abs. 1 StGB (Meineid)

I. Tatbestand (A: objektiv):

F muss vor Gericht oder einer anderen zur Abnahme von Eiden zuständigen Stelle falsch geschworen haben (Gesetz lesen).

Vorab: In 99 von 100 Fällen zu den Eidesdelikten spielen die §§ 153 und 154 StGB die Hauptrolle. Einer von beiden ist zumeist erfüllt oder wenigstens aber versucht. Die Vorschriften im Zusammenhang zu verstehen, ist nicht wirklich schwierig, wenn man ihr Verhältnis zueinander kennt. Und das geht so:

→ § 153 StGB sanktioniert die ***unbeeidigte*** Falschaussage vor Gericht oder einer anderen zur eidlichen Vernehmung zuständigen Stelle, und zwar nur die Falschaussage von Zeugen und Sachverständigen.

→ § 154 StGB hingegen sanktioniert die ***eidliche*** Falschaussage vor Gericht oder einer anderen zur Abnahme von Eiden zuständigen Stelle, und zwar von **jedermann** (also vor allem auch der jeweiligen Partei des Rechtsstreites).

Für § 153 StGB genügt demnach zur Vollendung die Falschaussage an sich als Tathandlung, vorgenommen von einem Zeugen oder einem Sachverständigen. Demgegenüber braucht es zur Erfüllung des Tatbestandes bzw. der Tathandlung des § 154 StGB nicht nur die Falschaussage, sondern hinzukommen muss des Weiteren ein vollständig abgeleisteter Eid. Der **§ 154 StGB** setzt sich mithin zusammen aus: **§ 153 StGB + ein vollständig geleisteter Eid**.

Konsequenz: Der § 154 StGB ist die ***Qualifikation*** zum Grundtatbestand des § 153 StGB (BGHSt **8**, 301; *Fischer* § 154 StGB Rz. 1; MK/*Müller* § 154 StGB Rz. 4; S/S-*Lenckner/Bosch* § 154 StGB Rz. 1; *Wessels/Hettinger* BT 1 Rz. 753). Einschränkung: Diese Regel gilt nur, soweit es um die Falschaussage eines Zeugen oder Sachverständigen geht, denn § 153 StGB – hatten wir oben gesehen – findet nur Anwendung auf Zeugen und Sachverständige, während § 154 StGB für alle Personen gilt (NK/*Vorbaum* § 154 StGB Rz. 4). Hinsichtlich einer vereidigten Falschaussage einer Person, die nicht Zeuge oder Sachverständiger ist, ist der § 154 StGB ein eigenständiges Delikt, vor allem ohne Bezug zu § 153 StGB. Kapiert?!

Feinkost: Hinsichtlich der oben im Text schon erwähnten Eidesleistung unterscheidet man zwischen dem sogenannten »**Nacheid**«, das meint die Eidesleistung im Anschluss an die Aussage (vgl. §§ 391, 392 ZPO und §§ 59, 79 StPO), und das ist auch der Normalfall. Beachte insoweit bitte, dass die Eidesleistung beim Nacheid nur dann Wirksamkeit erlangt, wenn der Eid im Anschluss an die ***letzte*** Vernehmung im Verfahren erfolgt. Wird ein Zeuge etwa im Laufe eines Verfahrens mehrfach (z.B. an mehreren Tagen) vernommen und zunächst auch vereidigt, bei seiner letzten Vernehmung aber nicht vereidigt, gilt die Aussage insgesamt als ***unvereidigt.*** Bei einer gelogenen Aussage wäre dann nur Platz für § 153 StGB (→ BGH wistra **2010**, 451). Neben dem Nacheid gibt es dann noch den sogenannten »**Voreid**«, der aber nur ausnahmsweise möglich ist, etwa bei einem Dolmetscher gemäß § 189 GVG oder auch beim Sachverständigen gemäß § 410 ZPO, und bei dem der Eid dann **vor** der jeweiligen Erklärung geleistet wird (*Fischer* § 154 StGB Rz. 17). Der F leistet hier fraglos einen »Nacheid« (SV lesen).

Zum Fall: Wir haben eben gesagt, die Tathandlung des § 154 StGB liegt in der Falschaussage zuzüglich einer entsprechenden Eidesleistung. Daraus folgt, dass § 154 StGB nur dann vollendet sein kann, wenn nicht nur falsch ausgesagt wurde, sondern die Eidesleistung selbst muss auch ***vollständig*** erbracht worden sein. Und das wiederum hat zur Konsequenz, dass, solange dies nicht passiert ist, eine Vollendung des § 154 StGB logischerweise auch nicht in Betracht kommt. Und wenn wir uns jetzt noch die mit religiöser Beteuerung abzugebende Eidesformel ansehen (§ 481 ZPO),

»Ich schwöre es, so wahr mir Gott helfe.«

können wir sagen, dass unser F diese Eidesleistung ***nicht*** vollständig erbracht hat. F hat zwar falsch ausgesagt, indessen die Eidesleistung abgebrochen, noch bevor er den Satz zu Ende gesprochen hatte. Und nach allem, was wir jetzt zu § 154 StGB gelernt haben, genügt dies ***nicht*** für eine Vollendung des § 154 StGB.

Übrigens: Diese Eidesformel kann man natürlich auch ohne religiöse Beteuerung abgeben, sie heißt dann vergleichsweise unspektakulär nur: *»Ich schwöre es«*. Schließlich gestattet das Gesetz in § 481 Abs. 3 ZPO auch die Berufung auf eine andere Religion mit entsprechendem Zusatz, vorstellbar wäre demnach z.B. für unsere muslimischen Freunde: *»Ich schwöre es beim Worte Allahs«* oder für die Buddhisten unter uns: *»Ich schwöre es beim Worte Buddhas«*, wobei korrekterweise erwähnt werden muss, dass *Buddha* kein Gott im von uns verstandenen Sinne, sondern vielmehr ein – ziemlich erleuchteter – Mensch gewesen ist.

Als Zwischenergebnis halten wir in unserem Fall fest, dass F bei seiner Aussage vor Gericht zwar geflunkert, allerdings nicht die für § 154 StGB notwendige Tathandlung in Form des vollendeten Schwurs verwirklicht hat. Und nur flunkern reicht zwar möglicherweise für § 153 StGB und auch für einen versuchten § 154 StGB aus, keinesfalls aber für einen vollendeten Meineid nach § 154 StGB.

Erg.: F ist nicht strafbar wegen vollendeten Meineides gemäß § 154 Abs. 1 StGB.

§§ 154 Abs. 1, 22, 23, 12 Abs. 1 StGB (versuchter Meineid)

Vorprüfung:

1.) Die Tat ist nicht vollendet (vgl. oben).

2.) Der Versuch des § 154 Abs. 1 StGB ist gemäß § 23 Abs. 1 StGB in Verbindung mit § 12 Abs. 1 StGB strafbar.

I.) Tatentschluss

Bis zu der Korrektur der Aussage war der Vorsatz des F gerichtet auf eine wahrheitswidrige Aussage und auch auf einen entsprechenden Schwur. Das erkennt man unzweifelhaft daran, dass F nicht nur die Falschaussage vollständig getätigt, sondern sogar auch angefangen hat, die Eidesformel zu sprechen. Da er das wissentlich getan hat, war zu diesem Zeitpunkt sein Vorsatz auch auf einen Meineid gerichtet.

ZE.: F hatte Tatentschluss zu § 154 Abs. 1 StGB.

B: Unmittelbares Ansetzen:

Mit dem Beginn des Sprechens der Eidesformel hat F auch unmittelbar angesetzt zur Tatbestandsverwirklichung; bitte beachte nebenbei noch, dass dies für den Versuch von § 154 Abs. 1 StGB auch notwendig ist. Die Aussage an sich stellt nämlich noch keinen Versuchsbeginn in Bezug auf § 154 Abs. 1 StGB dar; es muss mit dem Sprechen der Eidesformel begonnen werden (BGHSt **1**, 243; BGHSt **4**, 176; MK/*Müller* § 154 StGB Rz. 37; *Wessels/Hettinger* BT 1 Rz. 758; *S/S-Lenckner/Bosch* § 154 StGB Rz. 15; *Fischer* § 154 StGB Rz. 13). Merken.

ZE.: F hat auch unmittelbar zur Tatbestandsverwirklichung angesetzt.

Die **II. Rechtswidrigkeit** und **III. Schuld** begegnen keinen Bedenken.

IV. Persönliche Strafaufhebungsgründe:

In Betracht kommt aber, weil F seine falsche Aussage vor der vollständigen Eidesleistung abbricht und korrigiert, ein ***Rücktritt*** vom Versuch gemäß § 24 Abs. 1 Satz 1 StGB.

Beachte: Der Rücktritt gehört eigentlich nicht in ein Lehrbuch zum Besonderen Teil. Hier bei den Eidesdelikten aber müssen wir ihn leider doch ein bisschen genauer betrachten, denn der Rücktritt und auch der dem Rücktritt ähnliche § 158 StGB tauchen ziemlich häufig sowohl im richtigen Leben als auch in den universitären Übungsarbeiten im Zusammenhang mit den §§ 153 ff. StGB auf. Um zu kapieren, wie ein Rücktritt von § 154 StGB funktioniert, müssen wir uns das Delikt bzw. die gesamte Deliktsgruppe noch mal näher anschauen, es gelten nämlich Sonderregeln, die – wenn man sie nicht kennt – zum Reinfallen einladen:

Merke: Die Vorschriften der §§ 153 ff. StGB sind sogenannte ***abstrakte Gefährdungsdelikte***, das heißt, unter Strafe steht das Schaffen einer abstrakten Gefahr für die Rechtspflege. Die Vollendung dieser Delikte tritt bereits mit der Vollendung der Tathandlung ein, ohne dass es dann noch eines entsprechenden Erfolges bedarf (so wäre das aber bei Erfolgsdelikten). Konkret heißt das, dass es keine Rolle spielt, ob das Gericht der geflunkerten Aussage des Täters glaubt und dann entsprechend falsch urteilt oder nicht. Der Täter hat unabhängig davon das Delikt in jedem Falle ***vollendet***, wenn er die entsprechende Tathandlung vollständig ausgeführt hat (*S/S-Lenckner/Bosch* vor §§ 153 ff. StGB Rz. 1-2a oder *Gallas* in GA 57, 318).

Für einen möglichen Rücktritt nach § 24 Abs. 1 Satz 1 StGB hat das soeben Gesagte folgende Konsequenzen: Von § 154 StGB kann man daher nur nach der 1. Var. des § 24 Abs. 1 Satz 1 StGB – also durch *die Aufgabe der weiteren Tatausführung* – zurücktreten, denn die begangenen Versuche sind stets ***unbeendet***, weil der Täter noch nicht alles getan hat, was nach seiner Vorstellung zur Verwirklichung des gesetzlichen Tatbestandes ausreicht (*Wessels/Beulke/Satzger* AT Rz. 631). Hätte der Täter nämlich alles getan (also komplett ausgesagt), wäre das Delikt bereits vollendet, denn ein Erfolg ist – wir haben es gerade gesagt – nicht mehr notwendig. Und von einem vollendeten Delikt kann man grundsätzlich nicht mehr zurücktreten (bitte lies § 24 Abs. 1 Satz 1 StGB, dort das zweite Wort). Bitte beachte übrigens abschließend noch, dass ein Rücktritt von § 153 StGB nach § 24 Abs. 1 StGB niemals (!) in Betracht kommt, denn bei § 153 StGB ist der Versuch gar nicht strafbar.

Zum Fall: F ist dadurch, dass er die Eidesformel nicht weiter gesprochen hat, vom unbeendeten Versuch des § 154 Abs. 1 StGB durch »Aufgabe der weiteren Tatausführung« (Gesetz lesen) zurückgetreten. Da er dies auch freiwillig getan hat (katholisch), tritt die Rechtsfolge des § 24 Abs. 1 StGB ein, F wird diesbezüglich nicht mehr bestraft.

> **Achtung:** Seine Korrektur der Aussage ist in Bezug auf den Rücktritt von § 154 Abs. 1 StGB nicht mehr wichtig, denn der Rücktritt hebt die Strafe bezüglich der eidlichen Falschaussage insgesamt auf. Die Korrektur indessen betrifft nur den Inhalt der Aussage, nicht aber die Eidesleistung an sich, und von der ist F zurückgetreten.

Erg.: Aufgrund des Rücktritts des F vom Versuch des § 154 Abs. 1 StGB gemäß § 24 Abs. 1 Satz 1, 1. Var. StGB wird die Strafe bezüglich dieses Delikts aufgehoben (F wird »nicht bestraft«, vgl. § 24 Abs. 1 Satz 1 StGB).

§ 153 StGB (Uneidliche Falschaussage)

Jetzt wird es interessant: Zwar ist F von dem Meineid nach § 154 Abs. 1 StGB gemäß § 24 Abs. 1 Satz 1 StGB zurückgetreten. Allerdings bleibt trotz des Rücktritts immer noch die ursprünglich falsche Aussage, die nach § 153 StGB geahndet werden kann. Denn wir hatten oben ja festgestellt, dass die Delikte der §§ 153 ff. StGB sogenannte *abstrakte Gefährdungsdelikte* sind und daher bereits mit der Beendigung der Tathandlung – und ohne Hinzutreten eines weiteren davon abgrenzbaren Erfolges – das Vollendungsstadium erreicht haben. Und wenn man das jetzt auf unseren Fall überträgt, ergibt sich, dass F, als er seine wahrheitswidrige Aussage beendete, den Tatbestand des § 153 StGB bereits ***vollendet*** erfüllt hatte; denn dafür ist nur erforderlich, dass ein Zeuge vor Gericht falsch aussagt (Gesetz lesen).

Beachte: Zur Vollendung des § 153 StGB ist immer auch notwendig, dass die Vernehmung der betreffenden Person durch das Gericht im konkreten Fall tatsächlich ***abgeschlossen*** ist. Abgeschlossen ist eine Vernehmung erst dann, wenn der Aussagende seine Bekundungen beendet hat und keine weiteren Fragen, weder durch das

Gericht noch durch andere Verfahrensbeteiligte, an ihn gerichtet werden. Wer also beispielsweise im Laufe seiner Vernehmung seine zunächst gelogene Aussage korrigiert, verwirklicht ***nicht*** den vollendeten Tatbestand des § 153 StGB, solange er am Ende der Vernehmung bei der Wahrheit angelangt ist (BGHSt **8**, 310; BGH NJW **1960**, 731; S/S-*Lenckner/Bosch* § 153 StGB Rz. 8; *Wessels/Hettinger* BT 1 Rz. 751; *Fischer* § 153 StGB Rz. 11). Bitte beachte aber unbedingt, dass zu diesem Begriff der »Vernehmung«, den wir gerade verwendet haben, die Eidesleistung gerade ***nicht*** mehr gehört. Die Eidesleistung findet nämlich erst im Anschluss an die »Vernehmung« statt. Im klassischen Fall erfolgt der Abschluss einer Vernehmung in der Praxis übrigens dadurch, dass das Gericht einen Beschluss darüber fasst, dass der Zeuge – meist wegen § 61 Nr. 5 StPO (bitte lesen!) – unvereidigt bleibt. An dieser Stelle – aber auch bei einem Beschluss darüber, dass der Zeuge doch vereidigt wird – sind die Aussage und auch die Vernehmung des Zeugen spätestens abgeschlossen.

Die **Feinkostliebhaber** wollen in diesem Zusammenhang dann bitte zum einen noch beachten, dass eine Zeugenvernehmung durchaus auch schon mal über mehrere Tage verlaufen kann mit der Folge, dass eine am ersten Tag gelogene Aussage tatsächlich am nächsten Tag noch korrigiert werden kann, sofern es sich um dieselbe Vernehmung handelt. In diesem Falle hat der Täter, da die Vernehmung noch nicht abgeschlossen war, den § 153 StGB nicht vollendet! Zum anderen sollte in der Klausur aufgepasst werden auf Konstellationen, in denen eine in erster Instanz geflunkerte Aussage in ***zweiter*** Instanz des gleichen Verfahrens (also in der Berufungsverhandlung) vom Zeugen dann der Wahrheit entsprechend korrigiert wird. Das reicht leider nicht, denn das Delikt des § 153 StGB ist in jedem Falle mit dem Abschluss der Vernehmung in der ersten Instanz ***vollendet*** (*Wessels/Hettinger* BT 1 Rz. 751). Hier wollen die Prüfer dann übrigens zumeist noch sehen, dass die Korrektur der Aussage in 2. Instanz nicht unter **§ 158 Abs. 1 StGB** (lesen!) fällt, da sie gemäß § 158 Abs. 2 StGB verspätet ist. Mit dem Wort »**Entscheidung**« in § 158 Abs. 2 StGB ist nämlich immer das die jeweilige Instanz beendende Urteil gemeint (S/S-*Lenckner/Bosch* § 158 StGB Rz. 8; *Fischer* § 158 StGB Rz. 8; OLG Hamm NJW **1950**, 358). Bitte merken, häufiger Klausurfall; weitere Einzelheiten zu § 158 StGB gibt es gleich weiter unten.

Zurück zum Fall: F hat seine Aussage zwar korrigiert; allerdings war zu diesem Zeitpunkt seine Vernehmung schon abgeschlossen. F war nämlich gerade dabei, die Eidesformel zu sprechen, was nach dem eben Gesagten zwingend voraussetzt, dass ***vorher*** die Vernehmung des F und damit auch seine Aussage bereits beendet waren. Die Falschaussage des F nach § 153 StGB ist mit dem Abschluss der Vernehmung demnach ***vollendet*** verwirklicht gewesen. Die Korrektur, die ihn oben bei § 154 StGB in Form des Rücktritts vom Versuch ja noch gerettet hatte, ist hier bei § 153 StGB nunmehr hinsichtlich eines möglichen Rücktritts unbeachtlich. Wie gesagt, die Vernehmung war zum Zeitpunkt der Berichtigung schon abgeschlossen und das Delikt somit vollendet (= kein Rücktritt mehr möglich).

Erg.: F hat den Tatbestand des § 153 StGB rechtswidrig und schuldhaft verwirklicht, als er vor Gericht wahrheitswidrig ausgesagt hat, T habe ein Rücktrittsrecht eingeräumt. Ein Rücktritt gemäß § 24 StGB von diesem Delikt der uneidlichen Falschaussage ist wegen Vollendung der Tat ausgeschlossen.

(IV.) In Betracht kommt für F dafür aber nun hinsichtlich des vollendeten § 153 StGB der persönliche Strafaufhebungsgrund des **§ 158 Abs. 1 StGB** mit der Folge einer möglichen Strafmilderung oder sogar eines Absehens von Strafe (bitte das Gesetz lesen).

Achtung: § 158 StGB ist ein – dem Rücktritt ähnlicher – ***persönlicher Strafaufhebungsgrund*** und gilt für alle Fälle der vollendeten §§ 153-156 StGB (*Lackner/Kühl* § 158 StGB Rz. 1) und auch für § 161 StGB (lies dort Abs. 2 und beachte, dass in diesem Fall dann sofort »**Straflosigkeit**« eintritt). Für die gutachterliche Prüfung in der Klausur oder Hausarbeit hat das zur Konsequenz, dass man zunächst das entsprechende Delikt ***komplett*** durchprüft (s.o.) und die Erörterung des § 158 StGB dann im Anschluss an die Schuld einbaut. Das ist schon allein deshalb logisch und auch merkfähig, weil man eine Strafe nur dann »**aufheben**« (Strafaufhebungsgrund) kann, wenn sie schon verwirkt ist (also komplett durchgeprüft und auch bejaht wurde). An dieser Stelle – also hinter der Schuld – wird ja bekanntlich auch der Rücktritt nach § 24 StGB geprüft (aus den gleichen Gründen).

Durchblick: § 158 StGB unterscheidet sich vom Rücktritt (§ 24 StGB) aber dadurch, dass die Norm die Strafe dann aufhebt bzw. eine Strafmilderung oder ein Absehen von Strafe bewirkt, wenn das Delikt schon vollendet ist. Und bei den Eidesdelikten ist – wie wir seit eben wissen – das Delikt vollendet mit der Beendigung der Aussage (§ 153 StGB) bzw. der Beendigung der Eidesleistung (§ 154 StGB). Im Falle des Rücktritts nach § 24 StGB aber kommt eine Aufhebung der Strafe nur dann in Betracht, wenn die Tat noch im Versuchsstadium steckt (vgl. die Erläuterung weiter oben). Genau genommen handelt es sich bei § 158 StGB deshalb um einen Fall der »tätigen Reue« (so wie bei § 306e StGB).

Der Grund für die Existenz des § 158 StGB liegt in folgender Situation: Der Täter sagt vor Gericht falsch aus (mit oder ohne Eidesleistung) und hat damit das entsprechende Delikt vollendet. Ein Rücktritt nach § 24 StGB kommt jetzt nicht mehr in Frage, denn zurücktreten kann man nur vom Versuch. Vom Moment der falschen Aussage bis hin zum Fehlurteil, das durch die §§ 153 ff. StGB ja verhindert werden soll, vergeht nun in der Regel aber noch ein beachtlicher Zeitraum, etwa aufgrund von weiteren Zeugenaussagen, Vertagung oder Beratung des Gerichts, in dem der Täter das Fehlurteil doch noch verhindern kann. Und weil § 24 StGB jetzt nicht mehr funktioniert (vgl. oben), hat der Gesetzgeber § 158 StGB erfunden, der dem *»reuigen«* Täter nun noch die Möglichkeit gibt, trotz Vollendung des Delikts das »Schlimmste«, also das Fehlurteil aufgrund seiner geflunkerten Aussage, zu verhindern. Allerdings muss der Täter dieses Fehlurteil auch tatsächlich verhindern (lies: § 158 Abs. 2 StGB), um in den Genuss des § 158 Abs. 1 StGB zu kommen.

Zusammenfassung: Ist das Eidesdelikt vollendet, kommt bei einer nachträglichen Korrektur nur noch § 158 StGB in Betracht. Ist die Tat hingegen noch nicht vollendet, also etwa bei § 154 StGB, wenn der Täter die Eidesformel abbricht, ist Raum für den Rücktritt nach § 24 StGB. Und bitte beachte abschließend, dass eine Nichtvollendung (= Versuch) nur bei den §§ 154 und 160 StGB überhaupt strafbar ist.

Zum Fall: F korrigiert seine Aussage noch in der Verhandlung, damit auch rechtzeitig (bitte noch mal lesen § 158 Abs. 2 StGB) mit der Folge, dass das Gericht die Strafe mildern oder sogar ganz von ihr absehen kann.

Erg.: F hat sich strafbar gemacht wegen § 153 StGB, indessen liegen die Voraussetzungen des persönlichen Strafaufhebungsgrundes des § 158 Abs. 1 StGB vor, wonach das Gericht dann entsprechend – wie soeben geschildert – verfahren kann.

Strafbarkeit des O durch seine eigene wahrheitswidrige Erklärung vor Gericht

§ 153 StGB (Uneidliche Falschaussage)

Aber: O ist in dem Verfahren weder Zeuge noch Sachverständiger. O ***führt*** den Rechtsstreit und ist damit bei der Erläuterung seines Klageantrages Partei. Die wahrheitswidrige Parteierklärung im Zivilprozess aber unterliegt ***nicht*** dem Tatbestand des § 153 StGB (*S/S-Lenckner/Bosch* § 153 StGB Rz. 4; *Fischer* § 153 StGB Rz. 9). Eine solche Aussage kann nur für § 154 StGB ausreichen, der vorliegend aber mangels Eides nicht in Betracht kommt.

Erg.: O hat sich durch seine wahrheitswidrige Erklärung vor Gericht nicht nach § 153 StGB strafbar gemacht.

Das Überreden des F, das Rücktrittsrecht zu bezeugen

§§ 26, 153 StGB (Anstiftung zur Falschaussage des F)

Vorab: Man hätte die Prüfung der Strafbarkeit des O auch mit einer Anstiftung zum versuchten Meineid des F beginnen können. Davon ist der F zwar wirksam zurückgetreten (vgl. oben), dieser Rücktritt wirkt als persönlicher Strafaufhebungsgrund aber nur für denjenigen, bei dem er vorliegt, nicht also für den O (S/S-*Heine/Weißer* vor § 25 StGB Rz. 38; *Fischer* § 26 StGB Rz. 11). Eine Strafbarkeit des O wegen Anstiftung zum versuchten Meineid wäre also theoretisch möglich gewesen. Wir prüfen hier dennoch nur die Anstiftung zur vollendeten uneidlichen Falschaussage nach § 153 StGB. Das Vorsatzproblem, das sich sowohl beim versuchten Meineid als auch bei der vollendeten uneidlichen Falschaussage stellt, ist nämlich das gleiche. O fehlt hinsichtlich beider Taten des F der Vorsatz, denn er hatte ja gedacht, F kapiere nicht, dass er die Unwahrheit aussagt. Und in der Prüfung sieht das vom Aufbau her dann so aus:

I. Tatbestand (A: objektiv):

1.) Eine vorsätzliche rechtswidrige Haupttat (Gesetz lesen) liegt in der falschen uneidlichen Aussage des F gemäß § 153 StGB. Beachte bitte, dass für F hinsichtlich dieser Tat der persönliche Strafaufhebungsgrund des § 158 StGB wirkt, spielt für eine mögliche Beteiligung des O keine Rolle. Hier ist es genauso wie oben bei § 24 StGB. Die Norm (→ § 158 StGB) gilt nur für denjenigen, bei dem sie vorliegt (S/S-*Cramer/Heine* vor §§ 25 ff. StGB Rz. 38).

2.) O hat den F zu einer falschen Aussage vor Gericht auch »bestimmt«, er hat ihn überredet und damit bei ihm den Entschluss zur Tat geweckt.

B: Subjektiver Tatbestand:

1.) O muss allerdings auch den Vorsatz auf die von F begangene Haupttat (§ 153 StGB) gehabt haben. Und hieran scheitert es, denn: O war im Glauben, F sage gutgläubig die Unwahrheit. Wenn F aber gutgläubig die Unwahrheit gesagt hätte (so wie O das wollte), hätte ihm (F) der Vorsatz für § 153 StGB gefehlt. Denn dieser Vorsatz muss sich auch auf die Unwahrheit der Aussage beziehen. Und nach der Vorstellung des O sollte F diesen Vorsatz nicht haben. Und daraus ergibt sich, dass O den F nicht zu § 153 StGB anstiften wollte.

Erg.: O hat durch das Einreden auf F hinsichtlich einer Bezeugung des von T angeblich versprochenen Rücktrittsrechtes keine Anstiftung zu § 153 StGB (und auch nicht zu § 154 StGB) begangen; es fehlt ihm der entsprechende Anstiftervorsatz.

§ 160 Abs. 1, 2. Halbsatz StGB (Verleitung zur Falschaussage)

Vorab: Um diese Vorschrift zu verstehen, muss man zunächst Folgendes wissen: Bei den §§ 153 ff. StGB handelt es sich nicht nur um abstrakte Gefährdungsdelikte (vgl. oben), diese Straftaten gehören daneben auch zu den wenigen sogenannten ***eigenhändigen Delikten*** des StGB. Das bedeutet, Täter eines solchen Delikts kann nur derjenige sein, der die Tathandlung »mit den eigenen Händen«, also höchstpersönlich ausführt (*S/S-Lenckner/Bosch* vor §§ 153 ff. StGB Rz. 33 sowie S/S-*Eisele* vor §§ 13 ff. StGB Rzn. 130-132). Daraus wiederum folgt, dass die Rechtsfiguren der Mittäterschaft und vor allem der mittelbaren Täterschaft ausscheiden. Die mittelbare Täterschaft zeichnet sich ja bekanntermaßen dadurch aus, dass der Hintermann sich einer dritten Person (Werkzeug) zur Ausführung der Tathandlung bedient. Eine Falschaussage nach § 153 StGB z.B. kann man also nicht gemäß § 25 Abs. 1, 2. Var. StGB durch einen Dritten in mittelbarer Täterschaft begehen (bzw. begehen lassen).

Daher: Diese Lücke für die Aussagedelikte soll § 160 StGB schließen. Die dort beschriebene Tathandlung (bitte lesen) meint die Form der mittelbaren Täterschaft, also wenn der Hintermann sich eines gutgläubigen Werkzeugs bedient, um eine falsche Aussage in das Verfahren einzubringen (sehr instruktiv wie immer *Krey/Heinrich* in ihrem BT 1 bei Rz. 569).

I. Tatbestand (A: objektiv):

O muss den F zur Abgabe einer uneidlichen Falschaussage verleitet haben (Gesetz lesen, § 160 Abs. 1, 2. Halbsatz StGB). Hierbei ist zunächst erforderlich, dass die Mittelsperson den objektiven Tatbestand des entsprechenden Delikts auch verwirklicht hat (*S/S-Lenckner/Bosch* § 160 StGB Rz. 6). Das ist hier kein Problem, F hat § 153 StGB vollendet (vgl. oben). Fraglich ist aber nun, wie es sich auswirkt, dass F nicht gutgläubig, sondern bewusst wahrheitswidrig ausgesagt hat.

Durchblick: Wir hatten oben gesagt, § 160 StGB ersetzt die mittelbare Täterschaft, die wegen des eigenhändigen Charakters der Aussagedelikte dort ausgeschlossen ist. Das typische Bild der mittelbaren Täterschaft ist aber, dass das Werkzeug gerade nicht verantwortlich handelt, sondern – regelmäßig – ohne subjektive Tendenz (= »undolos«, vgl. insoweit *Wessels/Beulke/Satzger* AT Rz. 537). Handelt das Werkzeug aber selbst voll verantwortlich, scheidet eine mittelbare Täterschaft normalerweise aus (BGHSt **40**, 218; *Jescheck/Weigend* AT § 62 I 2; *Wessels/Beulke/Satzger* AT Rz. 540).

- Und genau aus diesen Gründen folgert ***eine Meinung***, dass eine Vollendung des § 160 Abs. 1 StGB dann ausscheidet, wenn der Verleitete – entgegen dem Vorsatz des Verleiters – bewusst falsch aussagt (*Wessels/Hettinger* BT 1 Rz. 783; *Fischer* § 160 StGB Rz. 7; MK/*Müller* § 160 StGB Rz. 16; *Geppert* in JURA 2002, 173; *Otto* in JuS 1984, 161; *Eschenbach* in JURA 1993, 411; RGSt **11**, 418). Denn in diesem Fall könne man nicht mehr von einem »Verleiten« (Gesetz lesen) sprechen. Im Übrigen stimme der Vorsatz des Hintermanns dann nicht mit dem tatsächlich verwirklichten objektiven Tatbestand überein, denn der Hintermann habe ja eine gutgläubige falsche Aussage gewollt, während der Verleitete bewusst wahrheitswidrig aussagt. Es bliebe in einem solchen Fall dann konsequenterweise nur ein ***Versuch***, der nach **§ 160 Abs. 2 StGB** mit Strafe bedroht ist.

- Nach ***anderer Ansicht*** hingegen spielt die Tatsache, dass der Verleitete bewusst falsch aussagt, keine Rolle, es läge trotzdem ***vollendeter*** § 160 Abs. 1 StGB vor (BGHSt **21**, 116; *Küpper* BT 1, Seite 121; *Lackner/Kühl* § 160 StGB Rz. 4; *S/S-Lenckner/Bosch* § 160 StGB Rz. 9; LK/*Ruß* § 160 StGB Rz. 2; SK/*Rudolphi* § 160 StGB Rz. 4). Zur Begründung heißt es, maßgeblicher Grund der Bestrafung nach § 160 StGB sei der, dass es zu einer objektiv falschen Aussage komme, denn hierdurch werde die Rechtspflege gefährdet. Ob dies der Verleitete nun wissentlich tue oder nicht, spiele für die vom Hintermann verursachte Gefährdung der Rechtspflege keine Rolle; und daher sei der Hintermann in jedem Falle Vollendungstäter des § 160 Abs. 1 StGB, egal ob der Verleitete nun bewusst wahrheitswidrig aussagt oder nicht. Sein (des Hintermanns) Verhalten sei nicht weniger strafwürdig, nur weil der Verleitete sozusagen mehr tut, als er nach der Vorstellung des Hintermanns machen sollte. Die Vorsatztat des Verleiteten schließe als »maius« die vom Hintermann gewollte unvorsätzliche Tat ein.

In der Klausur ist es wie immer »gleichgültig«, welcher Ansicht man hier den Vorzug gewährt. Indessen sollten die Argumente der jeweiligen Meinung schon irgendwo auftauchen. Ich halte beide Ansichten für sehr gut vertretbar, wobei wir hier – ohne Wertung – der Meinung des BGH folgen wollen. Wer sich der anderen Ansicht anschließt (gut vertretbar), muss hier dann zwar die Vollendung verneinen, indessen im Anschluss die Versuchsprüfung aus § 160 Abs. 2 StGB folgen lassen. Wie man diesen Streit in der Klausur oder Hausarbeit löst, steht wie immer weiter unten im Gutachten; nachlesen schadet vermutlich nicht.

Erg.: O hat sich, da an der Rechtswidrigkeit und der Schuld keine Zweifel bestanden, gemäß § 160 Abs. 1 StGB wegen vollendeten Verleitens zur Falschaussage strafbar gemacht (a.A. – wie gesagt – gut vertretbar).

Gesamtergebnis: F hat sich wegen uneidlicher Falschaussage nach § 153 StGB mit der Möglichkeit der Strafmilderung aus § 158 Abs. 1 StGB strafbar gemacht. O ist schuldig wegen Verleitens zur uneidlichen Falschaussage gemäß § 160 Abs. 1, 2. Halbsatz StGB.

Nachtrag und Wiederholung zu den §§ 153 ff. StGB:

Der Fall war im Gegensatz zum vorherigen jetzt schon recht anspruchsvoll. Wir wollen uns deshalb hier zum Schluss noch mal die wichtigsten Regeln ansehen bzw. sie wiederholen, und zwar in komprimierter Form, sodass man sie bei Bedarf in gebotener Kürze nachschlagen kann:

Merksätze:

1.) § 153 StGB ist der ***Grundtatbestand*** zu § 154 StGB, und zwar soweit es um Zeugen und Sachverständige geht. Falschaussagen anderer Personen können nicht nach § 153 StGB strafbar sein, wohl aber unter Eid nach § 154 StGB.

2.) Die §§ 153, 154 StGB sind sogenannte ***abstrakte Gefährdungsdelikte***. Die Vollendung des jeweiligen Delikts tritt demnach ein, ohne dass ein Erfolg in Form eines Fehlurteils eintreten muss. Es spielt also keine Rolle, ob das Gericht der geflunkerten Aussage glaubt oder nicht. Die Delikte sind vollendet mit der Beendigung der Aussage (= § 153 StGB) oder der Beendigung der vollständigen Eidesleistung (= § 154 StGB). Die Aussage ist dann beendet, wenn die Vernehmung durch das Gericht abgeschlossen wird, also keine weiteren Fragen mehr an den Zeugen gestellt werden.

3.) ***Zurücktreten*** nach § 24 StGB kann man nur vom Versuch des § 154 StGB, von § 153 StGB ist dies nicht möglich, denn der Versuch dieses Delikts ist gar nicht unter Strafe gestellt.

4.) Sowohl für § 153 als auch für § 154 StGB gilt der persönliche Strafaufhebungsgrund des § 158 StGB. Diese Vorschrift greift im Unterschied zu § 24 StGB nur dann ein, wenn das entsprechende Delikt schon ***vollendet*** und aus diesem Grund trotz Reue des Täters der Rücktritt ausgeschlossen ist. Unter den in § 158 StGB genannten Voraussetzungen kann die Strafe auch bei Vollendung des Delikts gemildert oder sogar ganz aufgehoben werden.

5.) Die §§ 153, 154 StGB sind nicht nur abstrakte Gefährdungsdelikte, sondern auch sogenannte ***eigenhändige Delikte***. Das bedeutet, dass Täter nur sein kann, wer die Tathandlung selbst, also ***höchstpersönlich*** ausführt. Eine mittelbare Täterschaft und auch eine Mittäterschaft sind grundsätzlich ***ausgeschlossen***. Um die Lücke der mittelbaren Täterschaft zu schließen, gibt es § 160 StGB.

Gutachten

Strafbarkeit des F

F könnte sich dadurch, dass er zunächst eine wahrheitswidrige Aussage machte und diese dann mit dem Beginn der Eidesformel beschwören wollte, wegen Meineides nach § 154 StGB strafbar gemacht haben.

Objektiver Tatbestand:

1.) F muss zunächst vor einem Gericht falsch ausgesagt haben. F hat vor dem Amtsgericht als Zeuge wahrheitswidrig ausgesagt, dass T dem O beim Verkauf des Treppenliftes ein Rücktrittsrecht eingeräumt hätte.

2.) Des Weiteren muss F dies auch beschworen haben. Insoweit ergeben sich indessen Bedenken, F hat die Eidesformel nicht zu Ende gesprochen. Berücksichtigt man, dass die Eidesformel als Tathandlung des § 154 StGB zur Vollendung des Delikts vollständig gesprochen sein muss, kann eine Vollendung im vorliegenden Fall nicht in Betracht kommen. F hat lediglich »Ich schwöre es, so wahr« gesprochen, den letzten Teil indessen nicht gesagt. An diesem Ergebnis ändert auch der Umstand nichts, dass F später dann ordnungsgemäß vereidigt wurde. Zu diesem Zeitpunkt war seine falsche Aussage korrigiert und mithin die vormalige falsche Aussage vom ordnungsgemäßen Eid nicht mehr umfasst. Es fehlt am objektiven Tatbestand des § 154 StGB.

Ergebnis: F ist nicht wegen vollendeten Meineides nach § 154 StGB zu bestrafen.

In Betracht kommt aber eine Bestrafung wegen versuchten Meineides aus den §§ 154 Abs. 1, 22, 23, 12 Abs. 1 StGB.

Vorprüfung:

Die Tat ist, wie eben gezeigt, nicht vollendet; die Strafbarkeit des Versuchs ergibt sich aus § 23 Abs. 1 in Verbindung mit § 12 Abs. 1 StGB.

Tatentschluss:

F müsste den Vorsatz auf die Verwirklichung eines Meineides nach § 154 StGB gehabt haben. Bis zu der Korrektur der Aussage war der Vorsatz des F gerichtet auf eine wahrheitswidrige Aussage, und diese wollte F auch beschwören. Dass er lediglich überraschend vereidigt worden ist, ändert daran nichts, denn F hat sich offenbar dann auch entschlossen, die wahrheitswidrige Aussage zu beeiden. Dies manifestiert sich in dem Umstand, dass F begonnen hat, die Eidesformel zu sprechen. F hatte Tatentschluss zu § 154 Abs. 1 StGB.

Unmittelbares Ansetzen:

F muss gemäß § 22 StGB nach seiner Vorstellung unmittelbar zur Verwirklichung des Tatbestandes angesetzt haben. Berücksichtigt man, dass die Tathandlung das Sprechen der Eidesformel ist und F hiermit bereits begonnen hat, liegt das Merkmal des unmittelbaren Ansetzens zur Tatbestandsverwirklichung vor. F hat auch unmittelbar zur Tatbestandsverwirklichung angesetzt.

Rechtswidrigkeit und Schuld:

Es bestehen keine Zweifel, dass F hierbei rechtswidrig und schuldhaft handelte.

Rücktritt vom Versuch:

In Betracht kommt indessen ein Rücktritt vom Versuch des Meineids gemäß § 24 Abs. 1 Satz 1, 1. Var. StGB dadurch, dass F die Eidesformel abbrach und die Aussage korrigierte.

Das Sprechen der Eidesformel stellte einen unbeendeten Versuch dar, F hatte noch nicht alles zur Verwirklichung des Tatbestandes getan. Von diesem unbeendeten Versuch konnte F durch die Aufgabe der weiteren Tatausführung zurücktreten. F brach die Eidesformel ab und hat damit die weitere Ausführung der Tat aufgegeben. Dies geschah aus autonomen Motiven und mithin freiwillig im Sinne des § 24 Abs. 1 StGB.

F ist gemäß § 24 Abs. 1 Satz 1, 1. Var. StGB wirksam vom versuchten Meineid zurückgetreten mit der Konsequenz, dass er wegen dieses Versuchs nicht mehr bestraft werden kann.

Ergebnis: F ist nicht zu bestrafen wegen versuchten Meineides aus den §§ 154, 22, 23, 12 Abs. 1 StGB.

F könnte sich aber wegen uneidlicher Falschaussage gemäß § 153 StGB strafbar gemacht haben, als er zunächst wahrheitswidrig vor dem Gericht ein von T angeblich zugesagtes Rücktrittsrecht bekundete.

Objektiver Tatbestand:

Voraussetzung ist eine falsche Aussage eines Zeugen oder Sachverständigen vor einem Gericht. F sagt als Zeuge vor dem Amtsgericht falsch aus. Dass F seine falsche Aussage später korrigiert, ist im Rahmen des objektiven Tatbestandes des § 153 StGB unerheblich;

das Delikt ist bereits mit dem Abschluss der Aussage vollendet. F hatte seine Aussage beendet, er war bereits bei der Vereidigung angelangt.

Subjektiver Tatbestand:

F handelte insoweit vorsätzlich; er wollte die Unwahrheit aussagen.

Rechtswidrigkeit und Schuld:

Es bestehen keine Zweifel daran, dass F auch rechtswidrig und schuldhaft handelte.

Ergebnis: F hat sich strafbar gemacht wegen uneidlicher Falschaussage gemäß § 153 StGB.

Hinsichtlich der Strafbarkeit aus § 153 StGB kommt für F noch die Anwendung des persönlichen Strafaufhebungsgrundes des § 158 StGB in Betracht.

Die Vorschrift des § 158 Abs. 1 StGB ermöglicht eine Strafmilderung oder ein Absehen von Strafe, wenn der Täter die falsche Angabe rechtzeitig berichtigt. Die Berichtigung ist unter anderem dann nicht mehr rechtzeitig und mithin verspätet, wenn sie bei der Entscheidung nicht mehr berücksichtigt werden kann, vgl. § 158 Abs. 2 StGB. Im vorliegenden Fall hat F seine Aussage noch in der Verhandlung korrigiert. Die Berichtigung konnte folglich bei der Entscheidung noch berücksichtigt werden und war somit nicht verspätet.

Ergebnis: Zwar hat sich F wegen uneidlicher Falschaussage gemäß § 153 StGB strafbar gemacht. Indessen kommt ihm § 158 Abs. 1 StGB zugute mit der Folge einer Strafmilderung oder eines Absehens von Strafe.

Strafbarkeit des O

O könnte sich durch seine unwahre Tatsachenbehauptung vor dem Gericht wegen uneidlicher Falschaussage gemäß § 153 StGB strafbar gemacht haben.

Objektiver Tatbestand:

Dann muss O als Zeuge oder Sachverständiger vor Gericht falsch ausgesagt haben. Im vorliegenden Fall war O weder Zeuge noch Sachverständiger, sondern vielmehr Partei des Rechtsstreites. Er kommt mithin als Täter des § 153 StGB in dieser Rolle nicht in Betracht.

Ergebnis: O hat sich nicht strafbar gemacht wegen § 153 StGB.

O könnte sich aber durch sein Einreden auf F, er solle ein Rücktrittsrecht bezeugen, wegen Anstiftung zur uneidlichen Falschaussage gemäß den §§ 26, 153 StGB strafbar gemacht haben.

Objektiver Tatbestand:

1.) Eine vorsätzliche rechtswidrige Haupttat liegt in Form der von F begangenen uneidlichen Falschaussage vor. Hierbei ist unbeachtlich, dass F die Vorschrift des § 158 Abs. 1 StGB zugute kommt. Bei § 158 Abs. 1 StGB handelt es sich um einen persönlichen Strafaufhebungsgrund, der nur für denjenigen wirkt, bei dem er vorliegt.

2.) O hat den F zu dieser Tat auch bestimmt im Sinne des § 26 StGB; er hat in ihm objektiv den Tatentschluss hervorgerufen.

Subjektiver Tatbestand:

1.) Es fragt sich indessen, ob O auch den erforderlichen Vorsatz auf die von F begangene Tat hatte. Diesbezüglich ist zu beachten, dass O keine vorsätzliche Tat des F beabsichtigt hatte. Vielmehr wollte O, dass F gerade nicht vorsätzlich handelt, F sollte nach der Vorstellung des O irrtümlich falsch aussagen. Mithin fehlt es O am Vorsatz gerichtet auf die vorsätzliche Haupttat.

Ergebnis: Eine Anstiftung des O zur Tat des F kommt nicht in Betracht. Gleiches gilt hinsichtlich einer möglichen Anstiftung zum versuchten Meineid des F. Auch insoweit fehlt es O am Vorsatz auf eine vorsätzliche Haupttat.

O könnte sich allerdings wegen Verleitung zur Falschaussage gemäß § 160 Abs. 1, 2. Halbsatz StGB strafbar gemacht haben.

Objektiver Tatbestand:

1.) O muss den F zur Abgabe einer uneidlichen Falschaussage verleitet haben. Hierbei ist zunächst erforderlich, dass die Mittelsperson den objektiven Tatbestand des entsprechenden Delikts verwirklicht hat. F hat den Tatbestand des § 153 StGB verwirklicht.

2.) Es fragt sich indessen, ob von einem »Verleiten« im Sinne des § 160 Abs. 1 StGB auch gesprochen werden kann, wenn, wie im vorliegenden Fall, der Verleitete nicht nur den objektiven Tatbestand des entsprechenden Delikts verwirklicht, sondern auch vorsätzlich handelt. Ausgehend von der Tatsache, dass § 160 StGB die Lücke der bei den Eidesdelikten nicht möglichen mittelbaren Täterschaft schließen soll, könnte der Fall der vorsätzlich handelnden Mittelsperson ausgeschlossen sein, zumindest aber eine Vollendung des § 160 StGB verhindern.

a) Nach einer Ansicht scheidet eine Vollendung des § 160 Abs. 1 StGB deshalb in diesen Fällen aus, wenn der Verleitete – entgegen dem Vorsatz des Verleiters – bewusst falsch aussagt. Denn in diesem Fall könne man nicht mehr von einem »Verleiten« sprechen. Im Übrigen stimme der Vorsatz des Hintermanns dann nicht mit dem tatsächlich verwirklichten objektiven Tatbestand überein, denn der Hintermann habe ja eine gutgläubige falsche Aussage gewollt, während der Verleitete bewusst wahrheitswidrig aussagt. Es bliebe in einem solchen Fall nur ein Versuch, der nach § 160 Abs. 2 StGB mit Strafe bedroht ist.

b) Dem steht indes entgegen, dass der Grund der Bestrafung nach § 160 StGB der ist, dass es tatsächlich im Ergebnis zu einer objektiv falschen Aussage kommt. Hierdurch alleine wird die Rechtspflege gefährdet. Ob dies der Verleitete nun wissentlich tut oder nicht, spielt für die vom Hintermann verursachte Gefährdung der Rechtspflege keine Rolle; und daher ist der Hintermann in jedem Falle Vollendungstäter des § 160 Abs. 1 StGB, egal ob der Verleitete nun bewusst wahrheitswidrig aussagt oder nicht. Sein (des Hintermanns) Verhalten ist nicht weniger strafwürdig, nur weil der Verleitete sozusagen mehr tut, als er nach der Vorstellung des Hintermanns machen sollte. Die Vorsatztat des Verleiteten schließt als »maius« die vom Hintermann gewollte unvorsätzliche Tat ein. Demnach spielt es für eine Vollendung des § 160 Abs. 1 StGB keine Rolle, ob der Verleitete – ohne Wissen des Hintermanns – vorsätzlich falsch aussagt oder nicht. Mit der Falschaussage ist § 160 Abs. 1 StGB vom Hintermann vollendet begangen.

Subjektiver Tatbestand:

O handelte insoweit auch vorsätzlich, wobei es – wie soeben erörtert – unerheblich ist, dass O von der vorsätzlichen Begehung des F nichts wusste.

Rechtswidrigkeit und Schuld:

O handelte fraglos rechtswidrig und schuldhaft.

Ergebnis: O hat sich strafbar gemacht wegen Verleitung zur Falschaussage gemäß § 160 Abs. 1 StGB.

Fall 14

Der Verlobte seiner Schwester

Bei einem nächtlichen Einbruch in ein Elektrogeschäft wird M von der Alarmanlage überrascht. In Panik kann M nur noch einen herumliegenden iPod (Wert: 150 Euro) in die Jacke stecken und verschwinden. Da M in der gleichen Gegend bereits mehrfach wegen Diebstahls aufgefallen und polizeibekannt ist, befürchtet er, dass die alarmierten Polizisten ihn verdächtigen und vor seiner Wohnung auf ihn warten könnten. Er ruft daher aus einer Kneipe den Verlobten (V) seiner Schwester an und bittet den V unter Schilderung der Sachlage, ihn für zwei Tage in seiner Wohnung zu verstecken, damit die Behörden ihn nicht ergreifen und mit der Tat in Zusammenhang bringen können. V ist sofort einverstanden.

Als M nach der zweitägigen Beherbergung am übernächsten Morgen von V aus den Heimweg antritt, bittet er V noch, den gestohlenen iPod vorsichtshalber ein paar Tage für ihn aufzubewahren, er wolle ihn später abholen. V ist einverstanden, zumal er aufgrund von Ms Vorgeschichte eine Durchsuchung der Wohnung des M für wahrscheinlich hält und daher meint, auf diese Art die Ermittlungen von M ablenken und dem M zugleich die Beute sichern zu können. V behält den iPod daraufhin bei sich, und M macht sich auf den Heimweg. Zuhause wartet vor der Wohnungstür bereits die Polizei, die aufgrund von Fingerabdrücken am Tatort den M als Täter ausgemacht hat. M wird festgenommen, später aufgrund nicht auffindbaren Diebesgutes indessen nur wegen versuchten Einbruchsdiebstahls verurteilt.

Strafbarkeit von V und M? Es ist davon auszugehen, dass M hinsichtlich des iPod einen Diebstahl nach den §§ 242 Abs. 1, 243 Abs. 1 Satz 2 Nr. 1 StGB begangen hat.

Schwerpunkte: Strafvereitelung nach § 258 Abs. 1 StGB; Vereitelung »ganz« und »zum Teil« im Sinne des § 258 Abs. 1 StGB; subjektive Tendenzen des § 258 StGB; Strafausschließung nach § 258 Abs. 5 und 6 StGB; Begünstigung gemäß § 257 StGB; Teilnahme zur Strafvereitelung und zur Begünstigung; Strafausschließung nach § 257 Abs. 3 StGB.

Lösungsweg

Vorab: Um diesen komplexen Sachverhalt vernünftig in den Griff zu bekommen, werden wir die Prüfung in zwei Abschnitte unterteilen und uns folglich zunächst mit der zweitägigen Beherbergung des M in der Wohnung des V befassen, um dann im zweiten Teil die Geschichte mit dem iPod zu würdigen. Eine solche Aufteilung des Sachverhaltes ist unbedenklich möglich und auch zulässig, häufig vom Prüfer sogar gewollt. Es kommt nämlich recht oft vor, dass man als Kandidat vor einem umfangreichen Sachverhalt sitzt und dann gleich beim Einstieg vor der Frage steht, wie und in welcher Form man den Aufbau wählen soll. Und dann gilt nach wie vor die alte Grundregel, dass man zunächst immer ***chronologisch*** vorgeht, also fragt, in welcher zeitlichen Abfolge die Geschehnisse passiert sind. Und genau so werden wir das jetzt machen. Also:

1. Abschnitt: Das Verstecken des M für 2 Tage

Strafbarkeit des V

§§ 27, 242 Abs. 1, 243 Abs. 1 Nr. 1 StGB (Beihilfe zum Diebstahl des M)

Beachte: In Betracht kam vorliegend lediglich die sogenannte »**sukzessive Beihilfe**«, da unser M die Tathandlung der Wegnahme ohne jedwede Hilfe des V begeht. Und diese sukzessive Beihilfe kann man nur solange begehen, wie die Tat des Haupttäters schon vollendet, aber noch nicht ***beendet*** ist (BGH NJW **1985**, 814: *Fischer* § 27 StGB Rz. 6; S/S-*Eser/Bosch* § 242 StGB Rz. 73 und § 27 StGB Rz. 17).

Voraussetzung einer möglichen Beihilfe ist folglich zunächst, dass zu dem Zeitpunkt, als V in das Geschehen »einsteigt«, der Diebstahl des M noch nicht beendet ist. Ein Diebstahl ist dann beendet, wenn der neu begründete Gewahrsam eine gewisse ***Festigung*** und Sicherung erreicht hat (BGHSt **20**, 194; BGH NJW **1987**, 2687; *Wessels/Hillenkamp* BT 2 Rz. 119). Bei kleinen Gegenständen, die in die Jacke gesteckt werden, kann hier unter Umständen schon das Verlassen des fremden Herrschaftsbereiches genügen (BGH VRS **60**, 294, 296).

In unserem Fall musste nun gesehen werden, dass M den V nach dem Diebstahl aus einer Kneipe anruft und dadurch in den Vorgang erst einbezieht. Zu diesem Zeitpunkt hat M damit nicht nur den fremden Gewahrsamsbereich (Geschäft) längst verlassen, sondern offenbar auch die ungehinderte Möglichkeit, in die Kneipe zu gehen, um zu telefonieren. Es durfte an dieser Stelle deshalb nicht angenommen werden, M werde unmittelbar – sozusagen *in Sichtweite* – von der Polizei verfolgt, was möglicherweise noch gegen eine Beendigung des Diebstahls hätte sprechen können (vgl. den instruktiven Fall bei *Wessels/Hillenkamp* BT 2 Rz. 365 = BGH JZ **1988**, 471). M hat den Tatort verlassen – wenn auch in Panik – und dann eine Kneipe aufgesucht, um den V anzurufen. Das kann man aber nicht, wenn einem die Polizei auf den Fersen ist. Der Gewahrsam an dem eingesteckten Gegenstand ist daher zu diesem Zeitpunkt gesichert bzw. gefestigt im Sinne der Diebstahlsbeendigung.

Erg.: Eine Beihilfe zum von M begangenen Diebstahl scheitert mithin daran, dass der Diebstahl des M bereits beendet war, als V in das Geschehen eingreift.

Beachte bitte: Die gerade geprüfte Beihilfe zum Diebstahl darf man nicht vergessen, diese Konstellation findet sich häufig in Klausuren, in denen dann später die §§ 257, 258 StGB (die »**Anschlusstaten**«) behandelt werden. Beide gerade genannten Tatbestände setzen nämlich voraus, dass es eine sogenannte »Vortat« gibt, in die der Täter der §§ 257, 258 StGB sich durch eine entsprechende Handlung dann quasi nachträglich »einklinkt«. Und zumeist wollen die Prüfer dann sehen, ob neben den §§ 257, 258 StGB nicht sogar eine direkte tatbestandliche Beteiligung schon an der Vortat gegeben ist. Das ist dann regelmäßig die oben angeprüfte sukzessive Beihilfe, unter Umständen sogar eine Mittäterschaft; und auch, wenn man diese Beihilfe oder Mittäterschaft dann im Ergebnis meistens ablehnen muss (vgl. soeben), soll sie in jedem Falle vom Kandidaten zumindest angedacht werden. Das bringt wertvolle Sonderpunkte. Merken.

Wir haben das gerade erledigt und wenden uns nun dann den sogenannten »Anschlusstaten« zu, von denen wir ja jetzt auch wissen, warum die so heißen: Sie stehen immer ***im Anschluss*** an eine entsprechende Vortat und sollen diese für den Vortäter entweder persönlich (= § 258 StGB) oder sächlich (= § 257 StGB) absichern.

§ 258 Abs. 1 StGB (Strafverfolgungsvereitelung)

I. Tatbestand (A: objektiv):

1.) Es muss eine rechtswidrige Tat eines anderen vorliegen (Gesetz lesen). M hat einen vollendeten Einbruchsdiebstahl gemäß den §§ 242 Abs. 1, 243 Abs. 1 Satz 2 Nr. 1 StGB begangen (vgl. SV-Hinweis).

2.) Die Tathandlung der Verfolgungsvereitelung nach Abs. 1 besteht darin, dass der Täter die Bestrafung oder Maßnahmenunterwerfung des Vortäters ganz oder zum Teil vereitelt (Gesetz lesen). Hierbei ist zu beachten, dass zur Vollendung des Delikts ein Vereitelungserfolg – kausal – durch die entsprechende Handlung eintreten muss (Bay ObLG NStZ **1991**, 203), die Behinderung der Verfolgung reicht zur Vollendung regelmäßig **nicht** aus (S/S-*Stree/Hecker* § 258 StGB Rz. 12).

Sinnvollerweise teilt man nun die beiden Tatbestandsvarianten »**ganz**« und »**zum Teil**« im Rahmen des § 258 Abs. 1 StGB schön sorgsam auf, ansonsten versteht man die Vorschrift nämlich nicht oder nur unzureichend, im Einzelnen:

> → Bei einer Vereitelung »**ganz**« muss der Täter grundsätzlich und endgültig verhindern, dass der Vortäter überhaupt bestraft wird (S/S-*Stree/Hecker* § 258 StGB Rz. 16; *Wessels/Hettinger* BT 1 Rz. 726). Das ist die normale und verständliche Auslegung des Wortes »ganz«, und das soll zunächst der Ausgangspunkt unserer Überlegungen insoweit sein (eine wichtige Ausnahme hierzu kommt gleich noch).

→ Bei einer Vereitelung »**zum Teil**« hingegen genügt schon jede inhaltliche Besserstellung des Täters zum objektiv vorliegenden Strafanspruch (BGH NJW **1984**, 135; *Fischer* § 258 StGB Rz. 5; *Lackner/Kühl* § 258 StGB Rz. 3). Gemeint sind damit Fälle, in denen der Vortäter z.B. anstatt wegen eines Verbrechens nur wegen eines Vergehens bestraft wird (*Wessels/Hettinger* BT 1 Rz. 726; S/S-*Stree/Hecker* § 258 StGB Rz. 16); oder wenn ein Strafschärfungsgrund unberücksichtigt bleibt oder wenn etwa die Geldstrafe niedriger ausfällt als objektiv begründet (BT-Drs 7/550 S. 249). Wichtig ist hier aber, dass der Täter – zwar milder – aber immer noch bestraft wird, ansonsten wäre es ja eben »ganz« (vgl. oben).

Zum Fall: Durch das Verstecken (Tathandlung) für die zwei Tage tritt eine »ganze« Vereitelung nicht ein, M wird später ja bestraft. Allerdings bewirkt das Verstecken auch nicht die mögliche Teilvereitelung aufgrund der – objektiv unzutreffenden – Versuchsbestrafung, denn diese hat mit der zweitägigen Beherbergung kausal **nichts** zu tun. Vielmehr kommt diese nur zustande wegen einer anderen Handlung des V, nämlich dem Aufbewahren des iPod (dazu im nächsten Tatabschnitt).

ZE.: Das Verstecken in der Wohnung vereitelt nach dem bisher Gesagten weder ganz noch zum Teil die Bestrafung des V wegen des Einbruchsdiebstahls.

Achtung: Bezüglich der gerade gelernten Regel zu einer »ganzen« Vereitelung gibt es – wie angekündigt – noch eine sehr klausurrelevante Ausnahme, nämlich: Eine »ganze« Vereitelung liegt auch dann vor, wenn der Strafanspruch für eine ***geraume Zeit*** unverwirklicht bleibt (BGHSt **45**, 97; BGH NJW **1959**; 495; BGH NJW **1984**, 135; S/S-*Stree/Hecker* § 258 StGB Rz. 16; *Fischer* § 258 StGB Rz. 5; BT-Drs. 7/550 S. 249; *Wessels/Hettinger* BT 1 Rz. 726), **Beispiel:** Der Täter versteckt den Vortäter für zwei Monate, dann wird der Vortäter aber trotzdem gefasst und verurteilt.

In solchen Fällen sagt man, dass durch diese Verzögerung, die die endgültige Bestrafung nicht verhindert hat (!), dennoch eine »ganze« Strafvereitelung vorliegt, weil je später ein Strafverfahren abgeschlossen werden kann, desto mehr verliert die Strafe und der damit verfolgte Zweck für den Täter an Wirkung (S/S-*Stree/Hecker* § 258 StGB Rz. 16; LK/*Walter* § 258 StGB Rz. 10). Die Probleme tauchen nun auf bei der Frage, was denn ein »geraumer Zeitraum« ist. Die eben im Beispielsfall gewählten 2 Monate sind eindeutig darüber; spannend wird es aber dann, wenn Zeiträume um die **7 bis 14 Tage** in Rede stehen (BGH NJW **1959**, 495 etwa hält 6 Tage für nicht genügend, BGH wistra **1995**, 143 sogar 14 Tage; KG NStZ **1988**, 178 sagt Gleiches für 7 Tage; OLG Stuttgart NJW **1976**, 2084 hingegen meint, 10 Tage würden unter Umständen ausreichen; vgl. auch *Wessels/Hettinger* BT 1 Rz. 726/727 und *Jahn* in ZRP 1998, 103).

Also: Man merkt sich bitte, dass Vorsicht geboten ist, wenn im Fall eine Zahl so um die 7–14 Tage erscheint. Dann kann es sich trotz späterer Verurteilung um eine »ganze« Strafvereitelung handeln. In der Klausur oder Hausarbeit ist dann Argumentation angesagt.

In unserem Fall hingegen sind es lediglich zwei Tage, die V den M vor den Behörden versteckt. Eine »ganze« Strafvereitelung nach § 258 Abs. 1 StGB aufgrund der Verzögerung kommt folglich auch unter diesem Gesichtspunkt nicht in Betracht.

Erg.: Durch das Verstecken in der Wohnung für 2 Tage hat V eine vollendete (»ganze«) Strafvereitelung nach § 258 Abs. 1 StGB somit weder durch einen endgültigen Entzug vor der Bestrafung noch durch die Verzögerung begangen.

§§ 258 Abs. 1 und 4, 22, 23 StGB (versuchte Strafvereitelung)

Vorprüfung:

1.) Die Tat ist nicht vollendet (vgl. oben).

2.) Der Versuch der Strafvereitelung ist gemäß § 258 Abs. 4 StGB strafbar.

A. Tatentschluss:

Jetzt musste man aber den Versuch einer »ganzen« Strafvereitelung prüfen, weil V durch die 2-tägige Aufnahme in seine Wohnung den M der Bestrafung vollständig entziehen wollte. Das hat zwar nicht geklappt, allerdings war der Vorsatz (V war »einverstanden« mit dem Vorschlag des M) des V darauf gerichtet; und das heißt dann ***Tatentschluss*** und stellt einen Versuch dar.

Merke: An dieser Stelle genügt bezüglich der Vereitelungshandlung und des erstrebten Erfolges der bedingte Vorsatz ***nicht*** (Gesetz lesen); erforderlich ist vielmehr, dass der Täter (hier: V) die Vereitelung mindestens als sichere Folge seines Handelns ansieht (BGH NJW **1984**, 135; *Fischer* § 258 StGB Rz. 33; S/S-*Stree/Hecker* § 258 StGB Rz. 22; *Lackner/Kühl* § 258 StGB Rz. 14). Hinsichtlich der Vortat hingegen reicht bedingter Vorsatz (RGSt **55**, 126; OLG Düsseldorf NJW **1964**, 2123; *Fischer* § 258 StGB Rz. 33). Bitte merken, wird häufig übersehen.

B. Unmittelbares Ansetzen zur Tat:

Das liegt ohne Probleme vor; V hat die Tathandlung ausgeführt, lediglich der Erfolg ist nicht eingetreten.

II. Rechtswidrigkeit und **III. Schuld** begegnen keinen Zweifeln.

IV. Persönliche Strafausschließungsgründe:

In Betracht kommt die Anwendung des **§ 258 Abs. 6 StGB** mit der möglichen Folge der Straffreiheit für V.

Dann muss V ein »**Angehöriger**« des M zum Zeitpunkt der Tat gewesen sein. Lies dazu jetzt bitte § 11 Abs. 1 Nr. 1 a und b StGB. Da V bislang indessen nur der Verlobte der Schwester des M ist, ist er eben nicht – wie das Gesetz verlangt – der Ehegatte der Schwester. Und damit ist V noch nicht »Angehöriger« des M.

Erg.: V kann sich nicht auf den persönlichen Strafausschließungsgrund des § 258 Abs. 6 StGB berufen und hat sich daher durch das 2-tägige Verstecken des M wegen versuchter »ganzer« Strafvereitelung nach den §§ 258 Abs. 1 und 4, 22, 23 StGB strafbar gemacht.

Klausur-Tipp: Wenn jemand eindeutig »Angehöriger« ist (also Bruder oder Ehegatte oder sowas), ist es zulässig und erwünscht, wenn die Prüfung des § 258 StGB kurz gehalten wird. Eine langatmige Erörterung des Tatbestandes kann man sich dann unter Hinweis auf § 258 Abs. 6 StGB sparen. Merken.

Strafbarkeit des M

Die Bitte, ihn für 2 Tage zu verstecken

§§ 26, 258 Abs. 1 und 4, 22, 23 StGB (Anstiftung zur versuchten Strafvereitelung)

I. Tatbestand (A: objektiv):

1.) Eine vorsätzliche rechtswidrige Haupttat (lies: § 26 StGB) liegt in der versuchten Strafvereitelung des V bezogen auf die Beherbergung (vgl. oben).

2.) Hierzu muss M den V »bestimmt« haben (Gesetz lesen). Bestimmen bedeutet nach allgemeiner Meinung das Hervorrufen des Tatentschlusses (*Wessels/Beulke/Satzger* AT Rz. 568; BGH NStZ **1994**, 30; S/S-*Heine/Weißer* § 26 StGB Rz. 4), wobei als Mittel zur Anstiftung regelmäßig die ausdrückliche Aufforderung zur Tat in Betracht kommt, auch durch eine Bitte oder Anregung (BGH MDR/D **57**, 395; RG HHR **42**, Nr. 741; *Fischer* § 26 StGB Rz. 4; S/S-*Heine/Weißer* § 26 StGB Rz. 5).

M hat durch seine Bitte bei V den Entschluss zu der Beherbergung und damit zur versuchten Strafvereitelung hervorgerufen.

ZE.: M hat V zur versuchten Strafvereitelung objektiv angestiftet.

B: Subjektiver Tatbestand:

1.) M muss Vorsatz bezüglich der vorsätzlich rechtswidrigen Haupttat des V gehabt haben. M wollte die Strafvereitelung durch V.

Beachte: Hierbei ist nicht schädlich, dass V lediglich eine versuchte Strafvereitelung begangen hat, obwohl M sich als Haupttat die vollendete Strafvereitelung vorgestellt und gewollt hat. Der Vorsatz des Anstifters muss sich stets auf die Vollendung der Haupttat richten (ansonsten evtl. nur strafloser »agent provocateur«, vgl. S/S-*Heine* § 26 StGB Rz. 20). Begeht der Haupttäter entgegen der Erwartung des Anstifters aber nur einen Versuch, ist dieser Versuch des Haupttäters im Vollendungsvorsatz des Anstifters enthalten (S/S-*Heine/Weißer* § 26 StGB Rz. 23; *Lackner/Kühl* § 26 StGB Rz. 7). Unstreitig!

2.) M hatte auch Vorsatz bezüglich seiner Anstifterhandlung, des Bestimmens durch seine Bitte.

ZE.: Der subjektive Tatbestand der Anstiftung liegt ebenfalls vor.

Die **II. Rechtswidrigkeit** und die **III. Schuld** begegnen keinen Bedenken.

IV. Persönliche Strafausschließungsgründe:

In Betracht kommt die Straffreiheit des M unter Anwendung des persönlichen Strafausschließungsgrundes des **§ 258 Abs. 5 StGB** (bitte lesen).

Beachte: Nach dem Wortlaut der Norm (gelesen?) kommt die Vorschrift auf den ersten Blick für M als Anstifter zur von V begangenen (versuchten) Strafvereitelung nicht in Betracht, denn M selbst hat eben **keine** Strafvereitelung, sondern nur die Anstiftung des V dazu begangen. Nach dem Sinn der Vorschrift wird von der Straffreiheit über § 258 Abs. 5 StGB aber auch der Anstifter zur Strafvereitelung, die ihn selbst dann begünstigt, erfasst (BT-Drs. 7/550, S. 251; *Lackner/Kühl* § 258 StGB Rz. 16; S/S-*Stree/Hecker* § 258 StGB Rz. 39). § 258 Abs. 5 StGB berücksichtigt die notstandsähnliche Situation, in der sich der Täter befindet; dieser hat nämlich im Normalfall an der Vortat mitgewirkt und begünstigt durch die Strafvereitelung sich dann auch selbst (Gesetz lesen, § 258 Abs. 1 StGB).

Beispiel: Angenommen, in unserem Fall hat M den Einbruch zusammen mit dem Täter T begangen. Am Tatort werden nur Spuren des M gefunden. Im daraufhin eingeleiteten Ermittlungsverfahren gegen M sagt nun T als Zeuge vor der Polizei aus, M habe die fragliche Nacht bei ihm in der Wohnung verbracht. M wird daraufhin freigesprochen.

In diesem Fall hat T fraglos eine Strafvereitelung zugunsten des M begangen (bitte noch mal § 258 Abs. 1 StGB lesen). Für T wirkt aber § 258 Abs. 5 StGB (bitte auch den jetzt noch mal lesen), denn er hat sich durch die Strafvereitelung zugunsten des M zugleich selbst vor Strafe geschützt.

Und jetzt: Wer nun einen an der Vortat Unbeteiligten zur Strafvereitelung zu seinen Gunsten anstiftet, tut dies natürlich auch und hier vor allem ausschließlich, um sich selbst vor Strafe zu schützen. Und in diesem Fall soll § 258 Abs. 5 StGB nach dem Willen des Gesetzgebers (BT-DRs. 7/550, 251) ebenfalls gelten, denn dieser Täter will sich durch die Strafvereitelung, zu der er anstiftet, so wie in § 258 Abs. 5 StGB vorgesehen, vor eigener Bestrafung schützen. Und genau das tut unser M.

Erg.: Für M wirkt der persönliche Strafausschließungsgrund des § 258 Abs. 5 StGB mit der Folge, dass M nicht bestraft wird wegen Anstiftung zur versuchten Strafvereitelung des V. M bleibt somit im ersten Tatabschnitt straflos.

2. Abschnitt: Das Aufbewahren des iPod

Strafbarkeit des V

§ 257 Abs. 1 StGB (Begünstigung)

I. Tatbestand (A: Objektiv):

V muss dem Vortäter M »Hilfe geleistet« haben. Dazu gehört jede Handlung, die objektiv geeignet ist, die durch die Vortat erlangten oder entstandenen Vorteile dagegen zu sichern, dass sie dem Vortäter zugunsten des Verletzten entzogen werden (BGH NJW **2012**, 1463; LK/*Walter* § 257 StGB Rz. 13; *Wessels/Hillenkamp* BT 2 Rz. 801; S/S-*Stree/Hecker* § 257 StGB Rz. 15). Und das ist hier unproblematisch, da V die von M beim Diebstahl erbeutete Sache aufbewahrt und damit eine klassische Hilfeleistungshandlung im Sinne des § 257 Abs. 1 StGB vornimmt (RGSt **1**, 110; S/S-*Stree/Hecker* § 257 StGB Rz. 16; *Fischer* § 257 Abs. 1 StGB Rz. 6).

ZE.: Durch das Aufbewahren des iPod hat V den objektiven Tatbestand des § 257 Abs. 1 StGB erfüllt.

B. Subjektiver Tatbestand:

Insoweit ist neben dem Vorsatz die ***Absicht*** erforderlich, dem Vortäter die Vorteile der Tat zu sichern (Gesetz lesen).

Zum Fall: Angesichts des deutlichen Sachverhaltes durften an dieser Stelle keine Zweifel auftauchen; die Tatsache, dass V neben der Beutesicherung hier auch noch eine Strafvereitelung bezweckt, spielt bei der Frage der Absicht im Sinne des § 257 Abs. 1 StGB keine Rolle. Die Zielsetzung der Beutesicherung muss das Verhalten des Täters im Rahmen des § 257 Abs. 1 StGB zwar im Wesentlichen bestimmt haben, braucht aber nicht der einzige Zweck des Handelns gewesen zu sein (BGH NStZ **1992**, 540; BGH GA **1985**, 321; S/S-*Stree/Hecker* § 257 StGB Rz. 24; *Fischer* § 257 StGB Rz. 9). Merken.

ZE.: V verwirklicht auch den subjektiven Tatbestand des § 257 Abs. 1 StGB in Bezug auf die Verwahrung des iPod.

II. Rechtswidrigkeit und **III. Schuld** stehen auch hier außer Frage.

Erg.: V hat sich durch das Aufbewahren des von M gestohlenen iPod wegen Begünstigung gemäß § 257 Abs. 1 StGB strafbar gemacht.

§ 258 Abs. 1 StGB (vollendete Strafvereitelung – »zum Teil«)

I. Tatbestand (A: Objektiv):

Fraglich ist, ob V durch das Aufbewahren des iPod die Bestrafung des M »zum Teil« vereitelt hat. Nach dem weiter oben Erläuterten kommt eine »ganze« Vereitelung nicht in Betracht, denn M ist ja später tatsächlich – wenn auch milder – bestraft worden.

Subsumtion: Das Aufbewahren des iPod bewirkt, dass die Behörden das Diebesgut nicht finden können. Aus diesem Grund wird M nicht wegen vollendeten, sondern nur wegen versuchten Einbruchsdiebstahls verurteilt. Diese Verurteilung bedeutet eine inhaltliche Besserstellung des Täters zum objektiv vorliegenden Strafanspruch des Staates mit der Folge, dass V die Bestrafung des M wegen einer rechtswidrigen Tat »zum Teil« vereitelt hat.

ZE.: V hat durch das Aufbewahren des iPod den objektiven Tatbestand des § 258 Abs. 1 StGB erfüllt.

B: Subjektiver Tatbestand:

V muss in Bezug auf die objektiven Tatbestandsmerkmale »absichtlich« oder »wissentlich« gehandelt haben (Gesetz lesen), wobei aber hinsichtlich der begangenen Vortat der bedingte Vorsatz ausreicht (S/S-*Stree/Hecker* § 258 StGB Rz. 23).

> V hielt eine Durchsuchung der Wohnung des M für wahrscheinlich und hat aus diesem Grund den iPod vorläufig aufbewahrt. Er wollte die Ermittlungen von M ablenken. Das von V angestrebte Ablenken der Ermittlungen von M hätte im günstigsten Fall bewirkt, dass M gar nicht (= »ganz«) wegen einer begangenen Straftat belangt worden wäre. Diese Folge wiederum hätte – bei Eintritt – den objektiven Tatbestand des § 258 Abs. 1 StGB erfüllt.

Aber: Objektiv ist es durch die Handlung des V nur zu einer Vereitelung »zum Teil« gekommen (vgl. oben), da die Polizei den M aufgrund der Fingerabdrücke als Täter identifiziert hat. Der Vorsatz des V deckt sich also – auf den ersten Blick – nicht mit dem objektiven Tatbestand. Es ist somit zu fragen, ob der Vorsatz des V auch die hier konkret eingetretene Folge (Teilvereitelung) mitumfasst, nur dann stimmen objektiver und subjektiver Tatbestand überein. Und an dieser Stelle kann und muss man feststellen, dass die Absicht des V darauf gerichtet war, den M durch das Aufbewahren des iPod besserzustellen, im günstigsten Fall ihn der Bestrafung komplett zu entziehen. Diese komplette Vereitelungsabsicht umfasst dann aber auch eine nur ***teilweise*** Besserstellung (also ein »Weniger«), wenn so wie hier lediglich eine mildere Bestrafung aufgrund der verschlechterten Beweislage möglich ist.

ZE.: V erfüllt auch den subjektiven Tatbestand des § 258 Abs. 1 StGB.

Die **II. Rechtswidrigkeit** und die **III. Schuld** stehen außer Frage. Auf den (IV.) persönlichen Strafausschließungsgrund des § 258 Abs. 6 StGB kann sich V – wie oben bereits erläutert – nicht berufen.

Erg.: Durch das Aufbewahren des iPod hat sich V wegen vollendeter Strafvereitelung (»zum Teil«) gemäß § 258 Abs. 1 StGB strafbar gemacht.

§ 259 Abs. 1 StGB (Hehlerei)

I. Tatbestand (A: Objektiv):

Hierzu muss V den von M durch den Diebstahl erlangten iPod ankaufen, sonst sich oder einem Dritten verschaffen, absetzen oder absetzen helfen (Gesetz lesen).

In Betracht kommt vorliegend nur das **»Sich-Verschaffen«** der durch die Vortat erlangten Beute. Allerdings ist insoweit Vorsicht angesagt, denn erforderlich ist, dass der Vortäter sich der Sache entäußert und die Verfügungsgewalt auf den Hehler überträgt, so dass dieser nach eigenem Gutdünken mit der Sache verfahren kann (BGHSt **35**, 172; **33**, 46; **27**, 160, 163). Der Hehler muss unabhängig vom Willen des Vortäters über die Sache verfügen können (BGHSt **35**, 172) und die Sache in ihrem wirtschaftlichen Wert vom Vortäter übernommen haben (S/S-*Stree/Hecker* § 259 StGB Rz. 19; *Fischer* § 259 StGB Rz. 15). Daran aber ***scheitert*** es vorliegend, denn V will die Sache lediglich aufbewahren, um sie dem M dann später zurückzugeben. Eine Hehlerei in Form des »Sich-Verschaffens« kommt nicht in Betracht, wenn der Täter die Sache aufbewahrt, um sie dem Vortäter später zurückzugeben (BGH StV **1992**, 65; *Fischer* § 259 StGB Rz. 15; S/S-*Stree/Hecker* § 259 StGB Rz. 19).

ZE.: Es mangelt bereits am objektiven Tatbestand des § 259 Abs. 1 StGB.

Erg.: V hat sich nicht wegen Hehlerei an dem iPod strafbar gemacht.

Strafbarkeit des M

Die Bitte zur Aufbewahrung des iPod

§§ 26, 257 Abs. 1 StGB (Anstiftung zur Begünstigung)

Hier liegen die Voraussetzungen der Anstiftung fraglos vor (vgl. zum Aufbau der Anstiftungsprüfung bitte oben).

Fraglich ist indessen, ob der Anstifter zur Begünstigung ebenso straflos bleibt wie der Anstifter zur Strafvereitelung nach § 258 Abs. 5 StGB. Wir erinnern uns bitte, dass bei § 258 Abs. 5 StGB trotz des dürftigen Wortlautes auch der Anstifter zur Strafvereitelung straffrei bleibt. Der Gesetzgeber hat nun hier bei § 257 StGB im Gegensatz zu § 258 StGB tatsächlich eine eindeutige Regelung getroffen, und zwar in § 257 Abs. 3 Satz 2 StGB (bitte den ganzen Absatz lesen).

Begründung: Hinter der Regel des § 257 Abs. 3 Satz 1 StGB steckt zunächst einmal der Gedanke der mitbestraften Nachtat. Wer also vorher – etwa bei einem Diebstahl – als Beteiligter mitgewirkt hat, soll nicht für die Beute- bzw. Vorteilssicherung zugunsten eines anderen Tatbeteiligten noch mal extra bestraft werden (BT-Drs. 7/550, Seite 248; *Lackner/Kühl* § 257 StGB Rz. 8). Hierbei ist – dogmatisch – zu beachten, dass die Bestrafung dann nicht entfällt, sondern lediglich im Wege der Konkurrenz ***zurücktritt*** (*Krey/Heinrich* BT 1 Rz. 632).

§ 257 Abs. 3 Satz 2 StGB meint nun – ausdrücklich – noch, dass der Anstifter eines Vortatunbeteiligten nicht straffrei bleibt. Hier wollte der Gesetzgeber den Anstifter bestrafen, der, ohne notstandsähnliche Lage wie bei § 258 Abs. 5 StGB, einen bislang rechtstreuen Dritten in das strafbare Geschehen einbezieht (BT-Drs. 7/550, S. 249; S/S-*Stree* § 257 StGB Rz. 33). Daher ist unser M grundsätzlich wegen Anstiftung des V zur Begünstigung zu bestrafen.

Beachte noch: Eine angebliche »herrschende Meinung« will hiervon aber noch dann eine Ausnahme machen, wenn die Begünstigung das erforderliche Mittel zu einer gleichzeitig vorgenommenen Strafvereitelung ist. Dann gelte § 257 Abs. 3 Satz 2 StGB nicht, sondern wegen der notstandsähnlichen Lage müsse der Rechtsgedanke des § 258 Abs. 5 StGB entsprechend auch bei § 257 Abs. 3 StGB Anwendung finden (S/S-*Stree/Hecker* § 258 StGB Rz. 38; *Fischer* § 258 StGB Rz. 13; LK/*Walter* § 257 StGB Rz. 34). Das Argument ist zwar einleuchtend, indessen fällt es schwer, den ausdrücklichen Wortlaut der Norm umzukippen. Daher bleibt man vorläufig besser bei der Regel des § 257 Abs. 3 Satz 2 StGB (*Krey/Heinrich* BT 1 Rz. 634) mit der Folge, dass der Anstifter eines an der Vortat Unbeteiligten – wie es das Gesetz fordert – strafbar ist. Wenn man dieses Problem indessen in einer Hausarbeit zu lösen hat, lohnt sich dann vermutlich eine Diskussion mit den verschiedenen Ansichten (Fundstellen, vgl. die Hinweise gerade).

Erg.: M hat sich wegen Anstiftung des V zur Begünstigung gemäß den §§ 26, 257 Abs. 1 StGB strafbar gemacht.

§§ 26, 258 Abs. 1 StGB (Anstiftung zur vollendeten Strafvereitelung)

Aber: M hat den V zur Strafvereitelung angestiftet, das Ganze rechtswidrig und auch schuldhaft. Indessen gilt zugunsten des M natürlich § 258 Abs. 5 StGB mit der Folge der Straffreiheit für M insoweit (vgl. die Ausführungen oben).

Erg.: M bleibt auch hinsichtlich der Anstiftung zur vollendeten Strafvereitelung des V bezogen auf das Verwahren des iPod straflos wegen § 258 Abs. 5 StGB.

Gesamtergebnis: V hat sich strafbar gemacht wegen versuchter Strafvereitelung (Verstecken des M), vollendeter Strafvereitelung (Verwahren des iPod) sowie Begünstigung (Verwahren des iPod). M hat sich wegen vollendeten Einbruchsdiebstahls (vgl. SV-Hinweis) sowie wegen Anstiftung zur Begünstigung (die Bitte zur Aufbewahrung des iPod) strafbar gemacht.

Gutachten

1. Abschnitt: Die zweitägige Beherbergung

V könnte sich dadurch, dass er den M für zwei Tage in seiner Wohnung beherbergte, gemäß den §§ 27, 242, 243 StGB wegen Beihilfe zum Diebstahl des M strafbar gemacht haben.

Objektiver Tatbestand:

Es fragt sich, inwieweit zum Zeitpunkt der Beherbergung ein Hilfeleisten im Sinne des § 27 StGB noch möglich war. Voraussetzung für die sogenannte sukzessive Beihilfe ist, dass die in Betracht kommende Tat noch nicht beendet ist. Im Zeitpunkt zwischen der Vollendung und der Beendigung der Tat ist eine Beihilfe grundsätzlich noch möglich. Im vorliegenden Fall hatte M den Einbruchsdiebstahl spätestens mit dem Verlassen des Geschäfts vollendet, er hatte neuen Gewahrsam begründet. Eine Beendigung tritt dann ein, wenn der Täter den Gewahrsam in eine gewisse Festigung und Sicherung gebracht hat. Und davon kann und muss im vorliegenden Fall ausgegangen werden: M hatte nicht nur das Geschäftslokal verlassen, sondern auch bereits die Flucht in der Form angetreten, dass er eine Gaststätte aufsuchen konnte, um den V anzurufen. Angesichts dieser Umstände ist festzustellen, dass der Gewahrsam des M an dem iPod eine gewisse Festigung und Sicherung erreicht hatte und der Diebstahl mithin beendet war. Eine andere Beurteilung wäre nur etwa dann angezeigt gewesen, wenn die Polizei eine Verfolgung mit unmittelbarem Kontakt aufgenommen hätte. Davon aber ist nicht die Rede.

Ergebnis: Eine Beihilfe zum von M begangenen Diebstahl scheitert an der Beendigung des Diebstahls. V hat sich nicht strafbar gemacht wegen Beihilfe zum von M begangenen Diebstahl.

V könnte sich aber wegen Strafvereitelung gemäß § 258 Abs. 1 StGB strafbar gemacht haben.

Objektiver Tatbestand:

1.) Die für § 258 Abs. 1 StGB erforderliche rechtswidrige Tat liegt in dem von M begangenen Diebstahl in dem Elektrogeschäft.

2.) Als Tathandlung muss V ganz oder zum Teil eine Bestrafung des Vortäters vereiteln. Eine ganze Vereitelung im Sinne der Norm liegt vor, wenn der Täter die Bestrafung des Vortäters grundsätzlich und endgültig verhindert. Im vorliegenden Fall wird M später bestraft. Eine ganze Vereitelung im Sinne des § 258 Abs. 1 StGB scheidet folglich nach der gerade genannten Definition aus. Eine Teilvereitelung liegt schon dann vor, wenn der Vortäter im Vergleich zum ursprünglichen Strafanspruch des Staates inhaltlich bessergestellt wird. Diese Besserstellung muss allerdings kausal auf der Tathandlung des Täters beruhen. Im vorliegenden Fall steht die Beherbergung des M durch V in Frage. Diese Beherbergung aber ist nicht der Grund für die später erfolgte Verurteilung wegen versuchten anstatt vollendeten Diebstahls. Vielmehr ist dies ursächlich durch das Aufbewahren des iPod geschehen. Die Beherbergung führt mithin auch keine Teilvereitelung herbei. Schließlich ist zu beachten, dass eine ganze Vereitelung im Sinne des § 258 Abs. 1 StGB auch dann in Betracht kommt, wenn der Täter die Strafverfolgung des Vortäters für eine geraume Zeit verhindert. Notwendig für diese Vereitelung ist indessen ein Zeitraum von wenigstens 7 Tagen. V hat den M lediglich für 2 Tage in seiner Wohnung versteckt und mithin diese Voraussetzungen für eine Strafvereitelung ebenfalls nicht erfüllt.

Ergebnis: Eine Strafvereitelung gemäß § 258 Abs. 1 StGB kommt somit nach keiner der benannten Varianten in Frage. V hat sich nicht wegen § 258 Abs. 1 StGB strafbar gemacht, als er den M für 2 Tage in seiner Wohnung beherbergte.

In Betracht kommt aber eine Bestrafung wegen versuchter Strafvereitelung gemäß den §§ 258 Abs. 1 und 4, 22, 23 StGB.

Vorprüfung:

Die Tat ist, wie soeben gezeigt, nicht vollendet, und der Versuch ist gemäß § 258 Abs. 4 StGB strafbar.

Tatentschluss:

V wollte durch die Beherbergung den M vor den Behörden verstecken und ihn damit einer Bestrafung entziehen. Dies erfüllt den Vorsatz gerichtet auf eine ganze Strafvereitelung im Sinne des § 258 Abs. 1 StGB.

Unmittelbares Ansetzen:

V hat die Tathandlung bereits ausgeführt und mithin unmittelbar zur Tatbestandsverwirklichung gemäß § 22 StGB angesetzt.

Rechtswidrigkeit und Schuld:

V handelte dabei rechtswidrig und schuldhaft.

Ergebnis: Damit hat V die Voraussetzungen für eine Bestrafung wegen versuchter Strafvereitelung gemäß den §§ 258 Abs. 1 und 4, 22, 23 StGB erfüllt.

Persönliche Strafausschließungsgründe:

In Betracht kommt die Anwendung des persönlichen Strafausschließungsgrundes des § 258 Abs. 6 StGB mit der möglichen Folge einer Straffreiheit für den V. Dann muss V ein Angehöriger des M zum Zeitpunkt der Tat gewesen sein. Dies richtet sich nach § 11 Abs. 1 Nr. 1 a und b StGB. Da V bislang indessen nur der Verlobte der Schwester des M ist, ist er nicht, wie § 11 StGB verlangt, der Ehegatte der Schwester. Und damit ist V noch nicht »Angehöriger« des M.

Ergebnis: V kann sich nicht auf den persönlichen Strafausschließungsgrund des § 258 Abs. 6 StGB berufen und hat sich durch das 2-tägige Verstecken des M wegen versuchter ganzer Strafvereitelung nach den §§ 258 Abs. 1 und 4, 22, 23 StGB strafbar gemacht.

Strafbarkeit des M

M könnte sich dadurch, dass er den V bat, ihn für 2 Tage in der Wohnung zu verstecken, wegen Anstiftung zur versuchten Strafvereitelung gemäß den §§ 26, 258 Abs. 1 und 4, 22, 23 StGB strafbar gemacht haben.

Objektiver Tatbestand:

Die vorsätzliche rechtswidrige Haupttat liegt in der von V verwirklichten versuchten Strafvereitelung. M hat den V durch seine Bitte hierzu auch bestimmt im Sinne des § 26 StGB.

Subjektiver Tatbestand:

M muss Vorsatz bezüglich der vorsätzlich rechtswidrigen Haupttat des V gehabt haben. M wollte die Strafvereitelung durch V. Hierbei ist nicht schädlich, dass V lediglich eine versuchte Strafvereitelung begangen hat, obwohl M sich als Haupttat die vollendete Strafvereitelung vorgestellt und gewollt hat. Der Vorsatz des Anstifters muss sich stets auf die Vollendung der Haupttat richten. Begeht der Haupttäter entgegen der Erwartung des Anstifters aber nur einen Versuch, ist dieser Versuch des Haupttäters im Vollendungsvorsatz des Anstifters enthalten. M hatte auch Vorsatz bezüglich seiner Anstifterhandlung, des Bestimmens durch seine Bitte. Der subjektive Tatbestand der Anstiftung liegt vor.

Rechtswidrigkeit und Schuld:

Es bestehen keine Zweifel an der Rechtswidrigkeit und der Schuld in Bezug auf das Handeln des M.

Persönliche Strafausschließungsgründe:

In Betracht kommt die Straffreiheit des M unter Anwendung des persönlichen Strafausschließungsgrundes des § 258 Abs. 5 StGB. Nach dem Wortlaut der Norm kommt die Vorschrift für M als Anstifter zur von V begangenen versuchten Strafvereitelung nicht in Betracht, denn M selbst hat keine Strafvereitelung, sondern nur die Anstiftung des V dazu begangen. Nach dem Sinn der Vorschrift wird von der Straffreiheit über § 258 Abs. 5 StGB aber auch der Anstifter zur Strafvereitelung, die ihn selbst dann begünstigt, erfasst. § 258 Abs. 5 StGB berücksichtigt die notstandsähnliche Situation, in der sich der Täter befindet; dieser hat nämlich im Normalfall an der Vortat mitgewirkt, begünstigt durch die Strafvereitelung hinsichtlich eines anderen Tatbeteiligten sich aber auch selbst.

Ergebnis: Für M wirkt der persönliche Strafausschließungsgrund des § 258 Abs. 5 StGB mit der Folge, dass M nicht bestraft wird wegen Anstiftung zur versuchten Strafvereitelung des V. M bleibt mithin im ersten Tatabschnitt straflos.

2. Abschnitt: Das Aufbewahren des iPod

V könnte sich durch das Aufbewahren des iPod wegen Begünstigung gemäß § 257 Abs. 1 StGB strafbar gemacht haben.

Objektiver Tatbestand:

V muss dem Vortäter M »Hilfe geleistet« haben. Dazu gehört jede Handlung, die objektiv geeignet ist, die durch die Vortat erlangten oder entstandenen Vorteile dagegen zu sichern, dass sie dem Vortäter zugunsten des Verletzten entzogen werden. Dies begegnet hier keinen Bedenken; V bewahrt die von M beim Diebstahl erbeutete Sache auf und nimmt damit eine klassische Hilfeleistungshandlung im Sinne des § 257 Abs. 1 StGB vor. Durch das Aufbewahren des iPod hat V den objektiven Tatbestand des § 257 Ab. 1 StGB erfüllt.

Subjektiver Tatbestand:

Insoweit ist neben dem Vorsatz die Absicht erforderlich, dem Vortäter die Vorteile der Tat zu sichern. Auch insoweit ergeben sich vorliegend keine Zweifel. Die Tatsache, dass V neben der Beutesicherung hier auch noch eine Strafvereitelung bezweckt, spielt bei der Frage der Absicht im Sinne des § 257 Abs. 1 StGB keine Rolle. Die Zielsetzung der Beutesicherung muss das Verhalten des Täters im Rahmen des § 257 Abs. 1 StGB zwar im Wesentlichen bestimmt haben, braucht aber nicht der einzige Zweck des Handelns gewesen zu sein. V verwirklicht auch den subjektiven Tatbestand des § 257 Abs. 1 StGB in Bezug auf die Verwahrung des iPod.

Rechtswidrigkeit und Schuld:

V handelte fraglos sowohl rechtswidrig als auch schuldhaft.

Ergebnis: V hat sich durch das Aufbewahren des von M gestohlenen iPod wegen Begünstigung gemäß § 257 Abs. 1 StGB strafbar gemacht.

V könnte sich des Weiteren durch das Aufbewahren des iPod wegen vollendeter Strafvereitelung gemäß § 258 Abs. 1 StGB strafbar gemacht haben.

Objektiver Tatbestand:

Fraglich ist, ob V durch das Aufbewahren des iPod die Bestrafung des M »zum Teil« vereitelt hat. Das Aufbewahren des iPod bewirkt, dass die Behörden das Diebesgut nicht finden können. Aus diesem Grund wird M nicht wegen vollendeten, sondern nur wegen versuchten Einbruchsdiebstahls verurteilt. Diese Verurteilung bedeutet eine inhaltliche Besserstellung des Täters zum objektiv vorliegenden Strafanspruch des Staates mit der Folge, dass V die Bestrafung des M wegen einer rechtswidrigen Tat »zum Teil« vereitelt hat.

V hat durch das Aufbewahren des iPod den objektiven Tatbestand des § 258 Abs. 1 StGB erfüllt.

Subjektiver Tatbestand:

V muss in Bezug auf die objektiven Tatbestandsmerkmale absichtlich oder wissentlich gehandelt haben, wobei aber hinsichtlich der begangenen Vortat der bedingte Vorsatz ausreicht. V hielt eine Durchsuchung der Wohnung des M für wahrscheinlich und hat aus diesem Grund den iPod vorläufig aufbewahrt. Er wollte die Ermittlungen von M ablenken. Das von V angestrebte Ablenken der Ermittlungen von M hätte im günstigsten Fall bewirkt, dass M gar nicht wegen einer begangenen Straftat belangt worden wäre. Diese Folge wiederum hätte – bei Eintritt – den objektiven Tatbestand des § 258 Abs. 1 StGB erfüllt. Objektiv ist es durch die Handlung des V aber nur zu einer Vereitelung »zum Teil« gekommen, da die Polizei den M aufgrund der Fingerabdrücke als Täter identifiziert hat. Der Vorsatz des V deckt sich also nicht mit dem objektiven Tatbestand. Es ist somit zu fragen, ob der Vorsatz des V auch die hier konkret eingetretene Folge (Teilvereitelung) mitumfasst, nur dann stimmen objektiver und subjektiver Tatbestand überein. Indessen muss insoweit festgestellt werden, dass die Absicht des V darauf gerichtet war, den M durch das Aufbewahren des iPod besserzustellen, im günstigsten Fall ihn der Bestrafung komplett zu entziehen. Diese komplette Vereitelungsabsicht umfasst dann aber auch eine nur teilweise Besserstellung (also ein »Weniger«), wenn so wie hier lediglich eine mildere Bestrafung aufgrund der verschlechterten Beweislage möglich ist.

V erfüllt auch den subjektiven Tatbestand des § 258 Abs. 1 StGB.

Rechtswidrigkeit und Schuld:

Die Rechtswidrigkeit und die Schuld stehen außer Frage.

Ergebnis: Durch das Aufbewahren des iPod hat sich V wegen vollendeter Strafvereitelung gemäß § 258 Abs. 1 StGB strafbar gemacht.

V könnte sich des Weiteren wegen Hehlerei gemäß § 259 Abs. 1 StGB strafbar gemacht haben.

Objektiver Tatbestand:

Hierzu muss V den von M durch den Diebstahl erlangten iPod ankaufen, sonst sich oder einem Dritten verschaffen, absetzen oder absetzen helfen. In Betracht kommt vorliegend nur das »Sich-Verschaffen« der durch die Vortat erlangten Beute. Allerdings sind insoweit Bedenken anzumerken, denn erforderlich ist, dass der Vortäter sich der Sache entäußert und die Verfügungsgewalt auf den Hehler überträgt, sodass dieser nach eigenem Gutdünken mit der Sache verfahren kann. Der Hehler muss unabhängig vom Willen des Vortäters über die Sache verfügen können und die Sache in ihrem wirtschaftlichen Wert vom Vortäter übernommen haben.

Daran aber scheitert es vorliegend, denn V will die Sache lediglich aufbewahren, um sie dem M dann später zurückzugeben. Eine Hehlerei in Form des »Sich-Verschaffens« kommt nicht in Betracht, wenn der Täter die Sache aufbewahrt, um sie dem Vortäter später zurückzugeben. Es mangelt bereits am objektiven Tatbestand des § 259 Abs. 1 StGB.

Ergebnis: V hat sich nicht wegen Hehlerei an dem iPod strafbar gemacht.

Strafbarkeit des M

M könnte sich durch seine Bitte zur Aufbewahrung des iPod wegen Anstiftung zur Begünstigung gemäß den §§ 26, 257 Abs. 1 StGB strafbar gemacht haben.

M hat den V durch seine Bitte im Sinne des § 26 StGB dazu bestimmt, den iPod aufzubewahren. Weder am Vorsatz noch an der Rechtswidrigkeit und der Schuld bestehen seitens des M Zweifel. Fraglich ist auf der Ebene der persönlichen Strafausschließungsgründe indessen, ob der Anstifter zur Begünstigung ebenso straflos bleibt wie der Anstifter zur Strafvereitelung nach § 258 Abs. 5 StGB. Der Gesetzgeber hat im Gegensatz zu § 258 StGB bei der Begünstigung eine eindeutige Regel getroffen, und zwar in § 257 Abs. 3 Satz 2 StGB. Zugunsten des M kommt mithin bei der Begünstigung kein persönlicher Strafausschließungsgrund zum Tragen, dies verbietet der Gesetzgeber ausdrücklich in § 257 Abs. 3 Satz 2 StGB.

Ergebnis: M hat sich wegen Anstiftung des V zur Begünstigung gemäß den §§ 26, 257 Abs. 1 StGB strafbar gemacht.

In Betracht kommt abschließend dann noch die Anstiftung zur vollendeten Strafvereitelung gemäß den §§ 26, 258 Abs. 1 StGB.

M hat den V zur Strafvereitelung angestiftet, das Ganze rechtswidrig und auch schuldhaft. Indessen gilt zugunsten des M § 258 Abs. 5 StGB mit der Folge der Straffreiheit für M insoweit.

Ergebnis: M bleibt hinsichtlich der Anstiftung zur vollendeten Strafvereitelung des V bezogen auf das Verwahren des iPod straflos wegen § 258 Abs. 5 StGB.

Gesamtergebnis: V hat sich strafbar gemacht wegen versuchter Strafvereitelung (Verstecken des M), vollendeter Strafvereitelung (Verwahren des iPod) sowie Begünstigung (Verwahren des iPod). M hat sich wegen vollendeten Einbruchsdiebstahls (vgl. SV-Hinweis) sowie wegen Anstiftung zur Begünstigung (die Bitte zur Aufbewahrung des iPod) strafbar gemacht.

6. Abschnitt

Die Brandstiftung → §§ 306 ff. StGB

Fall 15

Ein Lichtlein brennt

Köln, den 20. Dezember: Von den Wucherpreisen des Weihnachtsmarktes verärgert, beschließt Rechtsstudent R, den Verantwortlichen einen »Denkzettel« zu verpassen. Gegen zwei Uhr nachts schleicht sich R auf das Gelände am Fuße des Kölner Doms und bricht eine Verkaufsbude auf, um darin Feuer zu legen. Zu seinem Erstaunen erblickt R auf dem Boden eine Matratze mit Wolldecke sowie Waschutensilien. Da sich aber niemand in der Bude aufhält und R auch sicher ist, dass sich dies bis zum Abbrennen nicht ändert, flammt er wie geplant mit einem Streichholz die zum Verkauf vorgesehenen Strohsterne an. Hierbei handelt R in der Absicht, dass sich das Feuer innerhalb einiger Minuten, in denen R verschwinden kann, auf die Bude ausbreitet und diese dann dem Erdboden gleichmacht. Wenige Augenblicke nach Rs Flucht alarmieren durch Qualm aufmerksam gewordene Passanten die Feuerwehr, die kurze Zeit später den Brand löscht. Das Feuer hatte sich bis dahin, weil die Bude innen mit feuerfestem Lack gestrichen war, lediglich auf etwa 100 Strohsterne und 20 Handpuppen ausgebreitet. Aufgrund der starken Rauch- und Rußbildung sowie der Löschmaßnahmen der Feuerwehr ist die Verkaufsbude nach dem Vorfall allerdings derart beschädigt, dass sie nicht mehr genutzt werden kann. Der aus Süddeutschland kommende Budenpächter B, der während der sechswöchigen Dauer des Weihnachtsmarktes ordnungsrechtlich unzulässig und heimlich in seiner Bude wohnt, befindet sich zum Zeitpunkt des Brandes in einer Kneipe.

Strafbarkeit des R? § 123 StGB (Hausfriedensbruch) bleibt außer Betracht.

> **Schwerpunkte:** Brandstiftung nach § 306 Abs. 1 Nr. 1 StGB, Grundfall; Tathandlung des »In-Brand-Setzens« in Abgrenzung zur »Brandlegung«; Begriff der »Hütte« und des »Gebäudes«; schwere Brandstiftung nach § 306a StGB; Unterscheidung zwischen Wohnung und sonstiger Räumlichkeit im Sinne des § 306a Abs. 1 Nr. 3 StGB; Ausschluss des § 306a StGB bei für den Täter überschaubarem Raum.

Lösungsweg

§ 306 Abs. 1 Nr. 1 StGB (Brandstiftung)

I. Tatbestand (A: objektiv):

1.) Zunächst muss es sich bei der Weihnachtsmarkt-Bude um ein taugliches Tatobjekt handeln. In Betracht kommt im Rahmen des § 306 Abs. 1 Nr. 1 StGB der Begriff der »Hütte«, wobei man darauf achten sollte, dass § 306 StGB – und nur der – eine ***fremde*** Sache erfordert.

Im Gegensatz zum »**Gebäude**« sind bei der »**Hütte**« die Anforderungen an die dauerhafte Festigkeit und Verbundenheit mit dem Boden geringer (MK/*Radtke* § 306 StGB Rz. 25; *Fischer* § 306 StGB Rz. 3a). Es genügt insoweit schon, dass das Objekt ein selbstständiges Ganzes ist, eine nicht unerhebliche Fläche des Bodens bedeckt und gegen äußere Einwirkungen genügend und dauerhaft durch eine Wand und ein Dach geschützt ist. Beispiele dafür sind etwa Garten- und Wochenendhäuschen (S/S-*Heine/Bosch* § 306 StGB Rz. 4; *Fischer* § 306 StGB Rz. 3) oder auch ***Jahrmarktsbuden*** (RGSt **73**, 204) und Bauwagen (BGHSt **48**, 14, 18; OLG Karlsruhe NStZ **1981**, 482; MK/*Radtke* § 306 StGB Rz. 25; *Wessels/Hettinger* BT 1 Rz. 959).

ZE.: Damit fällt die Weihnachtsmarkt-Bude problemlos unter das Merkmal »Hütte« im Sinne des § 306 Abs. 1 Nr. 1 StGB. Und da diese Hütte für unseren R fraglos auch fremd gewesen ist, können wir schon mal festhalten, dass ein taugliches Tatobjekt für § 306 StGB vorliegt.

2.) Fraglich ist nun aber, ob R auch eine der geforderten Tathandlungen erfüllt.

a) In Betracht kommt zunächst, dass R die schöne Weihnachtsmarktbude ***in Brand gesetzt*** hat.

Definition: ***In Brand gesetzt*** ist eine Sache (hier die »Hütte«) dann, wenn sie vom Feuer in einer Weise erfasst ist, die ein Fortbrennen aus eigener Kraft, das heißt ohne Fortwirken des Zündstoffes, ermöglicht (BGH NJW **2011**, 1091; BGH NStZ **2010**, 151; BGH NStZ **2007**, 270; BGH NJW **2003**, 302; BGHSt **36**, 221; MK/*Radtke* § 306 StGB Rz. 51; *Fischer* § 306 StGB Rz. 14; *Wessels/Hettinger* BT 1 Rz. 957).

Vollendet ist diese Begehungsweise aber erst, wenn der Brand Teile des Gegenstandes ergriffen hat, die für dessen bestimmungsgemäßen Gebrauch wesentlich sind (BGH NStZ **2012**, 693; BGH NStZ **2010**, 151). Es genügt nicht, dass mit dem Gegenstand nicht wesentlich verbundene Teile in Brand gesetzt werden, ohne dass das Feuer auf den Gegenstand selbst übergreift. Beispielsweise fehlt es an einer vollendeten In-Brand-Setzung eines Gebäudes, wenn lediglich die Tapete, ein an die Wand genageltes Regal, ein Schrank, eine nicht fest in den Fußboden verankerte Theke, eine Teeküche in einem Bürogebäude oder diverse Versorgungsleitungen im Keller brennen (BGH NStZ **2012**, 693; BGH NStZ **2010**, 151; BGH NStZ **2007**, 270; BGH NJW **2003**, 302; MK/*Radtke* § 306 StGB Rz. 52; LK/*Wolff* § 306 StGB Rz. 8; *Wessels/Hettinger* BT 1 Rz. 957; S/S-*Heine/Bosch* § 306 StGB Rz. 13; *Lackner/Kühl* § 306 StGB Rz. 5; *Fischer* § 306 StGB Rz. 14). Im Zweifel entscheidet hier die ***Verkehrsauffassung*** und nicht die vom Bürgerlichen Recht getroffene Regelung über die wesentlichen Bestandteile von Sachen (BGHSt **16**, 109; *Fischer* § 306 StGB Rz. 14).

Dass das Brennen nicht wesentlich mit der Hütte oder dem Gebäude verbundener Teile den Tatbestand des § 306 StGB noch nicht erfüllt, liegt übrigens am Wortlaut des Gesetzes, denn: Dieser Wortlaut fordert das In-Brand-Setzen des entsprechenden ***Gebäudes*** oder der ***Hütte***. Und deshalb reicht es nicht, wenn nur Teile brennen, die nicht zum Gebäude oder zur Hütte selbst gehören, sondern etwa nur da drinstehen bzw. an der Wand hängen oder auf dem Fußboden liegen. Wenn diese Gegenstände brennen, brennt nämlich nicht das Gebäude, sondern nur das Inventar oder die Einrichtung. Der Gesetzeswortlaut begrenzt demnach bei exakter Anwendung – und so muss man das im Strafrecht machen – die Auslegung der Vorschrift. Zur Verdeutlichung noch ein paar Beispiele dafür, was ***nicht*** für die Vollendung des § 306 StGB ausreicht, wenn man es anzündet: Couch und Sessel im Wohnzimmer, selbst wenn die Deckenverkleidung und eine Wand dabei schon verrußt worden sind (BGH NJW **2003**, 302 = BGHSt **48**, 14); Fußbodensockelleiste (BGH NStZ **1994**, 130); Plastiktischdecke (*Fischer* § 306 StGB Rz. 14); Lattentür eines Kellerraumes (BGHSt **18**, 363); nur die Deckenverkleidung (BGH StV **1990**, 548; weitere Beispiele bei MK/*Radtke* § 306 StGB Rz. 52).

Zum Fall: Das Objekt bzw. der Gegenstand, der von R in Brand gesetzt sein muss, ist die Hütte. Vorliegend brennen aber nur die Strohsterne und die Handpuppen. Zu einer Ausbreitung auf die Bude selbst, also etwa die Wände oder den Boden, ist es nicht mehr gekommen. Bei den brennenden Gegenständen aber handelt es sich um Sachen, die mit der Bude selbst gegenständlich nichts zu tun haben, sondern lediglich dort zum Verkauf aufbewahrt werden. Die Dinge, die brennen, sind sozusagen »gegenstandsfremd« und damit nicht taugliche Tatobjekte des § 306 Abs. 1 Nr. 1 StGB bei der Begehungsweise des In-Brand-Setzens.

Dass die brennenden Gegenstände herkömmlicherweise und sogar bestimmungsgemäß in der Bude verkauft werden, macht die Sachen übrigens noch nicht zum wesentlichen Bestandteil der Hütte. Brennen muss (Gesetz!) die ***Hütte***, wenigstens aber Teile der Hütte, die damit fest verbunden sind. Die Gegenstände, die hier in Frage stehen, sind in diesem Sinne aber – wie gesehen – nicht mit der Hütte verbunden.

ZE.: Eine Vollendung des § 306 Abs. 1 Nr. 1 StGB in der Variante des »In-Brand-Setzens« scheidet aus.

b) Indessen kommt vorliegend auch noch die zweite Tatbestandsalternative in Betracht, wonach es ausreicht, wenn das Tatobjekt (die Hütte) durch eine ***Brandlegung*** ganz oder teilweise zerstört worden ist (Gesetz lesen).

Definition: Ganz oder teilweise durch ***Brandlegung*** zerstört ist ein Objekt dann, wenn es entweder völlig oder in funktional selbstständigen Teilen durch typische Feuergefahren beim Versuch der Brandstiftung unbrauchbar gemacht worden ist (BGH NStZ **2012**, 693; BGH NJW **2011**, 1091; BGH NStZ **2010**, 151; BGH NJW **2003**, 302; mit ausführlicher Erläuterung; vgl. *Fischer* § 306 StGB Rz. 15; S/S-*Heine/Bosch* § 306 StGB Rz. 15; MK/*Radtke* § 306 StGB Rz. 54; *Wessels/Hettinger* BT 1 Rz. 958).

Erklärung: Diese zweite mögliche Tathandlung des § 306 StGB ist durch eine Gesetzesnovellierung im Jahre 1998 in die Vorschrift eingefügt worden, vorher stand in § 306 StGB nur die Variante des In-Brand-Setzens (*Lackner/Kühl*, 21. Auflage, 1995, § 306 StGB Rz. 5). Bei der Einführung der Brandlegungsvariante ging es dem Gesetzgeber darum, auch die Personen- und Sachschäden zu erfassen, die wegen der heute üblichen Verwendung feuerresistenter Materialien nicht auf eine vollendete oder versuchte In-Brand-Setzung zurückgeführt werden können (vgl. insoweit bitte den sehr instruktiven Fall des BGH in der NJW **2003**, 302). Wir erinnern uns bitte, dass das In-Brand-Setzen ja nur dann vollendet ist, wenn ***wesentliche Teile*** des Objekts brennen (vgl. oben). Zündet nun der Täter ein Haus an, das aber an seinen wesentlichen Bestandteilen wegen feuerresistentem Material partout nicht brennen will, so kommt dennoch nach der neuen Gesetzesfassung ein vollendeter § 306 StGB in Form der ***Brandlegung*** in Betracht, wenn durch andere Umstände als das Feuer, also die Flamme am Objekt selbst, die Sache ganz oder teilweise zerstört worden ist (sehr anschaulich erklärt – und im Ergebnis abgelehnt – in BGH NStZ **2012**, 693). Die Zerstörung des Tatobjekts muss also nicht durch die Flammen herbeigeführt worden sein; vielmehr kommt bei der »Brandlegung« als Ursache für die teilweise oder ganze Zerstörung z.B. Folgendes in Betracht: Schäden, die durch die Verrußung oder den Rauch entstehen; Unbrauchbarkeit des Hauses oder der Wohnung durch die Verwendung von Löschmaterialien der Feuerwehr; Schäden durch Hitzentwicklung; Schäden, die durch die Explosion des Brandmittels entstehen, usw. usw. (weitere Nachweise bei *Fischer* § 306 StGB Rz. 15; S/S-*Heine/Bosch* § 306 StGB Rz. 15; *Wessels/Hettinger* BT 1 Rz. 958). Alle diese Schäden sind nicht durch das Feuer selbst, also durch das Brennen des Tatobjekts entstanden, sondern haben ihren Grund vielmehr in den ***typischen Begleiterscheinungen*** eines Feuers, das im konkreten Fall nur gegenstandsfremde Dinge erfasst hat (BGHSt **48**, 14; *Krey/Heinrich* BT 1 Rz. 747d; *Wessels/Hettinger* BT 1 Rz. 958; vgl. aber auch BGH NStZ **2012**, 693).

Merke: Die Tathandlung der ***Brandlegung*** im Sinne des § 306 Abs. 1 StGB ist erfüllt, wenn zwar das Tatobjekt selbst nicht brennt, dafür aber als Folge des Brennens anderer Gegenstände dieses Tatobjekt aufgrund typischer Begleiterscheinungen des Feuers ganz oder teilweise zerstört wird.

An unserem kleinen Fall nun können wir das soeben Erlernte auch gleich anwenden, denn: R hat lediglich die Strohsterne angezündet. Im Zuge dessen ist das Feuer auch auf die Handpuppen übergegangen, nicht aber auf die Hütte selbst oder wesentliche Bestandteile davon, die Hütte war nämlich mit feuerfestem Lack gestrichen. Infolge des Anbrennens der Strohsterne ist die Hütte (also das Tatobjekt) aufgrund der Rauch- und Rußbildung sowie der Löschmaßnahmen der Feuerwehr unbrauchbar beschädigt worden. Hierbei handelt es sich, wie wir oben gelernt haben, um ***typische Begleiterscheinungen*** eines Brandes. Und das heißt, dass durch den geschilderten Ablauf die Tatbestandsvariante der Brandlegung mit einer vollständigen Zerstörung des Tatobjekts »Hütte« vorliegt. In Bezug auf den Merksatz von eben stellen wir fest:

Zwar brennt das Tatobjekt selbst nicht; indessen ist es aufgrund typischer Begleiterscheinungen beim Brennen anderer Gegenstände ganz zerstört worden. § 306 Abs. 1 Nr. 1 StGB in Form der Brandlegung liegt deshalb vor.

ZE.: R hat durch seine Handlung die zweite Tatbestandsalternative des § 306 Abs. 1 StGB in Form des Brandlegens erfüllt, und zwar objektiv vollendet, weil die Sache zerstört worden ist (SV-Hinweis).

B: Subjektiver Tatbestand:

Gemäß § 15 StGB muss R selbstverständlich hinsichtlich aller objektiven Umstände ***vorsätzlich*** gehandelt haben.

Und das ist hier erstaunlicherweise problematisch: R wollte, dass das Feuer auf die Bude übergeht, diese dann komplett niederbrennt und so demnach die Zerstörung des Objekts herbeigeführt wird. Damit hatte R bei genauer Betrachtung den Vorsatz auf die **erste** Handlungsvariante des § 306 Abs. 1 StGB, und zwar das »In-Brand-Setzen«. Tatsächlich verwirklicht worden ist aber, wie wir gerade eben gesehen haben, die ***zweite*** Tatbestandsalternative, nämlich die »**Brandlegung**«. R hat sich somit über den Ablauf seiner Tat geirrt. Fraglich ist mithin, welche Auswirkungen dieser Irrtum auf den Vorsatz des R hat. In Betracht käme unter Umständen ein Tatbestandsirrtum gemäß § 16 Abs. 1 StGB, den man damit begründen könnte, dass der Vorsatz des Täters selbstverständlich auch die Tathandlung und den konkreten Ablauf in seinen Einzelheiten umfassen muss (MK/*Radtke* § 306 StGB Rz. 59; S/S-*Heine/Bosch* § 306 StGB Rz. 19). Wer sich über den Kausalverlauf seiner Tat irrt, unterliegt regelmäßig einem vorsatzausschließenden Tatbestandsirrtum (*Wessels/Beulke/Satzger* AT Rz. 258).

Aber: Der Irrtum des R über die Auswirkung seiner Handlung begründet in diesem Fall ***keinen*** Tatbestandsirrtum nach § 16 StGB, sondern ist vielmehr ***unbeachtlich***, da er lediglich die beiden Alternativen aus § 306 Abs. 1 StGB betrifft und auf das gleiche Handlungsobjekt und den gleichen Erfolg beschränkt ist (*Fischer* § 306 StGB Rz. 19; SK/*Wolters* § 306 StGB Rz. 16). Brennt das Gebäude nicht, wie vom Täter beabsichtigt, ab, sondern wird durch Rußbildung zerstört, liegt dies innerhalb des zu unterstellen Vorsatzes des Täters, da sein Handlungsziel am beabsichtigten Objekt durch die Tathandlung kausal erfüllt wurde (*Fischer* a.a.O.). Es handelt sich hierbei um eine unwesentliche Abweichung vom Kausalverlauf, da sie sich innerhalb der Grenzen der allgemeinen Lebenserfahrung bewegt und keine andere Bewertung der Tat rechtfertigt (S/S-*Sternberg-Lieben/Schuster* § 15 StGB Rz. 15; SK/*Wolters* § 306 StGB Rz. 16).

ZE.: Unser R handelte demnach vorsätzlich in Bezug auf § 306 Abs. 1 Nr. 1 StGB, obwohl er einen anderen Ablauf der Tat beabsichtigte.

II. Rechtswidrigkeit und III. Schuld:

Keine Zweifel.

Erg.: R hat folglich durch das Anzünden der Strohsterne eine Brandstiftung nach § 306 Abs. 1 Nr. 1 StGB in Form der Brandlegung verwirklicht.

§ 306a Abs. 1 Nrn. 1 und 3 StGB (Schwere Brandstiftung)

I. Tatbestand (A: objektiv):

In Betracht kommt zunächst die **Nr. 1** mit der Frage, ob die Hütte eine Räumlichkeit ist, die der Wohnung von Menschen dient (Gesetz lesen). Bedenken hiergegen bestehen aus mehreren Gesichtspunkten:

1.) Es fragt sich, ob diese Eigenschaft schon deshalb ausscheidet, weil unser Budenbetreiber B hier ordnungsrechtlich unzulässig seine Hütte für die 6-wöchige Dauer des Weihnachtsmarktes heimlich als Wohnung ge- bzw. missbraucht.

a) Zunächst ist zu prüfen, ob die sechswöchige Verweildauer nicht bereits den Tatbestand deshalb ausschließt, weil dieser Zeitraum unter Umständen noch nicht ausreicht, um von einer »Wohnung« im Sinne des § 306a Abs. 1 Nr. 1 StGB zu sprechen.

Definition: Das Merkmal der **»Wohnung«** ist dann erfüllt, wenn die Person die Räumlichkeit zumindest vorübergehend tatsächlich zu seinem räumlichen Mittelpunkt des Lebens macht. Erforderlich und genügend ist die bloße Tatsache des Dienens zum Zeitpunkt der Tat (BGH NStZ **2012**, 39; BGH NJW **2011**, 2148; S/S-*Heine/Bosch* § 306a StGB Rz. 5; *Fischer* § 306a StGB Rz. 3; *Geppert* in Jura 1998, 600).

Angesichts dieser Definition können wir im vorliegenden Fall sagen, dass der aus Süddeutschland kommende B für die 6-wöchige Dauer des Weihnachtsmarktes in Köln die Hütte tatsächlich zu seinem räumlichen Lebensmittelpunkt gemacht und damit das Merkmal der »Wohnung« im Sinne des § 306a Abs. 1 StGB erfüllt hat. B hatte keinen anderen Schlafplatz und seine Waschutensilien dokumentieren die Eignung und Nutzung als ständigen Aufenthaltsort. Wie die Abgrenzung der »Wohnung« zu der in § 306a Abs. 1 Nr. 3 StGB benannten Räumlichkeit, die nur ***zeitweise*** dem Aufenthalt von Menschen dient, zu treffen ist, sehen wir gleich weiter unten.

b) Fraglich ist nun des Weiteren aber, ob die Erfüllung des Tatbestandes des § 306a Abs. 1 Nr. 1 StGB möglicherweise noch daran scheitert, dass diese Nutzung der Weihnachtsmarktbude zum einen vom eigentlichen Zweck dieser Räumlichkeit nicht umfasst ist und zum anderen auch noch ordnungsrechtlich unzulässig erfolgte.

Insoweit sollte man allerdings beachten, dass es nicht darauf ankommt, ob die Räumlichkeit geeignet und bestimmt ist zu Wohnzwecken; vielmehr kommt es nur darauf an, ob zur Zeit der Tatbegehung die Räumlichkeit (hier die »Hütte«) ***tatsächlich*** zu

Wohnzwecken genutzt worden ist. Und das gilt selbst dann, wenn diese Nutzung widerrechtlich war, so etwa bei Obdachlosen, die Wohn- oder Eisenbahnwagen als Wohnung gebrauchen (BT-Drs. 13/8587 Seite 68; BGH NStZ **2012**, 39; *Lackner/Kühl* § 306a StGB Rz. 2; *Wessels/Hettinger* BT 1 Rz. 962; *Fischer* § 306a StGB Rz. 4).

Also: Zum einen ist es egal, dass B in der Hütte nur sechs Wochen wohnt; das genügt – soweit es in dieser Zeit der räumliche Mittelpunkt des Lebens ist – für das Merkmal der »Wohnung« im Sinne des § 306a Abs. 1 Nr. 1 StGB. Ebenfalls unschädlich ist, dass die Hütte hier eigentlich gar nicht als Wohnung, sondern vielmehr als Verkaufsbude gedacht ist; es kommt allein auf die tatsächliche Verwendung an. Schließlich spielt nicht mal eine Rolle, dass diese Nutzung sogar widerrechtlich war. Auch die ordnungsrechtlich unzulässige Verwendung einer Räumlichkeit als Wohnung hindert den Tatbestand des § 306a Abs. 1 Nr. 1 StGB nicht. Merken.

2.) Des Weiteren ist aber fraglich, wie es sich auswirkt, dass der Täter R bei der Brandlegung sicher war und auch sein konnte, dass von diesem Brand keine Gefahr auf die oder den Menschen ausgeht, die in der Hütte wohnten.

Durchblick: § 306a Abs. 1 StGB ist ein sogenanntes abstraktes Gefährdungsdelikt; und das heißt, dass der Strafgrund in der Schaffung einer abstrakten Gefährdung eines oder mehreren Menschenlebens durch den Täter liegt (BGH NStZ **2012**, 39; BGHSt **26**, 121). Der Gesetzgeber sanktioniert mit § 306a Abs. 1 StGB sozusagen eine bloße ***vermutete*** Gefährdung von Menschenleben durch die Brandstiftung. Aus diesem Grund etwa spielt es auch keine Rolle, wenn sich in dem angezündeten Raum – etwa zufällig – gerade zum Tatzeitpunkt kein Mensch befindet (schön erklärt in BGHSt **34**, 118; vgl. auch *Krey/Heinrich* BT 1 Rz. 759; *Fischer* § 306a StGB Rz. 4). Strafbar ist die abstrakte Gefährdung, nicht der konkrete Erfolg.

Wenn man jetzt noch mal genau das Gesetz liest, fällt einem nun auch auf, dass eine Anwesenheit des Opfers in den Räumlichkeiten gar nicht erforderlich ist (Wortlaut § 306a Abs. 1 Nr. 1 StGB). Da steht nur, dass die Räumlichkeit der Wohnung **»dienen«** muss, und nicht, dass da gerade auch einer drin gewesen ist. Und überträgt man dies jetzt auf unseren Fall, ist eigentlich klar, dass R ***nicht*** davon profitieren kann, dass sich zum Tatzeitpunkt tatsächlich niemand in der Hütte aufhält; wie gesagt, es geht nur um die abstrakte, nicht um die konkrete Gefährdung.

Aber: Es fragt sich, ob es noch gerecht ist, einen Täter nach § 306a Abs. 1 Nr. 1 StGB wegen abstrakter Gefährdung von Menschenleben zu bestrafen, wenn der Täter sich vor dem Anzünden vergewissert hat, dass eine solche – selbst abstrakte – Gefährdung gänzlich ausgeschlossen ist, weil sich nämlich niemand in dem angezündeten Raum aufhält und deshalb auch keiner in Gefahr geraten kann.

Der **BGH** (BGHSt **34**, 115; BGHSt **26**, 121, 124) hat insoweit bereits mehrfach festgestellt, dass ein Ausschluss des objektiven Tatbestandes und damit der Strafbarkeit in solchen Fällen unter anderem dann in Betracht kommen kann, wenn die angezündete Räumlichkeit ein ***kleines überschaubares*** Objekt ist, insbesondere einräumige Hütten oder Häuschen (BGHSt **26**, 121, 124), ***und*** der Täter sich vergewissern konnte, dass eine Gefährdung eines Menschen ***absolut*** ausgeschlossen ist. In solchen Fällen sei es nicht mehr vom Schutzzweck der Norm getragen, den Täter dann wegen abstrakter Gefährdung zu verurteilen, denn eine solche abstrakte Gefährdung könne ja gar nicht eintreten (BGHSt **26**, 121, 124). Und das leuchtet – wie ich meine – wohl auch ein (so auch *Fischer* § 306a StGB Rz. 2; *Wessels/Hettinger* BT 1 Rz. 968; S/S-*Heine/Bosch* § 306a StGB Rz. 2). Dieser Interpretation des Gesetzes durch den BGH, die man übrigens »**teleologische Reduktion**« nennt, hat sich auch der Gesetzgeber angeschlossen (BT-Drs. 13/8587, Seite 47) und bewusst auf eine tatbestandseinschränkende Klausel verzichtet (gegen den BGH aber: *Lackner/Kühl* § 306a StGB Rz. 1; *Radtke* in ZStW 110, 863; *Rengier* in JuS 1998, 399).

Der Meinung, die § 306a StGB wie gezeigt in seiner Anwendung unter den entsprechenden Umständen teleologisch einschränkt, kann man sich relativ entspannt anschließen mit der Konsequenz, dass unser R hier ***nicht*** strafbar ist nach § 306a Abs. 1 Nr. 1 StGB. Denn R war sich – zu Recht – sicher, dass niemand gefährdet werden konnte. Der Bewohner B war ja nicht anwesend zum Zeitpunkt der Tathandlung und R konnte den kleinen Raum übersehen.

Vorsicht: Diese einschränkende Auslegung des § 306a Abs. 1 Nr. 1 StGB ist – wenn überhaupt – sehr sorgfältig nur auf die Fälle zu begrenzen, die oben benannt sind: Also auf kleine, möglichst ***einräumige überschaubare*** Objekte, bei denen der Täter sich vorher vergewissert hat, dass sich keine Person dort befindet.

Ziemlich streitig ist das ganze nämlich hingegen bei größeren Gebäuden, etwa Einfamilienhäusern oder auch Hotels. Ob der Täter, der ein solches Gebäude ansteckt und sich dabei vorher vergewissert hat, dass tatsächlich niemand drin ist, auch wegen § 306a StGB verurteilt werden kann, wird unterschiedlich beurteilt:

- Nach ***überwiegender Auffassung*** kann hier dann der Tatbestand der Norm nicht mehr teleologisch reduziert werden, der Täter ist mithin wegen schwerer Brandstiftung nach § 306a StGB zu verurteilen, obwohl er niemanden gefährden wollte (BGH StV **1998**, 662; BGH NStZ **1985**, 408; BGHSt **26**, 121; SK/*Wolters* § 306a StGB Rz. 17; *Bohnert* in JuS 1984, 182; *Krey/Heinrich* BT 1 Rz. 761; LK/*Wolff* § 306 StGB Rz. 3). Zur Begründung stellt der BGH darauf ab, dass bei einem großen, mehrräumigen Gebäude niemand wirkliche Gewissheit darüber haben könne, ob denn tatsächlich kein Mensch einer Gefährdung ausgesetzt sei. Ergänzend dazu führen *Krey/Heinrich* (BT 1 Rz. 761) sehr plakativ aus:

  *»...Wer Gebäude, die anderen zu Wohnzwecken dienen, niederbrennt bzw. durch eine Brandlegung ganz oder teilweise zerstört, begeht nach herrschendem Sozialethos eine außerordentlich **sozialschädliche** und **verwerfliche** Tat. Für eine solche Tat ist der Strafrahmen des § 306a StGB auch dann nicht unverhältnismäßig hoch, wenn keinerlei Gefahr für die Bewoh-*

ner bestand. Zwar handelt es sich bei einem solchen Verbrechen einerseits um abstrakte Lebensgefährdungsdelikte; doch werden andererseits zugleich menschliche Wohnstätten als solche geschützt….«

- Nach ***anderer Ansicht*** aber soll das soeben Gesagte keine Rolle spielen und der Täter vielmehr auch bei großen Gebäuden dann nicht wegen § 306a StGB bestraft werden, wenn er sich zutreffend vergewissert hat, dass sich niemand in dem angezündeten Gebäude aufhält und demnach auch niemand gefährdet werden kann (MK/*Radtke* § 306a StGB Rz. 23; S/S-*Heine/Bosch* § 306a StGB Rz. 2; *Backmann* in JuS 1977, 447; NK/*Herzog* § 306a StGB Rz. 3; *Rudolphi* in Maurach-FS 1972, Seite 51). Zur Begründung führt diese Meinung an, § 306a StGB verlange unter Berufung auf den Schuldgrundsatz wenigstens die Wahrscheinlichkeit einer Gefährdung; bei einer Bestrafung trotz ausgeschlossener Gefährdung fehle jeder materielle Unwertgehalt für den Täter (MK/*Radtke* § 306a StGB Rz. 23; S/S-*Heine/Bosch* § 306a StGB Rz. 2; *Rudolphi* a.a.O.).

Merke: Die Vorschrift des § 306a StGB ist ein ***abstraktes Gefährdungsdelikt***. Daraus folgt grundsätzlich, dass es nicht auf eine konkrete Gefährdung irgendeiner Person ankommt. Kann der Täter allerdings bei einem kleinen überschaubaren Raum absehen, dass definitiv niemand gefährdet werden wird, scheidet die Anwendung des § 306a StGB aufgrund einer teleologischen ***Reduktion*** der Vorschrift nach Meinung des BGH (St **26**, 115) und der herrschenden Ansicht in der Literatur aus (vgl. die Hinweise bei *Fischer* § 306a StGB Rz. 2a). Geht es hingegen um größere Räumlichkeiten, die man nicht mit einem Blick überschauen kann, lehnt die herrschende Meinung in der Literatur und auch der BGH diese teleologische Reduktion ab und verurteilt auch dann wegen § 306a StGB, wenn sich der Täter vorher – etwa durch einen Rundgang – vergewissert hat, dass niemand in den Räumen ist (BGH StV **1998**, 662; Nachweise bei *Krey/Heinrich* BT 1 Rzn. 759 ff.). Eine Mindermeinung will auch in diesem Fall die Norm einschränken und den Täter vom Vorwurf der abstrakten Gefahr freihalten und mithin aus dem Tatbestand des § 306a StGB ausklammern (*Rudolphi* a.a.O.).

Zurück zu unserem Fall und dort haben wir es ja mit einem kleinen überschaubaren Raum zu tun mit der Folge, dass R, der sicher sein konnte, dass niemand in diesem Raum ist und dort auch vor Ausbrechen des Feuers mehr sein wird, nicht wegen § 306a Abs. 1 StGB bestraft wird.

ZE.: Die Voraussetzungen des § 306a Abs. 1 Nr. 1 StGB liegen zwar vom Wortlaut der Norm her betrachtet vor. Indessen scheitert die Bestrafung an der teleologischen Reduktion der Vorschrift. R hat einen Brand in einem Raum gelegt, der zwar zu Wohnzwecken diente, in dem indessen zum Tatzeitpunkt eine Gefährdung des Bewohners absolut ausgeschlossen war.

§ 306a Abs. 1 Nr. 3 StGB (bitte lesen)

I. Tatbestand (A: objektiv):

1.) Dann muss es sich zunächst bei dem Tatobjekt um eine Räumlichkeit handeln, die zeitweise dem Aufenthalt von Menschen dient; und die Tat muss begangen sein zu einer Zeit, in der Menschen sich dort aufzuhalten pflegen.

> Im Vergleich zur Nr. 1 des § 306a Abs. 1 StGB, die wir weiter oben schon geprüft und hinsichtlich des Tatobjekts auch bejaht haben, benennt § 306a Abs. 1 Nr. 3 StGB nun Räumlichkeiten, die nur ***zeitweise*** dem Aufenthalt von Menschen dienen. Beachte insoweit bitte noch einmal, dass bei der Nr. 1 demgegenüber die Räumlichkeit der ***Wohnung*** von Menschen dienen muss. Unter die Nr. 3 können demnach nur die Räumlichkeiten fallen, die nicht der Wohnung von Menschen dienen (sonst wäre es logischerweise ja die Nr. 1!), gleichwohl aber zeitweise und zweckgerichtet von Menschen benutzt werden (*Wessels/Hettinger* BT 1 Rz. 966). Darunter fallen, soweit sie nur vorübergehend und nicht als räumlicher Lebensmittelpunkt genutzt werden z.B.: Wohnwagen, Künstlerwagen, Theater, Imbisswagen, Autobusse, Eisenbahnwagen, Schiffe, Büroräume, Fähren, Scheunen, Museen, Lagerhallen (weitere Beispiele bei *Fischer* § 306a StGB Rz. 7; S/S-*Heine/Bosch* § 306a StGB Rz. 8). Die Unterscheidung der Nrn. 1 und 3 erfolgt mithin anhand der Charakterisierung der Räumlichkeit: Dient sie als räumlicher Lebensmittelpunkt, ist es Nr. 1; dient sie nur zum zeitweiligen Aufenthalt, ist es die Nr. 3. Die Unterscheidung trifft man dabei stets anhand der **tatsächlichen** Begebenheiten, nicht anhand der herkömmlichen Eignung.

Zum Fall: Nachdem wir weiter oben festgestellt haben, dass die Hütte in unserem konkreten Fall tatsächlich Wohnzwecken dient, wird man hier jetzt die Bude nicht auch als Räumlichkeit, die nur zeitweise dem Aufenthalt von Menschen dient, subsumieren können. Dafür spräche zwar, dass die Verkaufsbude auf dem Weihnachtsmarkt eigentlich genauso eine Räumlichkeit im Sinne des § 306a Abs. 1 Nr. 3 StGB darstellt, die, während der Verkaufszeit, vorübergehend dem Aufenthalt von Menschen dient und mithin eigentlich klassisch unter die Nr. 3 des § 306a Abs. 1 StGB passt. Indessen haben wir es hier – wie oben erörtert – mit der Besonderheit zu tun, dass der Budenpächter B diese Hütte für ***sechs Wochen*** zu seiner ***Wohnung*** gemacht hat, was ausreicht, um die Nr. 1 des § 306a StGB zu erfüllen (vgl. oben). Und da sich die Nrn. 1 und 3 des § 306a StGB logischerweise gegenseitig ausschließen, soweit es um das gleiche Objekt und die identische Person geht (S/S-*Heine/Bosch* § 306a StGB Rz. 8), scheidet die Nr. 3 im vorliegenden Falle als Tatobjekt aus. B hat die Räumlichkeit vorübergehend als Lebensmittelpunkt, mithin als »Wohnung«, benutzt. Angesichts dieser Erwägungen kommt § 306a Abs. 1 Nr. 3 StGB im vorliegenden Fall nicht in Betracht.

> **Luxus:** Selbst wenn man dies anders beurteilen wollte und die »Wohnung« im Sinne des § 306a Abs. 1 Nr. 1 StGB oben abgelehnt und vielmehr dann eine Räumlichkeit, die nur zeitweise dem Aufenthalt von Menschen dient, angenommen hätte, kommt § 306a Abs. 1 Nr. 3 StGB aus anderen Gründen sicher nicht zur Anwendung, denn: R zündet die Weihnachtsmarktbude nachts um zwei Uhr an. Um zwei Uhr nachts aber ist nicht die Zeit, zu der sich Menschen in dieser Räumlichkeit aufzuhalten pflegen (bitte Gesetz lesen: § 306a Abs. 1 Nr. 3 StGB).

ZE.: Unser Täter R hat sich auch nicht nach § 306a Abs. 1 Nr. 3 StGB strafbar gemacht.

Erg.: Damit scheidet eine Strafbarkeit nach § 306a Abs. 1 StGB insgesamt aus. Es verbleibt hinsichtlich der Brandstiftungsdelikte bei einer Bestrafung wegen § 306 Abs. 1 Nr. 1 StGB.

§ 303 Abs. 1 StGB (Sachbeschädigung)

Keine Aktion, selbstverständlich hat R in Bezug auf die Strohsterne und die Handpuppen die Sachbeschädigung gemäß § 303 Abs. 1 StGB tatbestandsmäßig, rechtswidrig und schuldhaft verwirklicht.

> Insoweit lohnt dann aber noch ein knapper Blick auf das ***Konkurrenzverhältnis*** zur Brandstiftung nach § 306 Abs. 1 Nr. 1 StGB. Nach herrschender Meinung verdrängt § 306 Abs. 1 Nr. 1 StGB die Sachbeschädigung gemäß § 303 Abs. 1 StGB dann nicht, wenn gegenstandsfremde Dinge brennen, die der Strafe nach § 306 Abs. 1 StGB nicht unterliegen. In diesem Falle stehen die beiden Tatbestände in ***Idealkonkurrenz*** nebeneinander (§ 52 StGB) und werden folglich beide bei der Strafbemessung berücksichtigt (*Fischer* § 306 StGB Rz. 24; S/S-*Heine/Bosch* § 306 StGB Rz. 24; RG JW **35**, 2372). Das ist übrigens deshalb erwähnenswert, weil § 306 StGB einen Sonder- bzw. Spezialfall der Sachbeschädigung darstellt und dieser Norm daher eigentlich grundsätzlich vorgeht (*Fischer* § 306 StGB Rz. 24; S/S-*Heine/Bosch* § 306 StGB Rz. 24; *Lackner/Kühl* § 306 StGB Rz. 1; SK/*Wolters* § 306 StGB Rz. 1; vgl. aber auch *Sinn* in Jura 2001, 803). In unserem Fall brennen ***gegenstandsfremde*** Sachen, mithin hat § 303 Abs. 1 StGB ausnahmsweise selbstständigen Charakter.

Gesamtergebnis: R hat durch seine Tat zum einen eine Brandstiftung gemäß § 306 Abs. 1 Nr. 1 StGB und zum anderen eine Sachbeschädigung gemäß § 303 Abs. 1 StGB verwirklicht. Beide Delikte stehen im Verhältnis der Tateinheit nach § 52 StGB zueinander. Und das war`s.

Gutachten

R könnte sich durch das Anzünden der Strohsterne, um die Bude abzubrennen, wegen Brandstiftung gemäß § 306 Abs. 1 Nr. 1 StGB strafbar gemacht haben.

Objektiver Tatbestand:

1.) Bei der Bude muss es sich zunächst um ein in § 306 Abs. 1 Nr. 1 StGB benanntes Tatobjekt handeln. In Betracht kommt eine Hütte. Im Gegensatz zum Begriff des Gebäudes genügt insoweit, dass das Objekt ein selbstständiges Ganzes ist, eine nicht unerhebliche Fläche des Bodens bedeckt und gegen äußere Einwirkungen genügend und dauerhaft durch eine Wand und ein Dach geschützt ist. Beispiele dafür sind etwa Garten- und Wochenendhäuschen. Die in Frage stehende Weihnachtsmarktbude erfüllt die gerade genannten Voraussetzungen und ist mithin als »Hütte« im Sinne der Norm zu bezeichnen.

2.) Als Tathandlung kommt das In-Brand-Setzen in Betracht. In Brand gesetzt ist eine Sache dann, wenn sie vom Feuer in einer Weise erfasst ist, die ein Fortbrennen aus eigener

Kraft, das heißt ohne Fortwirken des Zündstoffes, ermöglicht. Hierbei ist beachtlich, dass diese Begehungsweise nur dann erfüllt sein kann, wenn der Brand Teile des Gegenstandes ergriffen hat, die für dessen bestimmungsgemäßen Gebrauch wesentlich sind. Es genügt nicht, dass mit dem Gegenstand nicht wesentlich verbundene Teile in Brand gesetzt werden, ohne dass das Feuer auf den Gegenstand selbst übergreift. Der Gegenstand, der von R in Brand gesetzt sein muss, ist somit die Bude, jedenfalls aber wesentlich mit der Bude verbundene Teile. Vorliegend brennen aber nur die Strohsterne und die Handpuppen. Zu einer Ausbreitung auf die Bude selbst, also etwa die Wände oder den Boden, ist es nicht mehr gekommen. Bei den brennenden Gegenständen aber handelt es sich um Sachen, die mit der Bude selbst nichts zu tun haben, sondern lediglich dort zum Verkauf aufbewahrt werden. Die Dinge, die brennen, sind sozusagen »gegenstandsfremd« und damit nicht taugliche Tatobjekte des § 306 Abs. 1 Nr. 1 StGB in der Begehungsweise des In-Brand-Setzens.

3.) Indessen kommt vorliegend auch noch die zweite Tatbestandsalternative in Betracht, wonach es ausreicht, wenn das Tatobjekt (die Hütte) durch eine Brandlegung ganz oder teilweise zerstört worden ist. Ganz oder teilweise durch Brandlegung zerstört ist ein Objekt dann, wenn es entweder völlig oder in funktional selbstständigen Teilen durch typische Feuergefahren beim Versuch der Brandstiftung unbrauchbar gemacht worden ist. Die Tathandlung der »Brandlegung« im Sinne des § 306 Abs. 1 StGB ist erfüllt, wenn zwar das Tatobjekt selbst nicht brennt, dafür aber als Folge des Brennens anderer Gegenstände dieses Tatobjekt aufgrund typischer Begleiterscheinungen ganz oder teilweise zerstört wird. R hat lediglich die Strohsterne angezündet. Im Zuge dessen ist das Feuer auch auf die Handpuppen übergegangen, nicht aber auf die Hütte selbst oder wesentliche Bestandteile davon, denn die Hütte war mit feuerfestem Lack gestrichen. Infolge des Anbrennens der Strohsterne ist die Hütte (also das Tatobjekt) aufgrund der Rauch- und Rußbildung sowie der Löschmaßnahmen der Feuerwehr unbrauchbar beschädigt worden. Hierbei handelt es sich um typische Begleiterscheinungen eines Brandes. Und das bedeutet, dass durch den geschilderten Ablauf die Tatbestandsvariante der Brandlegung mit einer vollständigen Zerstörung des Tatobjekts »Hütte« vorliegt. Zwar brennt das Tatobjekt selbst nicht; indessen ist es aufgrund typischer Begleiterscheinungen beim Brennen anderer Gegenstände ganz zerstört worden. § 306 Abs. 1 Nr. 1 StGB in Form der Brandlegung liegt vor.

R hat durch seine Handlung die zweite Tatbestandsalternative des § 306 Abs. 1 StGB in Form des Brandlegens erfüllt, und zwar objektiv vollendet; die Sache ist zerstört worden.

Subjektiver Tatbestand:

Erforderlich zur Erfüllung des subjektiven Tatbestandes ist gemäß § 15 StGB der Vorsatz des R gerichtet auf sämtliche objektiven Tatbestandsmerkmale. Insoweit ist beachtlich, dass nach der Vorstellung des R die Hütte durch ein Feuer vernichtet werden sollte, tatsächlich die Unbrauchbarkeit des Objekts sich aber aus den typischen Begleiterscheinungen ergeben hat. Es kommt somit wegen einer möglichen Abweichung des Kausalverlaufes ein Tatbestandsirrtum nach § 16 Abs. 1 StGB in Betracht. Wer sich über den Kausalverlauf seiner Tat irrt, unterliegt regelmäßig einem den Vorsatz ausschließenden Tatbestandsirrtum. Allerdings muss vorliegend berücksichtigt werden, dass der Irrtum des R über die Auswirkung seiner Handlung in diesem Fall zwar die beiden Handlungsalternativen aus § 306 Abs. 1 StGB betrifft, indessen auf das gleiche Handlungsobjekt und den gleichen Erfolg beschränkt ist. Brennt das Objekt nicht, wie vom Täter beabsichtigt, ab, sondern wird es durch Rußbildung zerstört, liegt dies aber innerhalb des zu unterstellen Vorsatzes des Täters, da das Handlungsziel am beabsichtigten Objekt durch die Tathandlung kausal erfüllt wurde. Es handelt sich hierbei um eine unwesentliche Abweichung vom Kausalverlauf, sie bewegt sich innerhalb der Grenzen der allgemeinen Lebenserfahrung und rechtfertigt keine andere Bewertung der Tat.

R handelte demnach vorsätzlich in Bezug auf § 306 Abs. 1 Nr. 1 StGB, obwohl er einen anderen Ablauf der Tat beabsichtigte.

Rechtswidrigkeit und Schuld:

Es liegen keine Anzeichen vor, die die Rechtswidrigkeit und die Schuld in Frage stellen könnten.

Ergebnis: R hat sich durch sein Verhalten strafbar gemacht wegen Brandstiftung nach § 306 Abs. 1 Nr. 1 StGB.

R könnte sich des Weiteren strafbar gemacht haben wegen schwerer Brandstiftung gemäß § 306a Abs. 1 Nr. 1 und Nr. 3 StGB.

Objektiver Tatbestand:

1.) In Betracht kommt die Nr. 1 des § 306a Abs. 1 StGB. Hierbei ist zunächst hinsichtlich des Tatobjekts zu prüfen, ob die Hütte eine Räumlichkeit darstellt, die der Wohnung von Menschen dient.

a) Es fragt sich dabei, ob diese Eigenschaft schon deshalb ausscheidet, weil der Budenbetreiber B seine Hütte lediglich für die 6-wöchige Dauer des Weihnachtsmarktes heimlich als Schlafplatz benutzt. Insoweit kommt ein Ausschluss des Tatbestandes deshalb in Betracht, weil dieser Zeitraum unter Umständen noch nicht ausreicht, um von einer »Wohnung« im Sinne des § 306a Abs. 1 Nr. 1 StGB zu sprechen. Das Merkmal der »Wohnung« ist dann erfüllt, wenn die Person die Räumlichkeit zumindest vorübergehend tatsächlich zu seinem räumlichen Mittelpunkt des Lebens macht. Angesichts dieser Definition ist im vorliegenden Fall festzustellen, dass der aus Süddeutschland kommende B für die 6-wöchige Dauer des Weihnachtsmarktes in Köln die Hütte tatsächlich zu seinem räumlichen Lebensmittelpunkt gemacht hat; B hatte keinen anderen Schlafplatz und seine Waschutensilien dokumentieren die Eignung und Nutzung als zwar vorübergehenden, gleichwohl aber einzigen Aufenthaltsort. Die Hütte hat damit für R das Merkmal der »Wohnung« im Sinne des § 306a Abs. 1 StGB erfüllt.

b) Fraglich ist des Weiteren, ob die Erfüllung des Tatbestandes des § 306a Abs. 1 Nr. 1 StGB möglicherweise daran scheitert, dass die Nutzung der Weihnachtsmarktbude zum einen vom eigentlichen Zweck dieser Räumlichkeit nicht umfasst ist und zum anderen auch noch ordnungsrechtlich unzulässig erfolgte.

Insoweit ist allerdings zu beachten, dass es nicht darauf ankommt, ob die Räumlichkeit geeignet und bestimmt ist zu Wohnzwecken; vielmehr ist entscheidend, ob zur Zeit der Tatbegehung die Räumlichkeit tatsächlich zu Wohnzwecken genutzt worden ist. Und das gilt selbst dann, wenn diese Nutzung widerrechtlich war, so z.B. bei Obdachlosen, die

Wohn- oder Eisenbahnwagen als Wohnung gebrauchen. Im vorliegenden Fall hat R die Hütte tatsächlich als Wohnung gebraucht, was nach dem soeben Gesagten ausreicht. Die Widerrechtlichkeit der Nutzung hindert ebenfalls nicht die Erfüllung des Tatbestandes.

2.) Des Weiteren ist fraglich, wie es sich auswirkt, dass der Täter R bei der Brandlegung sicher war und auch sein konnte, dass von dem Brand keine Gefahr auf die oder den Menschen ausgeht, die in der Hütte wohnten. Es erscheint insoweit erwägenswert, die Anwendung des § 306a StGB dergestalt einzuschränken, dass bei sicherem und völligem Ausschluss der Gefährdung eines Menschenlebens durch den Täter der Tatbestand teleologisch reduziert wird. Hierbei ist allerdings einerseits zu berücksichtigen, dass § 306a StGB grundsätzlich die abstrakte Gefährdung von Menschenleben sanktioniert und es mithin eigentlich unerheblich sein muss, ob eine Person konkret gefährdet war oder nicht. Indessen kann diese Regel andererseits nicht uneingeschränkt gelten. Wenn der Täter im konkreten Fall sicher ausschließen kann, dass eine Person überhaupt in eine gefährliche Situation gelangt, erscheint die Bestrafung auch wegen nur abstrakter Gefährdung unangemessen und mit dem Schuldprinzip unvereinbar. Denn in solchen Konstellationen kann es objektiv nicht zu einer abstrakten Gefährdung kommen. Deshalb kann die Möglichkeit einer teleologischen Reduktion nicht aus dem Grund verneint werden, dass § 306a StGB lediglich eine abstrakte Gefährdung bestraft.

Um den Tatbestand allerdings nicht unzulässig aufzuweichen, muss die Beschränkung der Norm in engen Grenzen erfolgen. Zulässig bleibt die teleologische Reduktion daher nur, wenn der Täter einen kleinen überschaubaren Raum vor sich hat, bei dem er sich durch einen kurzen Blick vergewissern kann, dass tatsächlich niemand gefährdet wird. Im vorliegenden Fall kann R bei der einräumigen Bude übersehen, dass niemand der Bewohner einer Gefährdung durch das von ihm gelegte Feuer ausgesetzt ist. Dies hat zur Folge, dass R unter teleologischer Reduktion des § 306a Abs. 1 Nr. 1 StGB nicht nach dieser Norm zu bestrafen ist. Die Voraussetzungen des § 306a Abs. 1 Nr. 1 StGB liegen zwar vor, indessen wirkt hier zugunsten des Täters die Tatbestandseinschränkung. R hat einen Brand in einem Raum gelegt, der zwar zu Wohnzwecken diente, in dem indessen zum Tatzeitpunkt eine Gefährdung des Bewohners absolut ausgeschlossen war. In Bezug auf § 306a Abs. 1 Nr. 1 StGB ist der Tatbestand demnach im vorliegenden Fall wegen Ausschluss der Gefährdung einer Person in seiner Anwendung teleologisch reduziert und somit nicht erfüllt.

Ergebnis: R ist nicht zu bestrafen wegen § 306a Abs. 1 Nr. 1 StGB.

In Betracht kommt dann aber noch eine Bestrafung des R wegen § 306a Abs. 1 Nr. 3 StGB.

1.) Dann muss es sich zunächst bei dem Tatobjekt um eine Räumlichkeit handeln, die zeitweise dem Aufenthalt von Menschen dient.

Im Vergleich zur oben geprüften Nr. 1 des § 306a Abs. 1 StGB können, um Überschneidungen zu vermeiden, unter die Nr. 3 nur die Räumlichkeiten fallen, die nicht der Wohnung von Menschen dienen, gleichwohl aber zeitweise und zweckgerichtet von Menschen benutzt werden. Darunter fallen, soweit sie nur vorübergehend und nicht als räumlicher Lebensmittelpunkt genutzt werden, also etwa Wohn- oder Imbisswagen. Die Unterscheidung der Nrn. 1 und 3 erfolgt anhand der Charakterisierung der Räumlichkeit. Dient sie als räumlicher Lebensmittelpunkt, ist es Nr. 1 des § 306a Abs. 1 StGB; dient sie nur zum zeitweiligen Aufenthalt, ist es die Nr. 3. Die Unterscheidung trifft man dabei stets anhand der tatsächlichen Begebenheiten, nicht anhand der herkömmlichen Eignung.

Nachdem oben festgestellt wurde, dass die Hütte im konkreten Fall tatsächlich Wohnzwecken dient, kann man nun die hier in Frage stehende Bude nicht gleichzeitig als Räumlichkeit, die nur zeitweise dem Aufenthalt von Menschen dient, subsumieren. Dafür spräche zwar, dass die Verkaufsbude auf dem Weihnachtsmarkt eigentlich an sich eine klassische Räumlichkeit im Sinne des § 306a Abs. 1 Nr. 3 StGB darstellt, da sie während der Verkaufszeit vorübergehend dem Aufenthalt von Menschen dient und mithin typischerweise unter die Nr. 3 des § 306a Abs. 1 StGB fällt. Indessen gibt es vorliegend die Besonderheit, dass der Budenpächter B diese Hütte für 6 Wochen zu seiner Wohnung gemacht hat, was ausreicht, um die Nr. 1 des § 306a StGB zu erfüllen. Angesichts dieser Erwägungen scheidet § 306a Abs. 1 Nr. 3 StGB aus. R hat sich auch nicht nach § 306a Abs. 1 Nr. 3 StGB strafbar gemacht.

Ergebnis: Damit scheidet eine Strafbarkeit nach § 306a Abs. 1 StGB insgesamt aus. Es verbleibt hinsichtlich der Brandstiftungsdelikte bei einer Bestrafung wegen § 306 Abs. 1 Nr. 1 StGB.

R hat des Weiteren eine Sachbeschädigung gemäß § 303 Abs. 1 StGB an den Strohsternen und den Handpuppen erfüllt.

Die Sachbeschädigung tritt im vorliegenden Falle nicht hinter der Brandstiftung nach § 306 Abs. 1 Nr. 1 StGB zurück; beschädigt sind Gegenstände, die nicht vom Schutzzweck der Brandstiftungsdelikte erfasst werden. Es liegt Idealkonkurrenz im Sinne des § 52 StGB vor.

Gesamtergebnis: R hat durch seine Tat zum einen eine Brandstiftung gemäß § 306 Abs. 1 Nr. 1 StGB und zum anderen eine Sachbeschädigung gemäß § 303 Abs. 1 StGB verwirklicht. Beide Delikte stehen im Verhältnis der Tateinheit nach § 52 StGB zueinander.

Fall 16

Die Existenzgründung

Rechtsanwalt R hat die Nase voll von redlicher Arbeit. Er überzeugt daher seine Freundin F, das der F gehörende und gegen Feuer versicherte Haus, in dem neben R und F nur noch die Studentin S in einer Mietwohnung lebt, durch einen Brand zu Geld zu machen. Mit der zu erwartenden Versicherungssumme will R mit F eine neue Existenz aufbauen.

Wenige Tage nachdem die S einen dreimonatigen Australienurlaub angetreten hat, legt R morgens, als F einen Spaziergang macht, im Keller des Hauses Feuer, woraufhin das Gebäude innerhalb kürzester Zeit zu brennen beginnt. Der auf der gegenüberliegenden Straßenseite wohnende Bruder B der F, der den Brand kurz nach dem Ausbruch bemerkt, rennt nun blöderweise in der Absicht, seine Schwester zu retten, mit einem Feuerlöscher in das Haus. Dort aber wird er von einem brennenden Balken am Kopf getroffen und stirbt wenige Minuten später an einer Rauchvergiftung. Zu einer Auszahlung der Versicherungssumme für das niedergebrannte Haus kommt es nicht mehr, da die Polizei die Tat am gleichen Tag aufklärt, ohne dass F den Schaden der Versicherung melden konnte.

Strafbarkeit des R?

Schwerpunkte: Brandstiftung nach § 306 Abs. 1 Nr. 1 StGB; Fremdheit des Tatobjekts; Einwilligung als Rechtfertigungsgrund; schwere Brandstiftung gemäß § 306a Abs. 1 Nr. 1 StGB; Entwidmung als Tatbestandsausschluss; besonders schwere Brandstiftung nach § 306b Abs. 2 Nr. 2 StGB; Problem der Ermöglichung der Folgetat; Brandstiftung mit Todesfolge gemäß § 306c StGB; Probleme der sogenannten »Retter-Fälle«.

Lösungsweg

§ 265 Abs. 1 StGB (Versicherungsmissbrauch)

I. Tatbestand (A: objektiv):

Bei dem Haus handelt es sich nach der eindeutigen Sachverhaltsschilderung ohne Probleme um eine gegen Verlust versicherte Sache; und diese Sache zerstört der R durch den Brand. Damit ist der objektive Tatbestand des § 265 Abs. 1 StGB erfüllt.

B: Subjektiver Tatbestand:

Neben dem obligatorischen Vorsatz aus § 15 StGB ist hier des Weiteren erforderlich die zielgerichtete Absicht, sich oder einem Dritten Leistungen aus der Versicherung zu verschaffen (*Lackner/Kühl* § 265 StGB Rz. 4; *Geppert* in Jura 1998, 386). Dolus direktes 2. oder 3. Grades genügt nicht (S/S-*Perron* § 265 StGB Rz. 13).

Im vorliegenden Fall begeht R die Tat, um der F die Versicherungssumme, die ihr aus dem Vertrag mit der Versicherung zustehen würde, zu verschaffen und erfüllt mithin die subjektive Tendenz des § 265 Abs. 1 StGB in der Form der Drittbegünstigung. Unerheblich kann seine Absicht bleiben, auch selbst von dem Geld profitieren zu wollen (BGH NJW **2007**, 2130). In jedem Falle will er für F die Auszahlung der Versicherungssumme ermöglichen, sodass seine eigene mittelbare Vorteilsabsicht für die Erfüllung des Tatbestandes nicht mehr von Bedeutung ist.

Beachte: Weder zur Erfüllung des objektiven noch des subjektiven Tatbestandes ist notwendig, dass es tatsächlich zu einer Auszahlung des Geldes durch die Versicherung kommt. Der Wortlaut der Norm verlangt nämlich lediglich, dass eine versicherte Sache zerstört wird, *»um sich oder einem Dritten Leistungen aus der Versicherung zu verschaffen«*. Da steht nix davon, dass diese Absicht dann auch Realität geworden sein muss. Kommt es hingegen zur Auszahlung der Versicherungssumme, dürfte regelmäßig ein Betrug gemäß **§ 263 Abs. 3 Nr. 5 StGB** vorliegen, der dann den Versicherungsmissbrauch wegen der Subsidiarität des § 265 StGB verdrängt (Gesetz lesen). Der Versicherungsmissbrauch nach § 265 StGB ist somit bei genauer Betrachtung eine Norm, die die Vorbereitungshandlung zum später folgenden Betrug bestraft; allerdings wegen der Subsidiarität des § 265 StGB auch nur dann, wenn der Täter später nicht mehr dazu kommt, mithilfe eines Betruges dann letztlich die Versicherungssumme ausgezahlt zu erhalten (vgl. BGH NStZ **2012**, 39).

In unserem Fall liegt es genau so, wie von § 265 StGB beabsichtigt: R zündet zwar das Haus an, zu einer Auszahlung der Versicherungssumme aber kommt es nicht mehr. Ein Betrug gemäß § 263 Abs. 3 Nr. 5 StGB, der den Versicherungsmissbrauch verdrängt hätte, wäre erst dann erfüllt oder zumindest aber versucht gewesen, wenn eine Täuschungshandlung vorgelegen hätte; etwa in der Form, dass F der Versicherung gegenüber den Schadensfall meldet und die vorsätzliche Brandstiftung verschweigt (vgl. zum möglichen Rücktritt von § 263 StGB: BGH NStZ-RR **2014**, 111).

Erg.: Da an der **II. Rechtswidrigkeit** und der **III. Schuld** schließlich keine Zweifel bestehen, hat sich R wegen eines Versicherungsmissbrauchs gemäß § 265 Abs. 1 StGB strafbar gemacht.

Aufbauhinweis: Im Vergleich zu dem, was jetzt im Folgenden noch kommt, ist dieser gerade geprüfte Versicherungsmissbrauch nach § 265 StGB selbstverständlich das

schwächste Delikt, zumindest hinsichtlich der Strafdrohung, und gehört somit eigentlich nicht an den Anfang der Erörterung. In unserem Fall macht es aber ausnahmsweise Sinn, die Aufbauregel, wonach stets mit dem schwersten Delikt begonnen werden soll, abzuändern: Der aufmerksame Kandidat wird nämlich schon bemerkt haben, dass später mit § 306b Abs. 2 Nr. 2 StGB eine Norm zu prüfen sein wird, die in ihrem Tatbestand die Absicht des Täters gerichtet auf eine andere Straftat erfordert. Damit man nun später keine – absolut tödliche! – Inzident-Prüfung vornehmen muss, schaltet man den Versicherungsmissbrauch oder den alternativ dazu stehenden Betrug gegenüber der Versicherung hier ausnahmsweise vor und kann das gefundene Ergebnis dann gleich bei der Erörterung des § 306b Abs. 2 Nr. 2 StGB durch einfachen Verweis nach oben verwerten. Bitte merken, denn diese Konstellation findet sich häufig in den Brandstiftungsklausuren, vor allem wenn § 306b Abs. 2 Nr. 2 StGB in Betracht kommt.

Jetzt aber zur Prüfung der §§ 306 ff. StGB, und dort beginnen wir mit

§ 306 Abs. 1 Nr. 1 StGB (Brandstiftung)

I. Tatbestand (A: objektiv):

1.) Zunächst einmal benötigen wir zur Erfüllung des Tatbestandes ein taugliches Tatobjekt. In Betracht kommt im vorliegenden Fall selbstverständlich der Begriff des »Gebäudes« aus § 306 Abs. 1 Nr. 1 StGB.

> **Definition:** ***Gebäude*** im Sinne des Gesetzes ist ein durch Wände und Dach begrenztes, mit dem Erdboden fest – wenn auch nur durch die eigene Schwere – verbundenes Bauwerk, das den Eintritt von Menschen gestattet und Unbefugte abhalten soll (BGH StV **2013**, 632; BGH NStZ **2012**, 693; BGH NStZ **2008**, 99; BGH NStZ **1984**, 455; BGHSt **1**, 163; MK/*Radtke* § 306 StGB Rz. 23; S/S-*Eser/Bosch* § 243 StGB Rz. 7; *Fischer* § 243 StGB Rz. 4; *Geppert* in Jura 1998, 597).

Das ist hier natürlich in unserem Fall kein Problem, denn ein Wohnhaus unterliegt unstreitig der soeben genannten Definition. Wir haben es also bei dem von R angezündeten Haus zu tun mit einem »Gebäude« im Sinne der Brandstiftungsdelikte.

2.) Des Weiteren muss dieses Gebäude nach dem Wortlaut des Gesetzes auch ***fremd*** sein, das heißt, es darf weder herrenlos sein noch im alleinigen Eigentum des Täters stehen (S/S-*Heine/Bosch* § 306 StGB Rz. 11). Auch das ist kein Problem, denn das Haus gehörte der F, der hier geprüfte Täter aber ist der R.

3.) Schließlich muss R eine der in § 306 Abs. 1 StGB benannten Tathandlungen verwirklicht haben. Insoweit ist der Sachverhalt eindeutig: R hat durch sein Verhalten das Haus zum Niederbrennen gebracht, was zu subsumieren ist unter die Variante des »In-Brand-Setzens« des § 306 StGB (vgl. zur Abgrenzung der Tathandlungen des § 306 StGB die ausführlichen Erläuterungen im vorherigen Fall).

ZE.: Der objektive Tatbestand des § 306 Abs. 1 Nr. 1 StGB ist erfüllt.

B: Subjektiver Tatbestand:

R handelte ohne Probleme vorsätzlich im Sinne des § 15 StGB.

II. Rechtswidrigkeit:

Die Tat ist dann rechtswidrig, wenn keine Rechtfertigungsgründe vorliegen. Und hier müssen wir nun mal etwas genauer hinsehen, denn: Wir haben eben bei der Prüfung des objektiven Tatbestandes schon gesehen, dass zur Erfüllung auch die ***Fremdheit*** der Sache gehörte. § 306 StGB ist die einzige Vorschrift im Bereich der Brandstiftungsdelikte, die diese Fremdheit des Tatobjekts voraussetzt, was sich mit dem Umstand begründet, dass § 306 StGB nach allgemeiner Ansicht ein Spezial-Fall der Sachbeschädigung sein soll (*Lackner/Kühl* § 306 StGB Rz. 1; *Geppert* in Jura 1998, 599; *Rengier* in JuS 1998, 397; *Lesch* in JA 1998, 478; *Fischer* § 306 StGB Rz. 1).

> **Beachte**: Diese besondere Ausformung des § 306 StGB als Sachbeschädigungsdelikt hat nun – wie gesehen – zum einen zur Konsequenz, dass man im objektiven Tatbestand die Fremdheit der Sache positiv feststellen muss. Die Fremdheit gehört übrigens bei sämtlichen Sachbeschädigungsdelikten deshalb zum objektiven Tatbestand, weil die Sachbeschädigung ein ***Vermögensdelikt*** ist und mithin als Schutzgut nur ***fremdes*** Vermögen in Betracht kommen kann.

Die zweite Konsequenz der Qualifizierung des § 306 StGB als Sachbeschädigungsdelikt mit einem aus der Sicht des Täters notwendig fremden Tatobjekt findet sich in der Rechtswidrigkeit. Da die Sachbeschädigungsdelikte als Schutzgut immer das ***fremde*** Eigentum haben, kann der Inhaber dieses Rechtsgutes die Rechtswidrigkeit der Tat durch ***Einwilligung*** ausschließen; denn er ist der alleinige Träger der zu schützenden Rechtsposition (BGH NJW **2003**, 1824). Und wenn er nun auf den Schutz des Rechtsgutes freiwillig verzichtet, macht eine Bestrafung des Täters logischerweise keinen Sinn. Den freiwilligen Verzicht nennt man dann »**Einwilligung**«, die – wie gesagt – im Falle des § 306 StGB die Rechtswidrigkeit der Tat ausschließt (BGH NJW **2003**, 1824; BGH wistra **1986**, 173; *Lackner/Kühl* § 306 StGB Rz. 1; *Rengier* in JuS 1998, 398; *Geppert* in Jura 1998, 599; *Fischer* § 306 StGB Rz. 12; zweifelnd: *Wessels/Hettinger* BT 1 Rz. 956).

Im vorliegenden Fall ist Trägerin des von § 306 Abs. 1 Nr. 1 StGB geschützten Rechtsgutes die F, ihr gehört nämlich das Haus. Und die F ist von R informiert, sogar dazu überredet worden, ihre Zustimmung zum Anbrennen des Hauses zu erteilen. F hat mithin in die Zerstörung ihres Eigentums freiwillig eingewilligt mit der Konsequenz, dass die Rechtswidrigkeit der Tat auf Seiten des R entfällt. Und bitte beachte insoweit noch, dass mangels einer dem § 228 StGB entsprechenden Vorschrift die fraglose

Sittenwidrigkeit der vorliegend erteilten Einwilligung in Bezug auf § 306 StGB unbeachtlich ist.

> **Noch was:** Dass bei dem Brand auch die von S bewohnte Mietwohnung einschließlich der sich darin vermutlich befindlichen Sachen der S mit abbrennt, ändert an diesem Ergebnis nichts. Denn zum einen ist die Wohnung nur gemietet und folglich nicht in das Eigentum der S übergegangen; zum anderen verbrennen zwar in der Wohnung vermutlich fremde Sachen der S, diese sind aber als Tatobjekte des § 306 Abs. 1 Nr. 1 StGB nicht tauglich. In § 306 Abs. 1 Nr. 1 StGB sind nur die dort benannten fremden »**Gebäude**« und »**Hütten**« geschützt, nicht aber die sich darin befindenden, einer anderen Person gehörenden Gegenstände. Diese können allenfalls von § 303 StGB erfasst werden. Merken.

Erg.: Eine Bestrafung des R wegen § 306 Abs. 1 Nr. 1 StGB scheitert an der Rechtmäßigkeit seiner Tat, die Inhaberin des von der Norm geschützten Rechtsgutes hat eine wirksame Einwilligung erteilt.

§ 306a Abs. 1 Nr. 1 StGB (schwere Brandstiftung)

I. Tatbestand (A: objektiv):

1.) Bei dem angezündeten Haus handelt es sich, wie oben erörtert, um ein »Gebäude« im Sinne der Vorschrift. Bitte beachte, dass es jetzt bei § 306a StGB nicht mehr auf irgendwelche Eigentumsverhältnisse ankommt, das Wörtchen »fremd« steht nämlich nicht im Tatbestand der Norm (bitte nachprüfen). Und das liegt daran, dass § 306a StGB im Gegensatz zu § 306 StGB jetzt kein Sachbeschädigungs-, sondern in Abs. 1 ein abstraktes und in Abs. 2 ein konkretes Gefährdungsdelikt ist, das Leib und Leben von Menschen schützen soll (BGH NStZ-RR **2014**, 111; BGH NJW **2011**, 1091; *Fischer* § 306a StGB Rz. 1; *Lackner/Kühl* § 306a StGB Rz. 1; S/S-*Heine/Bosch* § 306a StGB Rz. 1).

2.) Das Gebäude muss zur Erfüllung des Tatbestandes nun aber des Weiteren zum Tatzeitpunkt »**der Wohnung von Menschen dienen**«. Und das ist hier nicht unproblematisch:

> Wir haben im vorherigen Fall schon gelernt, dass es bei der Bestimmung eines Gebäudes oder einer Hütte als »Wohnung« nicht auf die herkömmliche Eignung des Objekts, sondern vielmehr auf die ***tatsächliche*** Nutzung ankommt (BGH NStZ **2012**, 39; BGH NStZ **2008**, 99). Es können somit auch Objekte, die an sich nicht als »Wohnung« vorgesehen sind, zu einer solchen gemacht werden (z.B. die Weihnachtsmarktbude im letzten Fall). Aus diesem gerade geschilderten Prinzip folgt nun in umgekehrter Richtung aber auch, dass man diese tatsächliche Nutzung einer Räumlichkeit oder eines Gebäudes als Wohnung ebenso wieder aufheben und somit ein an sich als Wohnung benutztes Objekt dieser Eigenschaft entheben kann. Juristisch formuliert heißt das dann »faktische Beendigung der Wohnungseigenschaft einer Räumlichkeit« oder gebräuchlicher und einfacher ***Entwidmung*** (BGH NStZ **2008**, 99; BGH NStZ-RR **2005**, 76; S/S-*Heine/Bosch* § 306a StGB Rz. 5).

Eine solche Entwidmung hat zur Folge, dass das betroffene Objekt nach der Entwidmung aus dem Kreis der tauglichen Tatobjekte des § 306a Abs. 1 Nr. 1 StGB rausfällt (*Wessels/Hettinger* BT 1 Rz. 963; S/S-*Heine/Bosch* § 306a StGB Rz. 5). Und bezogen auf unseren Fall müssen wir uns nun fragen, ob angesichts der Geschehnisse eine Entwidmung des Hauses in Betracht kommt. Hierbei sind zwei Gesichtspunkte erwägenswert:

a) In Bezug auf R und F stellt sich zunächst die Frage, inwieweit der Entschluss, das Haus anzuzünden, eine solche **»faktische Aufgabe der Wohnungseigenschaft«** darstellt. Und hier herrscht tatsächlich Einigkeit, nämlich: Seinen Willen, das Gebäude als Wohnung im Sinne einer Entwidmung aufzugeben, kann der Berechtigte dadurch konkludent zum Ausdruck bringen, dass er es selbst anzündet, einem Dritten einen entsprechenden Auftrag erteilt oder an einer geplanten Zerstörung durch Brand in strafrechtlich relevanter Form mitwirkt. In diesen Handlungen manifestiert sich der Wille, das anzuzündende Objekt nicht mehr als Wohnung im Sinne der Norm nutzen zu wollen, es ist folglich entwidmet (BGH NStZ **1994**, 130; BGHSt **26**, 122; S/S-*Heine/Bosch* § 306a StGB Rz. 5; *Fischer* § 306a StGB Rz. 4a; *Wessels/Hettinger* BT 1 Rz. 963; *Geppert* in Jura 1998, 600). Und das gilt übrigens nicht nur für den Eigentümer, sondern auch für den alleinberechtigten unmittelbaren ***Fremdbesitzer***, wenn dieser den Auftrag zum Anzünden gibt (BGH NStZ-RR **2005**, 76).

Bezogen auf unseren Fall können wir feststellen, dass F und R durch den gemeinsam geplanten Versicherungsmissbrauch durch das Abbrennen des Hauses dieses Haus faktisch als Wohnung entwidmet, und – wie wir jetzt wissen – diesen Willen durch ihr Handeln konkludent zum Ausdruck gebracht haben. Im Hinblick auf R und F diente das Haus mithin nicht mehr der Wohnung von Menschen im Sinne des § 306a Abs. 1 Nr. 1 StGB (vgl. insoweit auch BGH JZ **1988**, 55).

b) Es fragt sich allerdings, ob dies auch für die zur Miete wohnende Studentin S gilt. Die S wusste zwar nichts von dem Brand, allerdings war sie zum Zeitpunkt der Tat gerade für 3 Monate nach Australien unterwegs. Man könnte daraus folgern, dass S für diese 3 Monate eine quasi vorübergehende Aufgabe der Nutzung als Wohnung getätigt hat und mithin auch in ihrer Person eine Entwidmung vorliegt.

Dies wird allerdings von der ganz herrschenden Meinung ***abgelehnt***. Vielmehr bleibt auch dann, wenn die Wohnung anlässlich eines Urlaubs für mehrere Monate verlassen wird, die Eigenschaft als Lebensmittelpunkt erhalten (BGH NJW **2007**, 2130; BGH NStZ **1985**, 409; BGHSt **26**, 121; MK/*Radtke* § 306a StGB Rz. 12; LK/*Wolff* § 306a StGB Rz. 13; *Schneider* in Jura 1989, 420; *Fischer* § 306a StGB Rz. 4; S/S-*Heine/Bosch* § 306a StGB Rz. 5). Entscheidend für die Entwidmung ist, dass faktisch kein Mensch mehr seinen Lebensmittelpunkt im Zeitpunkt der Vornahme der Tathandlung in dem Objekt für begründet hält. Und bei einer Urlaubsreise bleibt die heimische Wohnung fraglos der Lebensmittelpunkt (*Fischer* § 306a StGB Rz. 4).

ZE.: Zwar hatten R und F das Haus hinsichtlich ihrer jeweils eigenen Person durch das Anzünden faktisch als Wohnung aufgegeben und mithin entwidmet. Dies gilt hingegen nicht für S; denn S befand sich lediglich auf einer Urlaubsreise, die aber nicht das Bestehen des Lebensmittelpunktes im Hause der F aufhebt. Damit diente das Haus zum Zeitpunkt des Anzündens auch weiterhin der Wohnung von Menschen im Sinne des § 306a Abs. 1 Nr. 1 StGB, hier konkret der S.

3.) In Anlehnung an den vorherigen Fall müssen wir noch kurz auf den Umstand eingehen, dass zum Zeitpunkt des Anzündens niemand im Haus gewesen ist und folglich auch keine Gefährdung für einen der Bewohner eintreten konnte.

> **Beachte**: Wir hatten insoweit gelernt, dass eine Bestrafung nach § 306a Abs. 1 Nr. 1 StGB dann unter Umständen im Wege einer ***teleologischen Reduktion*** des Tatbestandes entfallen kann, wenn der Täter einen kleinen überschaubaren, möglichst einräumigen Bereich anzündet und sich vorher absolut sicher sein konnte, dass niemand gefährdet werden kann (BGHSt **26**, 121; kritisch dazu *Wessels/Hettinger* BT 1 Rz. 968). Dies wurde damit begründet, dass in einem solchen Fall selbst eine abstrakte Gefährdung von Menschen gänzlich ausgeschlossen ist und folglich kein Bedürfnis für die erhöhte Strafe des § 306a StGB besteht (vgl. die Ausführungen im vorherigen Fall).

Wir haben im Zuge dessen aber auch gesehen, dass diese teleologische Reduktion des § 306a Abs. 1 StGB ausgeschlossen ist bei nicht überschaubaren Räumlichkeiten wie z.B. einem mehrräumigen Wohnhaus und ähnlich komplexen Gebäuden (*Geppert* in Jura 1998, 601; *Wessels/Hettinger* BT 1 Rz. 968). In diesen Fällen versagt die Rechtsprechung und auch die Literatur eine Einschränkung des Tatbestandes mit der Begründung, solche Räumlichkeiten könnten vom Täter nicht sicher daraufhin überprüft werden, ob denn tatsächlich niemand zu Schaden kommen kann (BGHSt **26**, 121).

ZE.: Im vorliegenden Fall haben wir es zu tun mit einem Wohnhaus mit der Folge, dass eine teleologische Reduktion des § 306a StGB nicht in Betracht kommt. Die Tatsache, dass sich zum Zeitpunkt der Tathandlung niemand im Gebäude aufhielt, kommt dem R somit nicht zugute.

B: Subjektiver Tatbestand:

Es bestehen keine Zweifel daran, dass sich R aller Umstände, die zum objektiven Tatbestand gehören, bewusst gewesen ist. R handelte mithin vorsätzlich im Sinne des § 15 StGB.

Rechtswidrigkeit und Schuld:

Keine Bedenken. Beachte, dass bei der Rechtswidrigkeit – im Gegensatz zu § 306 StGB – eine Einwilligung hier jetzt als Rechtfertigungsgrund ausscheidet, denn Tatobjekt sind ***alle*** Sachen, unabhängig von ihrer Eigentumszuordnung.

Ergebnis: R hat sich strafbar gemacht wegen schwerer Brandstiftung nach § 306a Abs. 1 Nr. 1 StGB.

§ 306b Abs. 2 Nr. 2 StGB (besonders schwere Brandstiftung)

I. Tatbestand (A: objektiv):

Unproblematisch liegt ein Fall des § 306a StGB vor, das haben wir soeben geprüft und bejaht.

B: Subjektiver Tatbestand:

Neben dem obligatorischen Vorsatz ist nun noch erforderlich, dass der Täter durch die Tat nach § 306a StGB eine andere Straftat ermöglichen oder verdecken will (Gesetz lesen). Im vorliegenden Fall zündet R das Haus an, um der F die Versicherungssumme zu verschaffen. Mit dem Brand hat R – wie oben erörtert – einen Versicherungsmissbrauch gemäß § 265 StGB vollendet verwirklicht. Zu dem beabsichtigten Betrug zulasten der Versicherung gemäß § 263 Abs. 3 Nr. 5 StGB ist es zwar nicht mal im Versuch gekommen, da die Polizei die Tat noch am gleichen Tag aufgeklärt hatte. Indessen wäre dies zur Erfüllung des § 306b Abs. 2 Nr. 2 StGB auch gar nicht nötig. Im Gesetz steht ja nur, dass der Täter eine darauf gerichtete ***Absicht*** gehabt haben muss, ein Eintritt in das Versuchsstadium der beabsichtigten Folgetat ist mithin ***nicht*** erforderlich (S/S-*Heine/Bosch* § 306b StGB Rz. 11). Beachte im Übrigen, dass es auch keine Rolle spielt, ob der Täter eine eigene oder aber die Straftat, die ein anderer dann begehen soll, ermöglicht (BGH NJW **2000**, 3581). In beiden Fällen liegt die Ermöglichungsabsicht vor. Des Weiteren muss die beabsichtigte oder tatsächlich ermöglichte Tat auch nicht zeitlich der Brandstiftung nachgeschaltet sein; es genügt vielmehr nach allgemeiner Meinung auch, wenn die entsprechende Straftat ***gleichzeitig*** – also durch die gleiche Tathandlung wie die Brandstiftung – ermöglicht wird (BGHSt **40**, 247; **20**, 247; *Hecker* in GA 99, 340; *Geppert* in Jura 1998, 604; *Fischer* § 306b StGB Rz. 10; S/S-*Heine/Bosch* § 306b StGB Rz. 11). Und beachte schließlich noch folgende, durchaus komplizierte Feinheit: Begeht der Täter die Brandstiftung, nur um einem ***unwissenden*** Dritten die Versicherungsleistung zu verschaffen (z.B. seiner Ehefrau, der das Haus gehört und die von der Brandlegung nichts weiß), reicht dies ***nicht*** aus für § 306b Abs. 2 Nr. 2 StGB (→ BGHSt **51**, 236 = NJW **2007**, 2130). Denn dann hat der Täter mit derselben Handlung (= In-Brand-Setzen) lediglich einen Versicherungsmissbrauch aus § 265 StGB begangen, aber keine weitere »**andere**« Straftat – nämlich einen Betrug zulasten der Versicherung – ermöglicht. **Begründung:** Bei dieser Konstellation besteht ja tatsächlich ein Anspruch auf die Versicherungsleistung, die ahnungslose Ehefrau wusste ja nichts von der Brandlegung und kann daher auch die Versicherung grundsätzlich in Anspruch nehmen! Somit kann diese spätere Inanspruchnahme durch den (berechtigten!) Versicherungsnehmer auch keine ***andere*** Straftat, die der Täter ermöglicht hat, sein (bitte lies: BGHSt **51**, 236). Kapiert!?

In unserem Fall allerdings wird man die Voraussetzungen des § 306b Abs. 2 Nr. 2 StGB zwanglos bejahen können: Denn R begeht die Brandstiftung, um der keinesfalls ahnungslosen F das Geld aus der Versicherung zu verschaffen. Folglich hat er mit dem Brand zwar selbst einen Versicherungsmissbrauch gemäß § 265 StGB vollendet verwirklicht, zum anderen aber auch die ***Vorbereitung*** für einen später von F zu begehenden Betrug geschaffen. Damit F an die Versicherungsleistung kommt, müsste sie nämlich noch einen Betrug zulasten der Versicherung begehen. Und dieser Betrug wäre dann die »andere Straftat«, die von unserem Täter ermöglicht werden sollte (vgl. insoweit auch den Fall aus BGHR § 306b StGB »Ermöglichung 4«).

ZE.: Der beabsichtigte Betrug wäre ohne den Brand nicht zu realisieren gewesen. Er ist folglich nach der Absicht des Täters »durch den Brand ermöglicht worden«, und § 306b Abs. 2 Nr. 2 StGB liegt damit eigentlich recht problemlos vor.

Ganz so einfach ist es dann aber doch nicht, denn an dieser Stelle verbirgt sich ein weiteres, sehr beachtliches Problem. Um zu verstehen, worum es geht, müssen wir uns zunächst einmal den hohen ***Strafrahmen*** des **§ 306b Abs. 2 StGB** ansehen, wonach es bei Vollendung mindestens fünf Jahre Knast gibt. Aus diesem hohen Strafrahmen nämlich folgert eine Ansicht, der Tatbestand des § 306b Abs. 2 Nr. 2 StGB müsse restriktiv ausgelegt werden, und zwar so, dass eine nur allgemein ***funktionale Beziehung*** zwischen der Brandstiftung und der beabsichtigten oder der tatsächlich ermöglichten Tat ***nicht*** ausreiche (*Mitsch* in ZStW 111, 114; *Geppert* in Jura 1998, 604; SK/*Wolters* § 306b StGB Rz. 13; *Hecker* in GA 99, 332; *Lackner/Kühl* § 306b StGB Rz. 4; *Fischer* § 306b StGB Rz. 9). Wer also beispielsweise ein Haus anzündet, um dem Hausinhaber damit die Ernstlichkeit einer schon vor Tagen ausgesprochenen Geld-Erpressung zu verdeutlichen, verwirklicht nicht den Tatbestand des § 306b Abs. 2 Nr. 2 StGB. Erforderlich zur Erfüllung des Tatbestandes des § 306b Abs. 2 Nr. 2 StGB soll nach dieser Auffassung vielmehr sein, dass der Täter die ***spezifisch-typische Gefahrenlage*** einer ***Brandsituation*** zur Begehung seiner Folgetat ausnutzt und so die Folgetat, die in nahem zeitlichen und räumlichen Zusammenhang stehen muss, begünstigt.

Durchblick: Wenn man ein Haus anzündet, hat dies neben dem Abbrennen des Gebäudes regelmäßig auch noch andere typische Auswirkungen: Zum Beispiel entsteht aufgrund des Brandes Verwirrung und Panik bei den betroffenen Personen, die aus dem Haus flüchten und ihre Sachen zurücklassen; unter Umständen kommen die Nachbarn zur Hilfe und verlassen aus diesem Grund ihre Häuser oder Wohnungen. Wenn der Täter nun ein Haus anzündet, um sich ***diese*** Situation der Panik und Verwirrung der Menschen zur Begehung etwa eines Diebstahls in den verlassenen Wohnungen oder z.B. eines Diebstahls der vor den Häusern stehenden PKWs zunutze zu machen, profitiert er bei der Ausführung dieser Taten von den ***brandtypischen Gefahren*** (*Lackner/Kühl* § 306b StGB Rz. 4; *Geppert* in Jura 1998, 604; *Fischer* § 306b StGB Rz. 9; S/S-*Heine/Bosch* § 306b StGB Rz. 13).

Erforderlich für die beachtlich hohe Bestrafung nach § 306b Abs. 2 Nr. 2 StGB soll also dieser ***spezielle Zusammenhang*** zwischen den typischen Auswirkungen der Brandstiftung und der Folgetat sein. Wer hingegen ohne entsprechende Verbindung mithilfe der Brandstiftung ***rein funktional*** eine andere Tat begehe, verdiene nicht die immens hohe Strafe der Norm (LG Kiel StV **2004**, 675; S/S-*Heine/Bosch* § 306b StGB Rz. 13; *Fischer* § 306b StGB Rz. 9; *Lackner/Kühl* § 306b StGB Rz. 4; *Schlothauer* in StV 2000, 138; *Hecker* in GA 1999, 332; *Geppert* in Jura 1998, 604; *Zopfs* in JuS 1995, 688; *Mitsch* in ZStW 111, 114). In unserem Fall mangelt es an diesem Merkmal, denn R macht sich hinsichtlich der Tat, also des beabsichtigten Versicherungsbetruges, nicht die typische Gefahrensituation eines Brandes zunutze, sondern benötigt die Brandstiftung lediglich funktional für den später beabsichtigten Versicherungsbetrug. Eine Verwirklichung des § 306b Abs. 2 Nr. 2 StGB käme somit nach der eben benannten Auffassung nicht in Betracht.

Dieser Ansicht widerspricht allerdings eine ***andere Meinung*** in der Literatur und zudem auch ausdrücklich der **BGH** (BGH vom 22.04.**2008** = BGHR § 306b StGB »Ermöglichen 4«; BGH NStZ-RR **2005**, 76; BGHSt **45**, 211): Für die Verwirklichung des § 306b Abs. 2 Nr. 2 StGB genüge demnach vielmehr schon die Begehung einer Straftat, für die die Brandstiftung nicht als notwendiges Mittel erscheinen muss, diese aber zumindest erleichtert (BGH vom 22.04.**2008** = BGHR § 306b StGB »Ermöglichen 4«; BGH NStZ-RR **2005**, 76; BGHSt **45**, 211, 216; BGH JR **2001**, 125; dem BGH zustimmend: *Rönnau* in JuS 2001, 328; *Radtke* in ZStW 110, 848 und in JR 2000, 428; *Ellbogen* in Jura 1998, 483, 488; *Maurach/Schroeder/Maiwald*, StrafR. BT, 2. Teilband, § 51 Rz. 30; ablehnend: *Wessels/Hettinger* BT 1 Rz. 972; *Hecker* in GA 99, 332; *Schlothauer* in StV 2000, 138). Zur Begründung führt der BGH in seiner Entscheidung vom 23. September 1999 aus (BGHSt **45**, 217):

> *»…Wie der eindeutige Wortlaut und die Anknüpfung auch an Abs. 2 des § 306a StGB ergeben, setzt § 306b Abs. 2 Nr. 2 StGB eine Steigerung und Ausnutzung der brandbedingten Gemeingefahr* ***nicht*** *voraus. Vielmehr erfordert die Bestimmung nur, dass der Täter bei seiner – in § 306a StGB näher beschriebenen – Tathandlung das Ziel verfolgt, die Begehung der anderen Straftat, für die ihm die Brandstiftung nicht als notwendiges Mittel erscheinen muss,* ***zumindest*** *zu* ***erleichtern****. Der besondere Unwert der schweren Brandstiftung, um eine andere Straftat zu ermöglichen, liegt darin, dass sie der* ***Begehung kriminellen Unrechts*** *dienen soll. Die* ***erhöhte Verwerflichkeit*** *ergibt sich aus der Bereitschaft, zur Durchsetzung krimineller Ziele ein abstrakt oder konkret gefährliches Brandstiftungsdelikt zu begehen, mithin aus der* ***Verknüpfung*** *von Unrecht mit weiterem Unrecht durch den Täter. Auf diese Verknüpfung zwischen dem Handeln des Brandstifters und dem von ihm verfolgten Zweck der Ermöglichung muss sich die Absicht des Täters beziehen; im Hinblick auf den tatbestandlichen Erfolg des Grunddelikts und der Folgetat genügt grundsätzlich* ***dolus eventualis****. ... Dies wird durch die ständige Auslegung der §§ 211 und 315 Abs. 3 Nr. 1 b StGB bestätigt. Der Wortlaut des § 306b Abs. 2 Nr. 2 StGB entspricht vollinhaltlich diesen Vorschriften; auf deren Auslegung kann daher zurückgegriffen werden. ... Diese Auslegung des § 306b Abs. 2 Nr. 2 StGB hat auch die Gründe der* ***Systematik*** *für sich. Das Erfordernis des nahen zeitlichen und räumlichen Zusammenhangs zwischen der Brandsituation und der anderen Straftat ließe für die gleichrangig in § 306b Abs. 2 Nr. 2 StGB vorgesehene Verdeckungsabsicht nur einen außerordentlichen schmalen Anwendungsbereich….«*

Also: Der BGH stellt ab auf die Auslegung der wortgleichen Vorschriften in § 211 StGB (Mord) und § 315 Abs. 3 Nr. 1 b StGB (Eingriffe in den Bahnverkehr) und verzichtet deshalb auf das von der anderen Meinung geforderte Merkmal, wonach der Täter die besondere Gefahrensituation des Brandes zur Begehung der Folgetat ausnutzen muss. Vielmehr erfordert § 306b Abs. 2 Nr. 2 StGB nur, dass der Täter bei seiner Tathandlung das Ziel verfolgt, die Begehung der anderen Straftat, für die ihm die Brandstiftung nicht als notwendiges Mittel erscheinen muss, zumindest zu erleichtern.

Zum Fall: Unser R zündet das Haus an, um der F die Versicherungssumme zu verschaffen. Diese Versicherungssumme hätte F nur dann erhalten können, wenn zunächst ein Versicherungsmissbrauch nach § 265 StGB vorliegt und die F später gegenüber der Versicherung einen ***Betrug*** begeht. Dieser Versicherungsmissbrauch und auch der beabsichtigte Versicherungsbetrug als Folgetat im Sinne des § 306b Abs. 2 Nr. 2 StGB stehen ***nicht*** in dem Zusammenhang, den die erstgenante Ansicht oben fordert, denn diese Folgetat wird ***nicht*** durch die ***brandspezifischen Gefahren*** ermöglicht. Vielmehr stehen die Taten lediglich in ***funktional finalem*** Zusammenhang mit der Brandstiftung; sie werden durch diese schlicht kausal ermöglicht. Daraus folgt, dass der von R bei seiner Tat beabsichtigte Versicherungsbetrug nur nach Ansicht des BGH und den dem BGH folgenden Stimmen in der Literatur ausreichen zur Erfüllung des § 306b Abs. 2 Nr. 2 StGB. Nach der anderen Auffassung hingegen scheitert § 306b Abs. 2 Nr. 2 StGB daran, dass die Taten nicht unter Ausnutzung der gemeinen Gefahr aufgrund der Inbrandsetzung des Hauses ermöglicht werden.

ZE.: Wir wollen hier ohne Wertung der Ansicht des BGH folgen und demnach annehmen, dass die Voraussetzungen des § 306b Abs. 2 Nr. 2 StGB in subjektiver Hinsicht erfüllt sind. Wie man diesen Streit ordnungsgemäß in der Klausur hinzuschreiben hat, steht übrigens – wie immer – weiter unten im Gutachten und sollte nachgelesen werden.

Rechtswidrigkeit und Schuld:

Keine Zweifel.

Erg.: R hat sich durch das Anzünden des Hauses, um der F die Versicherungssumme zu verschaffen, wegen besonders schwerer Brandstiftung nach § 306b Abs. 2 Nr. 2 StGB strafbar gemacht.

§ 306c StGB (Brandstiftung mit Todesfolge)

I. Tatbestand (A: objektiv):

Voraussetzung ist, dass R durch die Brandstiftung, die nach unserer Lösung bislang sowohl § 306a Abs. 1 Nr. 1 StGB als auch § 306b Abs. 2 Nr. 2 StGB erfüllt, wenigstens leichtfertig den Tod eines anderen Menschen verursacht hat (Gesetz lesen).

Achtung: Es kommt jetzt eine Thematik, die nach einer im Jahre 1998 eingefügten neuen Regelung der Brandstiftungsdelikte in der Wissenschaft und Rechtsprechung tatsächlich bis heute, also gut 15 Jahre später, gleichwohl weitestgehend ungeklärt geblieben ist und deshalb immer noch viel Raum für Klausuren und Hausarbeiten lässt (vgl. *Wessels/Hettinger* BT 1 Rz. 973). Es geht um die Problematik der sogenannten **»Retter-Fälle«**. Das sind die Konstellationen, in denen Personen, die sich vorher nicht im Gebäude aufhielten, dieses nach Ausbruch des Brandes zur Rettung anderer Personen betreten und dann dabei aufgrund der Brandauswirkungen entweder verletzt oder sogar getötet werden.

Nach der alten Rechtslage, die bis zum **31.03.1998** galt, wurden solche Fälle von den Brandstiftungstatbeständen völlig unstreitig ***nicht*** erfasst, die entsprechende Regelung im damaligen § 307 Nr. 1 StGB lautete nämlich:

»Die schwere Brandstiftung wird mit lebenslanger Freiheitsstrafe oder mit Freiheitsstrafe nicht unter 10 Jahren bestraft, wenn der Brand den Tod eines Menschen dadurch verursacht hat, dass dieser zur Zeit der Tat in einer der in Brand gesetzten Räumlichkeiten sich befand,...«

Also, die Person musste sich schon zum Zeitpunkt des Anzündens in dem Raum aufgehalten haben mit der Folge, dass dies dann selbstverständlich nicht für die klassischen »Retter«, die regelmäßig erst ***nach*** Ausbruch des Brandes das Gebäude oder den Raum betreten hatten, gelten konnte (BGHSt **39**, 322). Kamen diese Personen dann bei ihrem Rettungsversuch zu Schaden, blieb zumeist nur die fahrlässige Tötung nach § 222 StGB oder eben § 229 StGB, sofern der Retter bei seiner Aktion nur verletzt wurde.

Wenn wir angesichts des soeben Gesagten jetzt mal die heutige Fassung des Gesetzes anschauen, stellen wir fest, dass der Gesetzgeber in § 306c StGB, der die Regelung des alten § 307 Nr. 1 StGB ersetzen soll, eine andere Formulierung geschaffen hat; insbesondere fehlt die ursprüngliche Voraussetzung, dass sich das Opfer schon zum Zeitpunkt des Brandes im Haus bzw. dem Gebäude aufgehalten haben muss. Und daraus folgt, dass nunmehr auch diejenigen Menschen grundsätzlich als geschützter Personenkreis in Betracht kommen, die sich nach dem Ausbruch des Feuers freiwillig in das Gebäude begeben, um andere zu retten. Bevor wir gleich im Einzelnen die Vorschrift des § 306c StGB daraufhin untersuchen werden, ob der vorliegend bei B eingetretene Tod dem R zuzurechnen ist, werfen wir kurz noch einen systematischen Blick auf § 306c StGB, der die später folgende Prüfung erleichtern wird:

Es handelt sich bei § 306c StGB um eine sogenannte **»Erfolgsqualifikation«** der übrigen Brandstiftungsdelikte (*Fischer* § 306c StGB Rz. 2). Das bedeutet, dass als Grunddelikt einer der §§ 306-306 b StGB vollendet vorliegen muss, damit auch

§ 306c StGB selbst vollendet sein kann. Hinzukommen muss dann aber noch die durch die Brandstiftung wenigstens ***leichtfertige Verursachung*** des Todes des Opfers, wobei insoweit der § 18 StGB, der bei Erfolgsqualifikationen stets heranzuziehen ist, nur eingeschränkt gilt; die einfache Fahrlässigkeit, die für § 18 StGB als Mindestvoraussetzung schon reicht, genügt hier nicht (vgl. BGHSt **33**, 66). Vom tatbestandlichen Aufbau her macht man es nun so, dass zunächst das Vorliegen des oder der Grundtatbestände festgestellt werden kann, um dann im zweiten Schritt die wenigstens leichtfertige Verursachung des Todes zu untersuchen (*Radtke* in ZStW 110, 878; *Fischer* § 306c StGB Rz. 2; *Wessels/Beulke/Satzger* AT Rz. 868).

1.) Erforderlich zur Erfüllung des Tatbestandes des § 306c StGB ist also zunächst eine ***vollendete*** Brandstiftung nach den §§ 306 ff. StGB als Grunddelikt für § 306c StGB. Das haben wir weiter oben geprüft und festgestellt, dass sowohl § 306a Abs. 1 Nr. 1 StGB als auch § 306b Abs. 2 Nr. 2 StGB verwirklicht ist. Das Grunddelikt stellt mithin kein Problem dar.

2.) Vorliegen müssen des Weiteren dann die besonderen Voraussetzungen des § 306c StGB, also die wenigstens leichtfertige Verursachung des Todes des B durch die Brandstiftung.

Hierbei gilt für den Begriff der ***Verursachung*** zunächst als Grundregel, dass sich im Tod die ***spezifischen Gefahren*** der Brandstiftung realisiert haben müssen (BGHSt **7**, 39; LK/*Wolff* § 306c StGB Rz. 4; *Fischer* § 306c StGB Rz. 3; S/S-*Heine/Bosch* § 306c StGB Rz. 4). Und auf den ersten Blick wird man das hier dann auch recht problemlos annehmen können, denn der B wird von einem durch den Brand locker gewordenen Balken getroffen und stirbt dann an einer Rauchvergiftung, was man insgesamt als klassische Auswirkung einer Brandgefahr bezeichnen kann (*Fischer* § 306c StGB Rz. 3; *Wessels/Hettinger* BT 1 Rz. 973; *Lackner/Kühl* § 306c StGB Rz. 2). Der Tod des B wäre dem R demnach als »**Verursacher**« zuzurechnen mit der Folge einer Bestrafung aus § 306c StGB.

Beachte: Die alleinige Verursachung im soeben benannten Sinne genügt aber für sich betrachtet noch nicht. Der immens hohe Strafrahmen des § 306c StGB in Form der lebenslangen Freiheitsstrafe oder Freiheitsstrafe nicht unter 10 Jahren (!) rechtfertigt sich für eine unvorsätzliche Tötung nur dann, wenn der Täter zum einen auch ein besonderes Maß an Fahrlässigkeit verwirklicht, nämlich die Leichtfertigkeit (= grobe Fahrlässigkeit). Bitte vor Augen führen, dass der Täter nach § 306c StGB unter Umständen ***lebenslang*** in den Knast geht, obwohl er die Tötung des Menschen nicht vorsätzlich, sondern nur fahrlässig herbeigeführt hat. Zum anderen müssen aufgrund dieses Strafrahmens auch die Grenzen der Zurechnung des Todes eng gezogen werden, um nicht jedwede Verursachung unter § 306c StGB mit den entsprechenden Konsequenzen für den Täter zu erzwingen.

Wie das dann im Einzelnen zu funktionieren hat, ist – gerade oben schon mal erwähnt – bislang noch nicht abschließend oder gar verbindlich geklärt. Es gibt dazu eine Reihe von Ansichten in der Literatur und auch eine BGH-Entscheidung aus dem Jahre 1993, die allerdings nur die alte Rechtslage betrifft und deshalb im Rahmen des neuen § 306c StGB nur sehr begrenzt verwertbar ist. Wir wollen uns kurz und ergebnisorientiert die Problematik anschauen und demnach jetzt fragen, ob der Tod eines Retters dem Brandstifter als »**leichtfertig verursacht**« im Sinne des § 306c StGB zuzurechnen ist (zum aktuellen Streitstand in der Literatur vgl. *Fischer* § 306c StGB Rz. 4 m.w.N.). **Zwei** Ansatzpunkte sind bei der Abwägung zu berücksichtigen:

a) Zunächst kann man schon zweifeln, ob das Verhalten des Täters, der ein Haus anzündet, bezogen auf den späteren Tod des Retters über das normale Maß an Fahrlässigkeit hinausgeht. Eigentlich ist für die Leichtfertigkeit als gesteigerte Form der einfachen Fahrlässigkeit nämlich erforderlich, dass sich die ***Sorgfaltswidrigkeit*** bezieht auf eine ***besonders gefährliche Verwirklichung*** des ***Grunddelikts*** (S/S-*Sternberg-Lieben/schuster* § 18 StGB Rz. 5; *SK/Günter* § 251 StGB Rz. 19). Man wird sich insoweit dann aber fragen müssen, wie eine solche besondere Gefährlichkeit der Verwirklichung des Grunddelikts auszusehen hat. Genau betrachtet ist nämlich jede Brandstiftung aus den §§ 306 ff. StGB grundsätzlich erst mal »gefährlich« in Bezug auf den Tod eines möglichen Retters. Abstufungen könnten höchstens insoweit zum Tragen kommen, als dass man darauf abstellt, ob im konkreten Fall aus der Sicht des Täters eine besonders hohe Wahrscheinlichkeit bestand, dass ein Retter zum Tatort kommt und in eine Gefahrensituation hinsichtlich seines Lebens gelangt. So dürfte die Wahrscheinlichkeit eines Rettungseinsatzes mit Todesgefahr für die Feuerwehr oder sonstige Personen beim Anzünden eines mehrstöckigen Wohnhaus unter Umständen höher sein als etwa bei einem Einfamilienhaus oder z.B. einem in § 306 Abs. 1 Nr. 3 benannten Tatobjekt ***Kraftfahrzeug*** oder z.B. bei einem in § 306 Abs. 1 Nr. 5 bezeichneten ***Moor*** (S/S-*Heine/Bosch* § 306c StGB Rz. 8). Diese Abstufungen aber erscheinen willkürlich, unter Umständen von Zufällen abhängig und damit nicht geeignet, eine Leichtfertigkeit als gesteigertes Maß der Fahrlässigkeit des Täters zu begründen. Insoweit beachtlich ist die oben erwähnte BGH-Entscheidung aus dem Jahre 1993 (BGHSt **39**, 322), in der der BGH schon Mühe hatte, die für § 222 StGB ausreichende ***einfache*** Fahrlässigkeit des Brandstifters in Bezug auf den Tod eines Retters zu begründen, dies aber mit dem Argument vorgenommen hat, der Täter habe vorhersehen können, dass das Opfer zur Rettung seines Bruders das brennende Haus betreten würde.

Unter Berücksichtigung dessen kann die Prüfung des § 306c StGB in Bezug auf die »**Retter-Fälle**« schon daran scheitern, dass es beim Brandstifter grundsätzlich an einem gesteigerten Maß von Fahrlässigkeit in Bezug auf den Tod des Retters fehlt (vgl. insoweit etwa SK/*Wolters* § 306c StGB Rz. 4). Der Brandstifter mag zwar hinsichtlich eines späteren Todes »normal« (= einfach) fahrlässig handeln, wenn – wie üblich – vorhersehbar ist, dass zur Rettung etwaige Personen (z.B. auch Feuerwehrleute, vgl. OLG Stuttgart StraFo **2008**, 1971) in das brennende Gebäude gehen. Darüber hinaus dem Brandstifter ***Leichtfertigkeit*** in Bezug auf den Tod eines Retters vorzuwerfen, erscheint hingegen zunächst abwegig, es sei denn, es treten besondere Umstände hinzu, die ein andere Beurteilung rechtfertigen. Die Formen des leichtfertigen Handelns im Sinne des § 306c StGB und damit auch die Anwendung der Vorschrift insgesamt dürften tendenziell beschränkt sein auf die Verursachung des Todes von Menschen, die sich schon zum Zeitpunkt des Brandes im Gebäude aufgehalten haben und somit für den Täter vorhersehbar erhöhter Gefährdung ausgesetzt waren (so etwa: *Geppert* in Jura 1998, 602).

b) Selbst wenn man sich nun über diese Bedenken hinwegsetzt und annimmt, dass auch derjenige Täter leichtfertig in Bezug auf einen späteren Tod des Retters handelt, der ohne weitere Besonderheiten nur ein vorsätzliches Brandstiftungsdelikt der §§ 306 ff. StGB verwirklicht, stellt sich dann aber noch die Frage nach der Zurechnung unter dem Gesichtspunkt der ***bewussten Selbstgefährdung*** des Retters. Hierbei geht es darum, dass der Täter nicht dafür einzustehen haben soll, wenn sich das Opfer bewusst eigenverantwortlich und freiwillig in eine Gefahrensituation begibt, auch wenn der Täter durch sein Verhalten dafür die Ursache gesetzt hat. Im Rahmen der Körperverletzungs- und der Tötungsdelikte gilt daher die Regel, dass solche, sich selbst gefährdenden Personen nach allgemeiner Ansicht nicht oder nur unter ganz besonderen Umständen den strafrechtlichen Schutz des Staates beanspruchen können (BGHSt **39**, 322, 325; BGHSt **37**, 179; BGH NStZ **1984**, 452; *Wessels/Beulke/Satzger* AT Rz. 187). Eine Bestrafung wegen zurechenbarer Fahrlässigkeit scheidet daher in den genannten Fällen aus, das Opfer ist vielmehr alleinverantwortlich. Wenn also beispielsweise ein Dealer einem Drogenabhängigen »**Stoff**« verkauft, mit dem der Käufer sich dann wenig später zu Tode spritzt, ist der Dealer nicht wegen dieses Todes verantwortlich (BGHSt **32**, 262; BGHSt **33**, 66; vgl. aber auch BGH NStZ **2011**, 341); und das gilt übrigens selbst dann, wenn ein ***Arzt*** seinem drogenabhängigen Patienten »Schmerzpflaster« auf Opiatbasis verschreibt, aus denen der Patient die Opiate »auskocht« und sich dann mit einer Überdosis tötet (BGH GesR **2014**, 216 und 219). Auch hier trägt das ***Opfer*** nach Meinung des BGH die alleinige Verantwortung seines Handelns (zur Bestrafung wegen Verschaffung von Drogen für einen Schwerstkranken vgl. BGHSt **46**, 279 und BGH NStZ **2011**, 341; *Wessels/Hettinger* BT 1 Rz. 194).

Übertragen auf unseren Fall wäre also zu fragen, ob der Tod des B nun durch eine ***bewusste Selbstgefährdung*** des B oder aber vielmehr durch ein allein dem Täter zurechenbares Verhalten im Sinne des § 306c StGB eingetreten ist. Die Beantwortung dieser Frage, insbesondere in den vorliegenden »Retter-Fällen«, ist höchst umstritten: ***Wessels/Hettinger*** (BT 1 Rz. 973) etwa neigen vorsichtig dazu, in solchen Fällen der versuchten Rettung anderer Personen die Zurechnung aufgrund der Selbstgefährdung des Opfers abzulehnen, jedenfalls diesbezüglich die Leichtfertigkeit des Täters in Frage zu stellen (so wohl auch *Krey/Heinrich* BT 1 Rz. 131a). Differenzierter sieht das Herr ***Fischer*** (§ 306c StGB Rz. 3), der abstellen will auf die ***Sinnhaftigkeit*** des Rettungsversuchs und demzufolge bei objektiv aussichtslosen Bemühungen die Zurechnung zugunsten des Täters ***ablehnt***, ansonsten aber den Täter für den Tod des eigenmächtigen Retters über § 306c StGB haftbar machen will. Anderes soll dann unter Umständen für professionelle Retter (→ Feuerwehr) gelten. S/S-***Heine/Bosch*** (§ 306c StGB Rz. 6/7) gehen in die gleiche Richtung und meinen – freilich ohne sich festlegen zu wollen – in Anlehnung an den Rechtsgedanken des **§ 35 StGB** seien die vom Retter verfolgten Interessen zu berücksichtigen; eine Zurechnung nach § 306c StGB solle demnach stattfinden, wenn der Retter handele, um die in § 35 StGB benannten Rechtsgüter von sich selbst oder ihm nahestehender Personen zu sichern und der Täter zum Tatzeitpunkt dies erkennen konnte. ***Radtke*** (in ZStW **110**, 880) hingegen will eine grundsätzliche Vermutung der Eigenverantwortlichkeit des Retters annehmen, die nur in besonderen Fällen, namentlich durch eine besondere Pflichtenstellung des Retters, die dem Täter bekannt ist, widerlegt werden könne. In einer jüngeren Entscheidung hat sich dann das ***OLG Stuttgart*** zu Wort gemeldet (→ StraFo **2008**, 176): Dort waren Feuerwehrleute in einem offensichtlich unvernünftigen Rettungsversuch in ein vom Täter fahrlässig in Brand gesetztes Haus eingedrungen und dort an Rauchvergiftung verstorben. Das OLG Stuttgart lehnte die Zurechnung des Todes ab, weil der Täter mit dieser Unvernunft der Feuerwehrleute nicht habe rechnen können (OLG Stuttgart StraFo **2008**, 1971, sehr lesenswert auch die Anmerkung zum Urteil von *Radtke/Hoffmann* in NStZ-RR **2009**, 52).

Der **BGH** schließlich hat zur Frage der Zurechnung bei bewußter Selbstgefährdung des Retters im Rahmen der Brandstiftung in der weiter oben schon erwähnten Entscheidung aus dem Jahre 1993 letztmalig Stellung genommen. Allerdings dort nur in Bezug auf eine ***fahrlässige Tötung*** gemäß **§ 222 StGB**, die damals mangels eines dem § 306c StGB vergleichbaren Delikts als einzige in Betracht kommende Norm einschlägig war. Konkret hat der BGH die ***einfache*** Fahrlässigkeit aus § 222 StGB nicht an einer bewussten Selbstgefährdung des Retters scheitern lassen und gesagt, dass eine Zurechnung des Todes des Retters für den Täter dann anzunehmen ist,

> *»…wenn der Täter durch seine deliktische Handlung die naheliegende Möglichkeit einer bewussten Selbstgefährdung dadurch schafft, dass er ohne Mitwirkung und ohne Einverständnis des Opfers eine erhebliche Gefahr für ein Rechtsgut des Opfers oder ihm nahestehende Personen begründet und damit für dieses ein einsichtiges Motiv für gefährliche Rettungsmaßnahmen schaff…t«* (→ BGHSt **39**, 322, 325).

Also, jedenfalls im Rahmen des § 222 StGB soll unter den genannten Umständen die bewusste Selbstgefährdung des Retters kein Hindernis für eine Zurechnung des Todes zulasten des Täters sein. Er hat in diesem Falle durch das Anzünden des Hauses eine zurechenbare Ursache für den späteren Tod des Opfers geschaffen. Ob das dann aber auch übertragbar ist für die Zurechnung bei § 306c StGB, dürfte fraglich sein. Wir hatten ja weiter oben schon gesehen, dass wegen der hohen Strafdrohung des § 306c StGB enge Grenzen im Bereich der Zurechnung zu setzen sind.

Merke: Zusammengefasst lässt sich somit hinsichtlich der Problematik um die ***bewusste Selbstgefährdung*** des Retters sagen, dass die Tendenz bislang vorsichtig dahin gehen dürfte, eine Zurechnung für den Tod des Retters innerhalb der Brandstiftungsdelikte, insbesondere des § 306c StGB, ***anzunehmen***, wenn der Retter zur Abwendung von Schäden ihm nahestehender Personen sich in das Haus bzw. die

Wohnung begibt und dann dort aufgrund brandspezifischer Umstände zu Tode kommt. Da die Diskussion insoweit aber – wie oben gesehen – noch sehr im Fluss ist (vgl. etwa die Ausführungen von *Radtke* in ZStW **110**, 880) und vor allem in Bezug auf § 306c StGB eine höchstrichterliche Entscheidung bis heute fehlt, kann hier sicherlich auch eine andere Auffassung vertreten werden (→ Haftung dann nur über **§ 222 StGB**). Sowohl im Hinblick auf das Merkmal der Leichtfertigkeit als auch in Bezug auf die bewusste Selbstgefährdung des Retters erscheint eine andere Lösung der Fälle durchaus deNK/ und damit natürlich auch vertretbar. Entscheidend dürfte – wie immer – vor allem der Argumentationsweg sein. Die maßgeblichen Gesichtspunkte dafür sind von uns eben herausgearbeitet worden und sollten in der Übungsarbeit den Ausschlag geben, wobei der Kandidat hinsichtlich des Ergebnisses kaum »falschliegen« kann, soweit die Begründung schlüssig und nachvollziehbar ist (brauchbare Zusammenfassungen der Argumente findet man bei: *Fischer* § 306c StGB Rz. 3 f.; *Radtke* in ZStW 110, 878; S/S-*Heine/Bosch* § 306c StGB Rz. 5 ff.; SK/*Wolters* § 306c StGB Rz. 4, jeweils m.w.N.; leider recht dünn: *Wessels/Hettinger* BT 1 Rz. 973). Lesenswert zum Ganzen ist in jedem Falle auch noch die oben schon mal erwähnte Entscheidung des ***OLG Stuttgart*** in StraFo **2008**, 1971, wo es um den Tod zweier unvorsichtiger Feuerwehrleute geht.

Wir wollen hier in unserem Lösungsweg – um den Fall gleich mit § 222 StGB noch weiter prüfen und die gesamte Problematik auch dieser Norm erfassen zu können – nun so verfahren, dass wir die ***Zurechnung*** des Todes des B für den R über § 306c StGB trotz der eben geschilderten Tendenz in der Literatur hier erst einmal ***ablehnen***. Zur Begründung wollen wir uns darauf stützen bzw. vertreten, dass es zum einen schon an der Leichtfertigkeit des R in Bezug auf den Tod des B scheitert, denn R hat »nur« das Haus angezündet, sich im Übrigen aber hinsichtlich des Todes des B nicht grob fahrlässig (= leichtfertig) verhalten. Zum anderen wollen wir annehmen, dass B durch das Betreten des Hauses sich freiwillig ***bewusst selbst gefährdet*** und damit die strengen Zurechnungsanforderungen des § 306c StGB überschritten bzw. für den R ausgeschlossen hat (a.A. ist aber – wie gesagt – gut vertretbar; zur Streitdarstellung in der Klausur lies bitte das ***Gutachten*** weiter unten).

ZE.: Der Tod des B ist dem R nicht über § 306c StGB zuzurechnen.

Erg.: R hat sich nicht strafbar gemacht wegen § 306c StGB.

§ 222 StGB (fahrlässige Tötung)

Die fahrlässige Tötung bleibt nach dem soeben Gesagten jetzt natürlich übrig, und sie ist in unserem Fall dann auch erfüllt. Wir können insoweit die schon mehrfach erwähnte BGH-Entscheidung aus dem Jahre 1993 hier jetzt als verbindliche Richtschnur nehmen, denn die Ausführungen des BGH bezogen sich allein auf die fahrlässige Tötung, und dieses Delikt und seine Anwendung hat sich bis heute – im Gegensatz zu § 306c StGB bzw. dem alten § 307 StGB – nicht geändert. Wie der BGH die Frage nach der Verursachung und der bewussten Selbstgefährdung bei § 222 StGB – und damit auch für unseren Fall – gelöst hat, schauen wir uns zum krönenden Abschluss nun noch an, und zwar am besten im Original-Ton (BGHSt **39**, 322, 323):

> »***a)***... *Das Landgericht ist mit Recht davon ausgegangen, dass die Brandlegung für den Eintritt des Todes des Opfers ursächlich und dieser Erfolg für den Angeklagten auch* ***vorhersehbar*** *war. Der Tod des Opfers ist dem Angeklagten auch* ***zuzurechnen****. Zwar hat das Opfer selbst durch seinen Entschluss, sich zu Rettungsmaßnahmen in das brennende Haus zu begeben, neben der Brandlegung durch den Angeklagten eine zusätzliche Ursache für den späteren Eintritt des Todes geschaffen. Durch die »****Freiwilligkeit****« seiner Rettungshandlung wird jedoch der Ursachenzusammenhang zwischen der vorsätzlichen Brandlegung und dem späteren Tod* ***nicht*** *unterbrochen. Das Opfer hätte sich ohne die Brandlegung der Gefahrsituation nicht ausgesetzt. Es ist anerkannt, dass eine Ursache im Rechtssinne ihre Bedeutung nicht verliert, wenn außer ihr noch andere Ursachen zur Herbeiführung des Erfolges beitragen. ... Aus dem angefochtenen Urteil ergibt sich auch, dass der Angeklagte ... in der Lage war zu erkennen, dass sein Verhalten zum Tode eines Rettungswilligen führen konnte. Nicht erforderlich ist, dass er die Folgen seiner Tat in Einzelheiten voraussehen konnte. ...* ***b)*** *Zu Recht hat das Landgericht angenommen, die Zurechnung des Todes* ***entfalle nicht*** *unter dem Gesichtspunkt ... der Grundsätze der sogenannten* ***bewussten Selbstgefährdung****. Danach ist im Bereich der Körperverletzungs- und Tötungsdelikte ein Verletzungserfolg, insbesondere auch der Tod eines Menschen, einem Dritten, der dafür eine Ursache gesetzt hat, möglicherweise dann nicht zuzurechnen, wenn der Erfolg die Folge einer bewussten, eigenverantwortlich gewollten* ***Selbstgefährdung*** *ist und sich die Mitwirkung des Dritten in der bloßen Veranlassung oder Förderung des Selbstgefährdungsaktes erschöpft. ... Einer Einschränkung des Grundsatzes der Straffreiheit wegen bewusster Selbstgefährdung des Opfers bedarf es dann, wenn der Täter durch seine deliktische Handlung die naheliegende Möglichkeit einer bewussten Selbstgefährdung dadurch schafft, dass er ohne Mitwirkung und ohne Einverständnis des Opfers eine erhebliche Gefahr für ein Rechtsgut des Opfers oder ihm nahestehende Personen begründet und damit für dieses ein einsichtiges Motiv für gefährliche Rettungsmaßnahmen schafft. Es ist sachgerecht, diese sich in solchen Situationen selbst gefährdenden Personen in den Schutzbereich strafrechtlicher Vorschriften einzubeziehen. Ebenso wie dem Täter bei Gelingen der Rettungshandlung die Erfolgsabwendung zugute kommt, hat er im Falle des Misserfolgs dafür einzustehen. Etwas anderes mag dann gelten, wenn es sich um einen von vorneherein sinnlosen oder mit offensichtlich unverhältnismäßigen Wagnissen verbundenen Rettungsversuch handelt.*«

Also: Klare Sätze, auf unseren Fall bezogen bedeuten sie, dass R für den Tod des B einzustehen hat nach § 222 StGB. Denn R hat durch den Brand die Ursache für das Verhalten des B gesetzt, und es war für R auch vorhersehbar, dass andere Menschen, vor allen Dingen auch der nebenan wohnende Bruder der F (!) sich zu Rettungsmaßnahmen genötigt sehen könnte. In dem Verhalten des B, der mit einem Feuerlöscher in das Haus läuft, handelt es sich nicht um einen sinnlosen und mit unverhältnismäßigen Wagnissen verbundenen Rettungsversuch. Die bewusste Selbstgefährdung des B ist R zurechenbar, denn der vorliegende Fall bildet ein »einsichtiges Motiv« für die Rettungsmaßnahme des B.

Erg.: R hat sich hinsichtlich des Todes des B strafbar gemacht wegen fahrlässiger Tötung gemäß § 222 StGB.

Gesamtergebnis: R hat damit durch sein Verhalten eine schwere Brandstiftung nach § 306a Abs. 1 Nr.1 StGB, eine besonders schwere Brandstiftung nach § 306b Abs. 2 Nr. 2 StGB, eine fahrlässige Tötung nach § 222 StGB und einen Versicherungsmissbrauch nach § 265 StGB verwirklicht. Soweit man davon ausgehen darf, dass mit dem Brand auch die Sachen der S in der gemieteten Wohnung vernichtet worden sind, ist insoweit eine Sachbeschädigung gemäß § 303 StGB anzunehmen.

Konkurrenzen:

Die besonders schwere Brandstiftung nach § 306b Abs. 2 StGB verdrängt die schwere Brandstiftung nach § 306a Abs. 1 StGB in Gesetzeskonkurrenz (MK/*Radkte* § 306b StGB Rz. 43; *Krey/Heinrich* BT 1 Rz. 766; *Fischer* § 306b StGB Rz. 14), was auch einleuchtet, denn § 306b Abs. 2 StGB setzt seinem Wortlaut gemäß eine schwere Brandstiftung nach § 306a StGB zwingend voraus, ist mithin der speziellere Tatbestand. Die fahrlässige Tötung nach § 222 StGB steht hingegen zu § 306b Abs. 2 StGB ebenso in Tateinheit (S/S-*Heine/Bosch* § 306b StGB Rz. 21; *Fischer* § 306b StGB Rz. 14) wie der Versicherungsmissbrauch (S/S-*Perron* § 265 StGB Rz. 16). Die Sachbeschädigung an den Gegenständen der S steht ebenfalls in Tateinheit zu § 306b Abs. 2 Nr. 2 StGB.

Luxus: Der Vollständigkeit halber beachte bitte im Rahmen der Konkurrenzen zum Schluss noch, dass es hinsichtlich des – in unserem Fall nicht relevanten – Verhältnisses der einfachen Brandstiftung nach § 306 StGB zu den anderen Tatbeständen der §§ 306a ff. StGB einen Meinungsstreit gibt: Während eine Meinung in der Literatur sagt, die einfache Brandstiftung nach § 306 StGB stehe, weil es sich um ein besonderes Sachbeschädigungsdelikt handele, immer in ***Tateinheit*** zu den schwereren Formen nach den §§ 306a und 306 b StGB und werde mithin separat gewürdigt (SK/*Wolters* § 306 StGB Rz. 21; S/S-*Heine/Bosch* § 306 StGB Rz. 24; *Krey/Heinrich* BT 1 Rz. 767; *Wessels/Hettinger* BT 1 Rz. 953), vertritt der BGH die Auffassung, § 306 StGB werde von den §§ 306a StGB und § 306b StGB in Gesetzeskonkurrenz verdrängt (BGH NStZ **2001**, 196; BGH StV **2001**, 232; so jetzt auch *Fischer* § 306 StGB Rz. 25). Zum Verhältnis von § 306a StGB zu § 306c StGB vgl. BGH NStZ-RR **2004**, 367.

Gutachten

R könnte sich durch das Anzünden des Hauses, um der F die Versicherungssumme zu verschaffen, wegen Versicherungsmissbrauchs gemäß § 265 StGB strafbar gemacht haben.

Objektiver Tatbestand:

R hat mit dem Brand eine Sache zerstört, die gegen Beschädigung versichert gewesen ist. Der objektive Tatbestand liegt vor.

Subjektiver Tatbestand:

R handelte fraglos vorsätzlich im Sinne des § 15 StGB. Erforderlich ist des Weiteren die Absicht, sich oder einem Dritten Leistungen aus der Versicherung zu verschaffen. R handelte, um der F die Versicherungssumme für das Haus zu verschaffen, und erfüllt mithin auch die zweite subjektive Komponente der Norm.

Rechtswidrigkeit und Schuld:

Es bestehen keine Zweifel am Vorliegen der Rechtswidrigkeit und der Schuld.

Ergebnis: R hat sich strafbar gemacht wegen Versicherungsmissbrauches gemäß § 265 StGB.

R könnte sich durch das Anzünden des Hauses des Weiteren strafbar gemacht haben wegen Brandstiftung nach § 306 Abs. 1 Nr. 1 StGB.

Objektiver Tatbestand:

1.) Als Tatobjekt kommt im vorliegenden Fall der Begriff des »Gebäudes« aus § 306 Abs. 1 Nr. 1 StGB in Betracht. Gebäude im Sinne des Gesetzes ist ein durch Wände und Dach begrenztes, mit dem Erdboden fest – wenn auch nur durch die eigene Schwere – verbundenes Bauwerk, das den Eintritt von Menschen gestattet und Unbefugte abhalten soll. Ein Wohnhaus unterliegt der soeben genannten Definition; es handelt sich folglich um ein Gebäude im Sinne der Norm.

2.) Des Weiteren muss dieses Gebäude für den Täter auch fremd sein, das heißt, es darf weder herrenlos sein noch im alleinigen Eigentum des Täters stehen. Das Haus gehörte der F, war mithin für R fremd.

3.) Schließlich muss R eine der in § 306 Abs. 1 StGB benannten Tathandlungen verwirklicht haben. R hat durch sein Verhalten das Haus zum Niederbrennen gebracht, was zu subsumieren ist unter die Variante des »In-Brand-Setzens« des § 306 StGB.

Der objektive Tatbestand des § 306 Abs. 1 Nr. 1 StGB ist erfüllt.

Subjektiver Tatbestand:

R handelte vorsätzlich im Sinne des § 15 StGB.

Rechtswidrigkeit:

Die Tat ist dann rechtswidrig, wenn keine Rechtfertigungsgründe vorliegen. In Betracht kommt im vorliegenden Fall eine rechtfertigende Einwilligung. Da die Sachbeschädigungsdelikte, zu denen § 306 StGB gehört, als Schutzgut immer das fremde Eigentum haben, kann der Inhaber dieses Rechtsgutes die Rechtswidrigkeit der Tat durch Einwilligung ausschließen. Im vorliegenden Fall ist Trägerin des von § 306 Abs. 1 Nr. 1 StGB geschützten Rechtsgutes die F, ihr gehört das Haus. F ist von R informiert und sogar dazu überredet worden, ihre Zustimmung zum Anbrennen des Hauses zu erteilen. F hat mithin in die Zerstörung ihres Eigentums freiwillig eingewilligt mit der Konsequenz, dass die Rechtswidrigkeit der Tat auf Seiten des R entfällt. Mangels einer dem § 228 StGB entsprechenden Vorschrift ist die fraglose Sittenwidrigkeit der vorliegend erteilten Einwilligung in Bezug auf § 306 StGB unbeachtlich. Dass bei dem Brand auch die von S bewohnte Mietwohnung einschließlich der sich darin vermutlich befindlichen Sachen der S mit abbrennt, ändert an diesem Ergebnis nichts. Zum einen ist die Wohnung nur gemietet und folglich nicht in das Eigentum der S übergegangen; zum anderen verbrennen zwar in der Wohnung vermutlich Sachen der S, diese sind aber als Tatobjekte des § 306 Abs. 1 Nr. 1 StGB nicht tauglich. In § 306 Abs. 1 Nr. 1 StGB sind nur die dort benannten fremden »Gebäude« und »Hütten« geschützt, nicht aber die sich darin einer anderen Person gehörenden Gegenstände. Diese können allenfalls von § 303 StGB erfasst werden.

Ergebnis: Eine Bestrafung des R wegen § 306 Abs. 1 Nr. 1 StGB scheitert an der Rechtmäßigkeit seiner Tat, die Inhaberin des von der Norm geschützten Rechtsgutes hat eine wirksame Einwilligung erteilt.

R könnte sich aber durch das Anzünden des Hauses strafbar gemacht haben wegen schwerer Brandstiftung gemäß § 306a Abs. 1 Nr. 1 StGB.

Objektiver Tatbestand:

1.) Bei dem angezündeten Haus handelt es sich, wie oben erörtert, um ein »Gebäude« im Sinne der Vorschrift.

2.) Das Gebäude muss zur Erfüllung des Tatbestandes des Weiteren zum Tatzeitpunkt »der Wohnung von Menschen dienen«. Diese Wohnungseigenschaft könnte vorliegend jedoch aufgegeben worden sein. In Betracht kommt eine sogenannte »Entwidmung« der Wohnung mit der möglichen Folge, dass das Haus dann aus dem Kreis der für § 306a Abs. 1 StGB tauglichen Tatobjekte ausscheiden würde. Entwidmung bedeutet die faktische Beendigung der Wohnungseigenschaft einer Räumlichkeit, wobei diese Entwidmung sowohl ausdrücklich als auch schlüssig erklärt werden kann.

a) In Bezug auf R und F stellt sich zunächst die Frage, inwieweit der Entschluss, das Haus anzuzünden, eine solche »faktische Aufgabe der Wohnungseigenschaft« darstellt. Seinen Willen, das Gebäude als Wohnung im Sinne einer Entwidmung aufzugeben, kann der Berechtigte dadurch konkludent zum Ausdruck bringen, dass er es selbst anzündet, einem Dritten einen entsprechenden Auftrag erteilt oder an einer geplanten Zerstörung durch Brand in strafrechtlich relevanter Form mitwirkt. In diesen Handlungen manifestiert sich der Wille, das anzuzündende Objekt nicht mehr als Wohnung im Sinne der Norm nutzen zu wollen, es ist folglich entwidmet. Übertragen auf den Fall ist festzustellen, dass F und R durch den gemeinsam geplanten Versicherungsmissbrauch durch das Abbrennen des Hauses dieses Haus faktisch als Wohnung entwidmet und diesen Willen durch ihr Handeln konkludent zum Ausdruck gebracht haben. In Bezug auf R und F diente das Haus mithin nicht mehr der Wohnung von Menschen im Sinne des § 306a Abs. 1 Nr. 1 StGB.

b) Es fragt sich allerdings, ob dies auch für die zur Miete wohnende Studentin S gilt. Zweifel ergeben sich, weil S zum Zeitpunkt der Tat gerade für 3 Monate nach Australien unterwegs war. Man könnte daraus folgern, dass S für diese 3 Monate eine quasi vorübergehende Aufgabe der Nutzung als Wohnung getätigt hat und mithin eine Entwidmung vorliegt. Dem steht allerdings entgegen, dass, wenn die Wohnung anlässlich eines Urlaubs für mehrere Monate verlassen wird, die Eigenschaft als Lebensmittelpunkt grundsätzlich erhalten bleibt. Entscheidend für die Entwidmung ist, dass faktisch kein Mensch mehr seinen Lebensmittelpunkt im Zeitpunkt der Vornahme der Tathandlung für begründet hält. Und bei einer Urlaubsreise bleibt die heimische Wohnung der Lebensmittelpunkt. Eine Entwidmung hat somit zwar seitens R und F stattgefunden. Dies gilt hingegen nicht für S; denn S befand sich lediglich auf einer Urlaubsreise, die aber nicht das Bestehen des Lebensmittelpunktes im Hause der F aufhebt. Damit diente das Haus zum Zeitpunkt des Anzündens auch weiterhin der Wohnung von Menschen im Sinne des § 306a Abs. 1 Nr. 1 StGB, hier konkret der S.

3.) Es stellt sich des Weiteren die Frage, welche Auswirkungen es hat, dass zum Zeitpunkt der Tat keine Person im Haus war, mithin auch niemand gefährdet werden konnte. In Betracht kommt insoweit eine teleologische Reduktion der Norm dergestalt, dass man den Tatbestand in solchen Fällen mangels jeglicher abstrakter Gefährdung ausschließt. Diese teleologische Reduktion des § 306a Abs. 1 StGB, die bei einräumigen überschaubaren Bereichen in Betracht kommt, ist indessen ausgeschlossen bei nicht überschaubaren Räumlichkeiten wie z.B. einem mehrräumigen Wohnhaus und ähnlich komplexen Gebäuden. In diesen Fällen versagt die Rechtsprechung und auch die Literatur eine Einschränkung des Tatbestandes mit der Begründung, solche Räumlichkeiten könnten vom Täter nicht sicher daraufhin überprüft werden, ob denn tatsächlich niemand zu Schaden kommen kann. Im vorliegenden Fall ist ein Wohnhaus angezündet worden mit der Folge, dass eine teleologische Reduktion des § 306a StGB nicht in Betracht kommt. Die Tatsache, dass sich zum Zeitpunkt der Tathandlung niemand im Gebäude aufhielt, kommt dem R somit nicht zugute.

Subjektiver Tatbestand:

Es bestehen keine Zweifel daran, dass sich R aller Umstände, die zum objektiven Tatbestand gehören, bewusst gewesen ist. R handelte mithin vorsätzlich im Sinne des § 15 StGB.

II. Rechtswidrigkeit und III. Schuld:

Es bestehen des Weiteren auch keine Zweifel daran, dass R sowohl rechtswidrig als auch schuldhaft handelte. Eine rechtfertigende Einwilligung scheitert im Gegensatz zu § 306 StGB am nicht erforderlich fremden Tatobjekt.

Ergebnis: R hat sich strafbar gemacht wegen schwerer Brandstiftung nach § 306a Abs. 1 Nr. 1 StGB.

R könnte sich des Weiteren strafbar gemacht haben wegen besonders schwerer Brandstiftung gemäß § 306b Abs. 2 Nr. 2 StGB.

Objektiver Tatbestand:

Es liegt ein Fall des § 306a StGB vor. Damit ist der objektive Tatbestand des § 306b Abs. 2 Nr. 2 StGB erfüllt.

Subjektiver Tatbestand:

Neben dem hier unproblematischen Vorsatz ist im Übrigen erforderlich, dass der Täter durch die Tat nach § 306a StGB eine andere Straftat ermöglichen oder verdecken will. Im vorliegenden Fall zündet R das Haus an, um der F die Versicherungssumme zu verschaffen. Dies könnte die hinsichtlich der vorsätzlichen Brandlegung mitwissende F nur unter Begehung eines Betruges zulasten der Versicherung vollziehen. Für die besondere Absicht des § 306b Abs. 2 Nr. 2 StGB ist insoweit nicht erforderlich, dass die geplante Folgetat in das Versuchsstadium gelangt, der Täter muss lediglich die Absicht auf die Begehung gehabt haben. Des Weiteren erfüllt die Absicht der Norm auch, wer die Straftat nur eines anderen ermöglichen will. Fraglich ist indessen, welche Verbindung zwischen der Brandstiftung und der beabsichtigten anderen Tat bestehen muss.

a) Nach einer Ansicht bedarf es aufgrund des hohen Strafrahmens des § 306b Abs. 2 Nr. 2 StGB nicht nur eines rein funktionalen Zusammenhanges zwischen Brandstiftung und dadurch ermöglichter Straftat. Vielmehr rechtfertige sich die hohe Bestrafung für den Täter nur dann, wenn er bei der beabsichtigten Folgetat die spezifischen Gefahren, die von einem Brand typischerweise ausgehen, zur Verwirklichung der Folgetat ausnutzen will. In Betracht kommt insoweit etwa das Ausnutzen der durch den Brand entstandenen Panik oder Verwirrung bei den betroffenen Personen zwecks dann leichterer Begehung z.B. eines Diebstahls. Im vorliegenden Fall hätte dies zur Konsequenz, dass eine Erfüllung des Tatbestandes des § 306b Abs. 2 Nr. 2 StGB nicht in Betracht kommt; R legt das Feuer, um der F später einen Versicherungsbetrug zu ermöglichen. Es besteht mithin keine Situation, in der die brandtypischen Auswirkungen zur Begehung einer anderen Straftat genutzt werden.

b) Dieser Auffassung mit seinen entsprechenden Konsequenzen kann indessen nicht gefolgt werden. Wie der eindeutige Wortlaut und die Anknüpfung auch an Abs. 2 des § 306a StGB ergeben, setzt § 306b Abs. 2 Nr. 2 StGB eine Steigerung und Ausnutzung der brandbedingten Gemeingefahr nicht voraus. Vielmehr erfordert die Bestimmung nur, dass der Täter bei seiner – in § 306a StGB näher beschriebenen – Tathandlung das Ziel verfolgt, die Begehung der anderen Straftat, für die ihm die Brandstiftung nicht als notwendiges Mittel erscheinen muss, zumindest zu erleichtern. Der besondere Unwert der schweren Brandstiftung, um eine andere Straftat zu ermöglichen, liegt darin, dass sie der Begehung kriminellen Unrechts dienen soll. Die erhöhte Verwerflichkeit ergibt sich aus der Bereitschaft, zur Durchsetzung krimineller Ziele ein abstrakt oder konkret gefährliches Brandstiftungsdelikt zu begehen, mithin aus der Verknüpfung von Unrecht mit weiterem Unrecht durch den Täter. Auf diese Verknüpfung zwischen dem Handeln des Brandstifters und dem von ihm verfolgten Zweck der Ermöglichung muss sich die Absicht des Täters beziehen. Dies wird durch die ständige Auslegung der §§ 211 und 315 Abs. 3 Nr. 1 b StGB bestätigt. Der Wortlaut des § 306b Abs. 2 Nr. 2 StGB entspricht vollinhaltlich diesen Vorschriften. Diese Auslegung des § 306b Abs. 2 Nr. 2 StGB hat auch die Gründe der Systematik für sich. Das Erfordernis des nahen zeitlichen und räumlichen Zusammenhangs zwischen der Brandsituation und der anderen Straftat ließe für die gleichrangig in § 306b Abs. 2 Nr. 2 StGB vorgesehene Verdeckungsabsicht nur einen außerordentlichen schmalen Anwendungsbereich. Im Ergebnis ist somit für § 306b Abs. 2 Nr. 2 StGB ausreichend die Begehung einer Straftat, für die die Brandstiftung nicht als notwendiges Mittel erscheinen muss, diese aber zumindest erleichtert. R zündet das Haus an, um der F die Versicherungssumme zu verschaffen. Diese Versicherungssumme hätte F nur dann erhalten können, wenn sie gegenüber der Versicherung später folgend einen Betrug begeht. Dieser Versicherungsbetrug als beabsichtigte Folgetat im Sinne des § 306b Abs. 2 Nr. 2 StGB genügt nach dem soeben Erläuterten zur Verwirklichung des subjektiven Tatbestandes des § 306b Abs. 2 Nr. 2 StGB.

Rechtswidrigkeit und Schuld:

Es bestehen keine Zweifel daran, dass R bei seiner Tat nach § 306b Abs. 2 Nr. 2 StGB sowohl rechtswidrig als auch schuldhaft handelte.

Ergebnis: R hat sich durch das Anzünden des Hauses, um der F die Versicherungssumme zu verschaffen, wegen besonders schwerer Brandstiftung nach § 306b Abs. 2 Nr. 2 StGB strafbar gemacht.

R könnte sich des Weiteren strafbar gemacht haben wegen Brandstiftung mit Todesfolge gemäß § 306c StGB.

Objektiver Tatbestand:

Voraussetzung ist, dass R durch die Brandstiftung nach den §§ 306bis 306 b StGB wenigstens leichtfertig den Tod eines anderen Menschen verursacht hat.

1.) Erforderlich zur Erfüllung des Tatbestandes des § 306c StGB ist demnach zunächst eine vollendete Brandstiftung nach den §§ 306 ff. StGB als Grunddelikt für § 306c StGB. Es ist weiter oben geprüft und festgestellt worden, dass sowohl § 306a Abs. 1 Nr. 1 StGB als auch § 306b Abs. 2 Nr. 2 StGB verwirklicht ist.

2.) Vorliegen müssen des Weiteren die besonderen Voraussetzungen der Erfolgsqualifikation des § 306c StGB, also die wenigstens leichtfertige Verursachung des Todes des B durch die Brandstiftung. Hierbei gilt für den Begriff der »Verursachung«, dass sich im Tod die spezifischen Gefahren der Brandstiftung realisiert haben müssen. Dies kann vorliegend bejaht werden, der B wird von einem durch den Brand locker gewordenen Balken getroffen und stirbt dann an einer Rauchvergiftung, was man insgesamt als klassische Auswirkung einer Brandgefahr bezeichnen muss. Indessen ist bei dieser Beurteilung zu beachten, dass die alleinige Verursachung im soeben benannten Sinne für sich betrachtet noch nicht genügt, um den Tatbestand des § 306c StGB zu erfüllen. Der hohe Strafrahmen des § 306c StGB in Form der lebenslangen Freiheitsstrafe oder Freiheitsstrafe nicht unter 10 Jahren rechtfertigt sich für eine unvorsätzliche Tötung nur dann, wenn der Täter zum einen auch ein besonderes Maß an Fahrlässigkeit verwirklicht, nämlich die vom Gesetz geforderte Leichtfertigkeit. Zum anderen müssen aufgrund dieses Strafrahmens auch die Grenzen der Zurechnung des Todes eng gezogen werden, um nicht jedwede Verursachung unter § 306c StGB mit den entsprechenden Konsequenzen für den Täter zu erzwingen. Unter Berücksichtigung dieser Gesichtspunkte ergibt sich für eine Haftung des Brandstifters für einen zu Tode gekommenen Retter nunmehr Folgendes:

a) Zunächst ist bereits daran zu zweifeln, ob das Verhalten des Täters, der ein Haus anzündet, bezogen auf den späteren Tod des Retters über das normale Maß an Fahrlässigkeit hinausgeht. Für die Leichtfertigkeit als gesteigerte Form der einfachen Fahrlässigkeit ist grundsätzlich erforderlich, dass sich die Sorgfaltswidrigkeit auf eine besonders gefährliche Verwirklichung des Grunddelikts bezieht. Man wird sich insoweit zu fragen haben, wie eine solche besondere Gefährlichkeit der Verwirklichung des Grunddelikts auszusehen hat. Genau betrachtet ist jede Brandstiftung aus den §§ 306 ff. StGB grundsätzlich »gefährlich« in Bezug auf den Tod eines möglichen Retters. Abstufungen könnten höchstens insoweit zum Tragen kommen, als dass man darauf abstellt, ob im konkreten Fall aus der Sicht des Täters eine besonders hohe Wahrscheinlichkeit bestand, dass ein Retter zum Tatort kommt und in eine Gefahrensituation hinsichtlich seines Lebens gelangt. So dürfte die Wahrscheinlichkeit eines Rettungseinsatzes mit Todesgefahr für die Feuerwehr oder sonstige Personen beim Anzünden eines mehrstöckigen Wohnhaus unter Umständen höher sein als etwa bei einem Einfamilienhaus oder z.B. einem in § 306 Abs. 1 Nr. 3 benannten Tatobjekt Kraftfahrzeug oder z.B. bei einem in § 306 Abs. 1 Nr. 5 bezeichneten Moor. Diese Abstufungen aber erscheinen äußerst willkürlich, unter Umständen von Zufällen abhängig und damit nicht geeignet, eine Leichtfertigkeit als gesteigertes Maß der Fahrlässigkeit des Täters zu begründen.

Unter Berücksichtigung dessen ist die Prüfung des § 306c StGB in Bezug auf die Bejahung einer Zurechnung des Todes des Retters schon insoweit abzulehnen, als es beim Brandstifter in der Regel an einem gesteigerten Maß von Fahrlässigkeit in Bezug auf den Tod des Retters fehlt. Der Brandstifter mag zwar hinsichtlich eines späteren Todes einfach fahrlässig handeln, wenn – wie üblich – vorhersehbar ist, dass zur Rettung etwaige Personen (z.B. auch Feuerwehrleute) in das brennende Gebäude gehen. Darüber hinaus dem Brandstifter Leichtfertigkeit in Bezug auf den Tod eines Retters vorzuwerfen, erscheint hingegen abwegig, es sei denn, es treten besondere Umstände hinzu, die ein andere Beurteilung rechtfertigen. Die Formen des leichtfertigen Handelns im Sinne des § 306c StGB und damit auch die Anwendung der Vorschrift insgesamt dürften beschränkt sein auf die Verursachung des Todes von Menschen, die sich schon zum Zeitpunkt des Brandes im Gebäude aufgehalten haben und somit für den Täter vorhersehbar erhöhter Gefährdung ausgesetzt waren. Im vorliegenden Fall hat R vorsätzlich das Haus angezündet. Besondere, für den R erkennbare Umstände, die eine gesteigerte, über das normale Maß an Fahrlässigkeit hinausgehende Sorgfaltswidrigkeit in Bezug auf den Tod des B begründen könnten, sind jedoch nicht ersichtlich. R handelte somit hinsichtlich des Todes des B nicht leichtfertig.

b) Selbst wenn man eine solche Leichtfertigkeit dennoch für möglich hält, erscheint eine Zurechnung unter dem Gesichtspunkt der Grundsätze der bewussten Selbstgefährdung des Retters strafrechtlich unangemessen. Bei der bewussten Selbstgefährdung ist zu berücksichtigen, dass ein Täter grundsätzlich nicht dafür einzustehen haben soll, wenn sich das Opfer bewusst eigenverantwortlich und freiwillig in eine Gefahrensituation begibt, auch wenn der Täter durch sein Verhalten dafür die Ursache gesetzt hat. Im Rahmen der Körperverletzungs- und der Tötungsdelikte gilt daher die Regel, dass solche, sich selbst gefährdenden Personen nach allgemeiner Ansicht nicht oder nur unter ganz besonderen Umständen den strafrechtlichen Schutz des Staates beanspruchen können. Nichts anderes kann hier gelten. Im Gegensatz zu § 222 StGB, wo unter Umständen eine Haftung auch in den Fällen der bewussten Selbstgefährdung dann angenommen wird, wenn der Täter für den Retter die naheliegende Möglichkeit einer Rettungshandlung geschaffen hat, sind die Anforderungen bei § 306c StGB deutlich höher anzusetzen. Die Strafdrohung der Brandstiftung mit Todesfolge rechtfertigt sich nur dann, wenn die Grenzen der Zurechnung auch insoweit eng gezogen und vor allem nicht über das erträgliche Maß hinaus gedehnt werden. Das Einschreiten eines Retters, der bei seinen Handlungen zu Tode kommt, ist dem Täter demnach nur unter ganz besonderen Umständen nach § 306c StGB anzulasten, vor allem dann, wenn die bewusste Selbstgefährdung hinter dem ursächlichen Tatbeitrag des Brandstifters in seiner Gewichtung erheblich zurückbleibt. Für die übrigen Fälle bleibt eine Haftung nach § 222 StGB wegen fahrlässiger Tötung, die die Sorgfaltswidrigkeit des Täters neben den vorsätzlichen Brandstiftungsdelikten adäquat würdigen kann. Im vorliegenden Fall sind besondere Umstände, die trotz bewusster Selbstgefährdung den Tod des Retters dem Täter zurechenbar machen könnten, nicht ersichtlich.

Ergebnis: R hat sich mangels Zurechnung des Todes des B nicht strafbar gemacht wegen Brandstiftung mit Todesfolge gemäß § 306c StGB.

R könnte sich dann aber schließlich noch wegen fahrlässiger Tötung des B nach § 222 StGB strafbar gemacht haben.

Tatbestand:

1.) Es ist insoweit im Rahmen des § 222 StGB und seinen im Vergleich zu § 306c StGB geringeren Anforderungen an die Kausalität festzustellen, dass die Brandlegung für den Eintritt des Todes des Opfers ursächlich und dieser Erfolg für den B auch vorhersehbar war. Der Tod des Opfers ist dem R auch zuzurechnen. Zwar hat B selbst durch seinen Entschluss, sich zu Rettungsmaßnahmen in das brennende Haus zu begeben, neben der Brandlegung durch R eine zusätzliche Ursache für den späteren Eintritt des Todes geschaffen. Durch die »Freiwilligkeit« seiner Rettungshandlung wird jedoch der Ursachenzusammenhang zwischen der vorsätzlichen Brandlegung und dem späteren Tod nicht unterbrochen. B hätte sich ohne die Brandlegung der Gefahrsituation nicht ausgesetzt. Es ist anerkannt, dass eine Ursache im Rechtssinne ihre Bedeutung nicht verliert, wenn außer ihr noch andere Ursachen zur Herbeiführung des Erfolges beitragen. R war in der Lage zu erkennen, dass sein Verhalten zum Tode eines Rettungswilligen führen konnte. Nicht erforderlich ist, dass er die Folgen seiner Tat in Einzelheiten voraussehen konnte.

2.) Die Zurechnung des Todes entfällt – im Gegensatz zu § 306c StGB – nicht unter dem Gesichtspunkt der Grundsätze der bewussten Selbstgefährdung. Einer Einschränkung des Grundsatzes der Straffreiheit wegen bewusster Selbstgefährdung des Opfers bedarf es dann, wenn der Täter durch seine deliktische Handlung die naheliegende Möglichkeit einer bewussten Selbstgefährdung dadurch schafft, dass er ohne Mitwirkung und ohne Einverständnis des Opfers eine erhebliche Gefahr für ein Rechtsgut des Opfers oder ihm nahestehende Personen begründet und damit für dieses ein einsichtiges Motiv für gefährliche Rettungsmaßnahmen schafft. Es ist sachgerecht, diese sich in solchen Situationen selbst gefährdenden Personen in den Schutzbereich strafrechtlicher Vorschriften einzubeziehen. Ebenso wie dem Täter bei Gelingen der Rettungshandlung die Erfolgsabwendung zugute kommt, hat er im Falle des Misserfolgs dafür einzustehen. Etwas anderes kann nur gelten, wenn es sich um einen von vorneherein sinnlosen oder mit offensichtlich unverhältnismäßigen Wagnissen verbundenen Rettungsversuch handelt. R hat durch den Brand die Ursache für das Verhalten des B gesetzt, und es war für R auch vorhersehbar, dass andere Menschen, vor allen Dingen auch der nebenan wohnende Bruder der F, sich zu Rettungsmaßnahmen genötigt sehen könnte. In dem Verhalten des B, der mit einem Feuerlöscher in das Haus läuft, handelt es sich nicht um einen sinnlosen und mit unverhältnismäßigen Wagnissen verbundenen Rettungsversuch. Die bewusste Selbstgefährdung des B ist dem R zurechenbar, denn der vorliegende Fall bildet ein »einsichtiges Motiv« für die Rettungsmaßnahme des B. R hat demnach für den Tod des B einzustehen nach § 222 StGB.

Rechtswidrigkeit und Schuld:

Es bestehen keine Bedenken hinsichtlich der Rechtswidrigkeit und der Schuld.

Ergebnis: R hat sich strafbar gemacht gemäß § 222 StGB.

Gesamtergebnis: R hat damit durch sein Verhalten eine schwere Brandstiftung nach § 306a Abs. 1 Nr.1 StGB, eine besonders schwere Brandstiftung nach § 306b Abs. 2 Nr. 2 StGB, eine fahrlässige Tötung nach § 222 StGB und einen Versicherungsmissbrauch nach § 265 StGB verwirklicht. Soweit man davon ausgehen darf, dass mit dem Brand auch die Sachen der S in der gemieteten Wohnung vernichtet worden sind, ist insoweit eine Sachbeschädigung gemäß § 303 StGB anzunehmen. Die besonders schwere Brandstiftung nach § 306b Abs. 2 StGB verdrängt die schwere Brandstiftung nach § 306a Abs. 1 StGB in Gesetzeskonkurrenz. Die fahrlässige Tötung nach § 222 StGB steht hingegen zu § 306b Abs. 2 StGB ebenso in Tateinheit wie der Versicherungsmissbrauch. Die Sachbeschädigung an den Gegenständen der S steht ebenfalls in Tateinheit zu § 306b Abs. 2 Nr. 2 StGB.

7. Abschnitt

Die Straßenverkehrsdelikte

→ §§ 315 ff. StGB;

die Unfallflucht → § 142 StGB;

Vollrausch → § 323 a StGB;

actio libera in causa

Fall 17

Der Tiger

H und W haben bei einem nächtlichen Kneipenbummel reichlich gezecht. W, der an diesem Abend die Medizinstudentin M kennengelernt hat, kann H aber trotzdem dazu überreden, ihn und die M zu sich (W) nach Hause zu fahren. So setzen sich H, W und M in den Wagen, den Hs Bruder B dem H für ein paar Tage geliehen hatte (Wert: 25.000 Euro), und machen sich auf den Weg. H sitzt am Steuer und fährt – sichtbar beschwingt – in Schlangenlinien über die morgens um 4 Uhr unbefahrenen und menschenleeren Straßen, singt während der Fahrt schmutzige Lieder ab und entblößt »zum Kampf gegen die Verkehrsmafia« seinen mit einem Tiger tätowierten Oberkörper. Gleich bei der ersten Schlangenlinie entgeht der Wagen nur durch Glück um Haaresbreite einer Kollision mit der stark erhöhten Straßenbegrenzung und damit einem Unfall. Die im Übrigen reibungslose Fahrt wird einige Minuten später von einer Polizeistreife gestoppt. Eine bei H entnommene Blutprobe ergibt für den Zeitpunkt der Fahrt eine Blutalkoholkonzentration von 0,9 ‰. H war bei Fahrtantritt davon ausgegangen, dass er zwar mindestens 1,5 ‰ habe und fahruntüchtig sei, den Wagen aber dennoch sicher nach Hause steuern könne. M war bei Fahrtantritt von einer Fahruntüchtigkeit des H ausgegangen.

Strafbarkeit des H? Es ist davon auszugehen, dass W den H zur Fahrt angestiftet und dass M keinen strafrechtlich relevanten Tatbeitrag geleistet hat.

> **Schwerpunkte:** Gefährdung des Straßenverkehrs, 315 c StGB; absolute und relative Fahruntüchtigkeit; die Schutzgüter des § 315 c StGB; Vorsatz-Fahrlässigkeits-Kombination; rechtfertigende Einwilligung durch gefährdete Personen; Begriff des erlaubten Risikos; Trunkenheit im Verkehr, § 316 StGB, Voraussetzungen und Schutzgut; Verhältnis zu § 315 c StGB; Abgrenzung § 315 c StGB / § 315 b StGB.

Lösungsweg

§ 315 c Abs. 1 Nr. 1 a StGB (Gefährdung des Straßenverkehrs)

I. Tatbestand (A: objektiv):

1.) H hat zunächst im vorliegenden Fall ohne jeden Zweifel im Straßenverkehr ein Fahrzeug geführt.

Zum Fall: H muss also zur Verwirklichung des Tatbestandes eines der benannten Rechtsgüter konkret gefährdet haben (bitte lies im Gesetz noch mal nach, welche Rechtsgüter in Betracht kommen). Und hier musste man nun ziemlich genau hinschauen, denn eigentlich fährt H mit dem Fahrzeug und den Insassen über menschenleere und unbefahrene Straßen. Daraus wiederum könnte man folgern, dass zu keiner Zeit eine Gefährdung weder für Menschen noch für Sachen von bedeutendem Wert bestand.

Als gefährdete Personen kommen allerdings sowohl der W als auch die M, als gefährdete Sache von bedeutendem Wert das Auto des Bruders, mit dem H gefahren ist, in Betracht. Der Reihe nach:

a) Gefährdete ***Person*** kann zwar nicht der Fahrer selbst sein (Gesetz lesen, da steht »eines anderen«), wohl aber seine Mitfahrer (*Fischer* § 315 c StGB Rz. 15a). In unserem Fall würde das bedeuten, dass W und M als Gefährdungsopfer in Betracht kommen.

Aber: Streitig ist, ob auch die ***Teilnehmer*** an der Trunkenheitsfahrt – also Anstifter oder Gehilfe – Gefährdungsopfer sein können.

- Die ***herrschende Meinung*** und vor allem die Rechtsprechung des BGH lehnen dies ab und verweisen (zu Recht) darauf, dass der Veranlasser bzw. Unterstützer der Trunkenheitsfahrt später dann nicht zum geschützten Personenkreis gehören dürfe (BGH NStZ **2012**, 701; BGH NJW **1991**, 1120; BGH NStZ **1996**, 83: BGHSt **27**, 43; BGHSt **11**, 199; *Fischer* § 315 c StGB Rz. 15b; *Lackner/Kühl* § 315 c StGB Rz. 25; *Gössel/Dönning* BT 1 Rz. 42; *Kindhäuser* BT I Rz. 68/12; *Ranft* in JURA 1987, 614; *Saal* in NZV 1998, 50).

- Nach ***anderer Ansicht*** kann auch z.B. der Anstifter selbst Gefährdungsopfer sein (OLG Stuttgart NJW **1976**, 1904; S/S-*Sternberg-Lieben/Hecker* § 315 c StGB Rz. 31; Eisele in JA 2007, 171; *Geppert* in JURA 1996, 47; *Otto* GK BT § 80 Rz. 34; *Graul* in JuS 1992, 321; LK/*König* § 315 c StGB Rz. 160; NK/*Zieschang* § 315 c Rz. 26; SK/*Wolters* vor § 306 StGB Rz. 10; *Schroeder* in JuS 1994, 846).

In unserem Fall ist W Anstifter zur Tat des H (SV-Hinweis) und scheidet nach herrschender Ansicht, der wir hier folgen wollen, als Gefährdungsopfer aus. Es verbleibt als Gefährdungsopfer somit nur noch die M, denn sie hat keinen strafrechtlich relevanten Tatbeitrag zur Fahrt des H geleistet (SV-Hinweis). Die Einzelheiten dazu sehen wir uns gleich an. Vorher prüfen wir aber gerade noch, wie das mit dem Auto als gefährdete Sache ist.

b) Als gefährdete ***Sachen*** von bedeutendem Wert (Mindestwert: **750 Euro,** vgl. nur *Fischer* § 315 c StGB Rz. 15) kommen zunächst die Gegenstände, die dem Täter selbst gehören, nicht in Betracht (S/S-*Steinberg-Lieben/Hecker* § 315 c StGB Rz. 33). Ein kleines bisschen streitig ist die Beantwortung der Frage, ob das vom Täter gefahrene, ihm aber nicht gehörende Auto als Gefährdungsgegenstand tauglich ist.

- Nach ziemlich ***herrschender Ansicht*** soll dieses Auto als Gefährdungsobjekt ausscheiden, und zwar aus folgendem Grund: Das Auto selbst ist das Mittel zur Gefährdung und kann folglich nicht gleichzeitig auch das Objekt dieser durch es selbst verursachten Gefährdung sein (BGH StraFo **2012**, 241; BGH NStZ **1999**, 350; BGH NStZ **1992**, 233; BGH NJW **1977**, 1109; OLG Hamburg NZV **1994**, 325; OLG Düsseldorf NZV **1994**, 324; MK/*Pegel* § 315c StGB Rz. 97; S/S-*Steinberg-Lieben/Hecker* § 315 c StGB Rz. 31; *Wessels/Hettinger* BT 1 Rz. 992; *Lackner/Kühl* § 315 c StGB Rz. 25; *Fischer* § 315 c StGB Rz. 15c; *Ranft* in Jura 1987, 614).

- Nach einer ***anderen Meinung*** kann auch das Tatwerkzeug selbst hier als Gefährdungsopfer gesehen werden (NK/Zieschang § 315c Rz. 27; LK/*König* § 315 c StGB Rz. 163; *Warda* MDR 1965, 5; *Hartung* NJW 1966, 15; SK/*Wolters* vor § 306 StGB Rz. 10).

Tipp: Dieser »**Streit**« verdient die Bezeichnung als solcher eigentlich nicht so wirklich. Was die Herren *Warda* und *Hartung* anno 1965 und 1966 hierzu zu sagen hatten, interessiert heute keinen Menschen mehr. Und auch die wenigen, zweifelnden Worte von Herrn *König* im *Leipziger Kommentar* aus dem Jahre 2000 überzeugen kaum, zumal dort letztlich unwidersprochen auf die ganzherrschende Meinung in Rechtsprechung und Literatur hingewiesen wird (vgl. LK/*König* § 315 c StGB Rz. 163). In der Klausur – anders aber in der Hausarbeit! – kann daher der oben zuerst benannten Ansicht gefolgt werden. Wenn dann noch das ziemlich einleuchtende Argument dieser Auffassung, das bitte jetzt gerade noch mal nachgelesen wird, auf dem Blatt steht, gibt`s ein Lächeln im Gesicht des Prüfers.

ZE.: Das von H gefahrene Auto seines Bruders scheidet als Gefährdungsobjekt ebenso wie der tatbeteiligte W aus. Es bleibt somit nur noch die M als Gefährdungsopfer. Und damit ist zu prüfen, ob M tatsächlich einer konkreten Gefahr hinsichtlich ihres Körpers (Leib) oder sogar ihres Lebens ausgesetzt gewesen ist.

Ansatz: Der BGH hat in seiner früheren Rechtsprechung die Auffassung vertreten, dass der Insasse eines Fahrzeugs, das von einem alkoholbedingt fahruntüchtigen Fahrer gelenkt werde, bereits allein dadurch konkret gefährdet werde, dass der Fahrer trotz seines Zustandes am Verkehr teilnehme (BGH NStZ **1985**, 263; BGH JZ **1989**, 203).

Hierfür aber hat es in der Literatur und der übrigen Rechtsprechung reichlich Kritik gehagelt, denn diese Auslegung macht § 315 c StGB zu einem abstrakten Gefährdungsdelikt, obwohl der Wortlaut der Vorschrift eine konkrete Gefährdung fordert (*Becker* in NStZ 1990, 125; *Schroeder* in JuS 1994, 847; *Fischer* § 315 c StGB Rz. 15b; S/S-*Cramer – 25. Auflage* – § 315 c StGB Rz. 35; *Lackner/Kühl* § 315 c StGB Rz. 23; Bay ObLG

JZ **1989**, 52; Bay ObLG NJW **1990**, 133; OLG Köln NJW **1991**, 3291). Und weil die Kritik der anderen ziemlich berechtigt ist, hat der BGH tatsächlich – was eher unüblich und deshalb auch besonders erwähnenswert ist – seine Meinung im Sinne der anderen Auffassung geändert und festgestellt, dass jetzt auch nach seiner Ansicht die Trunkenheitsfahrt an sich noch nicht ausreicht, es muss im jeweiligen Fall auch tatsächlich zu einer ***konkreten*** Gefährdung des betroffenen Insassen gekommen sein (BGH NJW **1995**, 3131). Und für unseren Fall heißt das Folgendes:

Wäre H mit der M im Auto einfach nur besoffen nach Hause gefahren, hätte dies für den Tatbestand des § 315 c StGB nicht ausgereicht, denn die Fahrt an sich beinhaltet noch keine konkrete Gefährdung der M. Es wäre dann nur § 316 StGB (abstraktes Gefährdungsdelikt) übrig geblieben (vgl. S/S-*Steinberg-Lieben/Hecker* § 315 c StGB Rz. 35). Um den Tatbestand des § 315 c StGB zu erfüllen, ist also jetzt noch zu prüfen, ob während der Fahrt Anzeichen für eine konkrete Gefährdung der M bestanden:

Zu einer solchen konkreten Gefahr soll es nach neuer Ansicht des BGH zwar noch nicht genügen, wenn der Fahrer einen folgelosen Fahrfehler begeht, also etwa Schlangenlinien fährt. Hinzutreten muss vielmehr, dass es ***beinahe*** zu einem Unfall gekommen wäre (BGH NStZ **2009**, 100). Von einer konkreten Gefährdung des Mitfahrers kann demnach nur dann gesprochen werden, wenn der auf Trunkenheit beruhende Fahrfehler zu einer kritischen Verkehrssituation geführt hat. Der Eintritt des Schadens darf nur noch vom ***Zufall*** abhängen (BGH StV **2012**, 217). Erforderlich ist ein »Beinahe-Unfall«, also ein Geschehen, bei dem ein unbeteiligter Beobachter zu der Einschätzung gelangt, dass »das noch einmal gut gegangen sei« (BGH StV **2012**, 217; BGH NJW **1996**, 329; BGH NJW **1995**, 3131, 3132; *Fischer* § 315 c StGB Rz. 16).

Zum Fall: Und genau aus diesem Grund steht im Sachverhalt die Geschichte mit dem *»nur durch Glück«* um Haaresbreite gelungenen Ausweichen von der erhöhten Fahrbahnbegrenzung. Das Fahren in Schlangenlinien an sich ist nach dem eben Gesagten für § 315 c StGB ja noch nicht ausreichend; hier musste jetzt verwertet werden, dass H in der konkreten Situation nur durch Glück um Haaresbreite dem Bordstein ausweichen und damit einen Unfall vermeiden konnte. Er hat hiermit die M in eine – wie von § 315 c StGB gefordert – ***konkrete Gefahr*** (Unfall) für ihren Körper gebracht. Eine Lebensgefahr anzunehmen, erscheint beim Auffahren auf den Bordstein neben der Sache.

ZE.: Eine konkrete Gefahr des Körpers der M liegt vor in dem Zeitpunkt, in dem H haarscharf an der Bordsteinkante vorbeifährt.

ZE.: Damit ist insoweit der objektive Tatbestand des § 315 c Abs. 1 Nr. 1 a StGB erfüllt.

Zwischenstand: Bitte an dieser Stelle eine kurze Pause machen und noch mal in Ruhe auf die einzelnen Merkmale des objektiven Tatbestandes des § 315 c StGB sehen. Das war zum einen das »Führen« des Fahrzeugs im Straßenverkehr, bei uns hier ja kein

Problem. Dann kam dazu die Sache mit der Fahruntüchtigkeit, also relativ ab 0,3 und absolut ab 1,1 Promille. Und schließlich, auch das haben wir gerade geprüft, dann die **konkrete** Gefährdung einer Person oder Sache von bedeutendem Wert. Hierbei hatten wir gesagt, dass § 315 c StGB ein Erfolgsdelikt ist und deshalb zu der Tathandlung des besoffenen Fahrens (»Führens«) immer noch ein Erfolg in Form dieser konkreten Gefahr separat festgestellt werden muss. Erst wenn alle drei Merkmale vorliegen, ist der objektive Tatbestand des § 315 c Abs. 1 Nr. 1 a StGB erfüllt.

B: Subjektiver Tatbestand:

Erforderlich ist nun gemäß § 15 StGB der ***Vorsatz*** des Täters auf die drei von uns soeben geprüften Merkmale des objektiven Tatbestandes.

1.) Zunächst hatte H fraglos Vorsatz auf das Führen des Fahrzeugs im Straßenverkehr, er wusste ja, dass er im Auto saß und fuhr.

2.) Des Weiteren erforderlich ist auch der Vorsatz in Bezug auf die Fahruntüchtigkeit.

Zwar genügt der Glaube an eine bestimmte Promille-Zahl nicht in jedem Falle für den Vorsatz, da es keinen Erfahrungssatz gibt, dass man ab einer bestimmten Grenze bzw. vertilgten Biermenge seine eigene Fahruntüchtigkeit erkennt (BGH NZV **2003**, 47; OLG Hamm DAR **2005**, 101; S/S-*Steinberg-Lieben/Hecker* § 316 StGB Rz. 26). Und deshalb kann auch allein durch die Annahme eines bestimmten Wertes nicht automatisch auf den Vorsatz des Täters geschlossen werden (OLG Hamm DAR **2005**, 101; *Fischer* § 316 StGB Rz. 9).

> In unserem Fall indessen ist das kein Problem, denn H hielt sich neben den 1,5 ‰ auch so für ***fahruntüchtig***. Und damit liegt der Vorsatz hinsichtlich dieses Merkmals vor. In der Praxis übrigens ist dies viel schwieriger, denn kaum ein Täter lässt sich zu einer solchen Erklärung hinreißen. Die Sportsfreunde sagen dann vielmehr vor Gericht, sie hätten zwar 45 Kölsch getrunken, seien aber dennoch *»sischer jewesen, dat Auto noch locker nach Hause zu fahren, et is ja auch nix passiert, Herr Rischter«*. Hier hat es das Gericht bzw. die Staatsanwaltschaft dann schwer. Übrig bleibt häufig in solchen Fällen nur die Fahrlässigkeitsvariante des § 315 c Abs. 3 Nr. 2 StGB (kommen wir gleich auch noch hin).

<u>ZE.</u>: In unserem Fall allerdings ist das allerdings – wie gesagt – keine Aktion, laut SV-Hinweis hielt sich unser H für fahruntüchtig und damit ist Vorsatz bezüglich der Tathandlung – der Trunkenheitsfahrt – gegeben.

3.) Letztlich erforderlich ist aber auch der Vorsatz auf den ***Taterfolg***, nämlich die konkrete Gefährdung des Körpers oder sogar des Menschenlebens oder der Sache von bedeutendem Wert. Und daran wird man hier beachtliche Zweifel haben müssen, denn H war davon ausgegangen, dass er den Wagen sicher nach Hause steuern könne (SV-Hinweis).

Das fühlt sich jetzt zwar komisch an, aber in einem solchen Fall kann ein Vorsatz des Täters auf die konkrete Gefährdung nur schwerlich angenommen werden. Der Täter, der eine solche Einlassung abgibt, kann in der Regel nicht wegen Vorsatzes hinsichtlich einer konkreten Gefährdung eines Menschen oder einer Sache verurteilt werden, denn dafür hätte er eine solche Gefährdung in sein Bewusstsein aufnehmen müssen. Und genau das hat unser H hier **nicht** getan, er war ja sicher, den Wagen nach Hause steuern zu können (vgl. dazu etwa *Krey/Heinrich* BT 1 Rz. 785/786). In der Praxis ist es übrigens ähnlich wie soeben schon angedeutet: Der Täter gibt in der Regel – anwaltlich »gut« beraten – eine Einlassung, die auf bedingten Vorsatz bezüglich einer Gefährdung nicht schließen lässt. Eine sichere Beweisführung anhand von Indizien ist hier nahezu ausgeschlossen (vgl. die Nachweise bei *Fischer* § 315 c StGB Rz. 18, die dieses Problem ausdrücklich und zu Recht beklagen und etwa vorschlagen, dass bei einem Prozentsatz über 1,3 ‰ Vorsatz naheliege). ***Anders*** hätte man den Vorsatz des H nur etwa dann sehen können, wenn H z.B. gleich nach Fahrtantritt mehrere Wagen gestreift und dann später einen Unfall verursacht hätte. In diesem Fall wäre der spätere Unfall dann aufgrund des vorherigen Fehlverhaltens aus der Sicht des Täters bedingt vorsätzlich verursacht gewesen (BGH NStZ **1997**, 18).

Bei uns scheidet der (bedingte) Vorsatz auf die konkrete Gefährdung der M aus. Denn zum einen ist H – wie gesagt – davon ausgegangen, das Fahrzeug sicher nach Hause zu fahren. Zum anderen findet die konkrete Gefährdung der M gleich zu Fahrtbeginn bei der ersten Schlangenlinie statt, sodass auch nach der gerade benannten BGH-Entscheidung eine Vorsatzvermutung aufgrund vorheriger Fehlleistung während dieser Fahrt nicht in Betracht kommt.

<u>ZE.</u>: Es mangelt am Vorsatz des H bezüglich des von § 315 c StGB geforderten Taterfolges. Eine Bestrafung wegen vorsätzlicher Gefährdung des Straßenverkehrs gemäß § 315 c Abs. 1 StGB scheidet mithin aus.

Aber: Hier muss jetzt dann der eben schon angesprochene **Abs. 3** des **§ 315 c StGB** gesehen werden, und dort in unserem Fall die Nr. 1 (bitte lesen): Der Abs. 3 macht aus der Vorschrift des § 315 c Abs. 1 StGB eine sogenannte »**Vorsatz-Fahrlässigkeits-Kombination**« im Sinne des § 11 Abs. 2 StGB. Für die Fallprüfung heißt das Folgendes: Man prüft zunächst – genauso wie wir es hier getan haben – das Delikt als Vorsatztat durch. In der Erörterung des subjektiven Tatbestandes muss man dann mangels Vorsatzes bezogen auf den Taterfolg einen Schnitt machen und sagen, dass die normale vorsätzliche Begehung nicht in Betracht kommt.

Und jetzt aufgepasst: Man bleibt dann aber trotzdem in dieser Prüfung des Tatbestandes (also im »subjektiven Tatbestand«) und ersetzt den eigentlich erforderlichen Vorsatz bezüglich des Taterfolges durch die Merkmale der Fahrlässigkeit, das Ganze dann selbstverständlich unter Nennung des Abs. 3 des § 315 c StGB und mit neuem Einleitungssatz.

Wir probieren das mal:

Zwar mangelt es H am Vorsatz hinsichtlich der im Rahmen des § 315 c Abs. 1 StGB erforderlichen konkreten Gefährdung der M mit der Folge, dass eine rein vorsätzliche Begehung des Delikts ausscheidet.

Indessen kann anstelle des mangelnden Vorsatzes in Bezug auf die Gefährdung der M gemäß § 315 c Abs. 3 Nr. 1 StGB i.V.m. § 315 c Abs. 1 Nr. 1 a StGB auch ***Fahrlässigkeit*** hinsichtlich dieser konkreten Gefährdung des Rechtsgutes treten. Dies hätte im Rahmen der Vorsatz-Fahrlässigkeits-Kombination dann eine mildere Bestrafung nach § 315 c Abs. 3 StGB zur Folge. Voraussetzung dafür ist allerdings, dass H die konkrete Gefährdung der M aufgrund von Fahrlässigkeit verursacht hat. Fahrlässigkeit setzt neben der vorliegend durch die Trunkenheitsfahrt indizierten Sorgfaltswidrigkeit auch die Vorhersehbarkeit der konkreten Gefahr voraus. Aus der Sicht eines durchschnittlichen Autofahrers war erkenn- und vorhersehbar, dass das Fahren im fahruntüchtigen Zustand die Insassen des betroffenen Fahrzeuges bei unsicherer Fahrt konkret gefährden kann. H hat folglich in Bezug auf die Gefährdung der M, ausgelöst durch den nur durch Zufall vermiedenen Unfall, fahrlässig gehandelt.

ZE.: Damit liegt bezüglich des Taterfolges aus § 315 c Abs. 1 StGB Fahrlässigkeit vor, H erfüllt somit den objektiven und subjektiven Tatbestand des § 315 c Abs. 3 Nr. 1 i.V.m. Abs. 1 Nr. 1 a StGB.

Und wenn man das dann so prima hinbekommen hat, geht man danach dann völlig normal im herkömmlichen Deliktsaufbau weiter vor, also:

II. Rechtswidrigkeit:

In Betracht kommt ein Ausschluss der Rechtswidrigkeit der Tat des § 315 c StGB aufgrund einer von M erteilten *Einwilligung*.

Durchblick: Bei Körperverletzungen kann das Opfer – außer im Falle der Sittenwidrigkeit – durch eine ***Einwilligung*** die Rechtswidrigkeit der Tat ausschließen, bitte lies **§ 228 StGB**. Das erklärt sich dadurch, dass der Staat meint, wer seine eigenen Rechtsgüter freiwillig preisgibt, benötige dann auch keinen Schutz durch die Rechtsordnung (S/S-*Lenckner/Sternberg-Lieben* vor § 32 StGB Rz. 33). Bei Tötungsdelikten hingegen, also z.B. § 212 StGB, kommt eine solche rechtfertigende Einwilligung nicht in Betracht, weil der Staat hier sagt, über das höchste Rechtsgut könne der Bürger nicht frei verfügen. Das haben wir weiter oben in Fall Nr. 4 schon gelernt und das gilt selbstverständlich auch hier. Und es gilt ebenso auch hier, dass § 228 StGB ***nicht*** analog auf die Tötungsdelikte angewendet werden kann (BayOLG St **1957**, 76).

In unserem Fall ist M in den Wagen eingestiegen, obwohl sie bemerkt hat, dass H fahruntüchtig ist. Es stellt sich die Frage, ob sie hierdurch – schlüssig – eine Einwilligung erteilt und dadurch ein sogenanntes »erlaubtes Risiko« bezogen auf eine spätere Gefährdung ihrer eigenen Person geschaffen hat (S/S-*Steinberg-Lieben/Hecker* § 315 c StGB Rz. 43). Das würde dann unter Umständen bedeuten, dass sie durch die entsprechenden Normen nicht mehr geschützt ist. Denn wenn man wissentlich zu einem Besoffenen ins Auto steigt, kann man nachher eigentlich nicht den Schutz der Rechtsordnung durch die entsprechenden Normen erwarten, da man sich ja selbst sozusagen »sehenden Auges« in diese Gefahrenlage begeben hat.

Und aus dieser Überlegung hat sich an dieser Stelle bei der Rechtswidrigkeit im Rahmen des § 315 c StGB ein Streit entwickelt, der selbstverständlich von verschiedenen (zwei) Ansichten unterschiedlich beurteilt wird:

- Nach ***einer Meinung*** kann eine Einwilligung des später konkret gefährdeten Opfers (Beifahrers) die Rechtswidrigkeit der Tat nicht ausschließen (BGH NJW **2009**, 1155; BGHSt **23**, 261; *Jescheck/Weigend* § 34 III 5; LK/*König* § 315 c StGB Rz. 61; *Wessels/Hettinger* BT 1 Rz. 993; *Fischer* § 315 c StGB Rz. 17; *Lackner/Kühl* § 315 c StGB Rz. 32). Diese Meinung reklamiert für sich, das geschützte Rechtsgut des § 315 c StGB sei die Allgemeinheit, und deshalb könne ein Einzelner mit seiner Einwilligung über dieses Rechtsgut nicht verfügen. So erzählen das z.B. *Wessels/Hettinger* (BT 1 Rz. 993), die diese Meinung übrigens dort fälschlich als »hM« bezeichnen, was nicht den Tatsachen entspricht (sehen wir gleich noch).
- Nach ***anderer Ansicht*** soll eine Rechtfertigung auch im Rahmen des § 315 c StGB durch den konkret Gefährdeten möglich sein (S/S-*Steinberg-Lieben/Hecker* § 315 c StGB Rz. 41; *Arzt/Weber* LH 2 Rz. 321; *Krey/Heinrich* BT 1 Rz. 782/783; SK/*Wolters* § 315 c StGB Rz. 22 und vor § 306 StGB Rz. 9; *Eser* Bd. 3 Fall 11 A 27; OLG Hamburg NJW **1969**, 336; *Schroeder* in JuS 1994, 848; *Hillenkamp* in JuS 1977, 170; *Roxin* 13/33 Fn. 59; *Ranft* in Jura 1987, 608; *Otto* in Jura 1991, 443). Diese Meinung behauptet, Schutzgegenstand des § 315 c StGB sei nicht die Allgemeinheit, sondern das konkret gefährdete Rechtsgut. Und deshalb könne der jeweils betroffene Rechtsgutsinhaber auch wirksam über dieses Rechtsgut verfügen.

Die Antwort darauf, welcher Meinung man sich anschließt, hängt demnach davon ab, was man als geschütztes Rechtsgut des § 315 c StGB ansieht. Die besserern Argumente scheinen für die zweite Ansicht zu sprechen, und zwar aus folgenden Gründen: Die Vorschrift des § 315 c StGB erfordert im Vergleich zu § 316 StGB neben der Fahruntüchtigkeit noch eine *konkrete Gefährdung*. Ohne eine solche Gefährdung kann der Tatbestand des § 315 c StGB nie erfüllt sein, das Unrechtsmoment der Tat manifestiert sich nämlich gerade in diesem Erfolg. Fehlt es, bleibt dann lediglich ein Versuch oder aber eine Bestrafung aus § 316 StGB, der fraglos ein abstraktes Gefährdungsdelikt darstellt und damit stets die Allgemeinheit schützt. Der Gesetzgeber hat also die Strafbarkeit nach § 315 c StGB daran geknüpft, dass tatsächlich ein individuelles Rechtsgut gefährdet ist. Die Gefährdung der Allgemeinheit wird von § 316 StGB berücksichtigt (vgl. sehr instruktiv zum Ganzen: S/S-*Steinberg-Lieben/Hecker* § 315 c StGB Rz. 41).

Tipp: Beide Ansichten stehen ***gleichwertig*** nebeneinander, die Behauptung von *Wessels/Hettinger*, die erste Ansicht sei die »herrschende Meinung«, ist ein bisschen geflunkert. *Krey/Heinrich* (BT 1 Rz. 782) beispielsweise nennen die andere Ansicht die »herrschende Lehre«. Neutral formuliert ist das Ganze dann wiederum bei S/S-*Cramer/Sternberg-Lieben* bei § 315 c StGB Rz. 41. Daraus lernt man dann übrigens, dass solche Formulierungen wie »herrschende Meinung«, »Mindermeinung« oder »herrschende Lehre« stets mit Vorsicht zu genießen sind, und dass nicht immer alles stimmt, was z.B. *Wessels/Hettinger* schreiben. Inhaltlich ist das zwar so, bei der Beurteilung der Wichtigkeit der jeweiligen Ansichten hält man sich dann aber besser an neutrale Formulierungen und schreibt in der Klausur bzw. Hausarbeit etwa: ***»Nach einer Ansicht*** ist das soundso...« und ***»Nach anderer Auffassung*** ist das soundso...«. So machen wir das übrigens immer in der Niederschrift im Gutachten zu dem jeweiligen Fall. Schon mal aufgefallen?

Hier in unserem Fall können selbstverständlich beide der gerade dargestellten Ansichten mit gleichem Erfolg vertreten werden. Und wie das geht, steht wie immer im Gutachten weiter unten.

ZE.: Nach der hier vertretenen Ansicht hat die M schlüssig in die konkrete Gefährdung ihres Körpers eingewilligt und damit die Rechtswidrigkeit der Tat des H ausgeschlossen.

Erg.: Eine Bestrafung des H aus § 315 c Abs. 3 Nr. 1 i.V.m. Abs. 1 Nr. 1 a StGB scheidet mangels Rechtswidrigkeit aus.

§ 316 Abs. 1 StGB (Trunkenheit im Verkehr)

(I.) Im Tatbestand gab es hier jetzt nichts zu mucken, die Voraussetzungen sind oben bei § 315 c StGB bereits positiv festgestellt worden. H ist fahruntüchtig und führt in Kenntnis dessen ein Fahrzeug im Verkehr.

(II.) Die Rechtswidrigkeit ist hier dann – im Gegensatz zu § 315 c StGB – keinesfalls durch eine Einwilligung der M ausgeschlossen, denn über das von § 316 StGB geschützte Rechtsgut (Sicherheit des Straßenverkehrs) kann M nicht wirksam disponieren (bei § 316 StGB ist das unstreitig).

(III.) Im Rahmen der Schuld sollte man nun darauf hinweisen, dass man mit 0,9 ‰ noch lange nicht schuldunfähig gemäß § 20 StGB ist. Dieser Zustand tritt regelmäßig erst bei 3,0 ‰ ein. Verminderte Schuldfähigkeit aus § 21 StGB gibt es hingegen schon ab ca. 2,0 ‰ (*Fischer* § 20 StGB Rz. 12 ff.).

Im Übrigen bestanden keine Bedenken mehr.

Erg.: H hat sich strafbar gemacht nach § 316 Abs. 1 StGB.

Zur Vervollständigung:

1.) Wer sich oben bei § 315 c StGB gegen eine rechtfertigende Einwilligung entscheiden wollte, musste dann natürlich bei § 315 c StGB weiterprüfen. Das heißt, die Frage nach der Schuldfähigkeit – die hier in der Lösung dann bei § 316 StGB erörtert worden ist – musste dort hin. Keinesfalls durfte nach dem Bejahen des § 315 c StGB noch § 316 StGB erörtert werden. Diese Vorschrift hat ***subsidiären*** Charakter, und das steht sogar da drin (lesen!). Hinter einem verwirklichten § 315 c StGB tritt § 316 StGB ersatzlos zurück. Merken.

2.) Die Geschichte mit der Einwilligung bei § 315 c StGB hat noch eine weitere Dimension, die wir uns indessen bei unserer Fall-Gestaltung oben gespart haben; sie soll aber trotzdem hier jetzt noch kurz erläutert werden, nämlich: Die Vorschrift des § 315 c StGB nennt als Gefährdungsgegenstand auch das ***Leben***. Nun hatten wir oben aber gesagt, dass man bei Tötungsdelikten – unstreitig – keine Einwilligung erteilen kann. Daraus müsste dann folgen, dass dies für die Variante der Lebensgefährdung bei § 315 c StGB auch ausgeschlossen ist.

> Hier aber gibt es jetzt noch eine Unterteilung, die sagt, § 315 c StGB habe einen anderen Unrechtsgehalt als etwa § 212 StGB, schon allein, weil es bei § 212 StGB um eine – bezogen auf die Tötung – vorsätzliche Tat gehe, während § 315 c StGB nur Gefährdungsvorsatz beinhalte. Daher könne unter Umständen auch bei § 315 c StGB eine Einwilligung selbst dann wirksam sein, wenn später der Tod des Opfers eintrete (vorzügliche Erläuterung bei *S/S-Lenckner/Sternberg-Lieben* vor §§ 32 ff. StGB Rz. 104 oder auch bei *Krey/Heinrich* BT 1 Rz. 782).

Dieses Problem spielt bei unserem Fall hier keine Rolle, da M keiner Lebensgefahr ausgesetzt war, es soll aber – für oberinteressierte Kandidaten – trotzdem erwähnt sein. Für den Normalverbraucher genügt das oben in Fall Nr. 4 schon mal aufgedröselte und hier jetzt wiederholte Wissen, dass man bei Körperverletzungen einwilligen kann, solange die Einwilligung nicht sittenwidrig ist (§ 228 StGB); und dass das bei Tötungsdelikten (also §§ 211 ff. StGB) grundsätzlich ausgeschlossen ist.

Nachschlag: § 315 b StGB

Wir haben im vorliegenden Fall die Vorschrift des § 315 c StGB behandelt und in ihren Eigenarten und klausurrelevanten Problemfeldern kennengelernt. Neben dieser Norm kommt im Rahmen der Straßenverkehrsdelikte aber noch eine andere Vorschrift regelmäßig in Klausuren und Hausarbeiten vor, und die wollen wir uns deshalb hier im Nachschlag noch genauer ansehen, es ist § 315 b StGB, der »**gefährliche Eingriff in den Straßenverkehr**«.

Die Existenz des § 315 b StGB im Vergleich zu § 315 c StGB erklärt sich hauptsächlich durch die Art der ***Tatbegehung***, nämlich: Der § 315 c StGB ist zuständig für Straßenverkehrsdelikte, die im ***laufenden Verkehr*** begangen werden. Hierzu zählen die Begehungsformen, die durch die ***typische Inbetriebnahme*** und Benutzung eines Kraftfahrzeuges verursacht werden können. Insoweit soll § 315 c StGB eine abschließende Regelungen für Verfehlungen des Fahrzeugführers darstellen, was man an der beachtlichen Aufzählung im Tatbestand der Vorschrift erkennen kann (*Wessels/Hettinger* BT 1 Rz. 979; S/S-*Steinberg-Lieben/Hecker* § 315 c StGB Rz. 3; *Fischer* § 315 c StGB Rz. 2). Die Anwendung der Norm setzt demnach zum einen stets das »Führen« eines Fahrzeuges und zum anderen auch eine der in § 315 c StGB abschließend aufgezählten Verfehlungen des Täters voraus. Nur unter diesen Umständen kommt eine Bestrafung wegen dieses Verkehrsdeliktes in Frage.

Betrachtet man unter Berücksichtigung dessen alleine § 315 c StGB, könnte man annehmen, dass damit sämtliche vom Gesetzgeber gewollt sanktionierten Verhaltensweisen aufgezählt sind, die im Rahmen des Straßenverkehrs auftreten können. Dem ist aber nicht so:

Vielmehr sind neben diesen in § 315 c StGB genannten Formen der strafrechtlich relevanten Verletzung der Straßenverkehrsregeln noch andere Möglichkeiten denkbar. Und das sind die Verhaltensweisen, in denen der Täter in den Straßenverkehr sozusagen ***untypisch*** (andere Worte: »verkehrsfremd« oder »von außen«) eingreift; in denen sich also nicht die typischen Gefahren realisieren, die mit dem Führen von Kraftfahrzeugen einhergehen, der Täter aber gleichwohl die Besonderheit des Straßenverkehrs zur Begehung der Tat ausnutzt.

> **Beispiele:** Werfen von Steinen auf die Autobahn (BGHSt **48**, 119; BGH VRS **45**, 38); Spannen von Drahtseilen über die Fahrbahn (BGH VRS **13**, 125); Durchtrennen von Bremsschläuchen eines PKWs (BGH NJW **1996**, 329); Abgeben von Schüssen auf einen anderen Verkehrsteilnehmer (BGH NStZ **2009**, 100; BGHSt **25**, 306); Errichten von Straßensperren (OLG Hamm NJW **1965**, 2167); unter Umständen auch »Gehen« über die Fahrbahn (sehr lesenswert dazu BGHSt **41**, 231) sowie das Stoßen eines Menschen auf die Straße (BGH NStZ **2007**, 34).

In all den genannten Fällen sitzt der Täter nicht im Auto, greift dennoch in den Straßenverkehr ein, verwirklicht aber keine der Varianten des § 315 c StGB, denn der war ja nur zuständig für die **»typischen«** Gefahren des Straßenverkehrs beim Führen eines Kraftfahrzeugs. Und deshalb gibt es dann den § 315 b StGB, der unter den in Abs. 1 Nrn. 1–3 genannten Varianten die eben bezeichneten Möglichkeiten aufnimmt (*Fischer* § 315 b StGB Rz. 4a–4c; vgl. diesbezüglich bitte auch den instruktiven Fall des BGH aus NStZ **2009**, 100, wo der Täter aus einem fahrenden Wagen Schüsse auf ein anderes Fahrzeug abgibt).

Besonderes Augenmerk ist insoweit noch zu richten auf die ebenfalls unter § 315 b Abs. 1 StGB zu subsumierenden Fall-Gestaltungen, in denen der Täter das Kraftfahrzeug zwar im fließenden Verkehr »führt«, dieses aber ***bewusst verkehrsfeindlich*** zweckentfremdet und dadurch dann eine Gefährdung oder sogar Verletzung hervorruft.

> **Beispiele:** Absichtliches Rammen eines anderen Fahrzeuges, um dies später gegenüber der Versicherung als »Unfall« deklarieren zu können (BGH NStZ **2011**, 215;

BGH NStZ **1995**, 31); absichtliches scharfes Bremsen, um einen Auffahrunfall zu provozieren (BGH NStZ **1992**, 182; OLG München NJW **2005**, 3794); absichtliches Verhindern eines Überholvorganges durch Abschneiden des Weges (BGHSt **22**, 67); absichtliches Zufahren auf einen Polizisten, der den Weg versperrt (BGHSt **23**, 4; **26**, 176), wobei das auch dann gilt, wenn der Täter kurz vorher ausweichen will (*Wessels/Hettinger* BT 1 Rz. 980); ***nicht*** unter § 315 b StGB subsumierte der BGH übrigens die absichtliche Zufahrt auf zwei Menschen, die sich auf einer Betonstufe vor dem Eingang eines Geschäftsgebäudes aufhielten: hier verneinte der BGH für den Aufenthaltsort der Opfer den Begriff des »**Straßenverkehrs**« im Sinne des § 315 b StGB, weswegen eine Bestrafung nach dieser Norm ausscheide (→ BGH NStZ-RR **2012**, 389); und beachte schließlich auch den abenteuerlichen Fall aus StV **2009**, 126, der es sogar bis zum BVerfG schaffte: dort schleifte der Täter die Polizeibeamten mit, die sich an seinem Auto festhielten. Das BVerfG stellte hier unter anderem fest, dass das Auto keine »Waffe« im Sinne des § 113 Abs. 2 Satz 2 Nr. StGB sein kann.

Das Besondere an diesen Fällen ist, dass der Täter hier ja tatsächlich sich im Straßenverkehr befindet und auch mit dem Wagen fährt; gleichwohl handelt es sich um einen sogenannten **»verkehrsfremden Eingriff«**, weil das Auto nicht zu seinem eigentlichen Zweck als Fortbewegungsmittel gebraucht, sondern vielmehr vom Täter als Mittel oder sogar ***Waffe*** missbraucht wird (BVerfG StV **2009**, 126; BGH NJW **2004**, 1965; *Wessels/Hettinger* BT 1 Rz. 980). Und dies erfüllt in der Regel den Tatbestand des § 315 b StGB (beachte insoweit bitte den Fall des BGH in BGHSt **48**, 233 (= NJW **2003**, 1613), in dem der BGH nunmehr ausdrücklich einen ***Schädigungsvorsatz*** zur Erfüllung des § 315 b Abs. 1 StGB fordert).

Klausur-Tipp: Gerade der Fall mit dem Zufahren auf eine Person (etwa einen Polizisten oder sogar eine ganze Straßensperre), um diese Person zu verletzen oder zum Verschwinden zu bewegen, kommt relativ häufig in Übungsarbeiten vor, weil hier eine ganze Reihe von Straftaten vorliegen können. Oft übersehen die Kandidaten dann aber bei der Prüfung von den in Frage kommenden Normen, etwa des § 240 StGB oder den §§ 253, 255 StGB oder auch den §§ 211 ff. bzw. den §§ 223 ff. StGB, dass daneben auch noch **§ 315 b StGB** in Betracht kommt (vgl. etwa BGH NStZ **2014**, 86 oder BGH NJW **2004**, 1965). Insoweit gibt es eine ganze Latte von Gerichtsentscheidungen, die bei diesem Zufahren verschiedene Abstufungen vornehmen: So soll nach BGHSt **28**, 87 etwa ganz langsames Zufahren auf einen Fußgänger, der ohne Probleme ausweichen kann, nicht nach § 315 b StGB strafbar sein. Anders aber bei einer Geschwindigkeit von 20 km/h (BGH JZ **1983**, 811). Wer sich mit dieser Problematik befassen will, kann folgende Entscheidungen nachschlagen: BGH NStZ **2014**, 86; BVerfG StV **2009**, 126; BGH NJW **2004**, 1965; BGHSt **26**, 176; BGHSt **28**, 87; BGH JZ **1983**, 811; BGH NStZ **1985**, 267; BGH DAR **1997**, 281; BayObLG NStZ **1988**, 518.

Beachtet werden sollte dazu aber unbedingt die oben bereits erwähnte Entscheidung des BGH vom **20.02.2003** (BGHSt **48**, 233 = NJW **2003**, 1613), in der die bis dahin gültige Rechtsprechung zu **§ 315 b Abs. 1 StGB** konkretisiert wurde und der BGH erstmalig auf der subjektiven Seite des Täters einen ***Schädigungsvorsatz*** für § 315 b Abs. 1 StGB forderte (zustimmend OLG München NJW **2005**, 3794). Vorher genügte diesbezüglich der Vorsatz auf eine ***Gefährdung*** der vermeintlichen Opfer, der deutlich leichter anzunehmen war als ein Schädigungsvorsatz (vgl. dazu auch *Wessels/Hettinger* BT 1 Rzn. 979 a/980 sowie *König* in NStZ 2004, 175). Gerade die Fälle des Zufahrens auf eine Person im Glauben, diese Person werde schon rechtzeitig von der Fahrbahn springen, können nach der Entscheidung des BGH jetzt einer anderen Beurteilung zugänglich sein und unter Umständen nur noch unter **§ 315 c StGB** gefasst werden (so ausdrücklich *Wessels/Hettinger* BT 1 Rz. 980; vgl. LK/*König* § 315 StGB Rz. 110 ff.). Eine brauchbare Zusammenfassung der Literatur zu diesem Problem findet sich auch bei S/S-*Sternberg-Lieben/Hecker* § 315 b StGB Rzn. 10 und bei *Fischer* § 315 b StGB Rz. 9a.

Wiederholung: Bei der Unterscheidung der § 315 c und 315 b StGB hat man grundsätzlich darauf zu achten, in welcher Form die entsprechende Tat begangen worden ist: Handelt es sich um einen »verkehrsfremden« Eingriff, ist es in der Regel § 315 b StGB (bei § 315 b Abs. 1 StGB ist dann ***Schädigungsvorsatz*** erforderlich!). Und dann muss man das vorliegende Verhalten unter eine der in Abs. 1 bezeichneten Nummern 1–3 subsumieren, im Zweifel ist es dann übrigens die Nr. 3, die eine Art Generalklausel darstellt (BGH NStZ **2011**, 215; S/S-*Sternberg-Lieben/Hecker* § 315 b StGB Rz. 9). Ansonsten, also bei einem »normalen« Verkehrsverstoß, kommt dann § 315 c StGB mit seinem abschließenden Katalog der in Abs. 1 Nrn. 1 und 2 bezeichneten Taten in Betracht. Bitte beachte insoweit noch, dass aus diesem Katalog in 99 von 100 Klausurfällen die Nr. 1 – und dort der Buchstabe a – geprüft wird. Und das liegt an dem sehr einleuchtenden Grund, dass der Prüfer mehrere Seiten brauchen würde, wollte er einen Sachverhalt schildern, der eine der anderen Nummern erfüllt. Im Übrigen sollte auf die oben in unserem Fall geschilderte und erläuterte Variante der Kombination zwischen Vorsatz und Fahrlässigkeit sowie die Regeln zu den Promillewerten geachtet werden, auch das kommt häufig in den universitären Übungsarbeiten – und übrigens auch im Examen – vor.

Gutachten

H könnte sich durch seine Fahrt mit W und M wegen Gefährdung des Straßenverkehrs gemäß § 315 c Abs 1 Nr. 1 a StGB strafbar gemacht haben.

Objektiver Tatbestand:

1.) H hat ein Fahrzeug im Straßenverkehr geführt.

2.) Fraglich ist, ob H infolge des Genusses alkoholischer Getränke nicht in der Lage war, das Fahrzeug sicher zu führen und damit die Voraussetzungen des § 315 c Abs. 1 Nr. 1 a StGB erfüllt. Insoweit kommt im vorliegenden Fall eine relative Fahruntüchtigkeit in Betracht. Eine solche ist anzunehmen bei einem Promillewert zwischen 0,3 und 1,1 Prozentpunkten. H hatte zur Zeit des Fahrtantritts einen Wert von 0,9 ‰. Damit ist er noch nicht absolut fahruntüchtig. Bei der Prüfung der relativen Fahruntüchtigkeit kommt es neben dem Promillewert auf die Umstände in der Person selbst als auch der Fahrweise an. Insoweit ist zunächst festzustellen, dass H sich mit seinen 0,9 ‰ bereits in ziemlicher Nähe zum absoluten Wert befunden hat mit der Folge, dass an die Ausfallerscheinungen nicht mehr allzu hohe Anforderungen zu stellen sind. Wer Schlangenlinien fährt, schmutzige Lieder absingt und nachts um 4 Uhr am Steuer seinen Oberkörper zum Kampf gegen die Verkehrsmafia entblößt, zeigt, dass sowohl die Umstände in seiner Person als auch in seiner Fahrweise die Annahme begründen, nicht mehr in der Lage gewesen zu sein, das Fahrzeug sicher zu führen. Die Kombination aus dem Blutalkoholwert von 0,9 und den beschriebenen Ausfallerscheinungen ergeben mithin die Annahme einer relativen Fahruntüchtigkeit. H war nicht mehr in der Lage, das Fahrzeug sicher zu führen.

3.) Des Weiteren ist im objektiven Tatbestand des § 315 c Abs. 1 StGB noch erforderlich, dass der Täter durch seine Fahruntüchtigkeit Leib oder Leben eines anderen oder Sachen von bedeutendem Wert gefährdet.

a) Als gefährdete Personen kommen sowohl W als auch M in Betracht. Hinsichtlich des W muss indessen zunächst beachtet werden, dass W laut SV-Hinweis Anstifter und damit Teilnehmer zu einer möglichen Tat des H ist. Es fragt sich, ob auch ein Teilnehmer zur Trunkenheitsfahrt überhaupt taugliches Gefährdungsopfer sein kann. Nach einer Meinung solle der Umstand, dass das gefährdete Opfer an der Trunkenheitsfahrt strafrechtlich beteiligt gewesen ist, keine Rolle spielen. Es könne dennoch Gefährdungsopfer sein. Dieser Auffassung steht indessen der Schutzzweck des § 315 c StGB entgegen. Wer eine Trunkenheitsfahrt als Anstifter veranlasst, kann später nicht zum geschützten Personenkreis dieser Norm gehören. Er hat sich selber an der Tat beteiligt, wegen derer er dann nachher Schutz beanspruchen will. In vorliegenden Fall ist W Anstifter zur Tat des H und scheidet als Gefährdungsopfer aus. Es verbleibt als Gefährdungsopfer somit nur noch M, denn sie hat keinen strafrechtlich relevanten Tatbeitrag zur Fahrt des H geleistet (SV-Hinweis).

b) Als gefährdete Sachen von bedeutendem Wert kommen die Sachen, die dem Täter selbst gehören, nicht in Betracht. Streitig ist indessen die Beantwortung der Frage, ob das vom Täter gefahrene, ihm aber nicht gehörende Auto als Gefährdungsgegenstand tauglich ist. Nach einer Ansicht kommt auch dieses vom Täter gefahrene Fahrzeug als Gefährdungsgegenstand in Betracht. Allerdings übersieht diese Auffassung, dass das Fahrzeug selbst das Mittel zur Gefährdung ist und mithin nicht gleichzeitig auch sächliches Gefährdungsopfer sein kann. Die Straßenverkehrsdelikte, und dort insbesondere § 315 c StGB, beziehen ihr Gefahrenpotential gerade aus dem Führen des Kraftfahrzeuges. Dieses Kraftfahrzeug kann dann nicht gleichzeitig auch geschütztes Objekt sein. Daraus folgt, dass das von H gesteuerte Fahrzeug kein taugliches sächliches Gefährdungsopfer im Rahmen des § 315 c StGB sein kann.

c) Es verbleibt somit lediglich die M als Gefährdungsopfer, da sie keinen Teilnahmebeitrag geleistet hat. Es ist folglich zu prüfen, ob M als Fahrzeuginsassin einer konkreten Gefahr hinsichtlich ihres Körpers (Leib) oder sogar ihres Lebens ausgesetzt gewesen ist. Insoweit ist zu beachten, dass die Trunkenheitsfahrt an sich noch nicht ausreicht, es muss im jeweiligen Fall auch tatsächlich zu einer konkreten Gefährdung des betroffenen Insassen gekommen sein. Um den Tatbestand des § 315 c StGB zu erfüllen, ist somit zu prüfen, ob während der Fahrt Anzeichen für eine konkrete Gefährdung der M bestanden. Es muss nach den gegebenen Umständen quasi »beinahe« zu einem Unfall gekommen sein. Von einer konkreten Gefährdung des Mitfahrers kann nur dann gesprochen werden, wenn der auf Trunkenheit beruhende Fahrfehler zu einer kritischen Verkehrssituation geführt hat. Der Eintritt des Schadens darf nur noch vom Zufall abhängen. Zunächst ist demnach festzustellen, dass das Fahren in Schlangenlinien an sich nach dem soeben Gesagten für § 315 c StGB noch nicht ausreicht; vielmehr ist beachtlich, dass H in der konkreten Situation nur durch Glück um Haaresbreite dem Bordstein ausweichen und damit einen Unfall vermeiden konnte. Er hat hiermit die M in eine – wie von § 315 c StGB gefordert – konkrete Gefahr (Unfall) für ihren Körper (Leib) gebracht. Eine konkrete Gefahr des Körpers der M liegt vor in dem Zeitpunkt, in dem H haarscharf an der Bordsteinkante vorbeifährt. Der objektive Tatbestand des § 315 c Abs. 1 a StGB ist erfüllt in Form der Gefährdung der Fahrzeuginsassin M.

Subjektiver Tatbestand:

1.) Zunächst hatte H den Vorsatz auf das Führen des Fahrzeugs im Straßenverkehr.

2.) Des Weiteren erforderlich ist auch der Vorsatz in Bezug auf die Fahruntüchtigkeit. H hielt sich beim Fahrtantritt für fahruntüchtig und erfüllt mithin auch insoweit die subjektiven Voraussetzungen.

3.) Letztlich erforderlich ist im subjektiven Tatbestand der Vorsatz auf den Taterfolg, also die konkrete Gefährdung des Körpers oder sogar des Menschenlebens oder einer Sache von bedeutendem Wert. Diesbezüglich ergeben sich vorliegend Zweifel, denn H war davon ausgegangen, dass er den Wagen sicher nach Hause steuern könne. Und in einem solchen Fall kann ein Vorsatz des Täters auf die konkrete Gefährdung nicht angenommen werden, da diese Sicht des H für den zumindest erforderlichen bedingten Vorsatz nicht ausreicht. Eine andere Beurteilung wäre lediglich dann möglich gewesen, wenn H etwa zunächst mehrere Fahrzeuge gestreift und dann später die vorliegende Gefährdungssituation verursacht hätte. Bei dieser Sachverhaltsgestaltung wäre eine Unterstellung des bedingten Vorsatzes in Betracht gekommen. Hier allerdings erfolgt die Gefährdung sogleich zu Fahrtbeginn mit der Konsequenz, dass der bedingte Vorsatz auf Seiten des H entfällt. Es mangelt am Vorsatz des H bezüglich des von § 315 c StGB geforderten Taterfolges. Eine Bestrafung wegen vorsätzlicher Gefährdung des Straßenverkehrs gemäß § 315 c Abs. 1 StGB scheidet mithin aus.

4.) Wie erörtert fehlt es zwar am Vorsatz hinsichtlich der im Rahmen des § 315 c Abs. 1 StGB erforderlichen konkreten Gefährdung der M mit der Folge, dass eine rein vorsätzliche Begehung des Delikts ausscheidet. Indessen kann anstelle des mangelnden Vorsatzes in Bezug auf die Gefährdung der M gemäß § 315 c Abs. 3 Nr. 1 StGB i.V.m. § 315 c Abs. 1 Nr. 1 a StGB auch Fahrlässigkeit hinsichtlich dieser konkreten Gefährdung des Rechtsgutes treten. Dies hätte im Rahmen der Vorsatz-Fahrlässigkeits-Kombination dann eine mildere Bestrafung nach § 315 Abs. 3 StGB zur Folge. Voraussetzung dafür ist allerdings, dass H die konkrete Gefährdung der M aufgrund von Fahrlässigkeit verursacht hat. Fahrlässigkeit setzt neben der vorliegend durch die Trunkenheitsfahrt indizierten Sorgfaltswidrigkeit auch eine Vorhersehbarkeit der konkreten Gefahr voraus. Aus der Sicht eines durchschnittlichen Autofahrers war erkenn- und vorhersehbar, dass das Fahren im fahruntüchtigen Zustand die Insassen des betroffenen Fahrzeuges bei unsicherer Fahrt konkret gefährden kann. H hat folglich in Bezug auf die Gefährdung der M, ausgelöst durch den nur durch Zufall vermiedenen Unfall, fahrlässig gehandelt. Damit liegt bezüglich des Taterfolges aus § 315 c Abs. 1 StGB Fahrlässigkeit vor, H erfüllt somit den objektiven und subjektiven Tatbestand des § 315 c Abs. 3 Nr. 1 i.V.m. Abs. 1 Nr. 1 a StGB. Der subjektive Tatbestand des § 315 c Abs. 1 Nr. 1 a i.V.m. § 315 c Abs. 3 Nr. 1 StGB liegt vor.

Rechtswidrigkeit:

Als Rechtfertigungsgrund für das vorliegende Delikt kommt eine Einwilligung der betroffenen M in Betracht. Dies kann sich deshalb ergeben, weil M in das Fahrzeug gestiegen ist, obwohl sie die Fahruntüchtigkeit des H erkannt hatte und somit sozusagen ein erlaubtes Risiko bezogen auf eine spätere Gefährdung ihrer Person geschaffen hat.

a) Nach einer Meinung kann eine Einwilligung des später konkret gefährdeten Opfers, etwa des Beifahrers, die Rechtswidrigkeit der Tat indessen nicht ausschließen. Diese Ansicht behauptet, das geschützte Rechtsgut des § 315 c StGB sei die Allgemeinheit, und deshalb könne ein einzelner mit seiner Einwilligung über dieses Rechtsgut nicht verfügen.

b) Diese Auffassung trifft nicht zu. Ihr steht vielmehr Folgendes entgegen: Die Vorschrift des § 315 c StGB erfordert im Vergleich zu § 316 StGB neben der Fahruntüchtigkeit noch eine konkrete Gefährdung eines Menschen oder einer Sache. Ohne eine solche Gefährdung kann der Tatbestand des § 315 c StGB nicht erfüllt sein, denn das Unrechtsmoment der Tat manifestiert sich gerade in diesem Erfolg. Fehlt es, bleibt dann lediglich ein Versuch oder aber eine Bestrafung aus § 316 StGB, der fraglos ein abstraktes Gefährdungsdelikt darstellt und damit stets die Allgemeinheit schützt. Der Gesetzgeber hat also die Strafbarkeit nach § 315 c StGB daran geknüpft, dass tatsächlich ein individuelles Rechtsgut gefährdet ist. Die Gefährdung der Allgemeinheit wird von § 316 StGB berücksichtigt. § 315 c StGB hat als Schutzgut somit nicht die Allgemeinheit, sondern vielmehr die konkret gefährdeten Individualrechtsgüter. Die Vorschrift ist mithin einer Einwilligung der Träger dieser Rechtsgüter grundsätzlich zugänglich.

M hat im vorliegenden Fall durch ihr Einsteigen im Wissen, dass H fahruntüchtig gewesen ist, eine solche Einwilligung erteilt. Die Rechtswidrigkeit der Tat ist folglich ausgeschlossen.

Ergebnis: H hat sich nicht wegen Gefährdung des Straßenverkehrs gemäß § 315 c StGB strafbar gemacht.

H kann sich aber wegen Trunkenheit im Verkehr gemäß § 316 StGB strafbar gemacht haben.

I. Beim Tatbestand ergeben sich nach der vorherigen Prüfung insoweit keine Zweifel mehr, H war fahruntüchtig und hat ein Fahrzeug im Straßenverkehr geführt.

II. Im Rahmen der Rechtswidrigkeit ist festzustellen, dass – im Gegensatz zu § 315 c StGB – eine rechtfertigende Einwilligung bei § 316 StGB nicht möglich ist; Schutzgut der Norm ist die Allgemeinheit und über diese kann der Einzelne nicht wirksam disponieren.

III. Hinsichtlich der Schuldfähigkeit bestehen keine Bedenken, eine Anwendung des § 20 StGB mit der Konsequenz des Schuldausschlusses kommt erst ab einem Wert von 3,0 in Betracht.

Ergebnis: H hat sich strafbar gemacht wegen Trunkenheit im Verkehr nach § 316 StGB.

Fall 18

Actio libero in Hameln

Fernfahrer F befindet sich am Samstagnachmittag aus München kommend auf der Autobahn in Richtung Hamburg, um dort eine Ladung Stahl-Platten, die noch am Abend nach Übersee verschifft werden sollen, anzuliefern. Im Radio läuft die samstägliche Sportsendung mit der Berichterstattung der Fußball-Bundesliga. Als F gegen 17:20 Uhr aus dem Lautsprecher vernimmt, dass sein Lieblingsverein *FC Bayern München* soeben 0:5 gegen *Borussia Dortmund* verloren hat, steuert F – mittlerweile kurz vor Hannover – den LKW von der Autobahn runter, um seinen Frust mit ein paar Gläsern Bier wegzuspülen.

In dem kleinen Ort *Hameln* trinkt F dann in einem Lokal innerhalb von zwei Stunden acht Gläser Alt-Bier (jeweils 0,5 l) und acht Schnäpse. Danach setzt er sich wieder an das Steuer des LKW, da er die Stahl-Platten spätestens um 22:00 Uhr im Hamburger Hafen abgeliefert haben muss. Auf dem Weg zurück zur Autobahn verliert F aufgrund der hohen Alkohol-Konzentration im Blut auf einer Zubringerstraße die Kontrolle über den Lastzug und rutscht in den Straßengraben. Hierbei überfährt F einen Radfahrer (R), der noch am Unfallort stirbt. Eine am Abend durchgeführte Blutprobe bei F, der früher bereits wegen Trunkenheitsdelikten (mit Sach- und Personenschäden) verurteilt worden war, ergibt für den Zeitpunkt des Unfalls eine Blutalkoholkonzentration von 3,9 ‰.

Strafbarkeit des F?

Schwerpunkte: Actio libera in causa; Prüfungsaufbau und Anwendungsfälle; Straßenverkehrsdelikte der §§ 315 c und 316 StGB; Vollrausch nach § 323 a StGB; BGH-Rechtsprechung zur actio libera in causa bei Straßenverkehrsdelikten; die fahrlässige Tötung gemäß § 222 StGB; Schuldunfähigkeit nach § 20 StGB; verminderte Schuldfähigkeit nach § 21 StGB.

Lösungsweg

Vorab: Das ist ein anspruchsvoller Fall, auch wenn er nach dem Sachverhalt eigentlich gar nicht so aussieht. Das Problem liegt darin, dass bei § 222 StGB und bei den Straßenverkehrsdelikten hinsichtlich der ***actio libera in causa***, um die es hier vornehmlich geht, Sonderregeln gelten. Das Rechtsinstitut der *actio libera in causa* ist an sich schon knifflig genug; hinzukommt, dass der BGH vor einigen Jahren zu einigen Deliktsarten dann noch besondere Regeln aufgestellt hat. Diese Regeln müssen wir uns, auch wenn sie nicht ganz so leicht zu verstehen sind, deshalb mal ansehen, da sie im Zusammenhang mit den §§ 315 ff. StGB und § 222 StGB relativ häufig abgefragt werden. Wem der gleich folgende Text irgendwann zu schwierig ist oder wird (kann passieren), sollte in jedem Falle dann aber das ***Gutachten*** zum Fall nachlesen. Dort steht das Ganze gewohnt komprimiert und dürfte insoweit auch genügen, um später in der Klausur abrufbar zu sein. Wer die nun folgende Thematik hingegen relativ problemlos nachvollziehen kann und auch behält, dürfte über eine anständige bis überdurchschnittliche juristische Auffassungsgabe verfügen.

Strafbarkeit des F durch die Trunkenheitsfahrt

§ 222 StGB (fahrlässige Tötung)

I. Tatbestand:

1.) Objektive Sorgfaltspflichtverletzung:

F fährt in betrunkenem Zustand mit seinem LKW durch die Gegend, damit verletzt er die jedem Auto-(bzw. LKW-)Fahrer obliegende (Sorgfalts-)Pflicht, nur in unbeeinträchtigtem Zustand zu fahren, um keine Verkehrsteilnehmer zu gefährden.

2.) Eintritt des Erfolges

Radfahrer R ist noch am Unfallort gestorben, der Erfolg des § 222 StGB ist damit eingetreten.

3.) Kausalität und objektive Zurechnung des Erfolges

Die Trunkenheitsfahrt des F ist ursächlich für den Tod des R, und im Tod des R realisiert sich auch genau die Gefahr, die mit einer solchen Fahrt heraufbeschworen wird.

4.) Objektive Vorhersehbarkeit des Erfolges

Es ist objektiv vorhersehbar, dass man in angetrunkenem Zustand ein Fahrzeug nicht mehr ordnungsgemäß steuern und dadurch auch den Tod eines anderen Verkehrsteilnehmers durch einen Unfall herbeiführen kann.

ZE.: Damit liegt der Tatbestand des § 222 StGB vor.

II. Rechtswidrigkeit:

Hier gab es keine Probleme, F handelt rechtswidrig.

III. Schuld

1. Schuldfähigkeit:

F hat zur Tatzeit eine Blutalkoholkonzentration von 3,9 Promille. Damit kommt eine **Schuldunfähigkeit** nach **§ 20 StGB** in Form der »tiefgreifenden Bewusstseinsstörung« in Betracht. Ab einem Wert von **3,0 Promille** an aufwärts liegt regelmäßig, aber nicht in jedem Falle zwingend eine Schuldunfähigkeit nach § 20 StGB vor (BGH NStZ **2012**, 247; BGH StV **1987**, 385; BGH NStZ **1991**, 126 und 297; *Fischer* § 20 StGB Rz. 14 ff.; *Lackner/Kühl* § 20 StGB Rz. 18). Und so ist das auch in unserem Fall.

Beachte: Diese 3,0 ‰ sind aber ***nicht*** als verbindliche Größe in dem Sinne zu verstehen, dass dann die Folge des § 20 StGB zwingend eintritt. Die Rechtsprechung ist hinsichtlich der Schuldunfähigkeit deutlich vorsichtiger und nennt den Blutalkoholwert lediglich ein »**gewichtiges Beweisanzeichen**« neben anderen »**psychodiagnostischen Kriterien**«, die in der Person des Täters ebenfalls zu berücksichtigen sind (BGH NStZ **2012**, 247; BGH NStZ-RR **1998**, 68; BGH NStZ **1997**, 591; OLG Karlsruhe NJW **2004**, 3356). Für die ***Praxis*** heißt das, dass auch bei Werten über 3,0 ‰ eine Schuldunfähigkeit abgelehnt und sogar komplette Schuldfähigkeit angenommen werden kann, zum Beispiel dann, wenn der Täter überdurchschnittlich alkoholgewöhnt ist (vgl. dazu den ziemlich ekligen Fall aus BGH NStZ **2012**, 247). Konsequenz dessen kann aber auch sein, dass bei Werten unter 3,0 Promille – also z.B. 2,6 ‰, vgl. nur BGH StV **1990**, 259 – durchaus komplette ***Schuldunfähigkeit*** vorliegen kann, wenn der Täter am Rande der Bewusstlosigkeit ist, weil er sonst nie Alkohol trinkt und das Zeug bei ihm deshalb stärkere Wirkung zeigt (S/S-*Perron* § 20 StGB Rz. 16c). **Beachte aber**: In der ***universitären Übungsarbeit*** hat man dennoch zuerst von dem im Sachverhalt genannten Wert auszugehen; steht dann sonst nichts im Fall, kann man bei 3,0 Promille die Schuldunfähigkeit als gegeben annehmen. Wenn der Sachverhalt hingegen neben dem Promille-Wert noch Angaben zum sonstigen Verhalten des Täters enthält, will der Prüfer dann eine Verwertung dieser Angaben sehen. Die Beurteilung der Schuldfähigkeit hängt dann am Einzelfall. Merken.

Zum Fall: Unser Täter F hat zum Zeitpunkt des Überfahrens des R eine Blutalkoholkonzentration von 3,9 Promille. Da im Übrigen nichts Verwertbares im Fall steht, kann und muss hier von einer Schuldunfähigkeit nach § 20 StGB ausgegangen werden.

Erg.: F ist schuldunfähig nach § 20 StGB zur Zeit der »Begehung der Tat« (bitte lesen: § 20 StGB). Eine Bestrafung nach § 222 StGB aufgrund des Überfahrens des R – im schuldunfähigen Zustand – kommt daher nicht in Betracht.

So, und jetzt wird es interessant: Wir haben gerade festgestellt, dass F wegen Schuldunfähigkeit gemäß § 20 StGB nicht bestraft werden kann. Und das gilt übrigens nicht nur für § 222 StGB, sondern – mit Ausnahme von § 323 a StGB (dazu später mehr) – auch für sämtliche anderen Straftaten des StGB, denn es wird jedes Mal an der Schuldfähigkeit fehlen, F hat ja 3,9 ‰. Und damit stehen wir vor der Frage, ob es tatsächlich sein kann, dass man, wenn man vor einer Tat nur genügend gesoffen hat, dann grundsätzlich strafrechtlich nicht mehr belangt werden kann.

Das kann natürlich nicht richtig sein. Und aus diesem Grund gab es bisher – auch bei den Delikten im Straßenverkehr und der fahrlässigen Tötung – die Rechtsfigur der ***actio libera in causa***, mit deren Hilfe und Konstruktion man trotz Schuldunfähigkeit eine Bestrafung wegen des jeweiligen Deliktes begründen konnte. Die Einzelheiten, also wie das dann konkret und im Einzelnen funktioniert, lernen wir später weiter unten. Wir müssen uns aber hier schon mal kurz vorab das Prinzip ansehen, nach dem die *actio libera in causa* funktioniert; das ist wichtig, damit wir den weiteren Verlauf der Prüfung verstehen können, also:

Merke: Bei der *actio libera in causa* umgeht man die Schuldunfähigkeit nach § 20 StGB, die in diesen Fällen immer vorliegt, dadurch, dass man den Schuldvorwurf ***vorverlegt*** auf den Zeitpunkt, in dem der Täter sich in den Rausch versetzt hat und sagt: Der Täter habe zu ***diesem*** Zeitpunkt des »Sichberauschens« entweder gewusst oder hätte wissen können, dass er später eine Straftat begeht. Und zu diesem Zeitpunkt des »Sichberauschens«, also dem Beginn des Betrinkens, war der Täter schuldfähig, was nach allgemeiner Ansicht dann reichen soll, um ihn später wegen des begangenen Delikts zu verurteilen, obwohl er dann zum konkreten Tatzeitpunkt schuldunfähig war.

Diese Regeln, nach denen die Rechtsprechung und die Wissenschaft jahrzehntelang gehandelt bzw. verurteilt hat, hat durch eine Entscheidung des BGH aus dem Jahre 1996 (→ BGHSt **42**, 235) hinsichtlich der fahrlässigen Tötung nach § 222 StGB und auch der Straßenverkehrsdelikte aus den §§ 315 ff. StGB eine wichtige Abänderung erfahren hat, weswegen der Kram tatsächlich bis heute häufig in Klausuren und Hausarbeiten abgefragt wird (Einzelheiten sogleich).

> **Beachte:** Bis zum Jahre 1996 war das überhaupt keine Frage, dass in Fällen der hier bei uns vorliegenden Art der Täter zwar auch – so wie wir das oben geprüft haben – problemlos schuldunfähig wegen § 20 StGB bzw. des überhöhten Promillewertes war. Die fahrlässige Tötung nach § 222 StGB und auch jedes andere Delikt scheiterte dann zunächst in der Schuld an der Schuldunfähigkeit des Täters. Dann aber bestrafte man den Täter dennoch wegen § 222 StGB und den Straßenverkehrsdelikten, und zwar unter Berücksichtigung der Grundsätze der *actio libera in causa.* Wir haben oben gerade kurz schon das Prinzip kennengelernt, wonach und vor allem wie das funktionierte (das war diese ***Vorverlegung*** des Schuldvorwurfes).

Seit dem Jahre 1996 gilt etwas anderes, zumindest hinsichtlich der fahrlässigen Tötung und der Straßenverkehrsdelikte. Und das müssen wir uns jetzt ansehen, es ist, wie schon gesagt, nach wie vor prüfungsrelevanter Stoff, wenn man sich mit den

Delikten im Straßenverkehr befasst. Wir werden uns jetzt langsam an die schwierige Materie rantasten und beginnen unsere weitere Prüfung so, wie das bis zur Abschaffung bzw. geänderten Anwendung der *actio libera in causa* im Sommer 1996 hätte geschehen müssen, und starten deshalb mit folgendem Obersatz:

§ 222 StGB i.V.m. den Grundsätzen der *actio libera in causa* (*alic*)

Und jetzt: Nach Ansicht des BGH (BGHSt **42**, 235) ist für die Fälle der fahrlässigen Tötung im schuldunfähigen Zustand ein Rückgriff auf die Grundsätze der *alic* nicht (mehr) notwendig. Es bedarf nämlich nicht mehr der künstlich konstruierten Vorverlegung des Schuldvorwurfes auf den Zeitpunkt, in dem der Täter begonnen hat, sich in den Rausch zu versetzen. Vielmehr gilt Folgendes:

Bei dem fahrlässigen Erfolgsdelikt des § 222 StGB kann aufgrund des offenen Gesetzeswortlautes der Norm ***jedes*** sorgfaltswidrige Verhalten, das ursächlich für den späteren Erfolg ist, als Tathandlung herangezogen werden. Die Tathandlung nämlich ist in § 222 StGB nicht benannt; dort steht nur, dass der Täter den Tod des Opfers durch Fahrlässigkeit ***verursacht*** haben muss. Und hierzu gehöre vorliegend das *Sichberauschen*, wenn der Täter gewusst habe, dass er später noch fahren müsse. Es bestünden angesichts dessen keine Bedenken, den Fahrlässigkeitsvorwurf an das Verhalten des Sichberauschens anzuknüpfen, das dem Täter auch als schuldhaft vorgeworfen werden kann, denn zu Beginn des Betrinkens war der Täter ja noch nicht schuldunfähig (BGHSt 42, 235). Insoweit brauche dann nicht auf die – erst durch Richterrecht entwickelten – Grundsätze der *alic* zurückgegriffen werden.

Durchblick (schwer): Die Grundsätze der *alic* stehen nicht im Gesetz, es handelt sich um eine Rechtsprechung, die durch Rechtsfortbildung seitens der Gerichte entwickelt worden ist (vgl. die erstklassigen Ausführungen bei *Lackner/Kühl* § 20 StGB Rz. 25). Das Problem bei dieser Rechtsprechung liegt aber darin, dass sie – ohne gesetzliche Grundlage! – eine Regelung ***zulasten*** des Täters trifft, denn: Wenn man sich nur an den Wortlaut des Gesetzes hält (§ 20 StGB), müsste der Täter wegen Schuldunfähigkeit eigentlich straffrei ausgehen, das haben wir oben bei der ersten Prüfung des § 222 StGB ja gesehen. Unter Zuhilfenahme der Grundsätze der *alic* wird er nun aber doch für dieses Delikt bestraft. Das wiederum verstößt aber eigentlich gegen das ***Bestimmtheitsgebot*** aus Art. 103 Abs. 2 GG, wonach man nur aufgrund eines bestehenden Gesetzes innerhalb einer zulässigen Auslegung bestraft werden darf. Und die *alic* ist eine Erfindung der Gerichte und findet vor allem keine Grundlage im Gesetz.

Der BGH hat mit seiner Entscheidung aus dem Jahre 1996 dieser Problematik nun Rechnung getragen und für § 222 StGB festgestellt, dass eine Bestrafung auch ohne die *alic* möglich ist – bitte noch mal die Begründung dafür von gerade eben durchlesen (der vorletzte Absatz).

Wir übertragen das jetzt auf den Fall:

Es ist nunmehr im Rahmen des § 222 StGB zu prüfen, ob das »Sichbetrinken« als Tathandlung – gekoppelt mit dem Tod des R – die Voraussetzungen des Tatbestandes der fahrlässigen Tötung gemäß § 222 StGB erfüllt (und zwar ***ohne*** die Grundsätze der *alic*):

F hat den Tod des R dadurch fahrlässig herbeigeführt, dass er Alkohol in großen Mengen trank, obwohl er wusste, dass er mit dem LKW noch am Abend nach Hamburg zum Hafen fahren musste. In diesem Fall handelte er zum einen ***objektiv sorgfaltswidrig***, denn ein Autofahrer sollte sich stets fahrtüchtig halten, wenn er sein Fahrzeug später noch führen muss. Zum anderen war der Eintritt des konkreten Erfolges für F auch objektiv und subjektiv ***vorhersehbar***, insbesondere deshalb, weil er bereits wegen Trunkenheitsfahrten mit Sach- und Personenschäden verurteilt worden war.

Hinweis: Bitte noch einmal klarmachen, dass der Handlungsvorwurf im Rahmen des § 222 StGB im vorliegenden Fall nach Ansicht des BGH auch darin liegt, dass der F sich betrinkt, obwohl er weiß, dass er später noch fahren muss. ***Dieses*** Verhalten ist – neben der eigentlichen Fahrt – auch »ursächlich« im Sinne des § 222 StGB für den später eingetretenen Tod des R. Und da § 222 StGB keine konkrete Bezeichnung der Tathandlung trifft, sondern lediglich das Wörtchen »**verursacht**« nennt, kann auch das Betrinken als ursächliche Handlung gesehen werden. Und als F sich betrank, war er ohne Frage noch schuldfähig, zumindest steht nichts anderes im Fall. Wir brauchen folglich hier jetzt keine Konstruktion, die den Schuldvorwurf – quasi künstlich – vorverlegt. Denn im Rahmen des § 222 StGB kann ***jedes*** ursächliche Verhalten als Tathandlung herhalten, hier also auch das Sichbetrinken, und da war F noch schuldfähig.

Bitte beachte, dass wir oben bei der ersten Prüfung des § 222 StGB als Tathandlung das ***Fahren*** des Wagens im betrunkenen Zustand geprüft haben. Und da war unser F fraglos schon schuldunfähig. Der Trick liegt nun darin, dass wir die Tathandlung – zulässig! – ausdehnen auf den Moment, als F angefangen hat zu trinken. Wie gesagt, in § 222 StGB steht keine konkrete Bezeichnung der Tathandlung, da steht nur »verursacht«, und deshalb kann man diese Ausdehnung der Tathandlung hier vornehmen, ohne den Wortlaut des Gesetzes zu verletzen. Verstanden!?

Tipp für die Klausur: Der souveräne Kandidat braucht hier die fahrlässige Tötung nicht unbedingt in zwei Prüfungen zu unterteilen und – wie wir das jetzt oben der Vollständigkeit wegen gemacht haben – zunächst einmal bis zur Schuld durchzuprüfen und dort dann wegen § 20 StGB abzuwürgen. Vielmehr erscheint es auch zulässig und sinnvoll, bereits bei der ersten Prüfung des § 222 StGB schon im Tatbestand oder auch in der Schuld die ursächliche Tathandlung auf das ***Betrinken*** auszudehnen. Dann kann man zunächst in der Schuld zwar auf § 20 StGB hinweisen, dann aber feststellen, dass diese Schuldunfähigkeit sich nicht auf den Zeitpunkt des Betrinkens, sondern nur auf den Zeitpunkt des Überfahrens bezieht.

> ***Beide*** Möglichkeiten des Aufbaus sind in Ordnung und haben jeweils gute Argumente für sich. So ist unser Aufbau oben sicher vollständiger und dogmatisch einwandfreier, weil er die beiden verschiedenen in Betracht kommenden Tathandlungen (also das Überfahren und das Sichbetrinken) separat würdigt und auch hinsichtlich der Schuldfähigkeit die Unterschiede klar darlegt. Der andere Aufbau hingegen ist deutlich ökonomischer, weil er auf zwei Prüfungen des gleichen Deliktes und damit auf Wiederholungen verzichtet. Die in Betracht kommenden Tathandlungen werden dort zusammen in ***einer*** Prüfung erörtert; so macht das auch der BGH in seiner Entscheidung hierzu. Weiter unten im Gutachten steht, wie man eine vernünftige Lösung in der Klausur oder Hausarbeit niederschreiben kann. Nachlesen schadet wahrscheinlich nicht.

Erg.: F ist aufgrund des »Sichbetrinkens« und des späteren Todes des R wegen fahrlässiger Tötung nach § 222 StGB zu bestrafen, und das Ganze ohne Rückgriff auf die Grundsätze der *alic*.

§ 315 c Abs. 1 Nr. 1 a, Abs. 3 Nr. 1 StGB (Gefährdung des Straßenverkehrs)

Vorab: Mit der Prüfung und Bejahung des § 222 StGB ist es im vorliegenden Falle natürlich noch nicht getan. Wer besoffen durch die Gegend fährt, verwirklicht in der Regel nämlich immer auch Tatbestände der §§ 315 a ff. StGB, und dort kommen vor allem die §§ 315 c, 316 und/oder § 323 a StGB in Betracht. Es gibt bezüglich der gerade genannten drei Normen einige Regeln, die das Verständnis erheblich erleichtern. Wir wollen sie uns ansehen, sie betreffen die Prüfungsreihenfolge und auch den Inhalt:

1.) Im Verhältnis der §§ 315 c und 316 StGB zueinander wird immer **§ 315 c StGB** zuerst geprüft, da § 316 StGB eine sogenannte ***Subsidiaritätsklausel*** beinhaltet (bitte lesen: § 316 Abs. 1 StGB). § 323 a StGB kommt auf jeden Fall immer erst ganz zum Schluss (bitte auch den lesen, es steht drin, warum das so ist).

2.) **§ 315 c StGB** ist, wie wir aus dem vorherigen Fall schon wissen, ein sogenanntes **»konkretes Gefährdungsdelikt«**; das heißt, dass neben der Sauferei auch eine konkrete Gefährdung des Rechtsgutes vorliegen muss (bitte lesen: § 315 c Abs. 1 StGB – hinter dem Buchstaben g).

3.) Demgegenüber ist **§ 316 StGB** ein sogenanntes **»abstraktes Gefährdungsdelikt«**; das heißt, hier reicht schon besoffenes Fahren, konkret gefährdet sein muss (darf nicht, sonst § 315 c StGB!) keiner. Und weil das dann eben nicht so schlimm ist wie § 315 c StGB, ist die Strafandrohung bei § 316 StGB entsprechend geringer (bitte überprüfen).

4.) Hinsichtlich der Fahruntüchtigkeit, die in beiden Normen beschrieben ist als *»nicht dazu in der Lage, das Fahrzeug sicher zu führen«*, unterscheidet man – wie wir im vorherigen Fall gelernt haben – zwischen »absoluter« und »relativer« Fahruntüchtigkeit:

Merke: ***Relative*** Fahruntüchtigkeit kann vorliegen ab 0,3 ‰ zuzüglich weiterer Ausfallerscheinungen (also z.B. Schlangenlinien fahren, mangelhafte Reaktion oder sonstiges abnormes Verhalten). ***Absolute*** Fahruntüchtigkeit ist gegeben ab 1,1 ‰. Hier reicht dann die Zahl bzw. der Promillewert, Ausfallerscheinungen sind nicht mehr nötig. Man ist dann unwiderleglich und ***zwingend*** fahruntüchtig im Sinne der Normen.

Sowohl für § 315 c StGB als auch für § 316 StGB genügt bereits die relative Fahruntüchtigkeit, die dann aber freilich stets noch gesondert anhand der Ausfallerscheinungen festgestellt werden muss (vgl. dazu den vorherigen Fall).

5.) Im Bereich ab 0,3 ‰ ist demnach alles geklärt. Interessant wird es dann wieder ab **3,0 Promille** aufwärts. Dann nämlich ist zwar immer noch der Tatbestand der eben benannten Normen (§§ 315 c, 316 StGB) erfüllt, indessen mangelt es dann – wie oben schon gesehen – in der Regel an der Schuldfähigkeit nach § 20 StGB. Das heißt für den Fall: Tatbestand (und Rechtswidrigkeit) prüfen und bejahen, dann aber in der Schuld abwürgen wegen § 20 StGB. Der Weg ist dann erst frei entweder zur *alic* oder aber zu § 323 a StGB (bitte auch diese Norm lesen). Dazu dann gleich mehr.

6.) Ab ca. **2,0 ‰** schließlich kommt § 21 StGB in Betracht (lesen). Diese Norm hat aber für die Fall-Prüfung im eigentlichen Sinne keine relevanten Auswirkungen, da hier als Rechtsfolge nur eine Strafmilderung angeordnet ist (lesen). Der Täter handelt demnach (also dann im Rahmen der §§ 315 c oder § 316 StGB) trotzdem grundsätzlich schuldhaft; § 21 StGB ist lediglich ein Strafmilderungsgrund und gehört in der Fall-Prüfung erst hinter die Schuld (sehr instruktiv dazu BGH NJW **2004**, 3350; S/S-*Perron* § 21 StGB Rz. 1; *Lackner/Kühl* § 21 StGB Rz. 1). Merken.

Zurück zum Fall und § 315 c Abs. 1 Nr. 1 a, Abs. 3 Nr. 1 StGB

I. Tatbestand (A: objektiv):

1.) F hat ohne Frage ein Fahrzeug im Straßenverkehr geführt.

2.) Nach dem soeben Erläuterten fällt die Prüfung der Fahruntüchtigkeit jetzt nicht mehr schwer. F hat 3,9 Promille und ist damit absolut fahruntüchtig (er ist zwar damit auch schuldunfähig, das hat hier im Tatbestand aber noch nichts zu suchen!).

3.) F hat durch die Fahrt den Tod eines Menschen verursacht. Dies ist ein »Mehr« im Vergleich zur von § 315 c StGB geforderten konkreten Gefährdung und damit vom Tatbestand ebenso erfasst.

B: Subjektiver Tatbestand:

Im subjektiven Bereich ist hinsichtlich des Rausches und der Gefährdung Vorsatz (bedingter genügt) erforderlich (*Lackner/Kühl* § 315 c StGB Rz. 28 oder BGHSt 22, 67).

F fährt, obwohl er weiß, dass er mächtig gepichelt hat und folglich im Rauschzustand ist. Er hat damit Vorsatz in jedem Falle hinsichtlich des Rausches.

Fraglich ist, ob F auch Vorsatz auf die konkrete ***Gefährdung*** eines Menschenlebens hatte. Der BGH hat dies in dem unserem Sachverhalt sehr ähnlichen Fall – ohne Begründung – verneint (BGH NStZ **1997**, 228). Das erscheint mir eher fraglich, da man bei solchen Biermengen und der damit heraufbeschworenen Gefahr wohl eher bedingt vorsätzlich handelt (so auch *Fischer* § 315 c StGB Rz. 18 mit weiteren Hinweisen). Dem BGH folgend kommt bei fehlendem Vorsatz dann Abs. 3 Nr. 1 des § 315 c StGB in Betracht (so auch dann in unserem Obersatz, vgl. oben). Beide Varianten halte ich für gut vertretbar (vgl. dazu auch den vorherigen Fall).

II. Rechtswidrigkeit:

Hier ergeben sich keine Bedenken, da zugunsten des F keine Rechtfertigungsgründe ersichtlich sind.

III. Schuld:

1. Schuldfähigkeit

An dieser Stelle ist die Prüfung indessen ohne Probleme zu beenden, denn unser F hat 3,9 Promille und ist damit schuldunfähig bei Begehung der Tat gemäß § 20 StGB.

Erg.: Eine Bestrafung nach § 315 Abs. 1 Nr. 1 a, Abs. 3 Nr. 1 StGB entfällt mangels Schuldfähigkeit zur Zeit der Tatbegehung (bitte lesen: § 20 StGB).

So, und jetzt kommt schon wieder die Frage nach der *alic* ins Spiel, denn wir haben die gleiche Situation wie oben bei § 222 StGB: F hat zwar die Tat nach § 315 c StGB begangen, ist aber selbstverständlich auch insoweit wieder schuldunfähig wegen seiner 3,9 Promille im Blut (= § 20 StGB).

> Und nun werden wir überprüfen, ob denn auch im Rahmen des § 315 c StGB eine Bestrafung des F trotz Schuldunfähigkeit zum Zeitpunkt der Tatbegehung, also der Trunkenheitsfahrt, begründet werden kann. Bitte noch mal erinnern, dass wir dies oben bei § 222 StGB dadurch ermöglichen konnten, dass wir auch das Sichbetrinken als ***Tathandlung*** im Rahmen des § 222 StGB gewertet haben; dies war deshalb möglich, weil im Gesetz bei § 222 StGB als Beschreibung der Tathandlung nur das Wörtchen »verursacht« steht. Und darunter konnte man ***jedes*** Verhalten subsumieren, das den Erfolg adäquat kausal herbeigeführt hat, also auch das übermäßige Trinken im Wissen, dass man später noch fahren muss. Ein Rückgriff auf die Grundsätze der *alic* war daher bei § 222 StGB nicht notwendig.

Bei § 315 c Abs. 1 Nr. 1 a StGB nun ist das so nicht möglich, denn die Norm bezeichnet in seinem Wortlaut die ***Tathandlung*** sehr klar als das »Führen« eines Fahrzeuges (bitte überprüfen). Und deshalb kann man nicht einfach das Betrinken im Rahmen des § 315 c StGB als Tathandlung umfunktionieren. Im Gesetz steht »ein Fahrzeug führt«, und nicht »Betrinken«. Und da F zum Zeitpunkt der im Gesetz benannten

Tathandlung, also dem Führen des Fahrzeugs, 3,9 Promille hatte und mithin schuldunfähig war, scheitert eine Bestrafung zunächst einmal an § 20 StGB. So hatten wir das eben ja auch geprüft.

Und jetzt kommt dann endlich die *actio libera in causa*:

§ 315 c Abs. 1 Nr. 1 a, Abs. 3 Nr. 1 StGB i.V.m. den Grundsätzen der *alic*

Prüfungsaufbau der *alic*:

Ausgangslage: Der Täter begeht eine Straftat, ist aber bei Tatbegehung, also bei Ausführung der Tathandlung, schuldunfähig nach § 20 StGB. Er hat aber bei dem fahrlässigen oder vorsätzlichen *Sichberauschen* entweder positiv gewusst oder aber fahrlässig verkannt, dass er im berauschten Zustand eine Straftat begehen wird.

In diesem Fall prüft man – wie wir das oben gerade für § 315 c StGB gemacht haben – zunächst einmal den Tatbestand und die Rechtswidrigkeit des entsprechenden Delikts durch und beendet die Erörterung dann in der Schuld mit § 20 StGB. Des Weiteren hat man negativ überprüft, ob der Wortlaut der entsprechenden Vorschrift hinsichtlich der Tathandlung nicht so offen formuliert ist, dass man die Handlung auf ***jedes*** Verhalten ausdehnen kann, wie etwa bei § 222 StGB. Kann man das ausschließen, also so wie bei § 315 c StGB, geht es dann wie folgt weiter:

In einer neuen Prüfung des gleichen Tatbestandes, jetzt aber unter Nennung der *alic* im Obersatz, ***vorverlagert*** man den Schuldvorwurf und damit dann auch die tatbestandsmäßige Handlung (!) auf den Zeitpunkt des *Sichberauschens*. Denn in diesem Zeitpunkt war der Täter ja nüchtern und folglich auch schuldfähig.

In der Übungsarbeit ersetzt man also

1.) die vorherige Tathandlung jetzt durch das *Sichberauschen* (im objektiven Tatbestand),

2.) nimmt dazu Stellung, inwieweit der Täter sich vorsätzlich oder fahrlässig in den schuldunfähigen Zustand versetzt hat und, ob bezogen auf die spätere Tat, Vorsatz oder Fahrlässigkeit vorlag, nimmt also eine doppelte Vorsatz- bzw. Fahrlässigkeitsprüfung vor (im subjektiven Tatbestand),

3.) und stellt letztlich dann fest, dass zu diesem Zeitpunkt des *Sichberauschens* noch keine Schuldunfähigkeit vorgelegen hat (in der Schuld).

Vorsicht: Faktisch ist das das Gleiche, was wir oben bei § 222 StGB schon mal gemacht haben. Dort allerdings war die ganze Sache vom Wortlaut der Norm gedeckt, in § 222 StGB stand als Beschreibung der Tathandlung ja nur »verursacht«. Hier bei § 315 c StGB geht das – haben wir eben erörtert, warum – nicht. Und deshalb nimmt man nun die *alic* zur Hilfe, um das gleiche Ergebnis zu erlangen, nämlich die ***Vorverlagerung*** des Schuldvorwurfes bzw. der Tathandlung auf das Sichberauschen. Kapiert!?

In unserem Fall sähe das unter Anwendung der *alic* dann so aus:

Die Tathandlung des F lag in dem vorsätzlichen *Sichberauschen* mit Bier und Schnäpsen. Zu ***diesem*** Zeitpunkt hat F gewusst, dass er später noch den LKW nach Hamburg fahren musste und folglich im berauschten Zustand ein Fahrzeug führt (§ 315 c Abs. 1 Nr. 1 a StGB). Hinsichtlich der weiteren Voraussetzung der konkreten Gefährdung (oder sogar Verletzung) ist zugunsten des F indessen nur von einer Fahrlässigkeit auszugehen. Da § 315 c Abs. 1 i.V.m. Abs. 3 StGB eine Vorsatz-Fahrlässigkeits- Kombination darstellt, bleibt es wegen § 11 Abs. 2 StGB (lesen) aber bei einem reinen Vorsatzdelikt.

Beachte: Diesen Fall nennt man dann »**vorsätzliche alic**«, der Täter hat sich vorsätzlich berauscht und dann auch – mindestens bedingten – Vorsatz auf die spätere Tat gehabt (S/S-*Perron/Weißer* § 20 StGB Rz. 36).

Man würde in unserem Fall übrigens auch gut vertreten können, dass sich F nicht vorsätzlich, sondern nur ***fahrlässig*** in den schuldunfähigen Zustand (also über 3,0 Promille) versetzt hat. Immerhin muss F ja auch Vorsatz auf die Herbeiführung seiner Schuldunfähigkeit nachgewiesen werden, was in solchen Fällen schwerlich möglich ist (S/S-*Perron/Weißer* § 20 StGB Rz. 38). Dann wäre es nur eine »fahrlässige alic«. Die Prüfung im Übrigen bliebe aber gleich. Lediglich die Bezeichnung ist dann anders.

Des Weiteren handelte F zum Zeitpunkt des Sichbetrinkens auch rechtswidrig sowie schuldhaft, denn § 20 StGB lag dort noch nicht vor.

ZE.: Damit hätte F eigentlich durch das Sichbetrinken und den späteren Tod des R den § 315 c Abs. 1 Nr. 1 a i.V.m. Abs. 3 Nr. 1 StGB in Form der vorsätzlichen actio libera in causa verwirklicht.

Pause: Das war jetzt die Erklärung und die Prüfung einer *actio libera in causa* am Beispiel des § 315 c StGB. Und das sollte man sich in Ruhe noch mal zu Gemüte führen, es ist nicht wirklich schwer, wenn man die eben unter den Ziffern 1-3 benannten Schritte beachtet. Und so funktioniert das bei allen Delikten, die in Verbindung mit einer *alic* geprüft werden. Merken.

Achtung: Jetzt wird es richtig schwer und vor allem ärgerlich, denn das, was wir gerade soeben prima gelernt haben, gilt nach einer Entscheidung des BGH vom 22. August 1996 (BGHSt **42**, 235) nicht mehr. Hinsichtlich des § 315 c StGB (und auch § 316 StGB) gelten in Abänderung der jahrzehntelang verfolgten Grundsätze seit einigen Jaharen nun andere neue Regeln, die wir uns sogleich ansehen werden. Dass wir die »alten« Regeln gerade dennoch aufgezeigt haben, schadet übrigens keinesfalls, denn nur so werden wir das jetzt Folgende verstehen können:

BGHSt 42, 235 (22.08.1996)**:** Bei den Verkehrsstraftaten sind die Grundsätze der *alic* nicht mehr anwendbar, da sie dem Bestimmtheitsgebot des Art. 103 Abs. 2 GG (§ 1 StGB) widersprechen. Die Vorverlagerung des Schuldvorwurfs und vor allem der Tathandlung kommt bei § 315 c und § 316 StGB ***nicht*** in Betracht, denn: die Normen setzen als tatbestandsmäßige Handlung voraus, dass der Täter zur Begehung der Tat das Fahrzeug **»führt«**. Dieses Merkmal ist nicht erfüllt, wenn der Täter sich schuldhaft berauscht und später schuldunfähig erst das Fahrzeug **»führt«**. § 20 StGB erfordert Schuldfähigkeit *»bei Begehung der Tat«*; dazu gehört nicht das vorgelagerte *»Sichberauschen«*, sondern ausschließlich die Tätigkeit des Fahrzeugführens.

Durchblick: Wie wir oben erörtert haben, ist der Trick der *alic* der, dass man den Schuldvorwurf und die tatbestandsmäßige Handlung vorverlagert auf den Zeitpunkt des Sichberauschens und sagt:

> Der Täter hat das Unrecht begangen, als er sich vorsätzlich oder fahrlässig besoffen hat und dabei entweder wusste oder hätte wissen können, dass er später eine Straftat begeht. In ***dieser*** Handlung und dem Nichtbeachten, dass er später möglicherweise eine Straftat begehen könnte und die dann ja auch tatsächlich begangen hat, liegt das strafwürdige Verhalten. Der Schwerpunkt des strafwürdigen Verhaltens (die Tathandlung) bei der *alic* liegt also auf dem – der eigentlichen Straftat vorgelagerten – Berauschen und ist die tatbestandsmäßige Handlung. Das sind die Regeln der *alic.*

Nach Ansicht des BGH ist diese Konstruktion bei der Verkehrsdelikten aber nicht mehr zulässig, denn: In § 315 c StGB steht, dass der Täter das Fahrzeug »**führen**« muss, um den Tatbestand zu verwirklichen. Die Tathandlung ist demnach sehr genau und ausschließlich beschrieben als **»Führen«** des Fahrzeugs. Wer sich nun aber betrinkt, »führe« das Fahrzeug noch nicht (leuchtet ein). Und § 20 StGB erfordere, dass der Täter zum Zeitpunkt der »Tatbegehung« schuldunfähig sei. Die Tatbegehung sei aber nun mal das **»Führen«** des Fahrzeugs. Und deshalb ginge es nicht, hier dann einfach auf den Zeitpunkt des *Sichbetrinkens* abzustellen. Die vom Gesetzeswortlaut geforderte Tätigkeit des Fahrzeugführens könne man, da ***nur sie*** den Tatbestand erfüllt und auch den Strafgrund der Verkehrsdelikte darstellt, nicht vorverlegen – wie es die *alic* macht – auf einen anderen Zeitpunkt, in dem das Auto noch gar nicht gefahren wird. Der BGH zitiert dann seine eigene Rspr., wonach z.B. noch nicht mal das Anlassen des Motors genügt, um den Begriff des »Führens« zu verwirklichen (BGHSt 35, 390, 394). Dann könne schon gar nicht das vorgelagerte Sichberauschen reichen.

Daraus folgt, dass eine Vorverlagerung der Tathandlung hier gegen § 20 StGB verstößt; § 20 StGB verlangt, dass der Täter bei ***Begehung der Tat*** schuldunfähig sein muss. Diese »Begehung« ist hier aber nur das »Führen« des Fahrzeugs und nichts vorher (vgl. soeben). Und zu diesem Zeitpunkt war der Täter nun mal schuldunfähig.

Und wie baut man das jetzt in die Klausur ein?

Nach dem, was wir oben schon zum Aufbau der *alic* gesagt haben, ergibt sich nun Folgendes: Zuerst wird – wie erörtert – das entsprechende Delikt bis zur Schuldfähigkeit geprüft und dann mit § 20 StGB abgewürgt. Im nächsten Schritt prüft man die *alic* an und kommt bereits im objektiven Tatbestand (bitte oben noch mal vergleichen) dann zu der Frage, ob man die Tathandlung ***vorverlagern*** kann auf das ***Sichbetrinken*** anstatt des eigentlich erforderlichen Fahrzeugführens (so steht`s ja in § 315 c StGB drin). Na ja, und an dieser Stelle kann man dann die Bedenken des BGH einbauen und sagen, dass das Gesetz eben ein »Führen« eines Kraftfahrzeuges verlange. Und Berauschen ist nun mal kein »Führen« des Fahrzeugs und deshalb klappt die Vorverlagerung der Handlung nicht. Und damit fliegt dann die *alic* an dieser Stelle schon raus.

Übrigens: Wenn man oberschlau ist, kann man natürlich dann noch eine Diskussion austragen und wohlmöglich die Ansicht des BGH ablehnen und die alic auch hier bejahen (etwa mit den Argumenten von *Hirsch* in NStZ 1997, 230). Ich rate in der Klausur davon ab, es sei denn, man ist eben oberschlau. In der Hausarbeit indessen dürfte das gefragt sein. Bitte vergleiche diesbezüglich noch die Anmerkung Nr. 2 weiter unten.

Zurück jetzt zu unserem Fall:

Wir folgen dem BGH mit der Konsequenz, dass eine Bestrafung nach § 315 c Abs. 1, Abs. 3 StGB i.V.m. den Grundsätzen der *alic* (Gleiches gilt dann für § 316 Abs. 1 StGB) **ausscheidet**. Wie gesagt, das ist dann im Rahmen der *alic* im objektiven Tatbestand auszutragen und entsprechend zu entscheiden, vgl. dazu das Gutachten weiter unten.

§ 323 a Abs. 1 StGB (Vollrausch)

Dies blieb dann noch übrig und durfte kurz und bündig abgehandelt werden. F hat sich vorsätzlich durch alkoholische Getränke in einen Rausch versetzt und in diesem Zustand eine rechtswidrige Tat begangen, weswegen er nicht bestraft werden kann, da er schuldunfähig war. Die Tat – also § 323 a StGB – war rechtswidrig und schuldhaft (zu § 323 a StGB vgl. bitte grundlegend BGH NJW **2004**, 3350).

Merke: Der Trick des § 323 a StGB ist der, dass hier jetzt allein das Sichberauschen (und die damit abstrakt geschaffene Gefahr) die Tathandlung und damit auch der Gegenstand des Schuldvorwurfs ist (OLG Hamm NStZ **2009**, 40; *Lackner/Kühl* § 323a StGB Rz. 1; *Fischer* § 323a StGB Rz. 2). Die in § 323 a StGB benannte rechtswidrige Tat ist lediglich eine objektive Bedingung der Strafbarkeit (BGHSt **16**, 124). Es spielt bei § 323 a StGB demnach keine Rolle – anders ja bei der *alic* –, ob der Täter zum Zeitpunkt des Berauschens vorhersehen konnte (dann fahrlässige *alic*) oder sogar wusste bzw. beabsichtigte (dann vorsätzliche *alic*), dass er eine Straftat im Rausch begehen würde. **Also:** Die *alic* greift ein – mit Ausnahme, wie wir jetzt wissen, bei den Verkehrsdelikten – wenn der Täter sich besäuft und fahrlässig oder vorsätzlich hinsichtlich einer späteren Tat handelt. **§ 323 a StGB** hingegen greift ein, wenn der Täter sich besäuft und nicht mal fahrlässig hinsichtlich einer späteren Tat handelt, trotzdem aber eine begeht. Alles klar!?

Erg.: F ist strafbar wegen fahrlässiger Tötung nach § 222 StGB sowie wegen Vollrausches nach § 323 a StGB. Zwischen beiden Delikten besteht Tateinheit nach § 52 Abs. 1 StGB.

Anhang:

1.) Bitte beachte, dass die *alic* damit keinesfalls komplett vom Tisch ist. Der BGH hat die Anwendung nur für die ***Verkehrsdelikte*** ausgeschlossen. Dass die *alic* aber dennoch für die sonstigen Tatbestände des StGB weiter gelten soll, steht in BGH NStZ **1997**, 230 sowie aktueller in BGH NJW **2004**, 3350, 3352 (dazu auch *Wessels/Beulke/Satzger* AT Rz. 416). Also Vorsicht, man kann folglich bei Schuldunfähigkeit des Täters – außerhalb der Verkehrsdelikte – gleichwohl noch mit dieser Problematik befasst werden. Und dann macht man es bitte genau so, wie es oben in der Lösung erläutert ist.

2.) Unsere oben gewählte Erklärung und Prüfung der *alic* folgt übrigens der herrschenden Meinung in der Literatur sowie dem BGH und heißt **»Tatbestandsmodell«** bzw. **»Tatbestandslösung«** (BGH NStZ **1997**, 228, 229; BGHSt **34**, 29; BGHSt **17**, 333; SK/*Rudolphi* § 20 StGB Rz. 28; *Fischer* § 20 StGB Rz. 52; *Lackner/Kühl* § 20 StGB Rz. 25; *Puppe* in JuS 1980, 346; LK/*Spendel* § 323 a StGB Rz. 27). Deshalb übrigens »Tatbestandsmodell«, weil die Handlung in den Tatbestand vorverlagert wird und demnach auch eine tatbestandsmäßige Ausführungshandlung des entsprechenden Delikts sein soll. Diese Ansicht findet sich ausdrücklich in einer Entscheidung des BGH (BGHSt **17**, 333), wo das Gericht feststellt, dass das Sichbetrinken die eigentliche Tathandlung darstellt.

Daneben gibt es noch andere Lösungsansätze für die *alic*, namentlich die Konstruktion über die mittelbare Täterschaft (vertreten von RGSt 22, 413; *Jakobs*, AT, 17. Abschnitt Rz. 64; AK/*Schild* § 20 StGB Rz. 83), die Konstruktion über eine Ausdehnung des Begriffs »Begehung der Tat« im Sinne des § 20 StGB (vertreten von *Streng* in JZ 1994, 709) sowie das sogenannte **»Schuld- bzw. Ausnahmemodell«**, wobei hier das Sichberauschen zwar nicht als Tathandlung angesehen wird, gleichwohl aber als Maßstab für die Beurteilung der Schuldfähigkeit herhalten soll (*Wessels/Beulke/Satzger* AT Rz. 415, 419; *Jescheck/Weigend* AT § 40 VI 2; S/S-*Perron/Weißer* § 20 StGB Rz. 35; LK/*Jähnke* § 20 StGB Rz. 78; *Otto* in Jura 1986, 426).

Alle Ansichten sind mehr oder weniger vertretbar, wobei der Student letztlich entweder das von uns oben gewählte Tatbestandsmodell oder aber das gerade am Ende genannte Schuld- bzw. Ausnahmemodell wählen sollte. Der Aufbau des Tatbestandsmodells steht oben in der Lösung. Beim Schuld- bzw. Ausnahmemodell findet die Erörterung der *alic* dann konsequenterweise nicht im Tatbestand, sondern in der Schuld bei der Schuldfähigkeit statt. Im Übrigen aber sind die Gedankengänge übertragbar. Bitte beachte auch hier, dass der ***Aufbau*** in der Klausur ***niemals*** erklärt wird.

Man macht es einfach, braucht folglich dem Prüfer also nicht zu sagen, welches Modell man warum gewählt hat.

Gutachten

F könnte sich durch seine Fahrt wegen fahrlässiger Tötung gemäß § 222 StGB strafbar gemacht haben.

Tatbestand:

F fährt in betrunkenem Zustand mit seinem LKW durch die Gegend, damit verletzt er die jedem Auto-(bzw. LKW-)Fahrer obliegende Sorgfaltspflicht, nur in unbeeinträchtigtem Zustand zu fahren, um keine Verkehrsteilnehmer zu gefährden. Radfahrer R ist noch am Unfallort gestorben. Der Erfolg des § 222 StGB ist damit eingetreten. Die Trunkenheitsfahrt des F ist ursächlich für den Tod des R, und im Tod des R realisiert sich auch genau die Gefahr, die mit einer solchen Fahrt heraufbeschworen wird. Es ist objektiv vorhersehbar, dass man in angetrunkenem Zustand ein Fahrzeug nicht mehr ordnungsgemäß steuern und dadurch auch den Tod eines anderen Verkehrsteilnehmers durch einen Unfall herbeiführen kann.

Rechtswidrigkeit:

Zugunsten des F greifen keine Rechtfertigungsgründe ein. F handelte rechtswidrig.

Schuld:

1.) Zum Zeitpunkt der Trunkenheitsfahrt hatte F einen Promillewert von 3,9. Es kommt insoweit eine Schuldunfähigkeit nach § 20 StGB wegen tiefgreifender Bewusstseinsstörungen in Betracht. Ab 3,0 Promille ist zugunsten des Täters davon auszugehen, dass die Voraussetzungen der tiefgreifenden Bewusstseinsstörung des § 20 StGB vorliegen. F ist zum Zeitpunkt der Trunkenheitsfahrt schuldunfähig im Sinne des § 20 StGB.

2.) Es fragt sich indessen, ob im Rahmen des § 222 StGB allein die Trunkenheitsfahrt der Ansatzpunkt für die Beurteilung der Schuldfähigkeit sein kann. Der Gesetzeswortlaut der fahrlässigen Tötung in Form des »Verursachens« eröffnet vielmehr die Möglichkeit, jedes ursächliche Verhalten, das den Tod des Opfer adäquat herbeiführt, als Tathandlung und damit als Grundlage der Bemessung der Schuldfähigkeit heranzuziehen. Soweit oben im Rahmen des Tatbestandes bislang lediglich auf die Trunkenheitsfahrt selbst abgestellt wurde, ist die tatbestandsmäßige Handlung aus den gerade genannten Gründen nunmehr auszudehnen auf das Sichbetrinken, sofern dieses Berauschen fahrlässig den späteren Tod des R ursächlich herbeigeführt hat. Wer sich übermäßig betrinkt im Wissen, zu einem späteren Zeitpunkt noch ein Fahrzeug führen zu müssen, handelt objektiv sorgfaltswidrig.

F hat den Tod des R dadurch fahrlässig herbeigeführt, dass er Alkohol in großen Mengen trank, obwohl er wusste, dass er mit dem LKW noch am Abend nach Hamburg zum Hafen fahren musste. In diesem Fall handelte er zum einen objektiv sorgfaltswidrig, denn ein Autofahrer sollte sich stets fahrtüchtig halten, wenn er sein Fahrzeug später noch führen muss. Zum anderen war der Eintritt des konkreten Erfolges für F auch objektiv und subjektiv vorhersehbar, insbesondere deshalb, weil er bereits wegen Trunkenheitsfahrten mit Sach- und Personenschäden verurteilt worden war. F hat somit durch das Betrinken fahrlässig im Sinne des § 222 StGB den späteren Tod des R herbeigeführt. Gemessen an dieser Handlung ist F schuldfähig gewesen, jedenfalls sagt der Sachverhalt nichts Gegenteiliges aus.

Ergebnis: F hat durch das Sichbetrinken im Wissen, dass er später noch den LKW steuern musste, eine fahrlässige Tötung nach § 222 StGB begangen.

F könnte sich des Weiteren auch wegen Gefährdung des Straßenverkehrs gemäß § 315 c Abs. 1 Nr. 1 a, Abs. 3 StGB strafbar gemacht haben.

Objektiver Tatbestand:

1.) F hat ohne Frage ein Fahrzeug im Straßenverkehr geführt.

2.) F muss des Weiteren nicht mehr in der Lage gewesen sein, das Fahrzeug sicher zu führen. Die mit der gerade genannten Formulierung bezeichnete sogenannte Fahruntüchtigkeit tritt absolut ab einem Wert von 1,1 Promille ein. F hatte 3,9 Promille und war damit absolut fahruntüchtig, folglich nicht mehr in der Lage, das Fahrzeug sicher zu führen.

3.) Schließlich hat F durch das Überfahren des R den Tod eines Menschen durch die Trunkenheitsfahrt verursacht und mithin die Verletzung eines der in § 315 c Abs. 1 StGB benannten Rechtsgüter verwirklicht. Die Verletzung des Rechtsgutes ist im Vergleich zur von der Norm geforderten konkreten Gefährdung ein »Mehr« und deshalb vom Tatbestand ebenso erfasst.

Subjektiver Tatbestand:

Hinsichtlich des Führens des Fahrzeugs und auch des Rausches handelte F angesichts der Umstände des Falles vorsätzlich. In Bezug auf die Gefährdung eines Menschen erscheint dies hingegen fraglich. Zwar war F bereits wegen Trunkenheitsfahrten mit Sach- und Personenschaden verurteilt worden. Deshalb kann aber nicht ohne Weiteres im konkreten Fall auf den Vorsatz zur Gefährdung eines Menschen geschlossen werden. Hier muss zugunsten des F von einer fahrlässigen Gefährdung ausgegangen werden mit der Folge, dass die Bestrafung sich nach Abs. 3 Nr. 1 des § 315 c StGB richtet.

Rechtswidrigkeit:

F handelte rechtswidrig.

Schuld:

Zum Zeitpunkt der Trunkenheitsfahrt war F wegen seiner 3,9 Promille schuldunfähig nach § 20 StGB. Ein Rückgriff auf das Sichbetrinken als Tathandlung, wie oben bei § 222 StGB geschehen, ist hier im Rahmen des § 315 c StGB nicht möglich. Das Gesetz beschreibt die Ausführungshandlung des Delikts als »Führen« des Fahrzeugs mit der Konsequenz, dass diese beschriebene Handlung nicht auf andere Verhaltensweisen des Täters ausgedehnt werden kann.

Ergebnis: F hat sich nicht wegen Gefährdung des Straßenverkehrs gemäß § 315 c StGB strafbar gemacht.

F könnte sich aber unter Berücksichtigung der Grundsätze der actio libera in causa (alic) trotz Schuldunfähigkeit zum Zeitpunkt der Trunkenheitsfahrt wegen § 315 c Abs. 1 und Abs. 3 StGB strafbar gemacht haben.

Objektiver Tatbestand:

Im Rahmen der actio libera in causa wird die Vorwerfbarkeit der Tat vorverlagert auf den Zeitpunkt des Sichberauschens, wenn der Täter zu diesem Zeitpunkt gewusst hat oder hätte wissen können, dass er später eine Straftat begeht. Die Tathandlung manifestiert sich in diesem Falle somit nicht im vom Gesetz geforderten und benannten Vorgang, sondern vielmehr in dem Sichberauschen des Täters. Im vorliegenden Fall wäre unter Berücksichtigung der Grundsätze der alic demnach die Tathandlung das Berauschen des F, obwohl F wusste, dass er später noch fahren muss. Es fragt sich indessen, ob diese Konstruktion bei § 315 c StGB dem Bestimmtheitsgebot aus Art. 103 Abs. 2 GG gerecht wird. Das Bestimmtheitsgebot fordert, dass Strafgesetze in ihrer Auslegung nicht über den Wortlaut der entsprechenden Vorschrift hinausgehen dürfen, soweit es um Regelungen zulasten des Täters geht. Bei der vorliegenden Anwendung der alic auf § 315 c StGB würde, um zu einer Bestrafung des Täters zu gelangen, die Tathandlung auf das Sichberauschen vorverlegt. Dies aber ist vom Wortlaut des § 315 c StGB nicht gedeckt und verstößt mithin gegen das Gebot aus Art. 103 Abs. 2 GG. § 315 c StGB beschreibt als Tathandlung den Vorgang des »Führens« eines Kraftfahrzeuges. Mit dieser Benennung der Ausführungshandlung sind klare Grenzen zur Erfüllung des Tatbestandes gesetzt. Der Begriff des Führens eines Fahrzeuges kann eindeutig bestimmt werden durch einen Vorgang, der mit der Bewegung des Fahrzeuges zusammenhängen muss. Nach allgemeiner Meinung genügt dafür beispielsweise noch nicht, wenn man sich nur in das Fahrzeug setzt, dieses aber noch nicht in Bewegung gebracht hat. Dies gilt sogar dann, wenn der Motor bereits angelassen wurde, der Wagen aber noch nicht rollt.

Aus diesen Erwägungen ist ersichtlich, dass damit keinesfalls ein Vorgang gemeint sein kann, der mit dem eigentlichen Fahren des Fahrzeugs noch in überhaupt keiner Verbindung steht, wie vorliegend etwa das Betrinken. Eine Ausweitung der Tathandlung auf diesen Vorgang überschreitet den Wortlaut des § 315 c StGB und ist mithin, da sie sich zulasten des Täters auswirkt, wegen Art. 103 Abs. 2 GG unzulässig. Die bei der actio libera in causa vorgenommene Vorverlagerung der Tathandlung auf das Sichbetrinken ist im Rahmen der Straßenverkehrsdelikte folglich nicht möglich.

Ergebnis: F kann auch unter Berücksichtigung der Grundsätze der alic nicht nach § 315 c StGB wegen Gefährdung des Straßenverkehrs bestraft werden.

F könnte sich schließlich durch seine Fahrt strafbar gemacht haben wegen Vollrausches gemäß § 323 a StGB.

F hat sich vorsätzlich durch alkoholische Getränke in einen Rausch versetzt und in diesem Zustand die rechtswidrige Tat nach § 315 c StGB begangen, weswegen er nicht bestraft werden kann, er war – wie erörtert – schuldunfähig. Die Tat nach § 323 a StGB war rechtswidrig und schuldhaft.

Ergebnis: F ist zu bestrafen wegen Vollrausches nach § 323 a StGB.

Fall 19

Ehrlich währt am längsten!?

Rechtsstudent R sitzt mit seinem iPod ausgerüstet auf dem Rad und fährt zur Universität, um eine Vorlesung über Unfallflucht zu hören. An einer Kreuzung ist R für einen Augenblick unaufmerksam, und der von R übersehene Fahrradfahrer F kann einer Kollision nur durch ein gewagtes Bremsmanöver entgehen. Hierbei stößt F dafür aber mit dem verkehrswidrig auf dem Radweg geparkten Auto des A zusammen, wobei das Fahrrad des F einen Total- und der Wagen des A einen Lackschaden in Höhe von 300 Euro erleidet. F bleibt unverletzt.

R hatte wegen der Musik auf seinen Ohren von alledem nichts mitbekommen. Erst einige hundert Meter hinter der Unfallstelle wird R von einem Autofahrer, der den Vorfall beobachtet hatte, an einer Ampel angehalten und auf den Unfall aufmerksam gemacht. R blickt sich um, fährt dann aber aus Angst vor einer möglichen zivilrechtlichen Inanspruchnahme weiter. F hingegen wartet 45 Minuten an dem geparkten Wagen des A, steckt dann, als niemand in dieser Zeit erscheint, einen Zettel mit seiner Adresse und dem Hinweis auf seine Unfallbeteiligung hinter die Windschutzscheibe und verlässt den Unfallort. A wiederum hatte die ganze Situation aus einem 200 Meter entfernten Supermarkt beobachtet, indessen dort aus Angst vor dem Verlust seines erst vor einigen Tagen ausgestellten Führerscheins die ganzen 45 Minuten ausgeharrt. F zeigt, da sich im Laufe des Tages niemand bei ihm meldet, am Abend gegen 20:00 Uhr den Unfall bei der Polizei an.

Strafbarkeit von R, F und A?

Schwerpunkt: Die Unfallflucht, § 142 StGB.

Lösungsweg

Strafbarkeit des R (wegen des Wegfahrens vom Unfallort)

§ 142 Abs. 1 Nr. 1 StGB (Unfallflucht)

I. Tatbestand (A: objektiv):

Zunächst ist im objektiven Tatbestand des § 142 Abs. 1 StGB festzustellen, dass R ein ***Unfallbeteiligter*** gewesen ist. Die Definition dafür steht in § 142 Abs. 5 StGB (bitte lesen). Durch die Unaufmerksamkeit des R musste F ausweichen und ist aus diesem Grund mit dem Fahrzeug des A zusammengestoßen. R ist damit Unfallbeteiligter im Sinne des § 142 Abs. 5 StGB.

> **Beachte:** In dem beschriebenen Zusammenstoß liegt ein ***Unfall***, der für § 142 StGB stets erforderlich ist. Ein ***Unfall*** im Sinne der Vorschrift ist ein plötzliches Ereignis im öffentlichen Verkehr, das mit dessen Gefahren in ursächlichem Zusammenhang steht und einen nicht unerheblichen Personen- oder Sachschaden zur Folge hat (BGHSt **12**, 255; BGHSt **24**, 383; OLG Hamburg in NZV **2009**, 301; MK/*Zopfs* § 142 StGB Rz. 25; *Fischer* § 142 StGB Rz. 7; *Wessels/Hettinger* BT 1 Rz. 1004; S/S-*Sternberg-Lieben* § 142 StGB Rz. 6; *Lackner/Kühl* § 142 StGB Rz. 5; vgl. zum Unfallbegriff auch BGH NJW **2002**, 626). Unerheblich sollen z.B. Schürfwunden oder Beschmutzungen an Körperteilen sowie geringe Sachschäden bis zu einer Höhe von ca. **50 Euro** sein, da in solchen Fällen vernünftigerweise nicht mit einer gerichtlichen Durchsetzung gerechnet werden müsse (OLG Nürnberg NStZ-RR **2008**, 56; vgl. aber auch OLG Jena StV **2006**, 529 → 25 Euro; AG Lahr DAR **2005**, 690 → 80 Euro; *Fischer* § 142 StGB Rz. 11 und – differenzierend hinsichtlich der Höhe des Sachschadens – S/S-*Sternberg-Lieben* § 142 StGB Rzn. 8–10).

Und selbstverständlich ist man nicht nur als Auto- oder etwa Mofa- oder Motorradfahrer im Täterkreis des § 142 StGB. Die Norm umfasst vielmehr jede Art von Unfall im Straßenverkehr, mithin auch durch ***Radfahrer*** verursachte Kollisionen, den Zusammenstoß eines ***Einkaufswagens*** mit einem PKW auf einem Supermarktparkplatz (OLG Koblenz MDR **1993**, 366; OLG Stuttgart VRS **47**, 15; LG Bonn NJW **1975**, 178) und sogar die Kollision einer geschobenen ***Mülltonne*** mit einem am Straßenrand parkenden Kfz (LG Berlin NStZ **2007**, 100). Streitig ist schließlich, ob der Zusammenstoß zweier Fußgänger unter § 142 StGB fällt (**dafür:** OLG Stuttgart VRS **18**, 117; SK/*Rudolphi* § 142 StGB Rz. 14; LK/*Rüth* § 142 StGB Rz. 6; *Fischer* § 142 StGB Rz. 9; **dagegen:** MK/*Zopfs* § 142 StGB Rz. 34; *Berz* in JuS 1973, 558; AK-*Schild* § 142 StGB Rz. 99; S/S-*Sternberg-Lieben* § 142 StGB Rz. 17; *Lackner/Kühl* § 142 StGB Rz. 6).

Zurück zum Fall: R hat sich vom Unfallort entfernt, als er in Unkenntnis der Umstände weitergefahren ist, ohne zugunsten der anderen Unfallbeteiligten und Geschädigten die Feststellung seiner Person durch Anwesenheit zu ermöglichen (Gesetz lesen, § 142 Abs. 1 Nr. 1 StGB). R hat damit gegen seine Pflichten aus § 142 Abs. 1 StGB verstoßen. Bitte beachte, dass die Tathandlung im ***Entfernen*** unter Missachtung der in Abs. 1 normierten Pflichten liegt. Es handelt sich hier also um ein durch **positives Tun** begangenes Delikt. Merken.

ZE.: Damit hat R den objektiven Tatbestand des § 142 Abs. 1 Nr. 1 StGB verwirklicht.

B: Subjektiver Tatbestand:

Und hier hapert`s natürlich, denn R hat von der ganzen Geschichte ja gar nichts mitbekommen und damit fehlt ihm der Vorsatz auf den objektiven Tatbestand. Denn R wusste nichts von einem Unfall. Zum Vorsatz des Täters im Rahmen des § 142 StGB gehört neben der Kenntnis vom Unfall übrigens auch das Wissen darum, durch die

Flucht von der Unfallstelle die alsbaldigen notwendigen Feststellungen zu vereiteln (OLG Koblenz NZV **1996**, 324, 325). Und wenn der »Flüchtige« den Unfall nicht bemerkt hat, kann er subjektiv auch keine Unfallflucht (unerlaubtes Entfernen vom Unfallort) begehen, denn er hat von alledem ja keine Ahnung.

ZE.: R handelte beim Verlassen der Unfallstelle **nicht** vorsätzlich in Bezug auf die objektiven Tatbestandsmerkmale des § 142 Abs. 1 StGB.

Beachte: Dadurch, dass R von dem Ort weiterfuhr, an dem ihn der Autofahrer sozusagen »gestellt« hatte, erfüllt R dann schon nicht den objektiven Tatbestand des § 142 Abs. 1 Nr. 1 StGB, denn in diesem Falle entfernt sich R nicht vom ***Unfallort***. Der liegt nämlich dann schon einige hundert Meter hinter ihm. Der *Unfallort* ist nur die Stelle, an der sich das schädigende Ereignis zugetragen hat, sowie der unmittelbare Umkreis, innerhalb dessen der Unfallbeteiligte noch vermutet werden kann (S/S-*Sternberg-Lieben* § 142 StGB Rz. 42; *Fischer* § 142 StGB Rz. 22). Hierbei sind die Maßstäbe eher eng als weit anzulegen (*Fischer* a.a.O.). Eine Entfernung von 100 m schließt das Merkmal in der Regel bereits aus (Bay ObLG NJW **1979**, 437), bei Autobahnen sind 250 m in jedem Falle genügend (OLG Karlsruhe DAR **1988**, 282 und auch OLG Koblenz ZfS **1988**, 405).

Erg.: Eine Bestrafung wegen Unfallflucht aus § 142 Abs. 1 Nr. 1 StGB scheitert hinsichtlich des Weiterfahrens nach dem Unfall am subjektiven Tatbestand, denn R hatte den Unfall nicht bemerkt. Bezüglich der Weiterfahrt nach Kenntnis scheitert die Bestrafung aus § 142 Abs. 1 Nr. 1 StGB bereits im objektiven Tatbestand, denn R hat sich dann nicht vom »Unfallort« entfernt. Insoweit kommt nun aber § 142 Abs. 2 StGB in Frage.

§ 142 Abs. 2 Nr. 2 StGB (Unfallflucht – durch das Weiterfahren nach Kenntnis des Unfalls)

I. Tatbestand (A: objektiv):

R hat sich vom Unfallort entfernt, das haben wir gerade festgestellt. In Betracht kommt folglich – nachdem wir oben eine vorsätzliche Tat nach Abs. 1 ausgeschlossen haben – nur noch eine Strafbarkeit wegen der Verletzung einer der in § 142 Abs. 2 StGB normierten Nachholpflichten. Bitte beachte, dass es sich bei § 142 Abs. 2 StGB um ein ***echtes Unterlassungsdelikt*** handelt, das heißt, die Tathandlung besteht in einem Unterlassen (bitte lies daraufhin noch einmal Abs. 2 nach).

Bei genauem Hinsehen kann hier nur § 142 Abs. 2 Nr. 2 StGB in Frage stehen, denn R hat keinesfalls die Wartefrist des Abs. 1 Nr. 2 erfüllt. R hatte den Unfall nicht mal bemerkt und ist weitergefahren. Fraglich ist somit hier dann, ob R die Voraussetzungen des § 142 Abs. 2 Nr. 2 StGB erfüllt.

1.) Ohne Zweifel hat R sich vom Unfallort entfernt und auch die Feststellungen nachträglich nicht ermöglicht (Gesetz lesen). R hat insoweit gar nichts mehr getan, er ist weitergefahren, um einer möglichen zivilrechtlichen Inanspruchnahme zu entgehen.

2.) Das Problem liegt bei der Frage, ob R sich auch »berechtigt« oder »entschuldigt« vom Unfallort entfernt hat (Gesetz lesen).

Durchblick: Hinter dieser Regelung steckt **Folgendes**: Es gibt Fälle, in denen der Unfallbeteiligte nicht – wie es eigentlich in Abs. 1 verlangt wird – am Unfallort bleiben kann. So zum Beispiel dann, wenn der Unfallbeteiligte schwer verletzt ist und zum Arzt muss; oder ein Arzt selbst ist in einem Notfall unterwegs und verursacht dabei einen Unfall; oder der Unfallbeteiligte wird von anderen Beteiligten am Unfallort lebensgefährlich bedroht (Nachweise bei S/S-*Sternberg-Lieben* § 142 StGB Rzn. 52–54). In diesen Fällen ist der Unfallverursacher entweder »berechtigt« (z.B. aus § 32 oder § 34 StGB) oder aber »entschuldigt« (z.B aus § 35 StGB), wenn er sich vom Unfallort entfernt. Er kann sich folglich dann nicht strafbar machen nach § 142 Abs. 1 StGB, denn er handelt beim Verschwinden vom Unfallort – wie gesagt – entweder ***gerechtfertigt*** oder ***entschuldigt***. So, und § 142 Abs. 2 Nr. 2 StGB soll nun sicherstellen, dass derjenige, der ausnahmsweise den Unfallort straflos verlassen darf, später dann aber die Pflichten aus § 142 Abs. 1 Nr. 1 StGB entsprechend nachholt. Denn wäre das nicht so, würden die übrigen Unfallbeteiligten ziemlich dumm aus der Wäsche gucken, denn sie könnten keine Feststellungen mehr bezüglich des Täters treffen.

Wir schauen uns daraufhin jetzt mal unseren Fall an und müssen dann aber zunächst Folgendes feststellen: R war weder »berechtigt« noch »entschuldigt«, denn unserem R stehen für sein Verlassen des Unfallortes keine Rechtfertigungs- und auch keine Entschuldigungsgründe zur Seite. R hatte gar keine Ahnung von dem Unfall. Sein Verlassen des Unfallortes geschah lediglich ohne Kenntnis der Umstände und damit bei genauer Betrachtung ***unvorsätzlich***.

Und eben das ist das Problem: Fällt derjenige, der sich zwar nicht berechtigt oder entschuldigt (so steht es ja ausdrücklich im Gesetz), dafür aber *unvorsätzlich* vom Unfallort entfernt, auch unter die Nachholpflicht des § 142 Abs. 2 Nr. 2 StGB?

- Nach ***einer Ansicht*** soll die Nachholpflicht auch für das unvorsätzliche Entfernen vom Unfallort gelten, wenn zwischen dem Unfall und der Kenntniserlangung noch ein *»zeitlicher und räumlicher Zusammenhang«* besteht (BGHSt **28**, 135; OLG Köln NJW **1977**, 2275; Bay ObLG NJW **1979**, 436; OLG Koblenz NZV **1989**, 242; *Fischer* § 142 StGB Rz. 20; LK/*Rüth* § 142 StGB Rz. 75; *Wessels/Hettinger* BT 1 Rz. 1013).

- Nach ***anderer Meinung*** trifft den lediglich unvorsätzlich sich Entfernenden keine Pflicht aus § 142 Abs. 2 Nr. 2 StGB; der »Täter« bleibt in diesem Falle straflos

(OLG Hamburg NZV **2009**, 361; S/S-*Sternberg-Lieben* § 142 StGB Rz. 55; *Krey/Hellmann* BT 2 Rz. 645; *Lackner/Kühl* § 142 StGB Rz. 25; SK/*Rudolphi* § 142 StGB Rz. 40; *Berz* in Jura 1979, 125; *Eisenberg* in Jura 1983, 267; *Bottke* in JA 1980, 510; *Beulke* in NJW 1979, 402; OLG Stuttgart MDR **1977**, 773).

Lösung: Beide Ansichten haben gute Argumente für sich, die wichtigsten hier in der für Übungsarbeiten abschreibbaren Variante:

Zugunsten der ***ersten Meinung*** sprechen kriminalpolitische Überlegungen (BGHSt **28**, 129). Es liegt nämlich innerhalb der allgemeinen Lebenserfahrung, dass es möglich ist, einen verursachten Unfall nicht sogleich zu bemerken und dann unvorsätzlich weiterzufahren; etwa bei einer minimalen Kollision oder etwa bei der Fahrt mit einem Anhänger, wo sich die Bewegung des Anhängers nicht direkt nach vorne weiterträgt, oder wie z.B. in unserem Fall. Wenn nun in einer solchen Situation der Fahrer alsbald nach dem Unfall gestellt und aufmerksam gemacht wird, spricht es gegen das Rechtsgefühl und den von § 142 StGB intendierten Schutz der übrigen Unfallteilnehmer, ihn von der Verpflichtung freizustellen, nachträglich jetzt die Feststellungen des § 142 Abs. 1 StGB zu ermöglichen (wie es § 142 Abs. 2 StGB vorsieht). Im Übrigen würde man – ließe man diesen Täter straflos – Schutzbehauptungen freien Lauf lassen, denn jeder Unfallverursacher könnte weiterfahren und später erklären, er habe den Unfall nicht bemerkt. Gegen diese und für die ***zweite Ansicht*** spricht indessen das ***Bestimmtheitsgebot*** aus Art. 103 Abs. 2 GG (§ 1 StGB), aus dem folgt, dass die Grenze der Auslegung zulasten des Täters immer im Wortsinn der entsprechenden Norm liegt (S/S-*Eser/Hecker* § 1 StGB Rzn. 36-38; BayObLG NJW **1978**, 282; *Krey/Hellmann* BT 2 Rz. 645). Der Wortlaut des § 142 Abs. 2 Nr. 2 StGB (lesen) beschränkt sich auf die Begriffe »berechtigt« oder »entschuldigt«. In unserem Fall handelt der Täter »unvorsätzlich«. Ohne Zweifel fällt diese Tatbegehung schon mal nicht unter das Wort »berechtigt«, denn dies meint nur den Ausschluss der Rechtswidrigkeit (S/S-*Sternberg-Lieben* § 142 StGB Rz. 52), und mit der Rechtswidrigkeit hat der Vorsatz des Täters bekanntlich nichts zu tun. In Betracht kommt somit nur noch die Subsumtion unter das Merkmal »entschuldigt«. Die Frage lautet also: Handelt jemand »entschuldigt«, wenn ihm der Vorsatz fehlt?

Antwort: Mit Beschluss vom **19.03.2007** hat das ***Bundesverfassungsgericht*** diesen Jahrzehnte andauernden Streit zugunsten der Literaturmeinung entschieden und die Auslegung des BGH unter anderem wegen Verstoßes gegen das Bestimmtheitsgebot für verfassungswidrig erklärt (→ BVerfG NJW **2007**, 1666). Das unvorsätzliche Entfernen vom Unfallort fällt damit ***nicht*** mehr unter den Begriff »entschuldigt« im Sinne des § 142 Abs. 2 StGB. Die Nachholpflicht des § 142 Abs. 2 Nr. 2 StGB entfällt demnach für den Täter.

Tipp: Wenn dieser gerade aufgezeigte Streit in einer Hausarbeit oder Klausur auftaucht, sollte man sich im Anschluss an die BVerfG-Entscheidung tunlichst an das dort Gesagte halten und der BGH-Ansicht eine Absage erteilen (Argumente siehe oben). Entscheidungen des BVerfG binden gemäß **§ 31 BVerfGG** nämlich die anderen Gerichte und sollten daher auch vom geneigten Studenten beachtet werden. Wer gleichwohl diese Meinung des BVerfG für falsch hält (= sehr mutig), wird dies in einer universitären Übungsarbeit aber auch heute noch vertreten können, sollte in diesem Falle aber dann darauf hinweisen, dass er das gegenteilige Votum des höchsten deutschen Gerichts kennt. Merken.

ZE.: Unser R erfüllt durch sein Weiterfahren nicht den Tatbestand des § 142 Abs. 2 Nr. 2 StGB.

Erg.: R hat sich nicht strafbar gemacht wegen unerlaubten Entfernens vom Unfallort nach § 142 Abs. 2 Nr. 2 StGB und bleibt – da andere Tatbestände nicht in Betracht kommen – nach der hier verfolgten Meinung straflos.

Strafbarkeit des F

§ 142 Abs. 1 Nr. 2 StGB (Unfallflucht durch Verlassen des Unfallortes)

I. Tatbestand (A: objektiv):

Fraglich ist, ob F vor dem Entfernen eine nach den Umständen angemessene Zeit gewartet hat, ohne dass jemand bereit war, die Feststellungen zu treffen (Gesetz lesen).

Durchblick: § 142 Abs. 1 StGB normiert für den jeweiligen Unfallbeteiligten zwei Handlungsweisen, die er zu Straflosigkeit alternativ erfüllen muss. Und hierbei gibt es immer die gleichen zwei Ausgangssituationen: Entweder **a)** es sind andere Beteiligte am Unfallort anwesend (dann ist es Abs. 1 Nr. 1) oder aber **b)** der Täter ist und bleibt alleine am Unfallort (dann ist es Abs. 1 Nr. 2).

a) Im ersten Fall muss der Täter zum einen anwesend sein (passive Feststellungspflicht) und zum anderen angeben, dass er am Unfall beteiligt war (aktive Vorstellungspflicht). Bitte lies § 142 Abs. 1 Nr. 1 StGB.

b) Im zweiten Fall muss er gemäß § 142 Abs. 1 Nr. 2 StGB eine angemessene Zeit warten (Wartepflicht), kann dann verschwinden, unterliegt danach dann aber der Nachholpflicht des § 142 Abs. 2 Nr. 1 StGB (bitte jetzt auch diese Teile lesen).

Beachte: Vor allen Dingen § 142 Abs. 1 Nr. 1 StGB wird von den Studenten häufig nicht richtig gelesen und daher auch oft falsch geprüft (und ist im Übrigen auch den meisten Nichtjuristen so nicht geläufig). Bitte aus diesem Grund unbedingt Folgendes merken:

> Der § 142 Abs. 1 Nr. 1 StGB verlangt ***nicht***, dass man am Unfallort den anderen Beteiligten seine Personalien mitteilt, sondern nur die ***Ermöglichung*** dessen durch persönliche Anwesenheit. Das heißt, dass man am Unfallort – außer seiner Angabe, am Unfall beteiligt gewesen zu sein – insoweit nix sagen muss. Das klingt zwar jetzt ziemlich Banane, steht aber so im Gesetz und hat natürlich auch einen Grund,

denn: Niemand kann verpflichtet werden, sich selbst zu belasten und hier konkret die Aufklärung des Unfalls zu fördern (BGHSt **7**, 117; S/S-*Sternberg-Lieben* § 142 StGB Rz. 29; *Wessels/Hettinger* BT 1 Rz. 1011). Man muss eben nur angeben, dass man beteiligt war und im Übrigen anwesend sein. Wenn man dann nichts sagt, ist es an den anderen Teilnehmern, die Polizei zu holen, gegenüber der man dann aber zumindest die Personalien rausrücken muss (vgl. § 53 OWiG i.V.m. § 163 StPO). Strafbar macht man sich also dadurch nicht. Man begeht aber eine ***Ordnungswidrigkeit*** nach § 34 Abs. 1 Nr. 5 b i.V.m. § 49 Abs. 1 Nr. 29 StVO, wenn man seine Personalien den übrigen Unfallteilnehmern nicht mitteilt.

Wegen Verletzung von § 142 Abs. 1 Nr. 1 StGB macht man sich übrigens dann strafbar, wenn man zwar seine Personalien der Polizei am Unfallort mitteilt, dann aber zur Verhinderung einer Blutprobe verschwindet (OLG Köln NStZ-RR **1999**, 251; *Fischer* § 142 StGB Rz. 25). In diesem Fall nämlich fehlt an der Aufklärung über die »Art der Beteiligung« im Sinne des § 142 Abs. 1 Nr. 1 StGB.

Zurück zum Fall:

Hier in unserem Fall kommt nun zunächst eine Strafbarkeit nach **§ 142 Abs. 1 Nr. 2 StGB** in Betracht, denn am Unfallort war außer unserem F niemand, zumindest niemand für F ersichtlich (A stand ja im 200 Meter entfernten Supermarkt).

> **Vorsicht:** Bitte beachte, dass die oben erwähnte Nachholpflicht aus Abs. 2 für den Täter dann irrelevant ist, wenn er nicht zuerst – wie Abs. 1 Nr. 2 das verlangt – eine *»nach den Umständen angemessene Zeit«* gewartet hat. Die Nachholpflicht aus Abs. 2 rettet nämlich nur den Täter, der zunächst einmal angemessen gewartet hat. Hat er das nicht, ist er schon strafbar aus Abs. 1 Nr. 2 – die Nachholpflicht kann er sich dann an die Backe heften. Merken.

Zu prüfen ist demnach, ob F mit seinen 45 Minuten »angemessen« gewartet hat. Bei der Beurteilung der Angemessenheit gibt es selbstverständlich keine festen Zeiten, da Unfälle in unterschiedlichster Art auftreten können. Gefragt sind hier demnach die *»Umstände des Einzelfalles«* (S/S-*Sternberg-Lieben* § 142 StGB Rz. 36), was etwa Folgendes heißen soll: Je schwerer der Unfall (also z.B. Personenschäden oder hohe Sachschäden), desto länger dürfte die Wartezeit bemessen sein. Hierbei spielt der Maßstab der Zumutbarkeit des Wartens eine wichtige Rolle (OLG Köln VRS **38**, 436; Bay ObLG VRS **18**, 197; KG VRS **41**, 28; S/S-*Sternberg-Lieben* a.a.O.), also die Frage, ob das Interesse des Verursachers am Verlassen der Unfallstelle dem Feststellungsinteresse der Geschädigten überwiegt. Die Rspr. hat z.B. 30 Minuten bei einem nächtlichen Unfall mit Sachbeschädigung an einem Baum und einem Hydranten ausreichen lassen (OLG Düsseldorf VM **78**, 54); ebenso 15 Minuten bei einem Auto-Schaden von 750 bzw. 200 Euro (OLG Köln NJW **2002**, 1359; OLG Stuttgart VRS **73**, 193); sowie 20 Minuten bei einem Schaden von 300 Euro (OLG Hamm VRS 54, 117).

> **Beachte noch:** An dieser Stelle kann auch das Anbringen des Zettels an der Windschutzscheibe schon eine Rolle spielen. Nach einer Meinung soll dieses Anbringen nämlich unter Umständen die Wartefrist verkürzen (S/S-*Sternberg-Lieben* § 142 StGB Rz. 40; OLG Hamm NJW **1971**, 1469; KG VRS **33**, 275; OLG Bremen NJW **1969**, 990). Ein erstklassiger Aufsatz zu der für jedermann interessanten Frage nach der strafrechtlichen Bedeutung dieser Zettel ist *Frau Hartman-Hilter* in NZV 1992, 429 gelungen. Nachlesen lohnt.

In unserem Fall nun liegt F mit seinen 45 Minuten deutlich ***innerhalb*** der Angemessenheitsgrenze, denn bei Unfällen mit eher geringerem Sachschaden wie hier ist ein längeres Warten für F nicht mehr zumutbar; hier hätten es wahrscheinlich auch schon 30 Minuten getan (Nachweise bei *Fischer* § 142 StGB Rz. 31 oder S/S-*Sternberg-Lieben* § 142 StGB Rz. 38/39). Insoweit braucht hier dann auch nicht Stellung dazu genommen werden, ob das Anbringen des Zettels die Wartefrist verkürzt hat. Wie gesagt, grundsätzlich ist das aber möglich.

ZE.: F hat am Unfallort eine nach den Umständen angemessene Zeit gewartet, bevor er sich entfernt hat.

Erg.: Damit ist F seiner Pflicht aus § 142 Abs. 1 Nr. 2 StGB nachgekommen mit der Folge, dass eine Bestrafung aus dieser Vorschrift **nicht** in Betracht kommt.

§ 142 Abs. 2 Nr. 1 i.V.m. § 142 Abs. 1 Nr. 2 StGB

Beachte: Die Straffreiheit aus § 142 Abs. 1 Nr. 2 StGB bedeutet aber noch nicht die völlige Straflosigkeit, denn § 142 Abs. 2 Nr. 1 StGB ordnet ja im Falle der Entfernung nach Ablauf der angemessenen Wartefrist noch eine ***Nachholpflicht*** an. Und wenn der Täter diese verletzt, ist er dann dennoch strafbar. Die Geschichte mit der abgelaufenen Wartefrist hat also zwei Schritte in der Prüfung zur Folge. Zunächst ist die Straflosigkeit nach Abs. 1 Nr. 2 zu prüfen (haben wir oben gerade gemacht); danach kommt dann aber immer noch die Nachholpflicht aus Abs. 2 Nr. 1 (und das machen wir jetzt). Merken.

I. Tatbestand (A: objektiv):

1.) Wie eben festgestellt, setzt die Anwendung des § 142 Abs. 2 Nr. 1 StGB voraus, dass der Täter auf jeden Fall die Wartefrist des § 142 Abs. 1 Nr. 2 StGB eingehalten hat. Und das haben wir ja geprüft, deshalb liegt dieses Merkmal schon mal vor.

2.) Des Weiteren muss der Täter nun aber auch seine Nachholpflicht verletzt haben. Und was das bedeutet, entnehmen wir jetzt erst mal dem Gesetz und lesen bitte § 142 Abs. 2 ***und*** Abs. 3 StGB.

> Bitte vorab noch einmal ins Gedächtnis rufen, dass § 142 Abs. 2 StGB ein ***echtes Unterlassungsdelikt*** ist, die Tathandlung liegt also in einem Unterlassen. Hier in unserem Fall muss der Täter F es unterlassen haben, *die Feststellungen unverzüglich nachträglich zu ermöglichen* (§ 142 Abs. 2 StGB am Ende). Das gerade Gesagte zu verstehen,

ist wichtig, denn wenn man das nicht kapiert, geht die gutachtenmäßige Prüfung garantiert in die Hose.

Zum Fall: Es muss also jetzt geprüft werden, ob die Handlungen, die F vorgenommen hat, ausreichen, um den Voraussetzungen des § 142 Abs. 2 StGB zu genügen. Wäre das nicht der Fall, hätte F es unterlassen, die Feststellungen unverzüglich nachträglich zu ermöglichen. Alles klar!?

Als Handlungen, die insoweit der Überprüfung unterliegen, kommt zum einen das Anbringen des Zettels an der Windschutzscheibe und zum anderen die am Abend gegen 20:00 Uhr erfolge Anzeige bei der Polizei in Betracht. Die Frage lautet also – letzte Wiederholung –, ob diese Handlungen ausreichen, um der Pflicht des § 142 Abs. 2 Nr. 1 StGB zu genügen. Hierbei kommt sowohl jede einzelne Handlung, möglicherweise aber auch die Kombination von beiden als Erfüllung der Handlungspflicht des F in Frage.

Ansatz: Was das Gesetz vom Täter verlangt, kann man der Norm – zumindest ansatzweise – entnehmen, bitte lies jetzt § 142 Abs. 3 StGB. Im Wortlaut des Gesetzes müssen die dort benannten Feststellungen also dem Berechtigten oder einer nahegelegenen Polizeistelle mitgeteilt werden (Abs. 3), und das Ganze natürlich immer noch »unverzüglich« (Abs. 2).

Zunächst also ist zu prüfen, ob das Anbringen des Zettels diese Voraussetzungen erfüllt (bitte beachte auch die strafrechtlich ***nicht*** relevante Norm des § 34 Abs. 1 Nr. 6 b StVO, wonach man diesen Zettel anbringen muss, will man keine Ordnungswidrigkeit nach § 49 Abs. 1 Nr. 29 StVO begehen).

Bei unserer die »Strafbarkeit« betreffenden Prüfung aber geht es nun um die Frage, ob der Täter dem Berechtigten mit dem Zettel die Feststellungen *»unverzüglich«* nachträglich *»mitteilt«* (§ 142 Abs. 2 und 3 StGB). Das ist deshalb ein Problem, weil der Berechtigte ja gerade nicht da ist; hat er nun mit dem Zettel eine entsprechende unverzügliche Mitteilung bekommen oder nicht?

- Nach Ansicht des **OLG Zweibrücken** (DAR **1991**, 33 = ZfS **1990**, 392) und des **OLG Hamm** (VM **64**, 63) kann das Anbringen des Zettels zunächst ausreichen. Der Täter könne dann abwarten, ob der Betroffene innerhalb angemessener Frist reagiere. Erst wenn der Täter danach dann untätig bleibe, mache er sich der Unterlassungstat des § 142 Abs. 2 Nr. 1 StGB schuldig (so auch MK/*Zopfs* § 142 StGB Rz. 86; S/S-*Sternberg-Lieben* § 142 StGB Rz. 40; *Hartman-Hilter* NZV 1992, 431/432).
- Nach anderer Ansicht, vor allem der des **OLG Köln** (ZfS **1991**, 33 und auch VRS **64**, 115, 118; zustimmend *Fischer* § 142 StGB Rz. 37 und wohl auch die *Herren Krey und Hellmann* in ihrem BT 2 Rz. 634), kann das Anbringen des Zettels zwar zur Klärung der Haftungsfrage beitragen, entbindet den Täter aber nicht davon, »unverzüglich« den Geschädigten oder eine nahegelegene Polizeistelle zu informieren. Im Unterschied zur anderen Auffassung also darf der Täter hier – auch

nach Anbringen des Zettels – keinesfalls vorübergehend untätig bleiben und etwa auf die Reaktion des Geschädigten warten.

Übertragen auf unseren Fall: Nach der ersten Ansicht hat F seiner Nachholpflicht genügt, denn er war berechtigt, eine angemessene Frist zu warten. Das Warten über einen Tag bis hin zum Abend kann insoweit als angemessen angesehen werden. Hierbei ist berücksichtigt, dass der andere Unfallteilnehmer evtl. erst nach der Arbeit die Möglichkeit hat, sich zu melden. F genügt also seiner Nachholpflicht, wenn er in diesem Falle am Abend die Anzeige bei der Polizei vornimmt. Nach der zweiten Meinung hingegen ist das ***nicht*** der Fall, denn das Anbringen des Zettels entbindet den Unfallverursacher nicht davon, unverzüglich die Mitteilungen – aktiv – vorzunehmen. Und da der Unfall am frühen Vormittag stattfand, musste F noch im Laufe des Tages tätig werden und durfte nicht bis zum Abend warten.

Merke noch: Bei einem nächtlichen Unfall mit geringem Sachschaden kann – unstreitig! – die Mitteilung an den Geschädigten oder die Polizei – auch ohne angebrachten Zettel – noch am nächsten Morgen erfolgen (Bay ObLG VRS **58**, 406; OLG Köln ZfS **1991**, 33; OLG Stuttgart VRS **65**, 202; *Fischer* § 142 StGB Rz. 63).

Beide oben dargestellten Ansichten scheinen gut vertretbar, wobei zum einen darauf hinzuweisen ist, dass der Entscheid des ***OLG Zweibrücken*** einen Sonderfall zum Gegenstand hatte, bei dem eine Verurteilung des Täters das Rechtsgefühl auf den Kopf gestellt hätte. Der Fall ist nicht vergleichbar mit den üblichen Sachverhaltsgestaltungen, denn der Täter hatte sich dort ernstlich bemüht, indessen nur durch ein Missverständnis die Mitteilung unterlassen. Zum anderen ist sich das OLG Köln auch nicht so ganz sicher, ob der Zettel nicht vielleicht doch eine Bedeutung haben kann. In seinem Beschluss vom 02.06.1989 (ZfS **1991**, 33) sagt das Gericht nämlich auch, dass der Zettel »im Rahmen der bei § 142 Abs. 3 StGB zu stellenden Anforderungen von Bedeutung sei«.

Daraus folgt: In der Klausur muss zunächst herausgearbeitet werden, dass die entscheidende Frage die ist, ob das Anbringen des Zettels dem Täter die Befugnis gibt, vorübergehend die Reaktion des Geschädigten abzuwarten. Wenn man das bejaht (so das OLG Zweibrücken und das OLG Hamm), dann ist der Täter regelmäßig straflos, vorausgesetzt, er nimmt nach Ablauf der Wartefrist – aktiv – Kontakt mit dem Geschädigten oder der Polizei auf. Verlangt man hingegen mit dem OLG Köln trotz des angebrachten Zettels ein unverzügliches – aktives – Tätigwerden, ist der Täter strafbar, wenn er erst die Reaktion des Geschädigten abwartet und sich dann meldet.

Beide Ansichten – ich sagte es bereits – sind gut vertretbar; nach meinem Geschmack verdient das OLG Köln den Vorzug, denn das Gesetz verlangt in § 142 Abs. 2 und 3 StGB die *»unverzügliche Mitteilung«*, und das hört sich ***nicht*** nach »Abwarten« an. Der Begriff »unverzüglich« kann im Rahmen des § 142 StGB definiert werden als »ohne jedes vorwerfbares Zögern«, und ein solches vorwerfbares Zögern kann man dem F durchaus anlasten (*Fischer* § 142 StGB Rz. 37). Wir wollen aus diesem Grund hier der Ansicht des OLG Köln auch folgen und in der Lösung entsprechend fortfahren.

ZE.: Dadurch, dass F nach Ablauf der Wartefrist den Zettel angebracht, dann aber bis zum Abend des Tages (20:00 Uhr) mit der Anzeige bei der Polizei gewartet hat, hat er es nach hier vertretener Ansicht unterlassen, die Feststellungen unverzüglich nachträglich zu ermöglichen.

ZE.: Damit hat F den objektiven Tatbestand des § 142 Abs. 2 Nr. 1 i.V.m. Abs. 1 Nr. 2 StGB erfüllt.

B: Subjektiver Tatbestand:

Hier gab es jetzt keine Zweifel mehr, F waren alle Umstände, die zur Verwirklichung des objektiven Tatbestandes gehören, bekannt. Bitte beachte, dass der fraglos gute Wille des F hier keine Rolle spielt. Sein Verhalten kann insoweit nur noch gemäß § 142 Abs. 4 StGB relevant sein (dazu später).

ZE.: F erfüllt auch den subjektiven Tatbestand der Unfallflucht.

Sowohl die **II. Rechtswidrigkeit** als auch die **III. Schuld** begegnen keinen Bedenken.

Erg.: F hat sich strafbar gemacht wegen unerlaubten Entfernens vom Unfallort gemäß § 142 Abs. 2 Nr. 1 i.V.m. Abs. 1 Nr. 2 StGB.

IV. Strafaufhebungs- und Ausschließungsgründe/Strafzumessungsvorschriften

Hier kam **§ 142 Abs. 4 StGB** in Betracht (bitte lesen). Diese Vorschrift ist durch das 6. Strafrechtsänderungsgesetz mit Wirkung vom 01.04.1998 in das Gesetz eingefügt worden und soll dem Täter »eine goldene Brücke bauen«, sofern er innerhalb von 24 Stunden unter den genannten Voraussetzungen handelt (BT-Drs. 13/8587 S. 57, 80; BT-Drs. 13/9064 S. 9/10).

Klausurrelevanz: Es handelt sich bei § 142 Abs. 4 StGB um eine Vorschrift, die – ähnlich wie § 157 StGB – ausschließlich die ***Strafzumessung*** betrifft. Daraus folgt für die Klausur, dass die Norm immer ***hinter*** der Schuld zu erörtern ist. Die Strafbarkeit des Täters an sich, also die Tatbestandsmäßigkeit, die Rechtswidrigkeit und die Schuld, berührt § 142 Abs. 4 StGB nicht. Es handelt sich auch ***nicht*** um eine Form des Rücktritts, auch wenn die Formulierung mit der »goldenen Brücke« eigentlich von dort kommt (RGSt **6**, 341). In der Übungsarbeit hat man daher – hinter der Schuld – in angemessener Kürze auf § 142 Abs. 4 StGB einzugehen, langatmige Erläuterungen dürften eher neben der Sache liegen, denn der Student wird zumeist nur nach der »Strafbarkeit« des Täters gefragt, die Strafzumessung spielt normalerweise nur eine untergeordnete bis gar keine Rolle. Bitte merken, weil ansonsten unterläuft ein unnötiger und schmerzhafter Aufbaufehler.

Zum Inhalt: Beim Vorliegen seiner Voraussetzungen ordnet § 142 Abs. 4 StGB zunächst zwingend (!) eine Strafmilderung an, während das komplette Absehen von Strafe nur eine Kann-Vorschrift ist (bitte lies Abs. 4 darauf jetzt durch). Folgendes muss erfüllt sein:

Es muss sich zunächst um einen Unfall außerhalb des fließenden Verkehrs handeln; gemeint sind damit vor allem die sogenannten »Parkunfälle« (BT-Drs. 13/9064 S. 10). Hierbei darf nur ausschließlich nicht bedeutender Sachschaden entstanden sein, und der Täter muss innerhalb von 24 Stunden die Feststellungen freiwillig nachträglich ermöglicht haben. Der »nicht bedeutende Sachschaden« liegt nach neuerer Rechtsprechung in Anlehnung an § 69 Abs. 2 Nr. 3 StGB etwa ab einem Betrag von **1.300 Euro** vor (OLG Jena StV **2009**, 194; OLG Dresden NJW **2005**, 2633; OLG Jena DAR **2005**, 289; LG Berlin DAR **2005**, 701; LG Braunschweig ZfS **2005**, 100; AG Frankfurt a.M. ZfS **2002**, 594; vgl. zudem die abweichenden Ansichten zur Wertgrenze bei *Fischer* § 69 StGB Rz. 29). Sind alle diese Voraussetzungen erfüllt, muss (!) das Gericht die Strafe wenigstens mildern, kann aber auch ganz davon absehen.

Zum Fall: Wenn man hier davon ausgeht, dass wegen des von A geparkten Autos ein Unfall außerhalb des fließenden Verkehrs vorliegt und F innerhalb der 24 Stunden (noch am gleichen Tag) die Feststellungen freiwillig durch seinen Gang zur Polizei ermöglicht hat, so ist seine Strafe zumindest zu mildern, da der Sachschaden ja auch unter der eben benannten Grenze liegt.

Erg.: F hat sich zwar strafbar gemacht wegen Unfallflucht aus § 142 Abs. 2 Nr. 1 i.V.m. Abs. 1 Nr. 2 StGB; die Strafe ist aber gemäß § 142 Abs. 4 StGB in jedem Falle zu mindern. Angesichts der subjektiven Komponente des F, der sich ja eigentlich rechtstreu verhalten wollte, böte sich hier dann tatsächlich die Möglichkeit an, ganz von Strafe abzusehen.

Strafbarkeit des A

§ 142 Abs. 1 StGB (Unfallflucht)

Aber: Das Problem lag darin, dass A sich zum Zeitpunkt des Unfalls gar nicht am Unfallort befunden hatte. Sämtliche Varianten des § 142 StGB setzen aber voraus, dass der Täter zum Zeitpunkt des Unfalls am **Unfallort** gewesen ist. War er das nämlich nicht, kann er sich auch nicht von dort »**entfernen**«. Und dieses »Entfernen« steht in den beiden ersten Absätzen des § 142 StGB, die die Tatbestandsmäßigkeit der Unfallflucht beschreiben, ausdrücklich drin. Während es in Abs. 1 die Tathandlung selbst beschreibt, ist es bei Abs. 2 notwendige Voraussetzung, um überhaupt einer nachträglichen Feststellungspflicht zu unterliegen. Ohne ein Entfernen vom Unfallort, geht also weder Abs. 1 noch Abs. 2 schon allein tatbestandlich durch!

Zum Fall: A stand zum Zeitpunkt des Unfalls im 200 Meter entfernten Supermarkt. Um überhaupt zu einer möglichen Tathandlung aus § 142 Abs. 1 oder 2 StGB zu kommen, müsste dieser Supermarkt noch zum Begriff des *Unfallortes* gehören. Unter Unfallort versteht man die Stelle, an der sich das schädigende Ereignis zugetragen hat sowie den unmittelbaren Umkreis. Hierzu gehört auch der Bereich, in dem noch feststellungsbereite Personen vermutet und gegebenenfalls bei Nachfragen noch ermittelt werden können (S/S-*Sternberg-Lieben* § 142 StGB Rz. 42; LK/*Rüth* § 142 StGB Rz. 63; OLG Köln NZV **1989**, 198 und 1683; OLG Hamm VRS **54**, 433; KG DAR **1979**, 23). Insoweit ist die Grenze eher eng als weit zu ziehen (*Fischer* § 142 StGB Rz. 22).

Subsumtion: Hier wird man es dann schwer haben, denn es erscheint kaum denkbar, dass F jetzt in einen 200 Meter (!) entfernten Supermarkt rennt, um dort nach dem Besitzer des Autos zu fragen. Würde er das tun, hätte er sich nämlich wahrscheinlich selbst vom Unfallort tatbestandlich im Sinne des § 142 StGB *entfernt* und damit bereits strafbar gemacht. Das OLG Köln etwa hat eine Entfernung von 42 Metern schon als ausreichend angesehen (NJW **1989**, 1683); dort hatte der Täter ebenfalls verkehrswidrig geparkt und war dann in seiner 42 Meter entfernten Wohnung verschwunden. Obwohl er den Unfall dann beobachtet bzw. gehört hatte, war er – wie unser A auch – in der Wohnung geblieben. Das OLG Köln hat den Betroffenen hier freigesprochen, da er sich nicht am Unfallort befunden hatte, dies aber Voraussetzung für eine Bestrafung nach § 142 StGB ist.

Das klingt zwar jetzt ein bisschen merkwürdig und ungerecht, entspricht aber dem **Wortlaut** des Gesetzes. Und wie wir mittlerweile wissen, ist dieser Wortlaut stets die äußerste Auslegungsgrenze, sofern es zulasten des Täters geht. Und wenn der Wortlaut des Gesetzes verlangt, dass man sich *»vom Unfallort entfernt«*, kann derjenige, der dort gar nicht anwesend ist, dieses Merkmal nicht erfüllen.

Anhang: Derjenige, der sich nicht am Unfallort befindet, gleichwohl aber den Unfall bemerkt, hat **keine** Pflicht, den Unfallort jetzt aufzusuchen, um seine Beteiligung anzugeben (S/S-*Sternberg-Lieben* § 142 StGB Rz. 47; OLG Stuttgart NStZ **1992**, 385; OLG Köln a.a.O). Das wäre nämlich wieder eine Selbstbezichtigung, die indessen von niemandem verlangt und vor allem auch nicht vom Normtext des § 142 StGB gefordert wird.

Erg.: Da sich unser A hier nicht am Unfallort befunden hat (und auch fortgeblieben ist, solange F dort war), kommt für ihn eine Bestrafung – auch wenn's weh tut – nach § 142 StGB nicht in Betracht. A bleibt straflos.

Gesamtergebnis: R und A bleiben straflos. F hat sich wegen Unfallflucht strafbar gemacht, indessen muss seine Strafe wenigstens gemildert werden.

Gutachten

Strafbarkeit des R

R könnte sich dadurch, dass er trotz des Unfalls mit seinem Rad weitergefahren ist, wegen Unfallflucht gemäß § 142 Abs. 1 Nr. 1 StGB strafbar gemacht haben.

Objektiver Tatbestand:

1.) R müsste zunächst Unfallbeteiligter gewesen sein. Gemäß § 142 Abs. 5 StGB ist Unfallbeteiligter jeder, dessen Verhalten nach den Umständen zur Verursachung des Unfalls beigetragen haben kann. R hat dadurch, dass er den F zu einem Ausweichmanöver zwang und der F dann das Fahrzeug des A anstieß, den Unfall verursacht und war mithin Unfallbeteiligter.

2.) Des Weiteren hat sich R von der Unfallstelle entfernt, ohne zugunsten der anderen Unfallbeteiligten die Feststellung seiner Personalien zu ermöglichen.

Der objektive Tatbestand des § 142 Abs. 1 Nr. 1 StGB ist erfüllt.

Subjektiver Tatbestand:

R müsste auch vorsätzlich im Sinne des § 15 StGB gehandelt, also die Umstände des objektiven Tatbestandes zumindest gekannt haben. Davon kann indessen vorliegend nicht ausgegangen werden. R hatte den Unfall nicht wahrgenommen; er war weitergefahren, ohne Kenntnisnahme der Vorgänge. Mithin handelte R hinsichtlich der Tatbestandsvoraussetzungen des § 142 Abs. 1 Nr. 1 StGB nicht vorsätzlich.

Ergebnis: R hat sich nicht strafbar gemacht wegen § 142 Abs. 1 Nr. 1 StGB.

R könnte sich aber durch sein Verhalten strafbar gemacht haben wegen Unfallflucht gemäß § 142 Abs. 2 Nr. 2 StGB.

Objektiver Tatbestand:

1.) R hat sich vom Unfallort entfernt und nicht die Feststellungen seiner Personalien nachträglich ermöglicht. Es fragt sich allerdings, ob sich R, wie es das Gesetz in § 142 Abs. 2 Nr. 2 StGB verlangt, berechtigt oder entschuldigt vom Unfallort entfernt hat.

2.) R hatte den Unfall nicht bemerkt und war deshalb weitergefahren. Er war damit nicht gerechtfertigt und sein Verhalten war auch nicht von einem Schuldausschließungsgrund getragen. Vielmehr fuhr R unvorsätzlich, also ohne Vorsatz weiter. Ob auch ein unvorsätzliches Entfernen von § 142 Abs. 2 Nr. 2 StGB erfasst wird, ist streitig.

a) Nach einer Ansicht soll die Nachholpflicht auch für das unvorsätzliche Entfernen vom Unfallort gelten, wenn zwischen dem Unfall und der Kenntniserlangung noch ein »zeitlicher und räumlicher Zusammenhang« besteht. Zugunsten dieser Meinung sprechen kriminalpolitische Überlegungen. Es liegt nämlich innerhalb der allgemeinen Lebenserfahrung, dass es möglich ist, einen verursachten Unfall nicht sogleich zu bemerken und dann unvorsätzlich weiterzufahren; etwa bei einer minimalen Kollision oder etwa bei der Fahrt mit einem Anhänger, wo sich die Bewegung des Anhängers nicht direkt nach vorne weiterträgt, oder wie z.B. im vorliegenden Fall.

Wenn nun in einer solchen Situation der Fahrer alsbald nach dem Unfall gestellt und aufmerksam gemacht wird, spricht es gegen das Rechtsgefühl und den von § 142 StGB intendierten Schutz der übrigen Unfallteilnehmer, ihn von der Verpflichtung freizustellen, nachträglich jetzt die Feststellungen des § 142 Abs. 1 StGB zu ermöglichen (wie es § 142 Abs. 2 StGB vorsieht). Im Übrigen würde man – ließe man diesen Täter straflos – Schutzbehauptungen freien Lauf lassen, denn jeder Unfallverursacher könnte weiterfahren und später erklären, er habe den Unfall nicht bemerkt.

b) Gegen diese Ansicht spricht indessen das im Strafrecht unbedingt zu beachtende Bestimmtheitsgebot aus Art. 103 Abs. 2 GG (§ 1 StGB), aus dem folgt, dass die Grenze der Auslegung zulasten des Täters immer im Wortsinn der entsprechenden Norm liegt. Der Wortlaut des § 142 Abs. 2 Nr. 2 StGB beschränkt sich auf die Begriffe »berechtigt« oder »entschuldigt«. Der Vorsatz hat unstreitig keinerlei Auswirkungen auf die Rechtswidrigkeit. Ein unvorsätzliches Handeln kann demnach, wenn überhaupt, lediglich unter das Wort »entschuldigt« subsumiert werden. Insoweit ist indessen darauf hinzuweisen, dass nach heutigem Deliktsverständnis und Deliktsaufbau der mangelnde Vorsatz bereits den Tatbestand und nicht erst die Schuld entfallen lässt. Daher ist der unvorsätzlich handelnde Täter nicht erst entschuldigt, sondern handelt bereits nicht tatbestandsmäßig. Und damit unterliegt der unvorsätzlich sich vom Unfallort entfernende Täter nicht der Regelung des § 142 Abs. 2 Nr. 2 StGB.

Ergebnis: R hat sich auch nicht wegen Unfallflucht aus § 142 Abs. 2 Nr. 2 StGB strafbar gemacht. Er bleibt folglich insgesamt straflos.

Strafbarkeit des F

F könnte sich durch sein Verhalten am Unfallort strafbar gemacht haben wegen Unfallflucht gemäß § 142 Abs. 1 Nr. 2 StGB.

Objektiver Tatbestand:

Voraussetzung dafür ist, dass F nicht eine angemessene Zeit am Unfallort gewartet hat. Insoweit entscheiden in Ermangelung fester Regeln hinsichtlich der geforderten Zeitspanne die Umstände des Einzelfalles. Diesbezüglich gilt grundsätzlich, dass je schwerer der Unfall in seiner konkreten Erscheinung ist, also z.B. Personenschäden oder hohe Sachschäden, desto länger ist die Wartezeit zu bemessen. Hierbei spielt der Maßstab der Zumutbarkeit des Wartens eine wichtige Rolle, also die Frage, ob das Interesse des Verursachers am Verlassen der Unfallstelle dem Feststellungsinteresse der Geschädigten überwiegt. Bei geringen Sachschäden kann in der Regel eine Wartezeit von 30 Minuten als angemessen bezeichnet werden. In vorliegenden Fall liegt F mit den 45 Minuten innerhalb der Angemessenheitsgrenze, denn bei Unfällen mit eher geringerem Sachschaden wie hier ist ein längeres Warten für F nicht mehr zumutbar. Insoweit braucht hier nicht Stellung dazu genommen werden, ob das Anbringen des Zettels die Wartefrist unter Umständen verkürzt hat. F hat am Unfallort eine nach den Umständen angemessene Zeit gewartet, bevor er sich entfernt hat. Und damit hat F seine aus § 142 Abs. 1 Nr. 2 StGB erwachsene Pflicht erfüllt. Eine Bestrafung nach § 142 Abs. 1 Nr. 2 StGB scheidet folglich aus.

Ergebnis: F ist nicht zu bestrafen aus § 142 Abs. 1 Nr. 2 StGB.

In Betracht kommt für F aber noch eine Bestrafung nach § 142 Abs. 2 Nr. 1 i.V.m. § 142 Abs. 1 Nr. 2 StGB, wenn er seine Nachholpflicht verletzt hat.

Objektiver Tatbestand:

1.) Wie eben festgestellt wurde, setzt die Anwendung des § 142 Abs. 2 Nr. 1 StGB voraus, dass der Täter auf jeden Fall die Wartefrist des § 142 Abs. 1 Nr. 2 StGB eingehalten hat. Dies ist oben geprüft und bejaht worden, F hatte mit den 45 Minuten angemessen lang gewartet.

2.) Des Weiteren muss der Täter nun seine Nachholpflicht aus § 142 Abs. 2 Nr. 1 StGB verletzt haben. Es muss geprüft werden, ob die Handlungen, die F vorgenommen hat, den Anforderungen des § 142 Abs. 2 Nr. 1 StGB genügen, also ob F unverzüglich nachträglich die Feststellungen seiner Person ermöglicht hat. Ansatzpunkt der Prüfung sind die in § 142 Abs. 3 StGB genannten Grundsätze. Als Handlungen, die insoweit der Überprüfung unterliegen, kommt zum einen das Anbringen des Zettels an der Windschutzscheibe und zum anderen die am Abend gegen 20:00 Uhr erfolge Anzeige bei der Polizei in Betracht. Hierbei ist sowohl jede einzelne Handlung, möglicherweise aber auch die Kombination von beiden als Erfüllung der Handlungspflicht des F in Betracht zu ziehen. Inwieweit das Anbringen eines Zettels an der Windschutzscheibe des entsprechenden Fahrzeugs ausreicht, um die Handlungspflichten des § 142 Abs. 2 StGB zu erfüllen, ist streitig.

a) Nach einer Ansicht kann das Anbringen des Zettels insoweit zunächst genügen. Der Täter könne dann abwarten, ob der Betroffene innerhalb angemessener Frist reagiere. Erst wenn der Täter danach dann untätig bleibe, mache er sich der Unterlassungstat des § 142 Abs. 2 Nr. 1 StGB schuldig.

b) Nach anderer Meinung kann das Anbringen des Zettels zwar zur Klärung der Haftungsfrage beitragen, entbindet den Täter aber nicht davon, »unverzüglich« den Geschädigten oder eine nahegelegene Polizeistelle zu informieren. Im Unterschied zur vorherigen Auffassung darf der Täter hier – auch nach Anbringen des Zettels – keinesfalls vorübergehend untätig bleiben und etwa auf die Reaktion des Geschädigten warten.

Nach der ersten Ansicht hat F seiner Nachholpflicht genügt, denn er war berechtigt, eine angemessene Frist zu warten. Das Warten über einen Tag bis hin zum Abend kann insoweit als angemessen angesehen werden. Hierbei ist berücksichtigt, dass der andere Unfallteilnehmer evtl. erst nach der Arbeit die Möglichkeit hat, sich zu melden. F genügt also seiner Nachholpflicht, wenn er in diesem Falle am Abend die Anzeige bei der Polizei vornimmt. Nach der zweiten Meinung hingegen ist das nicht der Fall, denn das Anbringen des Zettels entbindet den Unfallverursacher nicht davon, unverzüglich die Mitteilungen – aktiv – vorzunehmen. Und da der Unfall am frühen Vormittag stattfand, musste F noch im Laufe des Tages tätig werden und durfte nicht bis zum Abend warten.

c) Zu folgen ist der zweiten dargestellten Ansicht, und zwar aus den folgenden Gründen. Der Gesetzeswortlaut verlangt in § 142 Abs. 2 und Abs. 3 StGB, dass der Täter eine »unverzügliche« Mitteilung macht. Diese Wortwahl widerspricht der Meinung, die nach dem Anbringen des Zettels ein Zuwarten auf eine entsprechende Reaktion des Opfers gestattet. Zwar mag der Täter in diesem Falle guten Willens und mit vergleichsweise geringer krimineller Energie ausgestattet sein. Indessen kann dies nicht über eine wortgetreue Anwendung des Strafgesetzes hinwegführen. Mögliche fehlende kriminelle Energie ist ausschließlich im subjektiven Tatbestand oder in § 142 Abs. 4 StGB zu würdigen, nicht aber bei der Subsumtion unter die objektiven Merkmale des gesetzlichen Tatbestandes. Dadurch, dass F nach Ablauf der Wartefrist den Zettel angebracht, dann aber bis zum Abend des Tages (20:00 Uhr) mit der Anzeige bei der Polizei gewartet hat, hat er es nach hier vertretener Ansicht unterlassen, die Feststellungen unverzüglich nachträglich zu ermöglichen. Damit hat F den objektiven Tatbestand des § 142 Abs. 2 Nr. 1 i.V.m. Abs. 1 Nr. 2 StGB erfüllt

Subjektiver Tatbestand:

F handelte vorsätzlich, ihm waren sämtliche Umstände, die zum objektiven Tatbestand gehören, bekannt.

Rechtswidrigkeit und Schuld:

F handelte ohne Bedenken sowohl rechtswidrig als auch schuldhaft.

Strafzumessung nach § 142 Abs. 4 StGB

Ausgehend davon, dass wegen des von A geparkten Autos ein Unfall außerhalb des fließenden Verkehrs vorliegt und F innerhalb der 24 Stunden (noch am gleichen Tag) die Feststellungen freiwillig durch seinen Gang zur Polizei ermöglicht hat, ist seine Strafe zumindest zu mildern, da der Schaden sich mit 300 Euro innerhalb des Begriffes des nicht bedeutenden Sachschadens im Sinne des § 142 Abs. 4 StGB bewegt.

Ergebnis: F hat sich zwar strafbar gemacht wegen Unfallflucht aus § 142 Abs. 2 Nr. 1 i.V.m. Abs. 1 Nr. 2 StGB; die Strafe ist aber gemäß § 142 Abs. 4 StGB in jedem Falle zu mindern. Angesichts der subjektiven Komponente des F, der sich ja eigentlich rechtstreu verhalten wollte, böte sich hier die Möglichkeit an, ganz von Strafe abzusehen. Dies unterläge der Beurteilung des Tatrichters.

Strafbarkeit des A

A könnte sich dadurch, dass er im Supermarkt ausharrte, wegen Unfallflucht aus § 142 Abs. 1 StGB strafbar gemacht haben.

Allerdings ist Voraussetzung sämtlicher Varianten einer Unfallflucht, dass sich der Täter zu irgendeinem Zeitpunkt am Unfallort befunden hat. A stand zum Zeitpunkt des Unfalls im 200 Meter entfernten Supermarkt. Um überhaupt zu einer möglichen Tathandlung aus § 142 Abs. 1 oder 2 StGB zu kommen, müsste dieser Supermarkt noch zum Begriff des Unfallortes gehören. Unter Unfallort versteht man die Stelle, an der sich das schädigende Ereignis zugetragen hat sowie den unmittelbaren Umkreis. Hierzu gehört auch der Bereich, in dem noch feststellungsbereite Personen vermutet und gegebenenfalls bei Nachfragen noch ermittelt werden können. Insoweit ist die Grenze allerdings eher eng als weit zu ziehen. Es erscheint insoweit kaum denkbar, dass F im vorliegenden Fall in einen 200 Meter entfernten Supermarkt läuft, um dort nach dem Besitzer des Autos zu fragen. Würde er das tun, hätte er sich nämlich wahrscheinlich selbst tatbestandsmäßig vom Unfallort entfernt und damit bereits strafbar gemacht. Bei einer Entfernung von 200 Metern kann daher nicht mehr angenommen werden, es handele sich um den Unfallort, sofern keine besonderen Umstände hinzukommen. Solche sind vorliegend nicht ersichtlich mit der Konsequenz, dass A sich zu keiner Zeit, zu der andere am Unfall beteiligte Personen anwesend waren, am Unfallort befunden hat. Und deshalb scheidet eine Bestrafung des A wegen Unfallflucht nach § 142 StGB grundsätzlich aus.

Ergebnis: A ist nicht zu bestrafen aus § 142 StGB und bleibt mithin ebenso wie R straflos.

Sachverzeichnis